清水紘一◉編

江戸幕府と長崎政事

岩田書院

目　次

〔付篇〕

序

清水　紘一

長崎は西彼杵半島と野母半島の分岐点に位置する海路の要衝地であり、中世末期には同地に来航した南蛮船を通じてその名が内外に広く知られた。近世初頭の長崎は、日本イエズス会の教会領から豊臣秀吉、次いで徳川家康の直轄領に移され、以降、統一政権公認の外国船寄港地として歴史的位置を占めた。

南蛮船〔ポルトガル〕は多くがマカオ発着の大型船であり、その後にマニラ出航のスペイン船が日本貿易に参入し、生糸類を含む大陸の物産〔唐物〕が大量に舶載された。秀吉・家康以降、歴代の政権は外来船の掌握に積極的で、慶長期には日本市場に新規参入した紅毛船〔蘭・英〕を平戸に定置した。元和期には、南蛮船を長崎に紅毛船を平戸に集中。寛永期には南蛮船に加え西九州各地に渡来した唐船、次いで蘭船を長崎に限定するなど、通商・貿易の管理統制を一段と強化させた。

長崎では、港町形成とその過程で培われたキリシタン信仰が重厚に受容されたが、秀吉・家康と以降の歴代政権はキリシタン宗門を邪教として排撃し、幕末まで周知の宗門禁制を厳重に徹底させた。寛永十年代には、同上宗門の宣教ルート遮断を目的とし、日本の船と人の海外往復を厳禁した。島原・天草一揆後には、マカオ船の来航を禁止し、〔南蛮国〕と敵対断交に至る。長崎湾岸には福岡・佐賀両藩に隔年勤番を命じ、藩兵の交代・常駐と湾内外砲台の整備など湾岸の要塞化が進められた。

そのような体制下で近世日本の内外交流は厳しく制限され、人的交流は局限された。他方では、長崎に集中された唐蘭船を通じ大陸の物産が舶載されており、将来された漢籍・洋書が明清代の学問や西欧の学問を伝え、近世日本の文化史上に刻印を残した。

長崎の政事〔行政・司法〕は、幕府の制令と触書を受命した上使・奉行・目付によりかなりの程度忠実に執行され、同地の施政は港街に集散ないし滞在・定住した内外人に広く及ぼされた。ほか、幕藩制下の西国諸藩にも多大な影響が及ぼされた。

そうした長崎における多面的な歴史過程については、これまで内外の史料多数が発掘され、精緻で多角的な研究が積み上げられており、近年編刊された『新長崎市史』四冊、『新編大村市史』五冊などで集約されてきている。とはいえ個別の事例研究については、解明が必要とされる基礎的な問題が残されている。

本書では、如上の長崎研究で進められている問題の若干について整理と考察を試み、長崎奉行の職務定則、軍事組織としての西国探題、漢籍耶蘇教書と禁書令、長崎湾内各所の砲台整備、宗門改役の成立と展開、長崎オランダ商館の抜荷問題、浦上のキリシタン教界と維新期の四番崩れなど、長崎政事に関連する基礎的研究を課題とした八編の論考と、付篇として切支丹屋敷跡地造立の石碑、太政官が作成した明治維新期の信徒配流関係文書の目録を収めた。

清水紘一「長崎奉行に発給された御渡物《おわたりもの》―寛永十年～慶応三年―」

御渡物は幕府が新任の長崎奉行に令達した長崎統治の基本規定としての職務定則であり、家光政権の寛永十年代から慶応三年の慶喜政権まで歴代の奉行に一連の文書が発給された。最初は老臣連署の下知状として発給され、寛文十二年（一六七二）将軍黒印状・老中奉書、次いで同上に老中下知状が付加され、以降三点セットとして定型化された。

御渡物には日本人の出入国禁止(除く幕末期)・貿易統制・キリシタン禁制、南蛮船拒絶と長崎警衛が記され幕末に及んだ。本論は『御黒印下知状の留』(国立公文書館内閣文庫蔵)ほかの関連史料を基とし、現段階で知られる御渡物を網羅的に紹介。近世長崎で幕府が目指した内外政事の基礎的原則について、段階別に整理している。

清水紘一「西国探題の設置と諸過程―寛永十六年~寛文十二年―」

西国探題は、寛永十六年(一六三九)断交したポルトガル(南蛮国)に対し、日本側で想定した日ポ緊張関係に備えて設置された軍事機関である。探題は有事に際して長崎に出動し、長崎奉行・長崎番役以下、支援の諸大名を指揮・監督することが任務とされた。本論では、関係者の任用など実態の一部解明を目指している。初代は播磨姫路藩主の松平忠明で、以降数代の探題を経て肥前唐津の大久保忠職まで探題方式が継続され、寛文十二年(一六七二)に廃止された。以降、長崎奉行を中心とする長崎警衛体制が構築される。西国探題の出陣が実際になされた事例として、正保四年(一六四七)のポルトガル軍船二艘の長崎入港と当時の対応が知られており、その若干に言及している。

葛谷　登「寛永十六年御制禁切支丹宗門書物解説―漢籍耶蘇教書と寛永禁書令―」

漢籍耶蘇教書は明清代に刊行されたカトリック教会の教義書であり、幕府は同上宗門の国内への流入を阻止すべく禁書令を施行して水際で厳しく規制した。その開始年次については寛永七年(一六三〇)とされ、通説とされてきている。本論では国内最古と見られる禁書一覧「寛永十六己卯年　切支丹宗門書物御制禁目録　三十二種」(『長崎御役所留』上巻)について、それぞれの典籍の書誌情報を書冊ごとに究明し、上記年代が不成立であることを検証している。すなわち以下の二書が寛永七年以降に刊行されたものであり、上記通説と伝統的な従来の見解に対し、再検討を迫っている。

一聖記百言　一冊。羅雅谷撰。龍華民、高一志、湯若望共訂。汪秉元序、程廷端跋。一六三二年(崇禎五)刊

一滌罪正記〔『滌罪正規』〕四巻。艾儒略著。一六四四年（崇禎十七）刊

清水紘一「近世長崎の禁書令をめぐって―寛永七年説と禁書目録―」

漢籍耶蘇教書について、葛谷登氏の前掲論文に導かれ、通説の再検討と禁書発令について考察している。現代に残されている禁書目録は限定的であり、⑴寛永十六己卯年付「切支丹宗門書物御制禁目録」（『長崎御役所留』中冊）、⑵寛永七年「御禁書目録」（近藤重蔵『好書故事』第二冊）、⑶寛永七年「御禁書目録」（『御禁書目録、御禁書中御免目録、御制禁御免書籍訳書』）等となる。本論では、⑴について、延宝三年（一六七五）の漢籍取締り令により翌年「出現」した目録であるとし、⑵⑶については、後年、長崎書物方が⑴を更改したものと考察した。ほか漢籍耶蘇教書への関心と禁制は、寛永十九年（一六四二）以降であることなどを究明した。

柳田光弘「近世「鎖国期」における長崎の台場・遠見番所」

近世日本の海防体制について前期・後期の別に概要し、長崎台場とその変遷について関係史料の検証と基礎的分析を行っている。最初の台場としての七箇所台場（古台場）築造について、担当した平戸藩松浦氏の記録から、普請に関する幕府の上意、建造開始年次について承応三年（一六五四）と指摘している。ほか後年の新台場・増台場について、絵図史料（『御台場十二箇所切絵図』『崎陽諸図』『長崎諸官公衙及附近之図』）を提示し、砲台の構造や付属施設などを網羅的に検討している。

清水紘一「宗門改役の成立と変遷　付　宗門改役歴代一覧」

幕府の宗門改役は大目付と作事奉行に兼担され、諸国の宗門改行政を領導したが、その制度的起源について正保三年（一六四六）の切支丹屋敷の成立期とする。本稿では将軍家光の宗徒直裁の動きから井上政重の宗門改の過渡期を素描し、以降に継承された宗門改役について、大目付専管の時期と大目付・作事奉行加役段階に区分。それぞれの時代

背景を含め順次考察している。付として「宗門改役歴代一覧」を収録。同上役の系譜は幕末の慶応三年（一八六七）、大目付滝川具挙が大村藩から届書を受理した段階までとする。

鈴木康子「近世後期オランダ人に対する抜荷禁止令とブルフ号事件
―「安永四乙未歳御奉行桑原能登守様　御書出之写」と「安永二癸巳年横文字願書并和解」を中心として―」

本論では長崎出島のオランダ（蘭）人に対する安永四年（一七七五）の抜荷取締り令について、その発端となる同元年の蘭船ブルフ号の五島漂着一件に始まる抜荷発覚の過程と、「安永二癸巳年横文字願書并和解」一〇通（長崎歴史文化博物館蔵）を紹介している。同上では蘭船長ほか、幹部級以下の抜荷横行の実態を解明している。幕府は蘭側の抜荷一件を把握すると、安永四年に船長以下の衣服裏まで調べる厳しい制令を下し蘭側に通告したが、同上により従来瀰漫的ながら維持された蘭側への信頼感が薄れ、交易の仕様が一変したことが明らかにされている。関連して「安永四乙未歳御奉行桑原能登守様　御書出之写」（鹿児島大学蔵）を発掘し分析している。

岩永勝利「四番崩れから帰郷した浦上信徒の農民生活と信仰生活
―記録の中に残っていない「死人講」「サバト寄《より》」と「講内会《こううちかい》」―」

肥前長崎の浦上キリシタン信徒は江戸時代を通じて存続し、歴史的にも数次にわたる弾圧を受けたが、潜伏の実相が記された史料は希少であり関連史料の発掘と研究が続けられている。本文では肥前のキリシタン教界について、潜伏時代の長崎・平戸・五島の信徒組織と、維新期以降営まれた死人講・サバト寄・講内会などの共同体の存在について紹介している。本文で取り上げられた死人講ほかの小共同体は、近代の浦上教会の信徒相互間扶助のあり方を示している。ほか、本文で新たに紹介された長崎市辻町平講内会の規則は現代のものであるが、幕末維新期の信徒間と教界のあり方を望見的に仮説する素材として、貴重な資料といえる。

〔付篇〕として、次の二篇を収めた。

清水紘一「切支丹屋敷の跡地に造立された記念碑—山荘之碑」

大目付井上政重邸付属の収監施設に淵源する公儀の切支丹屋敷は、その後廃屋とされ、跡地は大名・旗本に拝領地として分賜された。本文では、文化十二年(一八一五)頃、切支丹屋敷跡地の一角に建てられ、その後現在地に移された山荘之碑〔東京都中野区大和町蓮華寺蔵〕について碑文を検証し、施主と建碑・移転の状況について若干の知見を紹介している。

氏家　毅「明治初年浦上信徒配流関係　太政官資料目録—『公文録』『太政類典目録』綱文抄—」

浦上四番崩れは幕末の慶応三年(一八六七)に始まり、幕府倒壊後長崎を接収した新政府が同問題を引継いで、総数三四〇〇人余の信徒を列島各地に分散配流した。同一件は維新政権の内政外交に関わる重要課題とされたが、明治六年(一八七三)に至り切支丹高札が撤去。信徒流配処分は解除され長崎に帰還した。その間における浦上信徒流配関係の政府側史料は外務省に残されているほか、太政官作成の公文録、太政類典にも収録されており、本文で同上目録を一括紹介している。

長崎奉行に発給された御渡物―寛永十年～慶応三年―

清水　紘一

はじめに

長崎奉行は老中支配の下におかれた遠国奉行の一職制であり、幕府直轄領長崎の支配〔行政・司法〕を本務としたほか、同地に渡来した外国使節との応接や唐蘭貿易船・難船管理、長崎防衛まで広範にわたる内政・外政事項を管掌した。

遠国奉行は将軍に面謁して任命され、同日ないし後日所定の殿席で列座した老中から施政原則を含む職務規定と付属文書が下付された。文書の内容は遠国奉行により異なっているが、(1) 老中文書〔奉書・下知状・付属書〕が基本であり、一部の遠国奉行には将軍の黒印状が下賜された。

それらの書類については渡物・御渡物と呼称されたが、同上語は江戸後期に使われ出した役所用語と見られ、幕藩制下で一般化された名辞とは言えない。

最初に、本文で用いる主要史料の照会を兼ねて、同上の用例と読みなどを付言しておこう。享保年間（一七一六～三六）遠国方役人・遠国奉行に発給された文書は『御黒印幷下知状覚書之留』(2) に一括収録されているが、渡物・御渡物の記述は見えない。他方で文化九年（一八一二）七月十八日長崎奉行として黒印状ほかを下付された遠山左衛門尉景晋《かげみち》は、「御渡し物」と自身の長崎奉行日記に書き付けている。(3)ほか文政四年（一八二一）以降遠国役人・奉行に発給された文書は『御黒印下知状之留』(4)に相当数収録されている。同上は表右筆が関係文書を調製した折の記録であるが、「渡り物」とする表記が複数散見される。渡物・御渡物は貴人の下され物の謂であるが、(5)遠国奉行に下された一般名辞として江戸後期の頃在府の役人間で慣用的に両様呼称され表記されたことが推察される。本稿では、御渡物に統一し「おわたりもの」と読んでおこう。

本稿では、長崎奉行に授与された御渡物を概観する。長崎奉行に下された御渡物は寛永十年（一六三三）の老臣・奉行下知状が最初であり、対外関係や貿易仕法に変化が生じると同上の条文や書式に反映された。寛文六年（一六六六）老中奉書・下知状、十二年には閏六月二十五日付黒印状・老中奉書が付加され、正徳六年（一七一六）閏二月十五日付御渡物（本文〔史料9〕）は黒印状・老中奉書・下知状等三文書として発給された。ほか付属文書が逐次加わる。幕末の開国期になると上記文書は簡略化への傾向をたどり、内容・型式が更訂された。

御渡物について、本稿では寛永十年以降の老中発給段階〔御渡物の開始期〕、寛文年間以降の将軍・老中発給段階〔御渡物の完成期〕、安政五年（一八五八）以降の発給段階〔御渡物の終期〕に大別。それぞれの例文を紹介し、諸過程をたどる。末尾で、御渡物の調製と発給過程を概要する。

なお文中に収めた史料の一部に『近世長崎法制史料集1』と『同集2』に収録した文書があり、同上に付した仮番号を含め適宜文中に表記した。(6)

一　御渡物の開始期―寛永十年以降の老臣・奉行発給文書―

寛永十年代の前半（一六三三～三七）将軍家光は幕府職制を整備し、老中・長崎奉行の職制（旗本二人役、将軍直属から老中支配、隔年勤番・年中在勤）を確定させたほか、島原天草一揆に前後して唐船の長崎集中、ポルトガルとの断交、マカオ船焼沈、平戸オランダ商館の長崎移転など、一連の政策を推進した。

長崎奉行に下された御渡物は、家光が老臣・奉行名で発給させた既述の寛永十年一七か条文書〔史料1〕に始まる。同文書は家光政権が断行した日本人・船の出入国規制・禁制の流れに沿って改定され、寛永十三年の一九か条〔史料4〕として確定された。老中制成立の前後を目途として区分すると、以下のようである。

1　老臣・奉行下知状の段階（寛永十年）

2　老中下知状の段階（寛永十一年）

文中に記した御渡物を〔史料番号〕とし、関連する史料を〔参考史料番号〕として、以下、順次記載する。

1　老臣下知状の段階（寛永十年）

〔史料1〕寛永十年（一六三三）二月二十八日付老臣下知状

覚

一①異国え奉書船之外舟遣之儀、堅停止之事

一②奉書舟之外日本人異国へ遣し申間敷候、若忍ひ候て乗参候者於有之ハ、其者ハ死罪、其舟并船主ともに留置、

言上可仕事

一③異国え渡り、住宅仕有之日本人来候は、死罪に可申付候、但不及是非に仕合有之て、異国ニ逗留いたし、五年より内に罷帰候者ハ、遂穿鑿、日本にとまり可申に付てハ御免、併異国え亦立帰におゐては、死罪に可申付事

一④伴天連宗旨有之所々えは、従両人可申遣事

一⑤伴天連訴人褒美之事

上之訴人には銀百枚、それより下には其忠にしたかい、可被相計之事

一⑥異国舟申分有之て、江戸え言上之間番船之事、如此以前大村方へ可申越事

一⑦伴天連之宗旨弘候南蛮人、其外悪名之者有之時は如前々大村之籠に可入置事

一⑧伴天連之儀、船中の改まて入念可申付事

一⑨諸色一所え買取申儀停止之事

一⑩奉公人於長崎異国船之荷物、唐人前より直に買に遣し候儀停止之事

一⑪異国舟荷物之書立、江戸え注進候て、返事無之以前にも、如前々商買可申付事

一⑫異国舟につミ来り候白糸、直段を立候て、不残五ケ所へ割符可仕事

一⑬糸之外諸色之儀、糸之直段極候て之上、相対次第商買可仕事

附、荷物之代銀、直段立候て之上、可為二十日切事

一⑭異国舟もとり候事、九月二十日切たるへき事

但、遅来候舟は、着候てより五十日切可為事

一⑮異国船うり残しの荷物預置候儀も、亦預り候儀も停止之事

一⑯五ケ所の商人長崎へ参着之儀、七月廿日切たるへし、それより遅く参り候者には、割符をはつし申可事
一⑰薩摩平戸其外いつれの浦に着候船も、長崎の糸の直段のことくたるへし、長崎にて直段立候ハぬ以前売買停止之事
右可被守此旨者也、仍て執達如件
寛永十年二月二十八日　　伊賀／丹後／信濃
讃岐／大炊（差出略記。／は改行を示す。以下同）
曾我又左衛門殿
今村伝四郎殿
（『武家厳制録』二三二号。『近世長崎法制史料集1』一四一号）

家光は寛永十年、豊後府内藩主で長崎奉行の竹中采女正重義（寛永五年冬任～十年春）を処罰し改易。同年旗本から起用した曾我又左衛門古祐・今村伝四郎正長に対し、老臣覚一七か条を下付した。同文書は、開幕以降のキリシタン宗門禁制や対外関係の通則に関する奉行の役務・職権を定めた最初の包括的な基本規定であり、長崎における「御渡物」の源流となる。差出は、内藤伊賀守忠重〔奉行・奉書加判〕、稲葉丹後守正勝〔同〕、永井信濃守尚政〔老職〕、土井大炊頭利勝〔老職〕。宛所の曾我・今村両名は、同年限りで交代している。(7)

本文の①～③条は、日本船の海外渡航と在外日本人の帰国に関する規定である。①②条の奉書船は家康が創始した朱印船制度に老臣奉書を付加した海外渡航免許船であるが、海外渡航については同船と同乗者に限ることを規定している。③条では「異国え渡り、住宅仕有之日本人来候は、死罪」、「五年より内に罷帰候者…異国え亦立帰におゐては、死罪」と制令し、在外日本人の帰国を事実上遮断している。同条文から、家光政権は日本船・日本人の海外往復を極限する政策大綱を準備していたことが看取される。日本人の海外渡航禁止に関しては、寛永十二年の後掲条々

〔史料3〕で規定され幕末に至る(『近世長崎法制史料集1』一七九号)。④〜⑧条は、キリシタン宗門に対する取締り規定である。特に④条で両奉行に対し宗門の露顕地に対し「従両人可申遣事」と制令し、大名領内の宗門に関する強力な監察権を付与している。⑨〜⑰条は、外国船との商取引を規定している。特に生糸に関する取引が見えるが、慶長九年家康が創始した糸割符制度に関する条項が⑫⑬⑯⑰条に規定されている。(8)

本文書の歴史的性格については岩生成一氏により「鎖国の第一段階」(9)とする提唱がなされており、幕藩制国家の内外に対する施政原則が記された文書となった。

2 老中下知状の段階(寛永十一年以降)

寛永十年覚〔史料1〕は、以降十三年まで年々改定された。同上異同の概略を摘記すると、以下のようである。

〔史料2〕寛永十一年(一六三四)戌五月二十八日付条々

(本文一七か条は〔史料1〕とほぼ同文のため略す)

寛永十一年戌五月二十八日

加賀守／豊後守／伊豆守

讃岐守／大炊頭／雅楽頭

榊原飛驒守殿

神尾内記殿

(『近世長崎法制史料集1』一六〇号)

差出は、老中堀田加賀守正盛・阿部豊後守忠秋・松平伊豆守信綱・酒井讃岐守忠勝・土井大炊頭利勝・酒井雅楽頭忠世。宛所は、榊原飛驒守職直(寛永十一年五月任〜十五年六月免)・神尾内記(寛永十一年五月任〜同年免)。

〔史料3〕寛永十二年（一六三五）付条々　長崎

一①異国え日本之船遣之儀、堅停止之事

一②日本人異国へ遣し申間敷候、若忍ひ候而乗渡る者於有之ハ、其者ハ死罪、其船船主共ニ留置、言上可仕事

（以下一五か条、〔史料2〕とほぼ同文のため略す）

寛永十二年　　加賀守／豊後守／伊豆守
讃岐守／大炊頭

榊原飛騨守殿
仙石大和守殿

（『近世長崎法制史料集1』一七九号）

差出は、堀田加賀守正盛・阿部豊後守忠秋・松平伊豆守信綱・酒井讃岐守忠勝・土井大炊頭利勝。宛所は、榊原飛騨守（同前）・仙石大和守久隆（寛永十二年五月任〜十三年四月転）。

寛永十二年付条々は、奉書船条項の削除と、日本船の異国渡海・日本人の出入国禁止が明記された重要規定であり、近世日本の対外体制の基本的な骨格が、御渡物として長崎奉行に通達されたこととなる。本文に「月日」の記載は見えないが、寛永十二年付条々は「正文」であろう。両奉行は五月二十八日将軍に謁見し下向。同年十月二十三日（一六三五年十二月二日）仙石大和守は、長崎代官末次平蔵茂貞経由で本文の写を平戸蘭館員フランソア・カロン F. Caronに渡している。同訳文に、月日の記載は見えない。[10]

〔史料4〕寛永十三年（一六三六）五月十九日付定[11]

（本文一九か条、うち一七か条は〔史料3〕とほぼ同文のため略す。但し、⑧条の次に⑨⑩条新加）

一⑨南蛮人子孫日本ニ不残置様ニ堅可申付事、若令違背残置族於有之者其者ハ死罪一類之者科之軽重ニより可申付事

一⑩南蛮人長崎ニ而持候子、並右之子共之内養子ニ仕族ハ、父母等悉雖為死罪、身命を助南蛮人え被遣候間、自然彼者共之内重而日本え来歟又ハ書通する者於有之は、本人ハ勿論死罪、親類已下迄随科之軽重可申付事（下略）

寛永十三年五月十九日　　加賀守／豊後守／伊豆守

讃岐守／大炊頭

榊原飛驒守殿

馬場三郎左衛門殿

（『近世長崎法制史料集1』一八三号）

新加された⑨⑩条は、長崎で生まれた南蛮人の子孫追放令となる。以降、長崎では外国人の住居（妻帯）を認めず、平戸在住のオランダ系家族を含めて国外へ追放。元禄期まで市中散宿を許可された唐人を除き、外国人を隔離する法体制が施行され、幕末に至る。

以上〔史料1〕に始まり〔史料4〕で集約された寛永鎖国令としての御渡物は、①日本人・船の出入国禁止、②キリシタン禁制、③貿易統制、④南蛮人（外国人）隔離の四点に要約されるが、如上の法と法体制は一部改定を経て開国の変動期まで施行された。

〔史料5〕寛永十七年（一六四〇）七月朔日発給御法度覚書

七月朔日　晴辰下刻地震（中略）

一柘植平右衛門、今度長崎御奉行ニ被遣候付て、八木（米）弐千俵於彼地被下の旨　上意也、御法度の覚書於御前老中渡之、并与力五騎歩行同心三十人御直被　仰付之　（『江戸幕府日記　姫路酒井家本第九巻』註(10)、四九九頁）

本文は、幕府日記に見られる一節である。家光は、新任長崎奉行柘植平右衛門（寛永十七年六月任～十九年十二月辞）を引見し、二〇〇〇俵の給付と与力五騎歩行同心三〇人の付与を発令。列座した老中が「御法度の覚書」を平右衛門に下付したことが知られる。同覚書の本文は未詳であるが、次に見る慶安五年（一六五二）五月朔日付覚書〔史料6〕から逆推すると、文中の「御法度の覚書」は〔史料4〕と同文となろう。奉行・与力─同心への給付については、後掲〔史料12〕の御渡物文書で同様の一例が知られる。

二　御渡物の完成期──慶安五年以降の将軍・老中発給文書──

御渡物は家綱政権の下で数次にわたり改定され、老中下知状に加え奉書、次いで黒印状（将軍押印）が付加された。江戸中期には、黒印状、老中奉書・下知状の三文書が基本的な書式とされ以降定型化された。ほか関連文書が同上に逐次付加された。

家綱は御渡物について、政権の初期段階では家光政権の発給文書を踏襲し、寛文六年（一六六六）には一部改定、十二年には大幅改定する動きを見せた。その背景として、将軍家綱自身の政権運営力と、家綱政権が当面せざるを得なかった政事環境があろう[12]。家綱は寛永十八年（一六四一）に生まれ、慶安四年（一六五一）の家光急死後十一歳で将軍になったが[13]、生来の病弱体質と併せ、政務の決裁は困難な状況にあった。明暦二年（一六五六）の家綱〔十六歳〕について老中は「今程公方様御幼君に候得者、兎角不及御下知」、「下として相計候儀ハ猶以不成候[14]」と長崎奉行に伝え、南蛮船問題について、少年将軍家綱の決裁遷延と前代遺制の継承を命じている（『近世長崎法制史料集2』所収「長崎御役所留」以下［長崎］一五号）。他方で家綱は政権の前期段階で、家光が遺した老臣団の重厚な補佐を受け、後期段階では、同上老臣団が推輓した閣老により長崎貿易と南蛮船問題で「守成」を脱する新政策を展開させた。

長崎貿易については明暦元年（一六五五）の糸割符制度廃止と相対仕法貿易への転換、寛文十二年には市法貿易法へと移行させている(15)。南蛮船問題については、キリシタン禁制の内政問題とも関わる。家綱は寛文三年「耶蘇宗門」条項を新加した武家諸法度を発布したほか、長崎には南蛮船に対する警備体制の整備を進めた。如上については歴代奉行に発給された以降の御渡物に反映されたが、次に家綱時代のキリシタン・南蛮船問題を付記しておこう。

明暦三〜四年、長崎に隣接する大村藩で露顕したキリシタン宗徒多数の大量処刑問題が生じた（郡崩れ）(16)。同上に対し長崎奉行黒川与兵衛正直は、相奉行甲斐庄喜右衛門正述と明暦四年四月二十七日付で老中に伺書を提出。南蛮船（マカオ・ポルトガル〔葡〕）の渡来に関連して「長崎いつれもきりしたんころひものにて御座候、彼船乗込候を見申候ハヽ、ころひ共の気ちかひ候儀、万一可有御座かと奉存候(17)」と幕閣に危機感を上申している。文中の「彼船」は南蛮船のことである。黒川与兵衛は長崎奉行退任後大目付（寛文五年任〜十年辞）となり、宗門改役井上政重隠退後の幕閣内で「長崎通」として重きをなしたことが想察される。次いで寛文元年（一六六一）以降、御三家筆頭の尾張名古屋藩でキリシタン尾濃崩れが露顕しており、幕府に強烈な衝撃を与えていた(18)。

右に対し、家綱政権は寛文三年五月、武家諸法度を改定（家綱二十三歳）。同十九条で「耶蘇宗門之儀、於国々所々弥堅可禁止之事(19)」と立条し、キリシタン禁制を国政上喫緊の要件となすべく幕府の最高法規に加えた。同上制令は、諸国の代官・領主に宗門改役の設置と幕府への報告を義務付ける寛文四年の触書として発令され、宗門行政は一層の変貌を見せていく（『近世長崎法制史料集2』［長崎］一、六一号）。他方で南蛮船に対する長崎警衛問題について、家光時代の西国探題・長崎奉行・長崎番役の枠組みを改定し、長崎奉行・長崎番役・支援諸藩を中心とする防備体制の構築に向かう。

家綱時代と以降に継承された長崎奉行に対する御渡物の変遷を見ると、以下のようである。

1　老中奉書・下知状の段階（慶安五年）
2　老中奉書二通の段階（寛文六年）
3　黒印状、老中奉書の段階（寛文十二年）
4　黒印状、老中奉書・下知状の三点セットの段階（正徳六年）
5　黒印状、老中奉書・下知状、阿蘭陀商館宛覚書などの文書付属段階（文政四年以降）

1　老中奉書・下知状の段階（慶安五年［承応元年］）

〔史料6〕慶安五年（一六五二）五月朔日長崎諸事の儀、御奉書付

覚

（本文一九か条は〔史料4〕とほぼ同文のため略す）

慶安五年五月朔日　豊後判／和泉判／伊豆判

黒川与兵衛殿

甲斐庄喜右衛門殿

（『近世長崎法制史料集2』［長崎］一一号）

右の差出は、老中阿部豊後守忠秋・松平和泉守信壽・松平伊豆守信綱。宛所は、黒川与兵衛（慶安三年十一月任〜寛文四年十二月免）・甲斐庄喜右衛門（慶安五年正月任〜万治三年六月免）。本文は長崎奉行に対する家綱政権の御渡物とな

るが、内容は〔史料4〕とほぼ同文であり、家綱政権初期の「長崎諸事の儀」は、既述した家光政権の御渡物がそのまま踏襲されたこととなる。但し表題の添書から、本文は「御奉書付」であったことが知られる。同奉書については未詳であるが、次に見る〔史料7〕所収の奉書と通底する文書であったろう。

2 老中奉書二通の段階（寛文六年）

寛文六年（一六六六）の御渡物は老中奉書二通とされ、長崎奉行に発給された文書が大村藩に残された記録から知られる。二書はいずれも「条々」と標題されており、〔史料7―1・2〕と番号を付して参照の便とした（以下、同じ）。

〔史料7〕寛文六年四月十六日付御渡物(20)

〔7―1〕条々

一①南蛮船若令渡海、雖為如何様の訴訟　大猷院様御代以来今以堅為御制禁の間早々帰帆可申付事

一②右之通及挨拶、其上江戸え可注進、幷小笠原右近将監所え早速可申遣候、右近将監長崎え被相越儀は従江戸可為　御下知次第、但差当儀は各別の事

一③大久保加賀守え可告知候、但長崎え招寄儀は可為右近将監同前事

一④松平丹後守・松平右衛門佐両人の内、当番の方え早々長崎え可相越の由、可申遣候、非番の方は、自然人数可入様子に於てハ、可及一左右の旨、先用意有之候而可相待の旨可申遣事

一⑤縦湊え雖入船、幾度も先条々の通令挨拶、帰帆可申付候、万一船より鉄砲を打掛不義の働仕ニ於てハ、所々ニ石火矢を掛置、陸地より船を可打沈、順風ニ而退延といへ共不苦候間、追掛儀は可為無用事

一⑥南蛮船長崎え令到来、自然不義の働有之刻は、松平右衛門佐・松平丹後守人数計ニ而不足の時は、小笠原右近

将監・大久保加賀守・小笠原信濃守・高力左近大夫・松平市正・戸田伊賀守・松平左近将監、此七人の内人数入用次第段々可差加候、其上ニ而人数於被為入は隣国の面々え可申遣事
一⑦他の湊え南蛮船到来候時長崎の警固、大村因幡守所え可申遣事
右の条々相守此旨可沙汰由、依　仰執達如件
寛文六年四月十六日
内膳正／但馬守／大和守
美濃守／豊後守／雅楽頭
松平甚三郎殿
河野権右衛門殿

〔7−2〕条々
一①異国船ニ積来諸色一所え買取儀可為停止事
一②異国人売残荷物預置儀、又ハ預儀共以可為曲事、幷金銀同前の事
一③於長崎奉公人異国船荷物直買取の儀可停止事
一④異国船の荷物の注文江戸え差上之返事無之以前ニも如前々商売可申付事
一⑤異国船帰帆の儀可為九月中、但遅参の船は従着岸可為五十日切事
一⑥商人長崎到来の儀従奉行人相触候日限次第急度可罷出旨兼々可被相含、若遅参の輩は遂穿鑿依其品可有沙汰事
一⑦伴天連の宗旨弘之南蛮人其外犯科の輩於有之は長崎又は大村牢ニ可入置事
右の条々相守之可沙汰の旨所被　仰出也、仍執達如件
寛文六年四月十六日
内膳正／但馬守／大和守

美濃守／豊後守／雅楽頭

松平甚三郎殿

河野権右衛門殿

（『近世長崎法制史料集1』三二一号）

〔7-1・2〕とも差出は、老中板倉内膳正重矩・土屋但馬守数直・久世大和守広之・稲葉美濃守正則・阿部豊後守忠秋、大老酒井雅楽頭忠清。宛所は、松平甚三郎隆見（寛文六年三月任〜十一年五月転）・河野権右衛門通成（寛文六年三月任〜十二年転）。

〔7-1〕は、南蛮船渡来時における応接と防備体制に関する規定である。①条で南蛮船への対応につき「大猷院様御代以来今以堅為御制禁」とし、家光時代（大猷院）の対外原則踏襲を明文化している。②条で江戸と豊前小倉藩主小笠原右近将監忠眞、③条に肥前唐津の大久保加賀守忠職への通報を制令している。両者は西国探題〔拙稿「西国探題の設置と諸過程」、本書収録〕に任じられた有力譜代であるが、両者の長崎への出動については「差当儀」を除き、江戸から「下知」するとしている。

南蛮船への対応について振り返っておけば、家光は寛永十七年、貿易再開を嘆願するマカオ使節船が来航すると、前年通告していた再来時の「破却其船、幷乗来者悉可処斬罪」の主旨に従い、同船の焼却と乗員大半の死罪を強行。以降のポルトガル側の報復を含む対応に備え、非常時出動の西国探題を姫路藩に命じ、長崎番役を福岡・佐賀両藩に逐次令達していた。正保四年（一六四七）ポルトガル本国から軍艦二隻が長崎に渡来し通交再開を要求すると、幕府は番役の両藩に加え、近隣諸藩への動員体制の整備を進めた。同上に関係する布告はその後折々発令されていたが(21)、その後は西国探題方式廃絶への過渡期であり、本文が御渡物として長崎奉行に発給されたこととなる。

〔7-1〕②③条から、小笠原右近将監（小倉藩）・大久保加賀守（唐津藩）にも動員令が下されていたこととなる。④

条は長崎番役への規定で、松平丹後守は鍋島光茂（肥前佐賀藩）、松平右衛門佐は黒田光之（筑前福岡藩）。⑥⑦条は長崎への支援を義務付けられた諸大名である。小笠原右近将監・大久保加賀守の名が見え、次いで小笠原信濃守長次（豊前中津藩）・高力左近大夫高長（肥前島原藩）・松平市正英親（豊後杵築藩）・戸田伊賀守忠昌（肥後富岡藩）・松平左近将監忠昭（豊後府内）等譜代の五藩主が指名されている。長崎以外に南蛮船が来航した場合の長崎警固については、至近の大村因幡守純長（肥前大村藩）が指名されている。

条々〔7―2〕は、異国船との交易関係制令となる。本文では、明暦元年廃止された糸割符仕法の条文が除かれている。

〔史料7〕は長崎に残されず大村藩に遺存されたが、長崎警固との関連で伝えられた御渡物の一例となろう。

3　黒印状・老中奉書の段階（寛文十二年）

寛文十二年の御渡物は黒印状・老中奉書として発給され、同写が福岡藩に伝存された。黒印状に〔史料8―1〕、老中奉書に〔8―2〕と番号を付した。以下、同じ。

〔史料8〕寛文十二年（一六七二）閏六月二十五日付御渡物(22)

〔8―1〕条々

一①日本人異国え不可遣之、若異国住宅之日本人於帰朝者可為死罪事

一②耶蘇宗門堅為制禁之間、弥守其趣伴天連幷同門之輩、不乗来「若於令違背者、船中悉可行死罪、自然密々相乗来雖為」（朱書）同船之輩可申出之、急度可褒美之旨兼而可申聞事

一③耶蘇宗門於有之者、其所々へ申遣、可遂穿鑿事

一④押買押売諸事不可狼藉之旨堅可申付事
一⑤異国船之輩、雖令病死、荷物不可有相違事
付、異国船乗来輩、其国の法度於令違背者、勿論可任船主之心事
右相守此旨可及沙汰、猶載下知状者也
寛文十二年閏六月廿五日　御朱印（黒）
長崎奉行中

〔8-2〕条々

一①南蛮船令渡海、雖歴如何様之訴訟、先御代以来今以堅為御制禁之条、早々帰帆可申付事
一②右之通及挨拶、其上江戸え可有注進、松平丹後守・松平右衛門佐両人之内、当番之方ハ早速長崎え可被相越由、可申遣之、非番之方ハ、自然人数入へき様子ニおゐてハ、重而可及一左右之間、先用意有之而可被相待之旨可申遣事
一③縦港え雖入船、幾度も先条之通令挨拶、帰帆可申付候、万一船より鉄炮をうちかけ不義の動仕におゐてハ、所々に石火矢をかけ置、陸地より船を打しつむへし、順風にて逃延といふとも不苦候間、船にて逐懸儀可為無用事
一④南蛮船令到来、自然不儀之働有之刻、松平右衛門佐・松平丹後守人数計にて不足之時ハ、小笠原遠江守・大久保出羽守・小笠原内匠頭・松平主殿頭・松平市正・松平左近将監、此六人之内在城の面々え申遣之、人数次第段々可差加之、其上にも人数於可入者、鄰国の面々え可申遣候事
一⑤他国の湊え南蛮船到来之時、長崎警固ハ大村因幡守所え可申遣候事

右条々相守此旨可沙汰之由、依仰執達如件

寛文十二年閏六月二十六日

内膳正／大和守

美濃守／雅楽頭

牛込忠左衛門殿

岡野孫九郎殿

（「光之記」『新訂黒田家譜第二巻』三八二頁。『近世長崎法制史料集1』三六四号）

〔8―1〕末尾の「御朱印」については、転写の際の誤りで「御黒印」が正しい。黒印は将軍家綱（慶安四年八月～延宝八年五月没）の押印であり、家綱が両長崎奉行に発給した黒印状となる。同文書は、日本人の異国渡海禁止、耶蘇宗門と同信徒来日の禁止、耶蘇宗門顕在地への穿鑿、押買押売の禁止、来航船病死者の荷物保障など、近世日本の対外・交易関係の大枠を原則づける条々となっている。いずれも寛永十年代の〔史料1～4〕の重要項目を集約し、最高の権威と規範力をもつ将軍名で令達された法制となる。

〔8―2〕差出は、老中板倉内膳正重矩・久世大和守広之・稲葉美濃守正則、大老酒井雅楽頭忠清。宛所は、牛込忠左衛門重忝《しげのり》（寛文十一年五月任～天和元年四月転）・岡野孫九郎貞明（寛文十二年三月任～延宝八年三月転）。同文書は、南蛮船「不時来航」時の対応原則（拒絶）と長崎警衛についての制令である。拒絶の理由については、先代以来の原則踏襲が「今以堅為御制禁」と明記されており、寛永十六年以降の対ポルトガル断交策を家綱政権が継続することを改めて決定し、本文で長崎奉行に制令したことが知られる。長崎警衛については〔史料7〕まで継続された西国探題方式が改定され、長崎奉行―長崎番役（両藩）―支援諸藩―第三陣と長崎警固の方式に転換されたことが知られる。

長崎奉行には、〔8―1〕③条の諸藩領内のキリシタン宗門に対する指揮権に加え、非常時における長崎奉行の上記諸藩に対する軍勢催促条項が付加されたこととなり、強力な権限が付与されたこととなる。

長崎警衛については、長崎番役のうち当番担当・非番待機とし、松平丹後守(佐賀藩鍋島光茂)と松平右衛門佐(福岡藩黒田光之)。長崎番役には入港南蛮船に「不義の動」があれば、湾内での石火矢発砲を許可している。また、当番勢が不足の場合、小笠原遠江守忠雄(豊前小倉藩)・大久保出羽守忠朝(肥前唐津藩)・小笠原内匠頭長勝(豊前中津藩)・松平主殿頭忠房(肥前島原藩)・松平市正英親(豊後杵築藩)・松平左近将監忠昭(豊後府内藩)に動員を命ずる六藩支援体制を構築している。ついで「其上にも人数」を必要とした場合「隣国の面々え可申遣」とし、第三陣の動員を指令している。ほか「他国の湊え南蛮船到来」時の長崎警固については、肥前大村藩主大村因幡守純長に命ずるとしている。

〔8―1・2〕は正文を含め長崎に残されず、福岡藩に写本が伝えられ、黒田家の家譜編さん事業の折参照・引用されて後年に残されたが、その後失われたようで管見し得ない。(23) 黒田家が同上の御渡物写本を入手し得た理由は、老中が長崎番役への開示を許可したことによる。(24) 故にこの写本は同上番役を隔年で担った鍋島家にも同時期交付された筈であるが、管見の限り知り得ない。(25)

〔史料8〕は、総じて寛永十六年以降の対ポルトガル断交後の長崎警戒体制を、黒印状・老中奉書の書式で定式化した最初の御渡物となる。

4　黒印状、老中奉書・下知状の三点セットの段階(正徳六年)

長崎奉行宛御渡物は寛文十二年以降、延宝～宝永年間(綱吉～家宣治政)にも発令されたが、関連文書を管見していない。但し如上期間においても幕府は歴代奉行に御渡物を発給しており、長崎奉行大岡清相が編著した『崎陽群談』

第五には次の記述が見える。

〔参考史料1〕御黒印御下知状御覚書之事(26)

一御黒印御下知状、最初奉行え被下置候義、奉行始り候頃よりも被下置候事歟とも相聞へ候得共、其年月日御文言等の事も尤不詳候事

一当時の御文言ハ寛永の末比よりの御事と相聞へ候得共、是又不詳候事（中略）

一当時被下置候御黒印御下知状・御覚書は御用簞笥の内、鎖前付候小箱に入有之、御文言ハわさと此冊にハ不相記候事

一御代替り且又奉行人改り候節ハ、毎度御書改被下置候事

右から前掲した寛文十二年〔史料8〕以降、大岡清相（正徳元年四月任〜享保二年四月卒）の代までに黒印状、老中下知状・同覚書の三通がセットとして新任の長崎奉行に発給されたこと、長崎に携行された御渡物は「御用簞笥の内、鎖前付候小箱」に入れ、在勤奉行が手許で管理したことが知られる。

無論、大岡清相自身も御渡物三文書を下賜されており、相奉行の石河土佐守政郷が福岡藩に提示し黒田家が書写した次の文書から知られる。同上は三点セットとして管見した最初の文例で、順次、黒印状定〔9−1〕、老中奉書条々〔9−2〕、老中下知状覚〔9−3〕と番号を付した（以下、同じ）。

〔史料9〕正徳六年（一七一六）申閏二月十五日付御渡物

〔9−1〕定

一①日本人異国え不可遣之、若異国住宅之日本人於帰朝は、可為死罪事

一②耶蘇宗門堅為制禁之間、弥守其趣、伴天連幷同門之輩不可乗来、若令違背者、船中悉可行罪科、自然密々於乗

来は、雖為同船之輩、可出申之、急度可褒美旨、兼而可申聞事
一③耶蘇宗門之者於有之は、其所々え申遣之、可遂穿鑿事
一④押買押売諸事不可狼藉旨、堅可申付事
一⑤異国船之輩、雖令病死、荷物不可有相違事
附、異国船乗来輩、其国々法度於令違背は、勿論可任船主之心事
右相守此旨可沙汰之、猶載下知状者也
正徳六年閏二月十五日　　御黒印
大岡備前守とのへ
石河土佐守とのへ

〔9―2〕条々
一①南蛮船令渡海、雖歴如何様之訴詔、御代々堅為御制禁之条、早々帰帆可申付事
一②南蛮船若於渡海は、弥御制禁之旨申聞、帰帆いたさせ、其上江戸え可有注進、松平丹後守・松平肥前守両人之内、当番之方は早速長崎え可被相越由、可申遣之、非番之方は自然人数可入様子にをいてハ、重而可及一左右之旨、先用意有之而可被相待之旨、可申遣事
一③縦湊え雖入船、幾度も先条之通令挨拶、帰帆可申付之、万一船より鉄砲をうち懸、不義之働仕においてハ、所々に石火矢を懸置、陸地より船うちしつむへし、順風にて逃延といふとも、不苦之間、船にて追懸儀可為無用事
一④異国船長崎令到来、自然不義之働有之刻、松平丹後守・松平肥前守人数計にて不足之時は、小笠原右近将監・

土井大炊頭・松平主殿頭・松浦肥前守・小笠原造酒助・松平吉五郎・松平対馬守、右之内在城之面々え申遣之、人数入次第段々可差加之、其上にも人数於可入は、隣国之面々え可申遣事
一⑤他之湊え南蛮船到来之時、長崎警固ハ大村伊勢守え可申遣事
右之趣相守之、可沙汰之旨、所被仰出也、仍執達如件
正徳六年閏二月廿八日　山城守／大和守／豊後守
河内守／相模守
大岡備前守殿
石河土佐守殿

〔9―3〕覚
一①異国船に積来諸色一所え買取儀、可為停止事
一②異国人売残之荷物、預り置儀又は異国人え預儀可為曲事、幷金銀同前之事
附、於長崎奉公人異国船之荷物直々買取儀、可為停止事
一③異国荷物之注文、江戸え差上之、返事無之以前にも、如前々商売可被申付事
一④異国船帰帆之儀、可為九月中、但遅参之船は、従着岸可為五十日限事
一⑤商人長崎到着之儀、従奉公人相触之日限次第に、急度可罷越旨、兼々可被申含、若遅参之輩は、遂穿鑿、依其品可有沙汰事
一⑥邪宗門之法弘之異国人、其外犯科之輩於有之は、長崎又は大村之籠え可被入置事
一⑦日本船遭難風、異国え令漂着輩、帰朝之時は、宗門其外入念相改伺之、其上可被任差図事、以上

正徳六年閏二月廿八日

戸　山城守／久　大和守／阿　豊後守
井　河内守／土　相模守

大岡備前守殿
石河土佐守殿

（『新訂黒田家譜第三巻』四一七頁）

〔9－1〕御黒印、将軍家継（正徳三年〈一七一三〉四月～六年四月）の印。前掲〔史料8－1〕とほぼ同文となる。宛所は、大岡備前守清相（上掲）と石河土佐守政郷（正徳五年任～享保十一年転）。条々〔9－2〕の差出は、戸田山城守忠眞・久世大和守重之・阿部豊後守正喬・井上河内守正岑・土屋相模守政直。②条、長崎番役松平丹後守（鍋島吉茂）・松平肥前守（黒田宣政）。④条は支援の諸大名で、小笠原右近将監忠雄（豊前小倉藩）・土井大炊頭利実（肥前唐津藩）・松平主殿頭忠雄（肥前島原藩）・松浦肥前守篤信（肥前平戸藩）・小笠原造酒助長邕（豊前中津藩）・松平吉五郎親純（豊後杵築藩）・松平対馬守近禎（豊後府内藩）。外様系の平戸藩が新加され、七藩体制とされている。長崎警固は、大村伊勢守純《すみ》庸《つね》。

〔9－3〕は一所買占め停止、売残荷物の預託禁止、江戸（幕府）発注前交易の許可、九月中の異国船出航期限、関係商人の着崎期限、漂流者帰国時の宗門改めなど、交易関係の覚となる。各条については、寛永十三年定一九か条〔史料4〕と、慶安五年覚十七か条〔史料6〕から条文が一部引かれている。

〔史料10〕享保十九年（一七三四）六月二十八日付御渡物

定〔10－1〕、条々〔10－2〕、覚〔10－3〕の三点セット。以上のうち、黒印状定のみ文型を示す（以下、同じ）。

〔10－1〕定

（本文五か条は〔史料9〕とほぼ同文のため略す）

享保十九年六月二十八日　御黒印

細井因幡守とのへ

窪田肥前守とのへ

（『御黒印幷下知状覚書之留』）

御黒印は、将軍吉宗（享保元年〈一七一六〉八月～延享二年〈一七四五〉九月、大御所）の印。本文書を収録している『御黒印幷下知状覚書之留』では、享保年間の遠国奉行に宛てられた文書が収録されているが、それらのうち、黒印状が発出されているケースは、長崎奉行のほか駿府・大坂両町奉行と日光奉行となる（前註（1））。宛所は、細井因幡守安明（享保十四年六月任～元文元年〈一七三六〉九月卒）・窪田肥前守忠任（享保十九年二月任～寛保二年〈一七四二〉三月辞）。

〔10-2・3〕の差出は、「老中連判」「老中連名　判形無之」と略記されている。当時の老中は、松平左近将監乗邑・酒井讃岐守忠音・松平伊豆守信稅・松平右京大夫輝貞・黒田豊前守直邦・本田中務大輔忠良。

〔10-2〕④⑤条の長崎番役は、松平筑前守（福岡藩黒田継高）・松平信濃守（佐賀藩細川綱茂）。人数不足の時は、小笠原右近将監忠基（筑前小倉藩）・松平主殿頭忠雄（肥前島原藩）・奥平大膳大夫昌成（豊前中津藩）・土井大炊頭利実（肥前唐津藩）・松浦肥前守誠信（肥前平戸藩）・松平市正親純（豊後杵築藩）・松平対馬守近定（豊後府内藩）の七藩で、平戸藩が新加されている。長崎警固は、大村河内守純富《すみひさ》（肥前大村藩）。第三陣は「隣国の面々」。有事の際の支援動員が、従来の七藩警衛体制とされている。

〔史料11〕天明三年（一七八三）七月朔日付御渡物(27)

定〔11-1〕、条々〔11-2〕、覚〔11-3〕の三点セット。

〔11-1〕定
（本文五か条は〔史料9〕とほぼ同文のため略す）
天明三年七月朔日付　御黒印
久世丹後守とのへ
土屋駿河守とのへ
（『九葉実録第廿一巻』）

御黒印は、将軍家治（宝暦十年〈一七六〇〉九月～天明六年〈一七八六〉九月没）の印。宛所は、久世丹後守広民（安永四年〈一七七五〉十二月任～天明四年三月転）・土屋駿河守守直（天明三年四月任～四年五月卒）。〔11-2・3〕差出は、老中久世大和守広明・田沼主殿頭意次・松平周防守康福。宛所は、同上。〔11-2〕④条、異国船「不義の働」に対応する長崎番役は、松平肥前守（鍋島治茂、肥前佐賀藩）・松平雅之助（黒田斉隆、筑前福岡藩）。支援は・小笠原左京太夫忠總《ただふさ》（豊前小倉藩）・奥平大膳太夫昌男（豊前中津藩）・松平飛驒守忠恕《ただひろ》（肥前島原藩）・松浦壱岐守清（肥前平戸藩）・水野左近将監忠鼎《ただかね》（肥前唐津藩）・松平筑後守親貞（豊後杵築藩）・松平長門守近儔《ちかとも》（豊後府内藩）七藩のうち「在城の面々」。三番手は「隣国の面々」。長崎警固は、大村信濃守純鎮《すみやす》（肥前大村藩）。

本文を収める『九葉実録』（六四巻）は、肥前大村藩で編纂された藩政日誌である。御渡物の写を大村藩が入手した経緯については、上記の書込みから、長崎奉行土屋駿河守用人の深町多市が奉行所で御渡物を写し取り、長崎在役の吉川武左衛門に提供。藩主大村純鎮と藩要人が「拝覧」、同写は「教令三通」として大村藩の書籍方に収蔵。その後、同実録に収録されたこととなる。

5　黒印状、老中奉書・下知状、阿蘭陀商館宛覚書などの文書付属段階（文政四年以降）

文政四年（一八二一）、五年、九年、天保十五年（弘化元年〈一八四四〉）、弘化三年、三年七月朔日、嘉永七年（安政元年〈一八五四〉）の各文書が知られている。上記文書は、いずれも『御黒印下知状之留』に収録されている。

〔史料12〕文政四年七月朔日付御渡物

定〔12－1〕、条々〔12－2〕、覚〔12－3〕、阿蘭陀人申渡覚書、奉書、証文などからなる。

〔12－1〕定

（本文五か条は〔史料9〕とほぼ同文のため略す）

文政四年七月朔日付　御黒印

間宮筑前守とのへ

土方出雲守とのへ

（『御黒印下知状之留 一』）

御黒印は、将軍家斉（天明七年〈一七八七〉四月～天保八年〈一八三七〉四月大御所）の印。宛所は、間宮筑前守信興（文政元年四月任～五年六月転）・土方出雲守勝政（文政四年三月任～十年閏六月転）。

〔12－2・3〕の差出は、老中大久保加賀守忠眞・水野出羽守忠成・阿部備中守正精・青山下野守忠裕・土井大炊頭利厚。宛所は、同上。

〔12－2〕④⑤条に見える長崎警衛担当は以下の通り。長崎番役は、松平肥前守（鍋島斉直、肥前佐賀藩）・松平備前守（黒田斉清、筑前福岡藩）。支援は、奥平大膳大夫昌高（豊前中津藩）・小笠原大膳大夫忠固（豊前小倉藩）・松平主殿頭忠侯（肥前島原藩）・松浦肥前守熙（肥前平戸藩）・小笠原主殿頭長昌（肥前唐津藩）・松平志摩守親明（豊後杵築藩）・松平左衛門尉近訓（豊後府内藩）等のうち「在城の面々」。三番手は「隣国の面々」。長崎警固は、大村上総介純昌（肥前大村

藩）。

本文書を収める『御黒印下知状之留二』では、新加文書について「一奉書間宮筑前守え一通、一阿蘭陀人申渡覚書一通、一証文一通」と集計しているが、本稿では、文書掲載順に、覚（阿蘭陀人申渡覚書）〔12-4〕、奉書（在勤奉行交替令）〔12-5〕、証文（扶持米給付書）〔12-6〕と付記し、同順に収載した（以下、同じ）。

〔12-4〕覚（阿蘭陀人申渡覚書）

一①阿蘭陀事は　御代々日本商売可仕旨被仰付、毎年長崎令着岸候段、此以前如被仰出之、奥南蛮ときりしたん宗門の通用弥仕へからす、若致入魂の由いつれの国より相聞といふとも、日本渡海可為御停止の間、彼宗門より日本えの通事一切仕へからす、勿論宗門の者船に乗せ来るましき事

一②不相替日本為商売渡海仕度存におゐてハ、きりしたん宗門の儀に付て被聞召可然儀於有之は可申上之、南蛮人宗門の儀付て新規に手に入候所々有之候哉、渡海の道筋の儀も可存候間見及聞及候段、長崎奉行人迄可申上の事

一③日本渡海の唐船不可奪取之、阿蘭陀往来の国々の内、奥南蛮人と出合候国可有之候、弥南蛮人通用仕へからす、若出合候国於有之は、其国其所の名を具書注之、毎年着岸のかひたん長崎奉行人え可差上事

附、琉球国は日本に相したかふ国に候間、何方にて見合候とも、彼船奪取へからさる事、以上

三月　（添書）日付先例三月出来、御暇の月日不拘

〔12-5〕奉書（在勤奉行交替令）

一筆令申候　公方様　右大将様益御機嫌能被成御座候間可心易候、将又土方出雲守被下御暇被差遣候条、万事相談其方儀可有帰参候、恐々謹言

七月十九日　御渡の日附　連名
間宮筑前守殿

〔12－6〕覚（証文・扶持米給付書）
高千五百六拾壱石余
土方出雲守
弐拾九人扶持
右は長崎逗留中被下候間、書面一倍扶持の積、向後可被相渡候、以上
文政四巳　七月　加賀／出羽／備中
下野／病気付無加印　大炊
長崎奉行中

阿蘭陀人申渡覚書〔12－4〕については、参府・登城した蘭館長に対し、承応二年（一六五三）から口頭と文書で毎年伝達された「上意」であり、寛文元年（一六六一）には三か条、延宝元年（一六七三）からは琉球条項を付加した四か条として定式化された。同文の特徴は、日本渡海の唐船や琉球船に「ばはん」（海賊行為）を行わないことのほか、オランダ側にキリシタン宗門と「通用」（交通・交渉・通商〔『邦訳日葡辞書』〕）しないこと、南蛮国と「入魂」の折には日本渡海を停止させることなどを年中行事として通告し、誓約させるものである。(28) 蘭側は「上意」を承諾することが日蘭貿易の前提とされており、日蘭貿易は形式上「一年更新」とされた。

本文は、参府蘭館長に対し大目付〔宗門改役兼帯〕が江戸城内で例年通告した覚書であるが、長崎奉行の渡物として付加された理由については、寛政二年（一七九〇）以降の貿易削減令にともない、蘭館長の江戸への参府が「五年一勤」とされたことと関係がある。御渡物は新奉行の辞見当日にあわせて作成されたが、〔12－4〕書は蘭館長の恒例の

江戸参府の時期に併せ「三月」と記された。
〔12―5〕奉書とされるが、老中連名の書状形式。

〔史料13〕文政五年(一八二二)七月朔日付御渡物
定〔13―1〕、条々〔13―2〕、覚〔13―3〕、阿蘭陀人申渡覚書〔13―4〕、奉書〔13―5〕、証文〔13―6〕からなる。

〔13―1〕定
(本文五か条は〔史料9〕とほぼ同文のため略す)
文政五年七月朔日　御黒印
土方出雲守との へ
高橋越前守との へ
(『御黒印下知状之留 一』)

御黒印は、将軍家斉の印。宛所は、土方出雲守勝政(前掲)・高橋越前守重賢(文政五年六月任〜九年五月転)。
〔13―2・3〕の差出は、老中大久保加賀守忠眞・水野出羽守忠成・阿部備中守正精・青山下野守忠裕。宛所は同上。
〔13―2〕④⑤条の長崎警衛は、長崎番役松平肥前守(鍋島斉直、肥前佐賀藩)・松平備前守(黒田斉清、筑前福岡藩)。
支援は、奥平大膳大夫昌高(豊前中津藩)・小笠原大膳大夫忠固(豊前小倉藩)・松平主殿頭忠侯《ただこれ》(肥前島原藩)・松浦肥前守熈(肥前平戸藩)・小笠原主殿頭長昌(肥前唐津藩)・松平志摩守親明(豊後杵築藩)・松平左衛門尉近訓(豊後府内藩)の「在城の面々」。三番手は「隣国の面々」。長崎警固は、大村上総介純昌(肥前大村藩)。
〔13―4・5・6〕の人名・扶持高のほかは〔史料11〕とほぼ同じ。

〔史料14〕文政九年（一八二六）七月朔日付御渡物

定〔14－1〕、条々〔14－2〕、覚〔14－3〕、阿蘭陀人申渡覚書〔14－4〕、奉書〔14－5〕、証文〔14－6〕からなる。人名を除くと、〔史料9〕とほぼ同文となる。

〔14－1〕定

（本文五か条は〔史料9〕とほぼ同文のため略す）

文政九年七月朔日　御黒印

土方出雲守とのへ

本多佐渡守とのへ

（『御黒印下知状之留一』）

御黒印は、将軍家斉の印。宛所は、土方出雲守勝政（前掲）・本多佐渡守正収（文政九年六月任～天保元年五月転）。

〔14－2・3〕の差出は、老中松平和泉守乗寛・大久保加賀守忠眞・水野出羽守忠成・青山下野守忠裕。宛所は、同上。

〔14－2〕④⑤条の長崎警衛、長崎番役は、松平肥前守（鍋島斉直、肥前佐賀藩）・松平備前守（黒田斉清、筑前福岡藩）。支援は、小笠原大膳大夫忠固（豊前小倉藩）・奥平大膳大夫昌暢《まさのぶ》（豊前中津藩）・松平主殿頭忠侯（肥前島原藩）・松浦肥前守熙（肥前平戸藩）・小笠原壱岐守長泰（肥前唐津藩）・松平瀧之助親良（豊後杵築藩）・松平左衛門尉近訓（豊後府内藩）の「在城の面々」。三番手は「隣国の面々」。長崎警固は、大村上総介純昌（肥前大村藩）。

〔14－4・5・6〕、年次・人名・扶持高のほかは〔史料12〕と同じ。

〔史料15・16〕天保十五年（一八四四）七月二十一日付御渡物

『御黒印下知状之留二』に、二通収録されている。その⑴には、破損と修復の跡が一部見え、定〔15－1〕、条々

〔15－2〕、覚〔15－3〕、阿蘭陀人申渡覚書〔15－4〕の四通収録（以上〔史料15〕）。次いで大坂町奉行への御渡物ほかを挟み、その⑵には、定〔16－1〕、条々〔16－2〕、覚〔16－3〕、阿蘭陀人申渡覚書〔16－4〕、奉書〔16－5〕、証文〔16－6〕が記録されている（以上〔史料16〕）。その⑵を掲出する。

〔16－1〕定

（本文五か条は〔史料9〕とほぼ同文のため略す）

天保十五年七月二十一日　◑御黒印

伊沢美作守とのへ

（『御黒印下知状之留二』）

御黒印は、将軍家慶（天保八年〈一八三七〉九月～嘉永六年〈一八五三〉十月没）の印。宛所は、伊沢美作守政義（天保十三年三月任～弘化二年〈一八四五〉十二月転）。

〔16－2・3〕書の差出は、老中牧野備前守忠雅・阿部伊勢守正弘・土井大炊頭利位・水野越前守忠邦。宛所は、上記に同じ。

〔16－2〕④⑤条の長崎警衛のうち、長崎番役は松平肥前守（鍋島直正、肥前佐賀藩）・松平美濃守（黒田長溥《ながひろ》、筑前福岡藩）。二番手支援は、小笠原左京大夫忠徴《ただあきら》（豊前小倉藩）・奥平九八郎昌服《まさもと》（豊前中津藩）・松平主殿頭忠誠《ただなり》（肥前島原藩）・松浦壱岐守曜（肥前平戸藩）・小笠原佐渡守長国（肥前唐津藩）・松平市正親良（豊後杵築藩）・松平左衛門尉近説《ちかよし》（豊後府内藩）の「在城の面々」。第三陣は「隣国の面々」。長崎警固は、大村丹後守純顕（肥前大村藩）。

〔16－4・5・6〕書、年次・人名・扶持高のほかは〔史料12〕と概略同じ。

御渡物が伊沢美作守一人に発給された理由は、老中水野忠邦が主導した天保改革と関わりがあろう。忠邦は改革の一環として剰員整理を推進、長崎奉行は天保十四年から弘化三年まで奉行「一人役」とされた。

その間の関連史料を二点摘記する。

〔参考史料2〕天保十五年七月二十一日付御渡物添書

一此度長崎奉行一人勤被　仰付候ニ付、当奉行伊沢美作守願ニ依て　御黒印下知状等、美作守一名充ニ御改、長崎御目付遠山半左衛門え御渡物の同日半左衛門え御渡ニ相成、尤臨時御渡に付　御黒印下知状等御渡物一式、奥御右筆え相渡奥にて取扱御渡に相成候

（『御黒印下知状之留二』）

前後の経緯が不鮮明であるが、伊沢美作守宛御渡物が、長崎目付に指名された遠山半左衛門則訓宛御渡物と同日、奥右筆から「臨時御渡」されたこととなる。(29)

〔参考史料3〕天保十四卯年九月朔日

松平美濃守え

長崎表為取締、以来長崎奉行一人役在住ニ被仰付候、依之為立合御目付壱人ツ、彼地え被差遣置、奉行明等の節ハ、諸事勤方奉行同様の筈ニ可被得其意候

右御用番水野越前守殿え家来呼出相達之

松平肥前守え

右同断

如上は長崎奉行一人役に備え、幕府が長崎番役の福岡・佐賀両藩主に「立合目付」差遣と「奉行明」時の同目付代行を伝達した触書となる。

〔史料17〕弘化三年（一八四六）正月二十九日付御渡物

定〔17―1〕、条々〔17―2〕、覚〔17―3〕、阿蘭陀人申渡覚書〔17―4〕からなる。

〔17―1〕定

（本文五か条は〔史料9〕とほぼ同文のため略す）

弘化三年正月二十九日　❍御黒印

井戸大内蔵とのへ

（『御黒印下知状之留二』）

御黒印は、将軍家慶の印。宛所は、井戸大内蔵覚弘（弘化二年十二月任～嘉永二年八月転）。同人補任と御渡物の発給について、「御目付井戸大内蔵、先達て長崎御目付として被差遣候処、此度於同所長崎奉行伊沢美作守諸役被仰付候付て、御黒印下知状等、大内蔵一名と長崎御目付山口内匠え御渡物也、同日内匠え御渡に相成」と添書している。

〔17―2・3〕の差出は、老中戸田山城守忠温・青山下野守忠良、牧野備前守忠雅・阿部伊勢守正弘。

〔17―2〕④⑤条の長崎警衛のうち、長崎番役は松平肥前守（鍋島直正、肥前佐賀藩）・松平美濃守（黒田長溥、筑前福岡藩）。支援は、小笠原左京大夫忠徴（豊前小倉藩）・奥平大膳大夫昌服（豊前中津藩）・松平主殿頭忠誠（肥前島原藩）・松浦壱岐守曜《てらす》（肥前平戸藩）・小笠原佐渡守長国（肥前唐津藩）・松平市正親良（豊後杵築藩）・松平左衛門尉近説（豊後府内藩）の「在城の面々」。三番手は「隣国の面々」。長崎警固は、大村丹後守純顕（肥前大村藩）。

御渡物に付される恒例の文書については、〔16―4〕覚（阿蘭陀人申渡覚書）のみが見える。内容は、概略〔史料11〕の同覚書と同じ。

〔史料18〕弘化三年（一八四六）七月朔日付御渡物

定〔18―1〕、条々〔18―2〕、覚〔18―3〕、阿蘭陀人申渡覚書〔18―4〕、奉書〔18―5〕、証文〔18―6〕。

〔18－1〕定

（本文五か条は〔史料9〕とほぼ同文のため略す）

弘化三年七月朔日　◯御黒印

井戸対馬守とのへ

平賀信濃守とのへ

（『御黒印下知状之留二』）

御黒印は、将軍家慶の印。宛所は、井戸対馬守政義・平賀信濃守勝定（弘化三年閏五月任～嘉永元年五月転）。本状で奉行が二人とされた事由について、次の添書が同上書に見られる。

〔参考史料4〕弘化三年

天保十□年より弘化三午年迄長崎奉行壱人ニ而相勤候処当閏五月□日元目付平賀三五郎長崎奉行被　仰付候て此度より以前の通り両人勤ニ相成候、七月朔日三五郎信濃守と名改此日御暇十九日御渡物頂戴二十一日発足也

（朱書）

長崎奉行一人役は天保十五年から弘化三年までの三年間で改定され、旧制の二人役に復旧されたことになる。

〔18－2・3〕の差出は、老中戸田山城守忠温・青山下野守忠良・牧野備前守忠雅・阿部伊勢守正弘。宛所、前掲。

〔18－1〕④⑤条の長崎警衛のうち、長崎番役は、松平肥前守（鍋島直正、肥前佐賀藩）・松平美濃守（黒田長溥、筑前福岡藩）。支援は、小笠原左京大夫忠徴（豊前小倉藩）・奥平大膳大夫昌服（豊前中津藩）・松平主殿頭忠誠（肥前島原藩）・松浦壱岐守曜（肥前平戸藩）・小笠原佐渡守長国（肥前唐津藩）・松平市正親良（豊後杵築藩）・松平左衛門尉近説（豊後府内藩）。三番手は隣国の面々。長崎警固は、大村丹後守純熙《すみひろ》（肥前大村藩）。

〔18－4〕、〔18－5〕、〔18－6〕は、年次・人名・扶持米を除き〔史料11〕とほぼ同じ。

〔史料19〕嘉永元年(一八四八)七月朔日付御渡物

定〔19－1〕、条々〔19－2〕、覚〔19－3〕、阿蘭陀人申渡覚書〔19－4〕、奉書〔19－5〕、証文〔19－6〕。

〔19－1〕定

(本文五か条は〔史料9〕とほぼ同文のため略す)

嘉永元年七月朔日　○御黒印

井戸対馬守とのへ

稲葉出羽守とのへ

(『御黒印下知状之留二』)

御黒印は、将軍家慶の印。宛所は、井戸対馬守(前掲)・稲葉出羽守正申(嘉永元年五月任〜同年十月卒)。

〔19－2・3〕の差出は、老中戸田山城守忠温・青山下野守忠良・牧野備前守忠雅・阿部伊勢守正弘。宛所は同上。

〔19－2〕④⑤条、長崎警衛のうち、長崎番役は、松平肥前守(鍋島直正、肥前佐賀藩)・松平美濃守(黒田長溥・筑前福岡藩)。支援は、・小笠原左京大夫忠徴(豊前小倉藩)・奥平大膳大夫昌服(豊前中津藩)・松平又八郎(肥前島原藩)・松浦壱岐守曜(肥前平戸藩)・小笠原佐渡守長国(肥前唐津藩)・松平市正親良(豊後杵築藩)・松平左衛門尉近説(豊後府内藩)等の内「在城の面々」。三番手は隣国の面々。長崎警固は、大村修理純熙(肥前大村藩)。

〔19－4〕、〔19－5〕、〔19－6〕は、年次・人名・扶持高以外は、ほぼ〔史料12〕と同じ。

〔史料20〕嘉永七年(一八五四)閏七月朔日付御渡物

定〔20－1〕、条々〔20－2〕、覚〔20－3〕、阿蘭陀人申渡覚書〔20－4〕、奉書〔20－5〕、証文〔20－6〕。

〔20－1〕定

（本文五か条は〔史料9〕とほぼ同文のため略す）

嘉永七年閏七月朔日　○御黒印

水野筑後守とのへ

荒尾石見守とのへ

（『御黒印下知状之留三』）

御黒印は、将軍家定〔嘉永六年十一月二十三日～安政五年八月八日発喪〕の印。宛所は、水野筑後守忠篤（嘉永六年四月任～安政元年十二月転）・荒尾石見守成允（安政元年五月任～六年九月転）。

〔20‐2・3〕の差出は、老中内藤紀伊守信親・久世大和守広周・松平伊賀守忠優・松平和泉守乗全・牧野備前守忠雅・阿部伊勢守正弘。宛所は、同上。

〔20‐2〕④⑤条の長崎警衛のうち、長崎番役は松平肥前守（鍋島直正、肥前佐賀藩）・松平美濃守（黒田長溥、筑前福岡藩）。支援は、小笠原左京大夫忠徴（豊前小倉藩）・奥平大膳大夫昌服（豊前中津藩）・松平主殿頭忠精《ただきよ》（肥前島原藩）・松浦壱岐守曜（肥前平戸藩）・小笠原佐渡守長国（肥前唐津藩）・松平市正親良（豊後杵築藩）・松平左衛門尉近説（豊後府内藩）の「在城の面々」。三番手は「隣国の面々」。長崎警固は、大村丹後守純熙（肥前大村藩）。

〔20‐4〕、〔20‐5〕、〔20‐6〕、年次・人名・扶持高以外、概略〔史料11〕に同じ。

三　御渡物の終焉期―安政五年以降の将軍・老中発給文書―

幕末期の御渡物は嘉永六年（一八五三）のペリー艦隊来航後に展開された対外政治の変革にともない、文書の型式・条文とも改定された。同上の変動過程について周知のことを摘記すると、嘉永六年に次いで安政元年（一八五四）再来したペリーとの間で幕府は日米和親条約を締結。同年ロシア(露・魯)・イギリス(大不列顛・英)、二年オランダと最恵国条項を付した和親条約を調印し、下田・箱館を開港した(30)。

右の諸過程は、幕府が歴代堅守した鎖国体制を転換させる一大政策であり、幕府内外に強烈な衝撃と動揺を与えた。老中堀田備中守正睦《まさよし》は如上の対外政事について、安政四年二月二十四日評定所一座・海防掛・長崎奉行・下田奉行・箱館奉行に対し、「寛永以来之御祖法を御変革被遊、和親御取結ニも相成候上は、寛永以前之御振合も有之、御扱方も亦随而御改革無之候而ハ相成間敷」(31)と通達。外国との和親について「寛永以来之祖法」変革と、「寛永以前之御振合」(慶長~元和期の開洋政策)を提示し、実務「御扱方」の改革推進の重要性を通達している。

次いで幕府は安政五年六月以降、米蘭露英仏五か国と修好通商条約を調印。神奈川・長崎・新潟・兵庫の開港と、江戸・大坂開市の条項を盛り込んだ新条約を締結した。同上の余波は他国にも及ぼされた。幕府はポルトガル(葡)との間に、万延元年(一八六〇)六月十七日付で日本国葡萄呀国修好通商条約を江戸で調印。その第一条で日葡両国の「互の所領臣民の間に永久の平和懇親あるへし」、第二条で「日本大君は、リスサホンに在留する政事に預かる役人を任し、並に葡萄呀の各港の中に在留する取締の役人は故障なく葡萄呀国内を旅行すへし」と規定。日葡両国間相互の出入国と、役人(領事)の交換、相互駐在を取り決めた(32)。日葡条約の締結は、幕府が二〇〇年余り堅持した南蛮国との敵対的断交政策の決定的見直しを意味する。

日葡条約の締結を含む幕末期の外政は長崎にも影響が及ぼされ、長崎奉行に発給された御渡物に逐次反映された。

1　黒印状・老中下知状二点セットの段階(安政五年以降)

2　黒印状・老中下知状・達書を付した最終段階(慶応三年)

1　黒印状・老中下知状二点セットの段階（安政五年以降）

安政五年、文久元年・二年、慶応元年・二年の五通が知られる。黒印状定と老中奉書条々に大幅な条文改定がなされているほか、上述来の老中下知状覚と〔史料11〕以降の阿蘭陀人申渡覚書が御渡物から消える（以下の本文では欠番表記）。奉書（在勤交代令書）と証文（扶持米給与）は継続して発給されている。

〔史料21〕安政五年（一八五八）七月二十八日付御渡物

定〔21-1〕、条々〔21-2〕、奉書〔21-5〕、証文〔21-6〕からなる。全文を掲出すると、以下のようである。

〔21-1〕定

一①日本人猥に異国え不可遣之

一②耶蘇宗門堅為制禁の旨弥可守其旨事

一③耶蘇宗門の者於有之は其所々え申遣之可遂穿鑿事

一④押買・押売諸事不可狼藉旨堅可申付事

一⑤異国船の輩、雖令病死荷物不可有相違事

附、異国船乗来輩、其国の法度於令違背は勿論、可任船主の心事

右相守此旨可沙汰之、猶載下知状者也

安政五年七月廿八日　御黒印

荒尾石見守とのへ

岡部駿河守とのへ

〔21－2〕条々

一① 異国船渡来不穏儀於有之は江戸え可有注進、松平肥前守・松平美濃守両人の内当番の方は早速長崎え可被相越由可申遣之、非番の方は自然人数可入様子においてハ重て可及一左右の間、先用意有之て可被相待旨可申遣事

一② 異国船より万一鉄炮をうち懸不義の働仕ニおゐてハ打払ふへき事

一③ 異国船長崎令到来、自然不義の働有之刻、松平肥前守・松平美濃守人数計にて不足の時は、小笠原右近将監・奥平大膳大夫・松平主殿頭・松浦壱岐守・小笠原佐渡守・松平市正・松平左衛門尉、右の内在城の面々え申遣之人数入次第、段々可差加之、其上にも人数於可入は隣国の面々え可申遣事

一④ 他の湊え異国船出来の時、長崎警固は大村丹後守所え可申遣事

右の趣相守之可沙汰之旨、所被　仰出也、仍執達如件

安政五年七月廿八日　　紀伊守判　病気付無判形／大和守判

　　和泉守判／下総守判／備後守判

荒尾石見守殿

岡部駿河守殿

〔21－5〕奉書

一筆令申候　公方様　宰相様益御機嫌能被成御座候間可心易候、将又岡部駿河守被下御暇被差遣候条万事相談其方儀可有帰参候、恐々謹言

七月二十八日　　片連判

荒尾石見守殿

〔21−6〕証文

高千三百石
岡部駿河守

弐拾七人扶持

右は長崎逗留中被下候間、書面一倍扶持の積向後可被相渡候、以上

安政五年七月　紀伊（下略）

（『御黒印下知状之留三』）

〔21−1〕の御黒印は、将軍家定（嘉永六年十一月二十三日〜安政五年八月八日発喪）の印。宛所は、荒尾石見守（安政元年五月任〜六年九月転）・岡部駿河守（安政四年十二月任〜文久元年十一月転）。

〔21−1〕と前掲〔史料18〕とを比較すると、①条では、従来の日本人出国禁止、帰国者死罪の条文が消え、「日本人猥に異国え不可遣之」と出国を制約する条文に替えられている。②条では「耶蘇宗門堅為制禁の旨弥可守其旨事」を残しているが、後半の条文「伴天連幷同門の輩不可乗来、若令違背者船中悉可行罪科自然密々於乗来者雖同船の輩可申出之、急度可褒美旨兼て可申聞事」が削除されている。③条では奉行に対する信徒捜索義務「耶蘇宗門の者於有之は其所々え申遣之可遂穿鑿事」を残し、④⑤条は踏襲されている。

〔21−2〕の差出は老中内藤紀井守信親・久世大和守広周・松平和泉守乗全・間部下総守詮勝・太田備後守資始。宛所は荒尾石見守・岡部駿河守、前掲。③④条では、南蛮船対策を中心とした従来の五か条を、異国船への対応四か条に改定。渡来した異国船の不穏ないし「不義の働」に対し、江戸注進と長崎番役の対応とし、③条で従来の支援諸藩動員を制令している。長崎番役は、松平肥前守（鍋島直正、肥前佐賀藩）、松平美濃守（黒田長溥、筑前福岡藩）。支援は、小笠原右近将監忠嘉（豊前小倉藩）・奥平大膳大夫昌服（豊前中津藩）・松平主殿頭忠精（肥前島原藩）・松浦壱岐守曜（肥前平戸藩）・小笠原佐渡守長国（肥前唐津藩）・松平市正親良（豊後杵築藩）・松平左衛門尉近説（豊後府内藩）の七藩主

「在城の面々」。三番手は「隣国の面々」。

④条では、他の湊への「南蛮船到来」から「異国船出来の時」に文言を改め、長崎警固役は従前通り大村丹後守純熙を指名している。大村純熙は長崎奉行、ついで長崎惣奉行の辞令（文久三年五月二十六日任～元治元年九月二十一日辞任）を受けた大村藩主であるが、その間、黒印状・下知状を交付されてはいない。

〔21―5〕宰相は家茂。荒尾石見守に江戸帰参を命ずる証文。〔21―6〕は長崎逗留中の扶持米給与（上包「下知状」）。

〔史料22〕文久元年（一八六一）七月朔日付御渡物

定〔22―1〕、条々〔22―2〕、奉書〔22―5〕、証文〔22―6〕からなる。

〔22―1〕定

（本文五か条は〔史料21〕とほぼ同文のため略す）

文久元年七月朔日付　（御黒印の記載なし）

岡部駿河守とのへ

高橋美作守とのへ

（『御黒印下知状之留四』）

〔22―1〕の日付は将軍家茂（安政五年十二月一日～慶応二年〈一八六六〉八月二十日没）の治政期であるが、日付の下に「御暇の日附也」と記載しながら何故か「黒印」の記載はない。宛所は、岡部駿河守長常（前掲）・高橋美作守和貫（文久元年五月任～二年八月免）。

〔22―2〕差出は、老中松平豊前守信義・本多美濃守忠民・安藤対馬守信正・内藤紀伊守信親・久世大和守広周等。

文中の③④条、異国船不穏・不義への備えについて、長崎番役は、松平肥前守（鍋島直正、肥前佐賀藩）・松平美濃守

（黒田長溥、筑前福岡藩）。人数不足時の支援は、奥平大膳大夫昌服（豊前中津藩）・小笠原信濃守忠幹（豊前小倉藩）・松平主殿頭忠愛《ただちか》（肥前島原藩）・松浦肥前守詮《あきら》（肥前平戸藩）・小笠原佐渡守長国（肥前唐津藩）・松平大隅守親良（豊後杵築藩）・松平左衛門尉近説（豊後府内藩）の内「在城の面々」。三番手は「隣国の面々」。他港への異国船渡来時の長崎警固は、大村丹後守純熈（肥前大村藩）。

〔22－5・6〕は、岡部駿河守に宛てられた在勤交代・帰府命令、給与関係文書。

〔史料23〕文久二年（一八六二）六月二十一日付御渡物
定〔23－1〕、条々〔23－2〕、奉書〔23－5〕を収める。

〔23－1〕定

（本文五か条は〔史料21〕とほぼ同文のため略す）

文久二年六月二十一日付　（御黒印の記載なし）

大久保豊後守とのへ

（『御黒印下知状之留四』）

本文に「黒印」の跡は見えず「上包御黒印」と記しているが、将軍家茂の上洛・江戸城不在と関わりがあろう。宛所の大久保豊後守忠恕は、大目付として文久二年六月五日から同三年六月十二日まで、長崎奉行を兼務した。

〔23－2〕差出、老中板倉周防守勝静・水野和泉守忠精・松平豊前守信義・脇坂中務大輔安宅。宛所、同前。③④条の長崎警衛のうち、長崎番役は、松平美濃守（黒田長溥、筑前福岡藩）・松平肥前守（鍋島直正、肥前佐賀藩）。支援は、奥平大膳大夫昌服（豊前中津藩）・小笠原大膳大夫忠幹（豊前小倉藩）・松平主殿頭忠愛（肥前島原藩）・松浦肥前守詮（肥前平戸藩）・小笠原佐渡守長国（肥前唐津藩）・松平大隅守親良（豊後杵築藩）・松平左衛門尉近説（豊後府内藩）の内「在城の

面々」。三番手「隣国の面々」。長崎警固は、大村丹後守純熙（肥前大村藩）。

下知状では、八月二十六日付妻木源三郎頼功宛の在勤交代と帰参を命じる片連判状。妻木源三郎は当時長崎目付として奉行職を代行した。(33) 同上に「長崎奉行高橋美濃守御用ニて出府中御目付計在勤ニ付如此状出来」と添書が見える。

〔史料24〕慶応元年（一八六五）九月十五日付御渡物

定〔24-1〕、条々〔24-2〕、奉書〔24-5〕、証文〔24-6〕を収める。

〔24-1〕定

（本文五か条は〔史料21〕とほぼ同文のため略す）

慶応元年九月十五日　御黒印

服部左衛門佐とのへ

能勢大隅守とのへ

（『御黒印下知状之留四』）

御黒印は、将軍家茂の印。宛所は、服部左衛門佐常純（文久三年四月任〜慶応二年八月転）・能勢大隅守頼之（慶応元年八月〜三年十二月免）。

〔24-2〕の差出は、老中松平周防守康直・松平伯耆守宗秀・水野和泉守忠精・本多美濃守忠民。上記のうち「大坂表御進発」、「病気」などで水野和泉守のみ「判」。宛所は、同前。

③④条の長崎警衛は、松平美濃守（黒田長溥、筑前福岡藩）・松平肥前守（鍋島直正、肥前佐賀藩）。二番手は、小笠原左京大夫忠幹（豊前小倉）・奥平大膳大夫昌服（豊前中津藩）・松平中務大輔親良（豊後杵築藩）・松浦肥前守詮（肥前平戸藩）・松平主殿頭忠和（肥前島原藩）・小笠原佐渡守長国（肥前唐津藩）・松平左衛門尉近説（豊後府内藩）の「在城の

面々」。三番手は「隣国の面々」。長崎警固は、大村丹後守純熙（肥前大村藩）。

〔24－5〕は、服部左衛門佐あて帰府を命ずる老中奉書。〔24－6〕は、能勢大隅守あて扶持米給与の老中下知状。

〔史料25〕慶応二年（一八六六）四月十五日付御渡物

定〔25－1〕、条々〔25－2〕、奉書〔25－5〕、証文〔25－6〕などからなる。文書授受の当事者は、長崎警衛関係者を除き、前文とほぼ同じ。定〔25－1〕については、以下のようである。

〔25－1〕定

（本文五か条は〔史料21〕とほぼ同文のため略す）

慶応二年四月十五日　御黒印

服部左衛門佐とのへ

能勢大隅守とのへ

徳永石見守とのへ

（『御黒印下知状之留四』）

御黒印は将軍家茂の印。日付「御暇の日附也」と記載。宛所は、服部左衛門佐常純・能勢大隅守頼之（同前）・徳永石見守昌新（慶応二年三月任～三年十二月免）。奉行二人から三人に増員されたこととなるが、前例として貞享三年（一六八六）～元禄十二年（一六九九）間の三人制があった。

〔25－2〕の差出は、老中小笠原壱岐守長行「御新発御供付無判形」・松平周防守康直・稲葉美濃守正邦「御新発御供付無判形」・松平伯耆守宗秀「同上」・井上河内守正直・板倉伊賀守勝静「御新発御供付無判形」。宛所は、同上。

③④条の長崎警衛のうち、長崎番役は、松平美濃守（黒田長溥、筑前福岡藩）・松平肥前守（鍋島直大《なおひろ》・肥前佐賀藩）。

支援は、小笠原左京大夫忠忱《ただのぶ》（豊前小倉藩）・奥平大膳大夫昌服（豊前中津藩）・松平中務大輔親良（豊後杵築藩）・松浦肥前守詮（肥前平戸藩）・松平主殿頭忠和《ただかず》（肥前島原藩）・小笠原佐渡守長国（肥前唐津藩）・松平左衛門尉近説（豊後府内藩）の内「在城の面々」。三番手は隣国の面々。長崎警固は、大村丹後守純熙（肥前大村藩）。〔25－5〕は、七月二十八日付能勢大隅守宛老中連判で、老中は「万事可被相談」と達しているが、能勢に帰府命令は出していない。〔25－6〕は、徳永石見守宛在勤中の扶持給与を伝達。

2　黒印状・老中下知状・達書を付した最終段階（慶応三年）

慶応三年の文書一式が残されている。

〔史料26〕慶応三年（一八六七）九月十九日付御渡物

定〔26－1〕、条々〔26－2〕、達書〔26－7〕などからなる。

〔26－1〕定

（本文五か条は〔史料22〕とほぼ同文のため略す）

慶応三年九月十九日　御黒印

長崎奉行中

（『御黒印下知状之留四』）

御黒印、将軍慶喜（慶応二年十二月五日～同三年十月十五日大政奉還）の印。宛所に奉行名はなく「長崎奉行中」と記載。同年の長崎奉行は、能勢大隅守頼之（前掲）・徳永石見守昌新に加え、新任の河津伊豆守祐邦《すけくに》（服部左衛門佐跡、慶応三年八月任～四年正月免）の三人。

〔26―2〕の差出は、小笠原壱岐守長行・松平周防守康直・稲葉美濃守正邦・板倉伊賀守勝静花押。宛所、同前「長崎奉行中」。骨子は前掲〔史料21〕とほぼ同じで、人名の若干に出入りがある。③④条の長崎警衛のうち、長崎番役は、松平肥前守（鍋島直大、肥前佐賀藩）・松平美濃守（黒田長溥、筑前福岡藩）。支援は、奥平大膳大夫昌服（豊前中津藩）・松平中務大輔親良（豊後杵築藩）・松浦肥前守詮（肥前平戸藩）・小笠原豊千代丸（豊前小倉藩）・松平主殿頭忠和（肥前島原藩）・小笠原佐渡守（肥前唐津藩）・松平左衛門尉近説（豊後府内藩）の内「在城の面々」。三番手は「隣国の面々」。長崎警固は、大村丹後守純熙（肥前大村）。

〔26―1・2〕の宛所に「長崎奉行中」と書かれた理由については、達書〔26―7〕から知られる。

〔26―7〕達書

長崎奉行へ

御黒印幷下知状の儀、当　御代中は新規長崎奉行被　仰付候共、別段不被下候間、此度被下候　御黒印幷下知状共交替の節、引継候様可被致候事

右の通九月二十八日達之、但、御黒印等被下候同日也

即ち黒印状・下知状について、御代中（将軍慶喜）の奉行交替に際して新奉行への文書発給はせず、「御黒印幷下知状共交替の節引継候様」にと命じている。理由については、箱館奉行の代替わり交付の事例を挙示している。

〔参考史料3〕

長崎奉行河津伊豆守、彼地え引越候ニ付、先格の通　御黒印等被下候儀の処、是迄長崎奉行被　仰付候都度被下来候得共、箱館奉行の儀は一旦被下候得者、跡役交代の節引送其段相届尤〔候脱カ〕　御代替の節ハ改て被下候儀ニ有之候間、右ニ准し、長崎奉行の儀も以後新規ニ被仰付候共改て不被下、此度被下候ハヽ、以後引送候様可仕哉の旨、伊豆守申聞候間、伺の上其都度不被下旨相達　御黒印・下知状共相渡申候、依之別紙写相添此段申進候、以上

十月八日　　　　板倉伊賀守

稲葉美濃守様

右の通御旅館より申来

同上は、老中板倉伊賀守勝静から稲葉美濃守正邦に宛てた老中間の通信であるが、御渡物の発給について箱館奉行の「一代引継」方式に改定され、同上〔26－1・2〕書が調製された背景が推測される。

本文の日付から一週間後の慶応三年十月十四日、将軍慶喜は「大政奉還上表」を朝廷に提出。幕府の長崎奉行宛の御渡物発給制度は終焉の時を迎える。

四　御渡物の調製と発給

御渡物は、将軍・老中が遠国の幕府直轄領に赴任する新奉行に対し、相奉行の名を連ねて発給した文書であり、幕府の当該支配地の基本法とされ、奉行の統治行為を権威付けた。同文書は幕府事務方により調製され、将軍または老中隣席の場で一定の儀礼と作法を経て授受された。最初に、荒木裕行・戸森麻衣子・藤田覚各氏が紹介した上述『長崎奉行遠山景晋日記』を見る。(34) 遠山は文化九年（一八一二）二月十七日登城、御前で長崎奉行曲淵甲斐守の跡役を受命。三月十日登城し、誓詞之間で誓詞を書き右筆に提出。(35) 七月朔日登城し、帷子上下に着替え。芙蓉之間に移り老中列座の下で、将軍家斉に暇乞の謁見。次いで同月十九日御渡物を、次の次第で拝領している。

〔参考史料４〕文化九年七月十九日御渡物拝領

一麻上下着、五半時過出宅（中略）大手より登城、当番御目付江、御渡シ物ニ而罷出候段申達、大目付江之伝言も

中候、御黒印箱談所江取寄セ置候、関牧之助江逢、御席上之事打合置候
一宿次申上、例之通り
一御廻り前ニ而例席江罷出居、御出掛松溜御列座、伊豆守殿・備前守殿・大炊頭殿、御用番下野守登城無之候ニ付、介御用番大炊頭殿ニ而候、牧之助御渡し物持出置、御杉戸外江開候出座、大炊頭殿前之広蓋ニ御渡し物載、其前ニ御黒印三方ニ載有之候、大炊頭殿三方江手を御添候節、三方引寄せ頂戴致し少し右江除ケ、夫より御下知状・覚書
（奉書・御証文・阿蘭陀人申渡）一く、り三度ニ
御手渡し、扇開上江置、三方者其侭置、扇持一畳程下り真中通りニ着座、牧之助罷出、御黒印・御下知状・覚書不残読聞申候、一通々々ニ平伏致し候、読済候品ハ、元之通ニ牧之介差置退座、其節明後日出立仕候段申上、被入念候様ニと大炊頭殿被仰聞候、京都・大坂御伝言可申通哉伺候処、先格之通りと大炊頭殿被仰候、三方左ニ持、扇右ニ持、座を立引候節扇共不残三方江載セ中之間江罷越、桔梗之間江頼坊主永伯・盛庵・宗甫・其外一両人待居候間、三方為持談所江引キ申候、談所ニ而御黒印不残一箱江入申候、用人談所脇江呼相渡し、挟箱江入用人付廻り候事、即刻退出（下略）

遠山景晋は七月十九日登城。松溜に列座した老中は、松平伊豆守信明・牧野備前守忠精・土井大炊頭利厚。表右筆組頭関牧之助が御渡物を持参。介御用番土井大炊頭の座前で、広蓋に御渡物・三方に黒印状を載せてセット。大炊頭から順次同上を拝領。次いで奉書・証文・阿蘭陀人申渡書を三度に頂戴。その後、牧之助が御黒印・御下知状・覚書を一通ずつ全文読み上げ、景晋はその都度平伏。その後、大炊頭に「明後日」出立を伝え退座している。景晋は自身

が受領した御渡物の文書内容を記してはいないが、同上文書は本稿で上述した御渡物の完成期のものであり、既述した〔史料11〕と同文となろう。無論、文中の人名は異なるほか、日附は遠山景晋が将軍に辞見した文化九年七月朔日付の文書であったろう。

御渡物の作成については、江戸後期の事例が『御黒印下知状之留』付載の添書から知られる。御渡物は表右筆組頭が調製を担当し、前例調査と関係機関への照会を経て作成された。殿中で遠山景晋を介添した上記の関牧之助は、父の代から右筆を勤めた家柄で、安永五年（一七七六）から表右筆を勤めた同勝尚であろう。(36)

前例調査について、文政四年（一八二一）発給された土方出雲守宛御渡物〔史料11〕の例を見る。同渡物を調製した新村登八郎は寛政九年（一七九七）表右筆となり、天保二年（一八三一）表右筆組頭から腰物奉行に転じている。(37)登八郎は御渡物の調製にあたり「文政元年間宮筑前守、文化十四年筒井和泉守、文化十三年金沢大蔵少輔、文化十一年松山伊予守」と前例を遡上して調査している。即ち、土方出雲守から近過去四代の事例が参照されたこととなる。

関係機関への照会は、火災などにより奥右筆の手許に前例資料が失われていた場合などでなされた。慶応元年（一八六五）九月十五日付能勢大隅守宛御渡物〔史料22〕を見ると、表御右筆所から長崎警衛の諸藩主の名順が照会されている。同上は御渡物調製にあたり、関係資料が焼失していた事情があったろう。(38)

御渡物の文書一式については、以下のようである。

黒印状は「被下」ものの御黒印と、御黒印「御代」の二通が作成された。料紙は備中大鷹〔大高檀紙〕で、数枚を張り合わせて作製されたが、継目には裏側に「継判」が捺された。黒印状に押す印は老中に伺書を提出し、その裁可を経て月番老中が押捺した。文久元年の例を見る。文中の紀伊守は、老中内藤紀伊守信親となる。

〔史料22〕御黒印押候覚

　奉　　月番　紀伊守

文久元年七月日　一御黒印一通　長崎奉行高橋美作守

　右　御黒印押候事

（『御黒印下知状之留四』）

黒印状の本紙二通には、それぞれを上美濃紙で包み平紐で結ぶ封が作成された。封の上部に「御黒印」「被下」、下部に受給者の名が書かれた。

老中下知状は「御代共弐通」、料紙には「継目裏の方御印表御判出来」、同包状には上下に「下知状　継目裏御印形」「被下　土方出雲守」などと記入された。

老中覚書は、正文・御代の二通が作成された。正文は「継目裏御印表の方御名計連名御判無之」とされ、包封には上下に「覚書　継目裏御印計」「被下　土方出雲守」などと記された。「下知状覚書御代りの分ハ奥え不出御役所ニ差置」（文政四年〔史料11〕添書）とされ、一部は表右筆に残された。

老中下知状・覚書の封は「くるくる巻にして上美濃紙竪長にしてひろ紐ニて如図結之」とされた（図参照）。阿蘭陀人申渡書については「継目裏御印無之奥へ不出」としている。この場合の「奥」は、老中・若年寄の秘書的存在であった奥右筆であろう[39]。

御渡物の保管については、以下のようである。御渡物の本紙は長崎奉行が携行し、任地の役宅〔奉行所〕で保管され

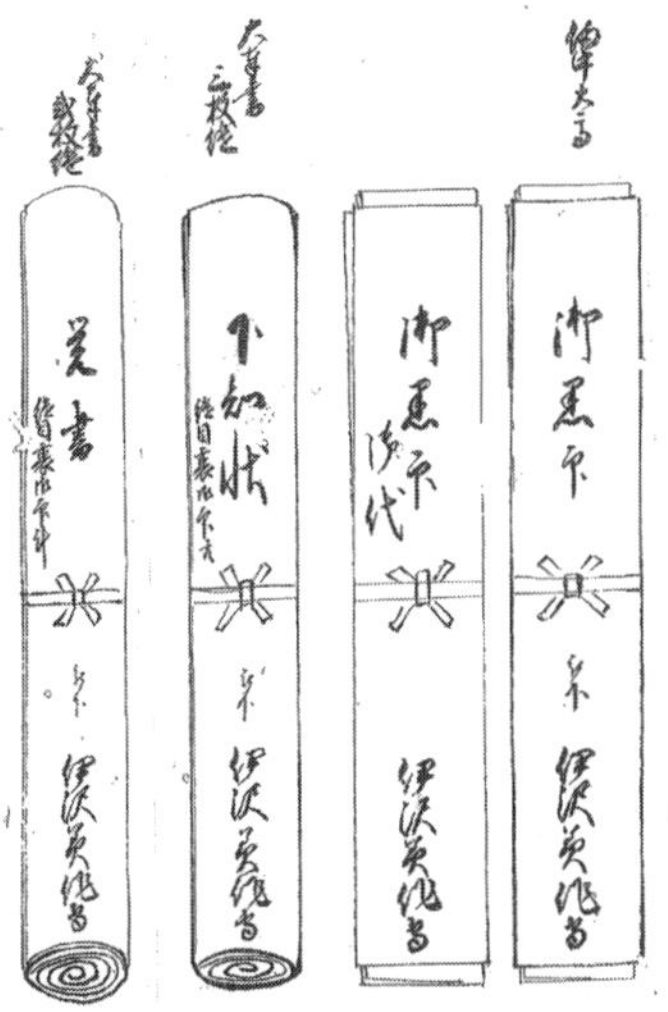

天保15年７月21日付伊沢美作守宛
御渡物〔『御黒印下知状之留二』〕

た。正徳新例を長崎で施行した大岡清相は自著の『崎陽群談』で「一当時被下置候御黒印御下知状・御覚書は、御用箪笥の内、鎖前付候小箱に入有之、御文言ハわさと此冊に不相記候事」(〔参考史料1〕)と記述を残している。長崎奉行は正徳年間(一七一一〜一六)の頃、御用箪笥に収納された「鎖前付候小箱」に御渡物を入れて厳重に管理したことであろう。

文化九年赴任した遠山景晋(40)は同年九月七日長崎の西役所に着き、同日「御黒印御下知状・覚書・阿蘭陀人申渡三方ニ載、居間床の間に餝置」している(『長崎奉行遠山景晋日記』五八頁)。景晋は翌年十月二十二日帰府のため出立しているが、旅中で「御黒印者用人持参」とし、江戸に持帰っている(同上一二八頁)。

黒印状の持帰りについては、次の史料が紹介されている。

〔参考史料4〕 矢上駅御発駕長崎御着之事(41)

一御黒印御下知状共先年者、御向様今日被為入候節御持参、御立合ニ而御封し有之上書等御書方御認之趣ニ御座候処、近来は曲渕甲斐守様御在勤之節より御双方様被仰含候上、御持越被成候御黒印者、直ニ御着之御奉行様御一手ニ而御封シ御預り被成、御在勤之御奉行様江者是迄之御黒印直ニ御持帰被成候旨

すなわち「曲渕甲斐守の節」、御渡物は在勤奉行が「一手ニ而御封シ御預」、帰府の際「持帰」と改定されたことが知られる。曲淵甲斐守景露は文化三年三月から九年二月まで在任しており、遠山景晋はその後任となる。

最後に御渡物の開示状況を見る。御渡物は重要書類であり非開示とされた文書であったが、㈠非公式に開示されたほか、㈡限定された相手に開示がなされた。

㈠非公式な開示。管見した限りを点記する。寛永十二年（一六三五）の御渡物（老中下知状〔史料3〕）は既述した蘭館員フランソワ・カロンが長崎奉行仙石大和守久隆に要求し、長崎代官末次平蔵茂貞を経由してその写を貰い受けている（前註（10））。長崎奉行は、長崎代官と蘭館員に老中下知状写を手交していたこととなる。寛永十三年令〔史料4〕については、明和元年（一七六四）田辺茂啓が『長崎実録大成正編』第一巻に収めている（註（11））。同文書の出所は不明であるが、長崎の町方に同上の写本が残されていた可能性がある。また慶安五年令〔史料6〕については、長崎の町乙名が書き留めた寛文十二年の記事に引かれている。(42)

〔参考史料5〕寛文十二年子三月二十一日

江戸より御飛脚到来、長崎江四月四日ニ参着、御書出之覚

一諸国売人長崎到着之事

近年は諸国商人共心次第不同罷下候、向後は慶安五年五月朔日御書出し之通七月五日切ニ到着たるべし、夫より遅参之輩は入札除可申事

右から諸国商人の長崎参集時期について、長崎奉行は幕府の命を受け「慶安五年五月朔日御書出」を引いて町方に「七月五日切」と伝達しているが、同上書出は町方役人に開示され参照されていた可能性がある。

㈡限定された公式開示。長崎番役の福岡藩・佐賀藩への開示事例がある。延宝三年（一六七五）八月、老中は長崎奉行牛込忠左衛門が提出した伺書「近年御改御下知状松平丹後守・松平右衛門佐え此度写之可差遣哉の事」を決裁し、「是は両人被相伺候右の写右衛門佐・丹後守え差遣可然事」と認可している（『近世長崎法制史料集2』〔長崎〕一二五号）。同上については、黒田家に残された「朱印状」（黒印状の誤り）を〔史料8〕で既述した。もう一方の鍋島家では正徳二年黒印状の閲覧を幕府に願い、同六年三月四日実現したが、その経緯について「御黒印・御下知状等写ノ写、

長崎御奉行石河土佐守殿江戸御屋敷へ御持参、公(鍋嶋吉茂)在国ニ付鍋島加賀守請取ラル、右ハ正徳二年御拝見ナサレ度仰入置カルニ付テナリ、附、右御黒印・御下知状、御代々御見合ノタメ年寄中へ拝見」と伝えている。(43) 奉行石河三右衛門自らが、鍋島家に届けたことが知られる。

御渡物は大村家にも伝えられた(〔史料7〕〔史料10〕)。他にも書写され、遺存されている事例や文書が発掘される可能性がある。(44)

おわりに

本稿では幕府が長崎奉行にあて発給した御渡物について、管見した二六点を掲出した(うち〔史料15・16〕同年月日)。御渡物は寛永十年代(一六三三〜)の老中下知状が源流で、寛文年間(一六六一〜七三)以降将軍の黒印状、老中奉書・下知状の三通として型式が完成された。黒印状には、日本人の異国渡海禁止、耶蘇宗門の禁止、押買売の禁止など国政と対外貿易に関わる重要規定が記された。老中奉書には、南蛮船への対応原則と「不義の働」に対する警衛体制の条文が記載された。黒印状は、正保四年(一六四七)の家光の制令、同五年発令の黒印状にも系譜上接続する。(45) 老中下知状は交易に関する制令であり、本文〔史料4〕の規定が基礎とされた。

本稿に収めた御渡物については、新史料発掘の余地を残しているほか、発給に至る作製過程、受給した長崎奉行の職務と権限、内外政策面における国政上の意味付けなど、それぞれに考察するところを残している。また長崎警備に関係した黒田家は鍋島家と共に寛文十二年以降も黒印状の閲覧を認許されているが、その他の大名への「伝達」は大村家を除き未詳である。

ほか御渡物の法規範の属性について、近世日本を貫いた対外体制の特質〔鎖国・海禁〕究明を深める課題が残されている。[46]

註

（1）清水紘一「享保年間の遠国奉行あて幕府発給文書をめぐって」（中央大学人文科学研究所編刊『人文研紀要』六八号、二〇一〇年）。

（2）『御黒印幷下知状覚書之留』一冊、国立公文書館内閣文庫蔵、請求記号「141–214」。法量タテ二九・五cm×ヨコ二〇・六cm。

（3）遠山景晋の日記は東京大学法学部に所蔵されており、荒木裕行・戸森麻衣子・藤田覚諸氏により学界に紹介された。同上編著『長崎奉行遠山景晋日記』（清文堂出版、二〇〇五年）四四頁。

（4）『御黒印下知状之留』四冊、国立公文書館内閣文庫蔵、請求記号「141–212」、二九・五cm×二〇・四cm。慶応三年（一八六七）の遠国役人・奉行まで御渡物の記録をとびとびに収録。同書については、菊池勇夫氏の研究から示唆を受けた。同氏「箱館奉行の基本性格について」（田中健夫編『日本前近代の国家と対外関係』吉川弘文館、一九八七年）。

（5）渡物について小学館編刊『日本国語大辞典12』（二〇〇四年、第2版4刷）では「わたしもの」「わたりもの」を採録しているが、後者の④で「主人から渡される扶持米・給金など」と語釈している。

（6）『近世長崎法制史料集1』（清水紘一・木﨑弘美・柳田光弘・氏家毅編、岩田書院、二〇一四年）、『近世長崎法制史料集2』（清水紘一・柳田光弘・氏家毅・安高啓明編、岩田書院、二〇一九年）。

（7）人名については、高柳光寿・岡山泰四・斎木一馬編集顧問『新訂寛政重修諸家譜』（続群書類従完成会、一九六四年）

本文三二冊・索引四冊。国史大系編修会編『徳川実紀』『続徳川実紀』(吉川弘文館、一九六四年)全一五冊。長崎奉行については『近世長崎法制史料集1』『同2』所収「人名索引」参照。

(8) ①②条の奉書船に関しては、岩生成一『新版朱印船貿易史の研究』(吉川弘文館、一九八五年)。永積洋子『朱印船』(吉川弘文館、二〇〇一年)。⑫⑬⑯⑰条の糸割符制令、起源は慶長九年の糸割符御奉書(『近世長崎法制史料集1』三二号)。糸割符研究については、中田易直『近世対外関係史の研究』(吉川弘文館、一九八四年)後編第三部。高瀬弘一郎『キリシタン時代の貿易と外交』(八木書店、二〇〇二年)第二部。糸割符奉書の実効性について、高瀬氏はポルトガル側に直接的な影響はなかったとする。

(9) 岩生成一「鎖国」(『岩波講座日本歴史10 近世2』岩波書店、一九六三年)。藤野保編『対外関係と鎖国』論集幕藩体制史第一期支配体制と外交・貿易第八巻(雄山閣出版、一九九五年)再録。

(10) 永積洋子『平戸オランダ商館の日記 第三輯』(岩波書店、一九六九年)二八六、二九〇頁。同上文書(訳文)に、「月日」の記載はない。なお、家光は同年五月十八日長崎奉行の人事発令「榊原飛騨守・神尾内記長崎町奉行被仰付」、同月二十八日両名に謁見「御暇被下黄金十枚帷子袷単物羽織等拝領、是長崎え被遣之故也」(藤井譲治監修『江戸幕府日記 姫路酒井家本 第三巻』ゆまに書房、二〇〇三年、二三七、二四八頁)しており、寛永十二年五月二十八日〈史料3〉付条々を下付したこととなろう。

(11) 丹羽漢吉・森永種夫校訂『長崎実録大成 正編』(長崎文献社、一九七三年)九頁。

(12) 藤井譲治「家綱政権論」(『講座日本近世史4』有斐閣、一九八〇年)。

(13) 『徳川実紀 第四篇』(前掲書、二三二頁)。同第五篇、三三八頁。斎木一馬・岩沢愿彦校訂『徳川諸家系譜 第一』(続群書類従完成会、一九七〇年)四七頁。家綱は、寛永十八年八月三日生まれ、延宝八年五月八日四十歳で死去。

（14）『長崎御役所留　上』（国立公文書館内閣文庫、請求記号「181–113」）。上中下三冊五帳。『近世長崎法制史料集2』に全編収録。
（15）中村質『長崎貿易史の研究』（吉川弘文館、一九八八年）第五章。大田勝也『鎖国時代長崎貿易史の研究』（思文閣出版、一九九二年）第四章。
（16）清水紘一「郡崩れと大村藩の宗門行政」（『新編大村市史　第三巻　近世編』長崎県大村市刊、二〇一五年）一二三頁。
（17）本文は、長崎奉行が連名で老中に提出した伺書の一節。南蛮船を湊口の「いわう」に停泊させることを具申。『長崎御役所留』所収（『近世長崎法制史料集2』［長崎］四三号）。
（18）清水紘一「寛文期尾張藩のキリシタン禁制について」（『徳川林政史研究所紀要』昭和五十三年度）。
（19）高柳眞三・石井良助編『御触書寛保集成』（岩波書店、一九七六年第三刷）五号。
（20）『大村家覚書七』（大村市立史料館蔵、請求記号「S101–18」）。前書きで「一長崎政所御下知状の事、寛文六年丙午四月十六日長崎政所え被　仰出候条々の写」、「長崎政所下知状」と記載されているが、〔史料7–1〕文末文言「依　仰執達如件」・〔史料7–2〕「被　仰出也」から、奉書。
（21）松尾晋一『江戸幕府の対外政策と沿岸警備』（校倉書房、二〇一〇年）第一部。
（22）川添昭二・福岡古文書を読む会校訂『新訂黒田家譜　第二巻』（文献出版、一九八二年）二八二頁。福岡藩では家譜（「光之記」四）編纂時、「長崎奉行中あて朱印状」として原記録・写が残されていたことが推測される。
（23）二〇一〇年三月、黒田家文書を所蔵している福岡市博物館で調査したほか、未済分について同館の学芸課に調査を願い、上記の原史料についてその後「所蔵していない」旨のお返事を頂いた。関係各位に御礼を申し上げたい。
（24）長崎奉行は延宝三卯年八月九日付で伺書を老中に提出。「御黒印・御下知状」を鍋島光茂・黒田光之に同上写本差遣を進言し、「可然」と許可を得ている（『近世長崎法制史料集2』〔長崎〕一二五号）。同上写本は同年九月十五日黒田光之が長崎で受け取っている（『新訂黒田家譜　第二巻』三八一頁）。

(25) 鍋島家譜に〔史料8〕は収録されていない。「光茂公譜考補地取二」（『佐賀県近世史料　第一編　第三巻』二七三頁）ほかの文中で、「長崎御番大意御意」などを収録しているが、延宝三年の該当箇所に「御黒印御下知状」写に関する記載は見られない（同上二六〇頁、「綱茂公御年譜上」同五五九頁）。但し、老中が閲覧を許可していることから、鍋島家はその折黒印状を実見したことが推断される。なお正徳六年（享保元年）には〔史料9〕の写本を入手している（註(43)）。

(26) 中田易直・中村質校訂『崎陽群談』（近藤出版社、一九七四年）八七頁。

(27) 大村市立史料館蔵『九葉実録　第二十一巻』架蔵番号「102–29」。大村史談会編刊『九葉実録　第二冊』（一九九五年）二五〇頁。

(28) 清水紘一「参府蘭館長に伝達された南蛮に関する上意について」（『中央史学』第二〇号、一九九七年）。

(29) 石井良助・服藤弘司編『幕末御触書集成　第三巻』（岩波書店、一九九三年）二四五六号。

(30) 通商条約については、内閣官報局編『法令全書　自慶応三年十月・至明治元年十二月』（一八八七年、博聞社販売）所収、附録第四「自嘉永七年至慶応三年各国条約書」。外務省条約局編刊『旧条約彙纂　第一巻・第二巻』（一九三四年）。東京大学史料編纂所編纂『大日本古文書　幕末外国関係文書之二〇』（東京大学出版会、一九七二年覆刻）ほか。

(31) 石井良助・服藤弘司編『幕末御触書集成　第六巻』（岩波書店、一九九五年）六一五四号。安政四年七月二十五日には大目付・目付に対し「向々え可相達趣」とし「寛永以来外国御取扱向之制度御改無之候者相成間敷」（同上六一六七号）と、再達している。

(32) 日葡条約、万延元年（一八六〇）六月十七日江戸で調印、註(30)参照。南蛮国の宗教的宗主国というべきイタリアとは、慶応二年七月十六日に日本国伊太利国修好通商条約・貿易定則を調印している。スペインとは、明治元年九月二十八日に「日本及西班牙間ノ修好通商及航海条約」を締結（外務省編刊『日本外交文書 第一巻 第二冊』五八〇号）。

(33) 妻木源三郎、文久二年九月十日病死（森永種夫校訂『長崎幕末史料大成3開国対策編Ⅰ』長崎文献社、一九七〇年）四二二、四二四頁。

(34) 前註(3)『長崎奉行遠山景晋日記』五〜六、一七、四一〜四五頁ほか。

(35) 幕府役人の誓詞については諸書に散見されるが、遠国奉行を含む諸役人の誓詞を収集した『皦日《きょうじつ》私記』が国立公文書館内閣文庫に残されている。全四冊、請求記号「142–104」。長崎奉行の誓詞については、寛政五年三月二十一日付高尾伊賀守（高尾惣十郎信福、寛政五年二月二十四日任〜七年二月五日転）の起請文〔起請文前書・一一条・罰文〕が、同上四に収められている。

(36) 関牧之助、『新訂寛政重修諸家譜 第二十二』前掲書、一八三頁。

(37) 新村登八郎、同前書第十九、二九九頁。諱、義矩《まさのり》。祖父の新村登八郎義壽は表右筆から奥右筆に転じ、再度表右筆に復している。ほか、国史大系編修会編『続徳川実紀 第二篇』（吉川弘文館、一九六六年）二四九頁。

(38) 慶応元年の照会については、火災によるもので大目付に問い合わせている。その際、長崎警衛の諸藩主の名順が「小笠原左京大夫、奥平大膳大夫、松平中務大輔、松浦肥前守、松平主膳頭、小笠原佐渡守、松平左衛門尉」と列挙されている。火災による資料焼失について表右筆は次の文書を残している。

長崎奉行能勢大隅守

右此度被下候　御黒印状并御下知状名充の儀ニ付取調候処御帳類御焼失ニて相当の例も不相見候得共安政四年五月駿府御城代室賀美濃守え　御黒印并御下知状御渡の節同所町奉行大久保右近将監在府ニ付名前不書入御渡ニ相成候

儀ニ御座候得者朝比奈伊賀守儀は外国奉行ニて長崎奉行兼帯主役の儀ニも無之候間服部左衛門佐・能勢大隅守両名
充ニ取調候方可然る哉ニ奉存候、依之此段奉伺候、以上
十月
湯浅伴右衛門
長谷川又三郎
（『御黒印下知状之留四』）

本文に見える「御帳類御焼失」は、安政六年十月十七日の本丸焼失（『続徳川実紀　第三篇』六三四頁）後の事態を受けてのことであろう。差出の湯浅伴右衛門は安政四年に表右筆組頭となり、翌五年表右筆筆頭に昇進している（『同上　第三篇』三三〇、五五五頁）。長谷川又三郎は文久二年九月の将軍上洛時御膳奉行として名を残している（『同上　第四篇』三九四頁）。

(39) 奥右筆については、本間修平「徳川幕府奥右筆の史的考察」（服藤弘司・小山貞夫編『法と権力の史的考察　世良教授還暦記念上』創文社、一九七七年）。
(40) 遠山景晋は文化九年七月二十一日に江戸を出立したが、前日、手附・書役に長持三を携えた「宿割」要員を先発させて西下。中山道経由、京坂、山陽道陸路・海路をたどり、大宰府を経て長崎に向かっている。
(41) 長崎県立長崎図書館編刊『長崎奉行雑載』（二〇〇五年）一九頁。
(42) 森永種夫・越中哲也校著『寛宝日記と犯科帳』（長崎文献社、一九七七年）一四七頁。
(43) 佐賀県立図書館編刊『佐賀県近世史料　第一編　第四巻』（一九九六年）一四九頁。「吉茂公譜四」所収。
(44) 長崎奉行所関係の文書については、長崎県教育委員会により県内所在の関係文書が調査されている。長崎県教育委員会編刊『長崎奉行所関係文書調査報告書』長崎県文化財調査報告書第一三一集（一九九七年）。
(45) 松尾晋一、前掲註(21)『江戸幕府の対外政策と沿岸警備』一〇六頁。

(46)　清水紘一「近世日本の「鎖国令」覚書」（『南島史学』第七七・七八合併号、二〇一一年）で、若干を述べた。鎖国に関する学界の研究蓄積は多大であるが、近年の鎖国研究として、辻本雅史・劉序楓編著、徐興慶編集『鎖国と開国―近世日本の「内」と「外」』（国立台湾大学出版、二〇一七年）。同書に、藤井譲治「「鎖国」の捉え方―その変遷と現在の課題―」収録。松方冬子「2つの「鎖国」―「海禁・華夷秩序」論を乗り越える―」（洋学史学会編『洋学』二四、岩田書院、二〇一六年）ほかがある。

西国探題の設置と諸過程—寛永十六年～寛文十二年—

清水　紘一

はじめに

西国探題は、家光政権が寛永十六年（一六三九）ポルトガル〔南蛮船〕との断交を決定し、長崎港と西国沿岸を警衛するため設置した江戸初期の軍事機関である。探題には、中国・四国・九州の有力親藩・譜代大名が起用された。

西国探題は史料上、長崎探題とも呼称され、定まった名称を持っていない役名である。本稿では『徳川実紀』所収寛文八年四月十一日の条に見える「長崎辺蛮船着岸セシ時。諸事沙汰すべき事を。大久保加賀守忠職に仰付らる（此頃はこれを西国の探題職と唱ふるといふ）(1)」に拠り、西国探題に統一した。

一　西国探題の起源

初代の探題は、播磨姫路藩主の松平下総守忠明である。忠明は奥平信昌の四男であるが、忠明の生母は家康の娘亀姫で、「家康の養子」となり松平の称号を許された(2)。家光は寛永十六年（一六三九）三月三日、忠明を大和郡山から播磨姫路に移し、「其頃」忠明に探題職を命じている。

その折の経緯については、忠明の後継者松平下総守忠弘が貞享年間（一六八四〜八八）に書き上げて幕府に提出した「奥平家記録」の一節から伺える。

〔史料1〕奥平家記録（『譜牒餘録』巻第二十七）(3)

同（寛永）十六年三月郡山ヲ改メ播州姫路ノ城ヲ賜リ拾八万石ヲ領ス、専ラ西国ノ藩鎮トナサシム、其頃南蛮ノ耶蘇宗ノ徒日本ニ入寇スヘキ風説アリ、是ニ依テ家光公命ヲ下シ玉フハ若シ彼徒攻来ラハ西国ノ大名悉ク忠明ニ軍謀ヲ議シ指揮ニ属シ長崎ニ向フヘシ、又備前ノ小豆島ヨリ枪工ヲ呼寄セ大坂ノ城内ヨリ大筒ヲ取ヨセ軍用ニ備フヘキト也、忠明是ニ依テ平生長崎ニ人ヲ付ヲキ又諸士多ク抱へ船多ク用意ス、事アル時功ヲ立ント常ニ志ヲ励マス故也

右から、忠明は寛永十六年「西国ノ藩鎮」とされ、有事の際の西国諸大名の軍勢指揮と「軍謀」が将軍家光から特命されたことがわかる。その時期については、寛永十六年三月三日、大和郡山から播磨姫路への転封の「其頃」としている。そこで同年の「南蛮ノ耶蘇宗ノ徒日本ニ入寇スヘキ風説アリ」とする記事から同様の事例を追うと、寛永十六年七月上旬、江戸城内外で生じた一連の経緯が注目される。

幕府は、寛永十六年七月五日付奉書でポルトガル船の来航を禁止し、同年長崎に入港したマカオ船に通告した（かれうた船渡海停止令(4)）。同件に関して西国大名の江戸藩邸間では情報交換がなされており、薩摩藩邸では七月四日「幕時分」、細川越中守忠興の使者から太田備中守資宗（奏者番）の長崎下向に関する情報を取得。関連情報と併せ、翌五日付で国元に通報している。

同上写は、以下のようである。

〔史料2〕「寛永十六年」七月五日付下野守久元書状〔抄文〕(5)

一書令啓候、仍昨日暮時分、上御屋敷へ従細川越中守殿御使被下候、（中略）今日諸大名　御城へ召候而被　仰出候者、今度太田備中守殿長崎へ被為下候ニ付而、御条書出申候、惣而九州之御仕置与聞得候与被仰聞候間、今朝越州へ致伺公候へハ、御条書之写早朝我等所へ被遣候、様子者中国之大名衆之家老衆者室津・上之関へ被出合、可被相待候、長崎近国之衆者、長崎へ可被参候由候、（中略）かれうた船当年よりハ御法度ニ被仰付候通被仰聞候、御条書者道春被読聞候、（中略）当時之御咄ニ　御城方之御沙汰候かれうた船長崎へ三百艘参候、是者南蛮国へ弓箭出合候て、日本方を引候由、依稠沙汰、為参之由申候、小笠原右近殿御咄ニ、かれうた船七十二艘参候与御申候、爰元町方之沙汰ニも唐物殊外下直候由申候、ケ様ニ色々申候へ共、かれうた船一艘も不参儀必定之由被仰候、（中略）

「寛永十六年」七月五日　　下野守久元〔判◎花押〕（下略）

文中の人名について、細川越中守は肥後熊本藩主細川忠利、太田備中守は奏者番太田資宗、道春は儒学者林羅山、小笠原右近は豊前小倉藩主小笠原忠眞。本文差出の下野守久元は在府中の薩摩藩家老島津久元等となる。本文では、かれうた船「御法度」（来航禁止・関係断絶）について太田備中守の長崎下向を記し、併せて「九州之御仕置」について、中国大名・家老に対する室津・上之関待機と、長崎の近国大名衆に同地への参集措置が取られると伝える。次いで「当時之御咄」とし「かれうた船長崎へ三百艘参候」、小笠原右近大夫の御咄で「七十二艘参候」などの風聞を伝えているほか、唐物の市況に加え「かれうた船一艘も不参」など、当時流布されたまちまちの噂話を国元に報じている。

江戸城内外で流された「かれうた船三百艘」「七十二艘」などの数字は、明らかに誇大な虚偽情報となる。但し南蛮船大挙来航の噂が江戸詰めの西国大名間で流説されたことにより、江戸の政界では上述した〔史料1〕に見える

「其頃南蛮ノ耶蘇宗ノ徒日本ニ入寇スヘキ風説アリ」とする緊張意識の高まりがあり、家光政権の政策決定にも影響を及ぼしていたことが想察される。

初代西国探題の設置時期について本稿では、上記の二文書から寛永十六年七月上旬頃と推測しておこう。松平忠明は探題に就任すると、「小豆島ヨリ柁工」「長崎ニ人ヲ付ヲキ」など人材を需め有事を想定した準備を進めた。また大坂城から「大筒」などの貸与を受けた。関連する史料として、幕府が大坂に伝えた関連文書を挙げておく。

〔史料3〕寛永十九年五月九日付老中下知状(6)

以上、当年中自然御用有之て西国筋松平下総守俄於相越ハ渡海の船・同水主等無滞様可被申付候、不及申候得共此外船入候事可有之間其考尤候、恐々謹言

寛永十九午　五月九日

阿部対馬守重次判
阿部豊後守忠秋判
松平伊豆守信綱判

阿部備中守殿
稲葉摂津守殿
久貝因幡守殿
曾我丹波守殿
小浜民部殿

差出は老中、宛所は大坂城代阿部備中守正次・大坂定番稲葉摂津守重綱・町奉行久貝因幡守正俊・曾我丹波守古祐・船手小浜民部光隆。右から、忠明は有事に際して大坂在番衆が管轄した幕府用船と要員を自軍の下に編成し、出

動させる権限が付与されていたことが知られる。その際、大坂城に備蓄された武器類も忠明へ貸与が想定されたことであろう。

家光が忠明を西国探題として指名した経過について具体的には知られていないが、家康との上記「血筋」に加え、忠明は元和元年（一六一五）から五年まで豊臣秀頼滅亡後の大坂城を恩給されていた。さらには家光治政の下で、忠明は寛永九年「井伊掃部頭直孝とともに政事にあずかり三年の間は在府」（『寛政重修諸家譜第一』二七一頁）を命じられており、忠明は幕政に関与する親藩の元老的存在であったことが注意される。特に同上の「三年間」は大御所秀忠死後（寛永九年正月二十四日）の時期であり、家光の新体制構築と長期的な対外鎖国体制に向けた大綱の策定期に相当する(7)。同政策の具体化は、家光政権が寛永十年二月二十八日付で曾我又左衛門・今村伝四郎に発給した覚一八条に始まる（本書所収拙稿「長崎奉行に発給された御渡物」。史料『近世長崎法制史料集1』一四一号ほか）。

西国探題の設置を具体化させた背景については、寛永十四～五年の島原天草一揆の事例を挙げておきたい。同上一揆の際、家光は三河譜代の板倉重昌・老中松平信綱を相次いで九州に下し、重昌の戦死後原城を攻略した近過去があった。徳川幕府を九州で支える親藩・譜代藩は、寛永九年以降豊前小倉他に小笠原忠眞とその一族が移封されていたが、西国には戦国以来の外様大藩が含まれており、西国大名を束ねる軍事統制機関の設置が家光政権に認識された可能性があろう。

松平忠明は正保元年（一六四四）三月二十五日病没したが、探題職を生前辞退している。忠明が探題を辞退した時期については現段階で未詳であるが、後継について家光は忠明の嗣子忠弘（十四歳）を指名せず、伊予松山藩主を同年正月次期探題に指名している。

本稿では松平忠明の探題補職の年次について、寛永十六年七月頃から正保元年「春」頃迄と推測しておこう。

二　西国探題の過程

第二代探題は、正保元年(一六四四)正月十八日探題に任用された伊予松山藩主松平隠岐守定行である。定行は、家康の異父弟久松定勝の後継者であり、一時期家康の生母で定行自身の祖母伝通院に仕えた。定行は寛永元年(一六二四)伊勢桑名で遺領を継承し、十二年伊予松山に移され一五万石を領知した。定行は探題に就任後独自の連絡拠点を長崎に設営していた可能性があり(8)、正保四年ポルトガル船が来航すると、定行は藩勢を率いて長崎に急行している。同上は探題が就役中臨戦態勢に入った唯一の事例であり、定行出兵について第四節で若干を跡付ける。定行は万治元年(一六五八)二月二十八日致仕した。故に松平定行の探題補任は正保元年正月十八日から、万治元年二月二十八日迄の期間となる(『寛政重修諸家譜第一』二九二頁)。

第三代探題は、定行の嗣子松平河内守定頼である(のち隠岐守)。定頼は万治元年二月二十八日襲封し、同年四月二十八日探題職を受命した。但し定頼の西国出動はなく、寛文二年(一六六二)正月二十二日病没している。後継者は嗣子の定長であったが、跡職は命じられていない(『寛政重修諸家譜第一』二九三頁)。故に松平定頼の探題任職は、万治元年四月二十八日から寛文二年正月二十二日迄の期間となる。

第四代探題は、豊前小倉藩の小笠原右近大夫忠眞である。同家の家筋を見ると、忠眞の父秀政は家康の孫娘(岡崎三郎信康息女)を配されて徳川家に仕え、元和元年(一六一五)大坂夏の陣で戦傷死している。忠眞は秀政の遺領を継承し、寛永九年十月豊前小倉に移され一五万石を領知した。この時「豊前国は西国枢要の地」「相ともに鎮護すべき」として、一族の小笠原信濃守長次(秀政の長男忠脩《ただなか》長子)が豊前中津、同壱岐守忠知(秀政三男)が豊後杵築へ、松平丹後守重直（秀政四男）が豊前龍王（のち同国高田）へ、それぞれが所領を移されている（『寛政重修諸家譜第三』三九三、四〇〇、四〇四頁。『同第二』一九三頁）。

同上により親藩・譜代の前線が豊前・豊後に及ぼされたが、同上の各藩はそれぞれが後年の長崎警衛支援諸藩として編入され役務が課されていくこととなる。

忠眞は寛文二年五月十九日「御前にめされ異国の船長崎に来る事あらばかの地に赴き、諸事を指揮すべきむね台命」を受け、西国探題に任じられている（『同第三』三九五頁）。同人事は長崎にも、次の文書で伝えられた。

〔史料4〕寛文二寅年六月二十八日御奉書御下知状

此以前松平隠岐守被仰付候の通自然南蛮船到来の節御下知次第長崎え相越可申付の旨小笠原右近大夫被仰含の間被得其意如跡々万事可被相談候、恐々謹言

六月廿八日

稲　美濃守

阿　豊後守

酒　雅楽頭

黒川与兵衛殿

嶋田久太郎殿

（『近世長崎法制史料集2』〔長崎〕五五号）

差出は、老中稲葉美濃守正則・阿部豊後守忠秋・酒井雅楽頭忠清。宛所は、長崎奉行黒川与兵衛正直（慶安三年十一月任～寛文四年十二月転）・嶋田久太郎利木（寛文二年五月任～六年正月転）。文中の松平隠岐守は、三代探題の松平定頼。幕閣は小笠原忠眞の職務について「跡々万事可被相談」と伝え、前例踏襲を指示している。

忠眞は、寛文七年十月十八日小倉で死去している。故に小笠原忠眞の探題補任は、寛文二年五月十九日から同七年

十月十八日までとなる。

三　西国探題の改廃

西国探題の役制は、寛文六〜十二年間(一六六六〜七二)に改定されその後廃絶された。その間のあり方は「准探題」の指名が一時期なされ、次いで探題廃止、長崎奉行・長崎番役・支援諸藩を中心とする新警衛体制への移行などの諸過程を経た。

准探題については、小笠原忠眞の探題職と併せ、肥前唐津藩主大久保加賀守忠職《ただもと》が「探題並み」に処遇されており、本稿で仮称した語である。

大久保忠職は三河譜代の名門で、幕政初期秀忠を後継将軍として擁立した老職大久保忠隣《ただちか》の直系となる。忠隣は慶長十九年(一六一四)十二月二十日、伴天連追放総奉行を命じられ上洛したが在京中改易された。但し、長子忠常が拝領した遺領が同家に残された。次いで忠隣の嫡孫忠職の時に赦免され、武蔵騎西から美濃加納・播磨明石に移封。慶安二年(一六四九)肥前唐津で八万三〇〇〇石を領知した。余談ながら、大久保忠職は上述した初代探題松平忠明の娘を妻としている。

忠職は寛文六年に長崎加勢を命じられたほか、同八年四月十一日「九州鎮護」となり、同十年四月十九日卒去している(『寛政重修諸家譜第十一』三八二頁)。

寛文六年の発令は、大村家に伝えられた四月十六日付七か条の老中奉書①〜③条に見える。

〔史料5〕寛文六年四月十六日付老中奉書

一①南蛮船若令渡海、雖為如何様の訴訟　大猷院様御代以来今以堅為御制禁の間早々帰帆可申付事
一②右の通及挨拶、其上江戸え可注進、幷小笠原右近将監所え早速可申遣候、右近将監長崎え被相越儀は従江戸可為御下知次第、但差当儀は各別の事
（中略）
一③大久保加賀守え可告知候、但長崎え招寄儀は可為右近将監同前事

寛文六年四月十六日

内膳正／但馬守／大和守
美濃守／豊後守／雅楽頭

松平甚三郎殿
河野権右衛門殿

（『近世長崎法制史料集1』三二一号。／は改行、以下同じ）

差出は、老中板倉内膳正重矩・土屋但馬守数直・久世大和守広之・稲葉美濃守正則・阿部豊後守忠秋、大老酒井雅楽頭忠清。宛所は、長崎奉行松平甚三郎（寛文六年三月任〜十一年五月転）・河野権右衛門（寛文六年三月任〜十二年三月転）。文中の小笠原右近将監は上述した第四代探題忠眞。大久保加賀守は上述した同忠職であるが、南蛮船渡来時の通報と軍勢召集は、小笠原右近将監と同前（「従江戸可為御下知次第」）とされており、他藩大名に老中が下した加勢規定とは明確に異なる。当時の大久保忠職の格式について本稿では「准探題」と仮称したが、初任の時期については明確でない。本稿では〔史料5〕の日付に従い、寛文六年四月十六日と仮説しておこう。同上期間は小笠原忠眞の晩年の時期（寛文七年十月十八日卒）と重なる。

忠職が准探題を探題と改め、その就役が発令された年次は、寛文八年四月十一日のことである。既述した『徳川実紀第五篇』（一四頁）に「先に小笠原右近将監忠眞卒せしにより。長崎辺蛮船着岸せし時。諸事沙汰すべき事を。大久

保忠職に仰付らる」と記されている。同上に関連する史料として、長崎奉行と大久保忠職宛ての文書二通が残されている。次のようである。

〔史料6〕寛文八年七月三日付老中下知状(9)

自然南蛮船到来の節御下知次第長崎え罷越可申付の旨今般大久保加賀守被仰含候間被得其意候、跡々如小笠原右近将監時万事可被相談候、恐々謹言

七月三日　板　内膳正／土　但馬守／久　大和守
稲　美濃守／阿　豊後守／酒　雅楽頭

松平甚三郎殿
河野権右衛門殿

差出・宛所は、前文に同じ。文意は、大久保加賀守忠職に小笠原右近将監の跡役を命じたとするもので、老中が長崎奉行に発給した下知状である。次の文書は大久保忠職に宛てた探題の職務に関する下知状である。

〔史料7〕寛文八年七月三日付老中下知状(10)

覚

一①松平丹後守、松平右衛門佐、小笠原内匠頭、松平市正、松平左近将監、戸田伊賀守、幷長崎奉行人え奉書遣之間被相届之、此外小笠原遠江守忠雄、大村因幡守えは爰許において申渡候事

一②唐津到着の上長崎え被相越、松平甚三郎対談の上、所々見分可然事

一③自然南蛮船到来之節、長崎え於被相越は、彼地奉行人以連判、御用之儀可被注進事

一④南蛮船之儀に付、領国諸大名え御用之儀申遣候段は、長崎奉行人と以連判可被申越事

一⑤参観之儀、九月異国船払候以後、差当御用等於無之は、十月中可有発足候、雖然、先七月中被相伺之、可被任
　其意候事
　　寛文八年七月三日　　　　　　　　　　内膳正／但馬守／大和守
　　　　　　　　　　　　　　　　　　　美濃守／豊後守／雅楽頭
　　　大久保加賀守殿

差出は、老中板倉内膳正重矩・土屋但馬守数直・久世大和守広之・稲葉美濃守正則・阿部豊後守忠秋、大老酒井雅楽頭忠清。宛所は、大久保加賀守忠職。文中①条で長崎警衛について、長崎番役松平丹後守（鍋島光茂）・松平右衛門佐（黒田光之）に加え、支援諸藩を小笠原内匠頭長勝（豊前中津藩）・松平市正英親（豊後杵築藩）・松平左近将監忠昭（豊後府内藩）・戸田伊賀守忠昌（肥後富岡藩）と指定している。

ほか小笠原遠江守忠雄（豊前小倉）・大村因幡守純長（肥前大村藩）には老中から「爰許において申渡候事」としている。②③条では、探題の長崎見聞、諸藩動員の際の長崎奉行との連署を指令している。

以上、大久保忠職の探題補任の年次については、寛文六年四月十六日准探題となり、同八年四月十一日探題、寛文十年四月十九日の卒去迄となる。

西国探題の長崎下向については、原則として「江戸より可為差図次第」（〔史料5〕②条）とされていたが、同上の伝達は「長崎奉行—江戸幕閣—長崎探題」の諸過程を前提としており、関係者の間では、探題出動時機について「タイム‐ラグ」というべき違和感が生じていたことであろう。

大久保忠職の死後、探題職は廃止された。同上について、その一は、大久保忠職・小笠原忠眞の後継者に探題補任の形跡はないこと。その二は、寛文十二年閏六月三日付の長崎奉行への御渡物（黒印状・老中奉書）で、小笠原・大久

保両家(豊前小倉・肥前唐津両藩)が長崎番役(筑前福岡・肥前佐賀)を支援する諸藩の列に組み込まれていることによる。以下それぞれについて、若干を付記する。

その一。小笠原忠眞の後継者忠雄は寛文七年十二月十日遺領を継承したが、探題職を継承したか疑問である。但し関連する役として、寛文八年七月朔日「南蛮の船漂着」した際の対応として、福岡藩・佐賀藩と共に軍勢差出が命じられている。ほか享保二年(一七一七)幕府は唐船の北九州沿岸漂流(密貿易)を防止すべく打払いを決定し、その際の軍勢動員について豊前の自領藩勢のほか「筑前長門両国の人衆をもはばかりなく指揮すべし」(同上)と下達しているが、従来の探題とは性格を異にする。

大久保出羽守忠朝は寛文十年八月二十五日将軍家綱に召され、「御料の御羽織を給ふ。これ忠朝筑紫の事を承るによりてなり」(『寛政重修諸家譜第十一』三八二頁)と「筑紫の事」が家綱懇志の儀礼と併せて下達されているが、探題任職の辞令は見えない。ほか忠朝は延宝五年(一六七七)五月二十二日老中列座の席で、松平主殿頭忠房(肥前島原藩主)・長崎奉行牛込忠左衛門と同座。老中久世大和守広之から「壱通ツヽ」の覚書を手交されている。同覚書は三か条で「一長崎奉行人可遂相談御用於有之は其趣可申遣の間長崎へ被相越対談の上江戸え注進の儀依其品可有加判事」(『近世長崎法制史料集2』[長崎] 一二九号)と記され、長崎相談役を命じられている。

その二。幕府は寛文十二年閏六月黒印状・老中奉書を長崎奉行に発給。長崎警衛体制について従来方式を改定する新人事を発令した。

〔史料8〕寛文十二年閏六月二十六日付老中奉書(11)

条々

一①南蛮船令渡海、雖歴如何様之訴訟、先御代以来今以堅為御制禁之条、早々帰帆可申付事

一②右之通及挨拶、其上江戸え可有注進、松平丹後守・松平右衛門佐両人之内、当番之方ハ早速長崎え可被相越由、可申遣之、非番之方ハ、自然人数入へき様子ニおゐてハ、重而可及一左右之間、先用意有之而可被相待之旨可申遣事

一③縦港え雖入船、幾度も先条之通令挨拶、帰帆可申付候、万一船より鉄炮をうちかけ不義の動仕におゐてハ、所々に石火矢をかけ置、陸地より船を打しつむへし、順風にて逃延といふとも不苦候間、船にて逐懸儀可為無用事

一④南蛮船令到来、自然不儀之働有之刻、松平右衛門佐・松平丹後守人数計にて不足之時ハ、小笠原遠江守・大久保出羽守・小笠原内匠頭・松平主殿頭・松平市正・松平左近将監、此六人之内、在城の面々え申遣之、人数次第段々可差加之、其上にも人数於可入者、鄰国の面々え可申遣候事

一⑤他国之湊え南蛮船到来之時、長崎警固ハ大村因幡守所え可申遣候事

右条々相守此旨可沙汰之由、依　仰執達如件

寛文十二年閏六月二十六日　　内膳正／大和守／美濃守／雅楽頭

牛込忠左衛門殿

岡野孫九郎殿

差出は、老中板倉内膳正重矩・久世大和守広之・稲葉美濃守正則、大老酒井雅楽頭忠清。宛所は、牛込忠左衛門（寛文十一年五月任～天和元年四月転）・岡野孫九郎（寛文十二年三月任～延宝八年三月転）。

文中①条は、南蛮船来航拒絶の原則確認。②条は松平丹後守（鍋島光茂）・松平右衛門佐（黒田光之）等による長崎番役の当番・非番規定。③④条は南蛮船の不義に対する警衛担当で、小笠原遠江守忠雄（豊前小倉藩）・大久保出羽守忠

朝（肥前唐津藩）・小笠原内匠頭長勝（豊前中津藩）・松平主殿頭忠房（肥前島原藩）・松平市正英親（豊後杵築藩）・松平左近将監忠昭（豊後府内藩）のうち「在城の面々」。さらに「其上にも人数於可入者、鄰国の面々え可申遣」と規定。⑤条は長崎港以外への南蛮船到来時の長崎警固で、長崎奉行の出動と不在を想定し大村因幡守純長（肥前大村藩）が指名されている。

長崎探題の制度上の終期について、本稿では〔史料8〕の年次と見做しておこう。以降の長崎防衛は、長崎奉行・同相談役、長崎番役（福岡藩・佐賀藩）、長崎周辺諸藩支援の新体制に移行され、幕末まで継続される(12)。

四　正保四年松平定行の長崎出兵

ポルトガル（ポ・葡）本国では、一六四〇年スペイン勢力を駆逐して新王国（Bragança王朝）が成立すると、国王ジョアン四世 João Ⅳ は海洋大国復権政策の一環として日本との通商再開案を採択。対日復交要求使節として、ゴンサロ・デ・シケイラ・デ・ソウザ Gonzalo de Siqueira de Souza と随員の一行を日本に送った(13)。ソウザは軍艦二艘を率い、正保四年（一六四七）六月二十六日長崎に入港。同上の王命を長崎奉行馬場三郎左衛門に伝えた。三郎左衛門は江戸へ逐次速報したほか、ソウザに要求した武器類（本船石火矢二四挺、伴船同二二挺装備）の陸揚げが拒否されたことにより「敵対」と判断。熊本藩に出兵を要求したほか、近隣の諸大名と西国探題松平定行にも通報した。七月一日当番の黒田忠之が軍勢を率いて着崎し、長崎湾内でポ軍艦を封鎖すべく船橋の工事に着手した(14)。

定行は七月四日領国を出船し同月十二日長崎着、十五日諸藩の部署を定めている。松山藩の記録『垂憲録』では、動員諸藩の規模について次のように記す。

〔史料9〕垂憲録　松山談叢二上　真常院殿定行公抄(15)

長崎本奉行　松平隠岐守　人数七千二百人
政所奉行　馬場三郎左衛門
当番　黒田筑前守　人数一万七千人
加番　鍋島信濃守　人数一万余
同　高力摂津守　人数八百人
同　日根野織部　人数五百人
同　大村丹後守　人数五百人
寄衆　細川越中守　人数一万五千人
同　小笠原右近将監　人数二千五百人
同　寺沢兵庫頭　人数千人

惣船割

千三百艘　外石火矢船此内添船百艘　黒田筑前守
三百五十艘　石火矢船此内添船五十艘　松平隠岐守
七十艘　此外石火矢船添有之　松平美作守
千五百艘　同断　細川越中守
二百五十艘　同断　寺沢兵庫頭
千五百艘　同断　鍋島信濃守

五十艘　同断　高力摂津守
三十艘　同断　大村丹後守
百艘　同断　立花飛驒守
一長崎より黒船迄　七町
一黒船より松平筑後守持候西泊へ　五町
一同所より松平隠岐守持口つかれ《（らんヵ）》へ　十一町
一同所より船橋へ　十一町
一船橋長十三町七反両脇共三間づゝ、船路明き申候
一船橋数六十二艘
右の内大せいらう七ツ
上使　井上筑後守　山崎権八
　此両人七月晦日に長崎へ参着被仰出条々
一宗門広め申間敷との誓詞候はゞ、江戸にて御礼御請可被成候事
右御請不申八月六日黒船長崎を出船、小早船二艘にて碇をうちかへ々々ひかれ六日の昼時分より七ツ時分に船橋
面の通り翌七日に行方なく走り申候（下略）

同上によれば、本陣は長崎本奉行〔長崎探題〕と政所奉行〔長崎奉行〕とされ、ポルトガル軍艦停泊中の長崎湾岸に長崎本奉行（探題）をトップとする軍政が敷かれたこととなる。但し陣中における「軍謀」の実務は、長崎奉行が中心であったろう。長崎に参陣した熊本藩士は陣中の主導者について、長崎奉行の馬場三郎左衛門に加え、「長崎相

談」格（『近世長崎法制史料集2』長崎御役所留一五号）の日根野織部正吉明（豊後府内藩）と高力摂津守忠房（肥前島原藩）等、「万事此三人にて御相談」と留書している（『通航一覧第五』六二頁）。

先鋒は長崎番役の当番（筑前福岡藩）、次鋒が同上の非番（肥前佐賀藩）、三番手の支援部隊として加番の三藩（肥前島原藩・豊後府内藩・肥前大村藩）、寄衆は三藩（肥後熊本藩・豊前小倉藩・肥前唐津藩）。人数は九藩の総数で、五万四三〇〇人余となる。船については石火矢船（軍船）と添船に区分されているが、添船には早船・荷船など各種の船が含まれていた。一〇藩からの動員総船数は五一五〇艘で、ほか添船を含む石火矢船となる。うち軍勢を出さず船のみを長崎に送った藩は、松平美作守定房（伊予今治藩）と立花飛騨守忠茂（筑後柳川藩）である。松平定房は探題松平定行の実弟となる（『寛政重修諸家譜第一』二九三、三一一頁）。

西国探題と諸藩の出兵により、長崎には史上空前の大軍が繰り出されたこととなるが、その陣容と装備についてオランダ商館長は、同年八月一日湾口から停泊中の蘭船に向かう途中で「日本人の戦闘準備を見たが、想像したことのない程拙いものであった[16]」とその実態を述べている。

ポ軍艦に対する江戸からの返報は、家光が急派した上使井上筑後守政重・山崎権八郎が持参し七月二十八日長崎着。同月十三日付で家光が決裁し、老中・大老・譜代元老（井伊直孝）が署名した奉書を長崎に伝達した（『近世長崎法制史料集1』二五九号）。家光の決定はポ側の要求を拒絶し、ソウザ一行には「今度はほるとがるより代かハりの御礼」であるとし、同上二隻の帰国を承認している。他方で家光はポ国使節から「宗門広め申間敷」とする誓詞提出があれば「江戸にて御礼御請」とする含みがあったことが〔史料9〕から知られる。同上誓詞提出はポ国に対する政教分離要求に他ならないが、家光は同上と引き換えで日ポ復交を模索し、西国探題に内示していた証左となる。長崎湾上で展開された交渉は解明の余地を残しているが、ポ使節は同上に対応できず交渉は打ち切り。ポ軍艦二隻は八月六日出航したが、上使のほか探題・長崎奉行が湾内に船を出し見届けたという。次いで八月十一日以降諸大名は長崎から逐次撤収し、松平定行も同地を引き払っている[17]。

長崎に松平定行が出陣し果たした探題としての役割とその意義については、幕府が西国に敷いた軍事機関が現実に発動されたことにある。ほか、長崎奉行―長崎番役―西国大名を中心とする寛文十年以降の対異国船防衛シフトへの移行に見通しがつけられたことにある。その過程については、今後の課題である。

註

(1) 国史大系編修会編『徳川実紀 第五篇』(吉川弘文館、一九六五年、一四頁)。

(2) 高柳光寿・岡山泰四・斎木一男編集顧問『新訂寛政重修諸家譜 第一』(続群書類従完成会、一九六四年、二七〇頁。同第九、二一三頁)。以下文中表記。

(3) 松平下総守書上「奥平家記録」譜牒餘録巻第二十七(国立公文書館内閣文庫編刊『内閣文庫影印叢刊 譜牒餘録上』一九七三年、八〇一頁)。同書については、福井保「解題」を参照。松平下総守は忠明を後継した忠弘であろう。

(4) 清水紘一・木崎弘美・柳田光弘・氏家毅編『近世長崎法制史料集1』(岩田書院、二〇一四年、二〇七号)。同書、以下文中表記。

(5) 寛永十六年七月五日付薩摩藩留守居から国元老臣あて書状(鹿児島県歴史資料センター黎明館編『鹿児島県史料旧記雑録 後編六』鹿児島県、一九八五年、二四頁)。

(6)『古記録壱』(国立公文書館内閣文庫蔵、請求記号「181–156」)。

(7) 井伊直孝は寛永九年「このとしおほせにより松平下総守忠明と、もに政事にあづかり」(『寛政重修諸家譜第十二』二九四頁）と伝えられる。ほか寛永十六年七月五日付のかれうた渡海停止令に老中・大老奉書に次いで連署している（『近世長崎法制史料集1』二〇七号）。井伊直孝は幕閣内で、譜代元老として処遇されたことが推察される。

（8）松山藩では後年、「長崎宿」を設け同所に駐在藩士と徒・飛脚を配して長崎奉行・長崎番役との接触、世間の風聞聴取まで用務を命じている。同上宿については未詳であるが、松平定行〜定頼の探題時代に淵源する可能性があろう。「丑五月十日付御里印覚」（景浦勉校訂『松山藩法令集』近藤出版社、一九七八年、四〇三頁）。

（9）『長崎御役所留』上冊。『近世長崎法制史料集2』（岩田書院、二〇一九年）に収録。［長崎］と略称し便宜上の仮番号を付した。同上七六号。

（10）『通航一覧　第八』（附録巻三、前掲書二八三頁）。『近世長崎法制史料集1』三三〇号。

（11）「光之記四」（『新訂黒田家譜第二巻』三八二頁）。

（12）清水紘一「長崎奉行に発給された御渡物」（本書所収）。

（13）長崎市編刊『長崎市史　通交貿易編　西洋諸国部』（一九三四年、四八五頁、付録一一〇頁）。長崎市編刊『新長崎市史　第二巻　近世編』（二〇一二年、四八頁）。

（14）国書刊行会編刊『通航一覧第五』（一九一三年、八三頁）。

（15）「垂憲録　松山叢談二上真常院定行公」（『愛媛県史　資料編　近世上』愛媛県史編さん委員会編、愛媛県刊、一九八四年、一〇九頁）。垂憲録については、「垂憲録二冊、愛媛伊予史（文政八写・付録享保写）」（岩波書店編刊『国書総目録　第五巻』一九七七年二刷、八頁）。

（16）「ウイルレム・フェルステーヘンの日記」（村上直次郎訳『長崎オランダ商館の日記　第二輯』岩波書店、一九八〇年、第二刷、一七六頁）。

(17) 関連史料。長崎の地誌として、田辺八右衛門茂啓撰・丹羽漢吉・森永種夫校訂『長崎実録大成 正編』第七巻「南蛮船二艘入津之事」(長崎文献社、一九七三年、一八七頁)。熊本藩の記録として、永青文庫蔵『綿考輯録』巻六十二(光尚公)、刊本細川護貞監修・土田將雄編『綿考輯録 第七巻』出水叢書7(出水神社発行、一九九一年、三五六～四二二頁)。

【西国探題一覧】 寛永十六～寛文十年

松平下総守忠明 播磨姫路藩主 一八万石領知

寛永十六年七月上旬頃任～正保元年「春」頃(『寛政重修諸家譜 第一』二七〇頁)

松平隠岐守定行 伊予松山藩主 一五万石領知

正保元年正月十八日任～万治元年二月二十八日致仕(同右第一、二九二頁)

松平河内守定頼〔隠岐守〕 伊予松山藩主 同上

万治元年四月二十八日任～寛文二年正月二十二日卒(同右第一、二九二頁)

小笠原右近大夫忠眞〔右近将監〕 豊前小倉藩主 一五万石領知

寛文二年五月十九日任～同七年十月十八日卒(同右第三、三九三頁)

大久保加賀守忠職 肥前唐津藩主 八万三〇〇〇石領知

〔准探題〕寛文六年四月十六日任

寛文八年四月十一日任～同十年四月十九日卒(同右第十一、三八二頁)

寛永十六年御制禁切支丹宗門書物解説

―漢籍耶蘇教書と寛永禁書令―

葛谷　登

はじめに

『長崎御役所留』（国立公文書館内閣文庫蔵、請求記号［181-113］）中冊第二の帳、延宝四辰年（一六七六）の項に、「寛永十六己卯年（一六三九）　切支丹宗門書物御制禁目録　三十二種」と標題された貴重な文書が載録されている。同書は『近世長崎法制史料集2』（清水紘一・柳田光弘・氏家毅・安高啓明編、岩田書院、二〇一九年）に収録され、刊行されている。

漢籍耶蘇教書は明清代に刊行されたカトリック教会の教義書であり、日本にも将来されて信徒を始め儒学者迄多数の識者に読まれたが、幕府・長崎奉行は同上関係書籍の輸入を厳しく禁止した。その初発年次については一般に寛永七年（一六三〇）とされ、通説とされてきている。但し、同上を裏付ける関連史料は殆ど知られていない。

本稿では上記「目録」に見える漢籍耶蘇教書を書誌的に究明し、禁書に関する寛永七年説との整合性を検証する。

＊伊東多三郎「禁書の研究」（『近世史の研究第一冊』吉川弘文館、一九八一年、一八三～二四九頁。初出一九三六年）ほか。杉本勲「禁書令下の西洋文化」（『日本歴史』五九、一九五三年）。

海老澤有道「禁書令に関する諸問題」(『切支丹史の研究』新人物往来社、一九七一年、三一〇～三二八頁。初出一九五六年)。

大庭脩「禁書に関する二三の資料」(『史泉』四〇、一九七〇年)。

大庭脩「禁書発見」(『江戸時代の日中秘話』第二章、東方書店、一九八〇年)ほか。

一　切支丹宗門書物御制禁目録に見える漢籍の書誌情報

標題の「目録」所載順に、漢籍耶蘇教書の書誌と関連する情報を見て行く。『長崎御役所留』の表記については御役所留(もしくは［長崎］文書番号)で記載した。

以下、［長崎］一二七号所載『書名』の一打順に、便宜上番号を付した。

1　天学初函

『天学初函』、叢書〔理編・器編に別輯〕。李之藻輯。崇禎二年(一六二九)刊。理編は、『西学凡』『唐景教碑書後』『交友論』『二十

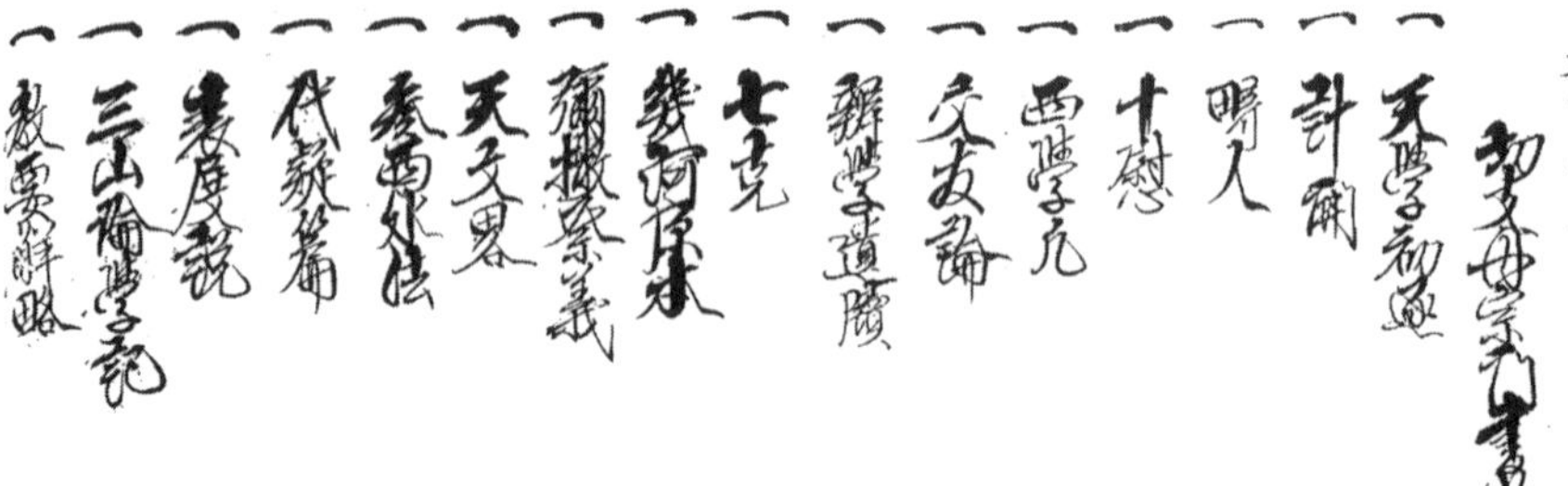

五言』『天主実義』『畸人十篇』『辯学遺牘』『七克』『霊言蠡勺』『職方外記』の十種。器編は、『泰西水法』『渾蓋通憲図説』『幾何原本』『表度説』『天問略』『簡平儀説』『同文算指』『圜容較義』『測量法義』『勾股義』の十種である。明末に広く読まれ、版本も多い。清代になって器編は四庫全書に収められた。First Encyclopedia of Heavenly Studies と英訳される。

＊文庸・楽峰・王継武主編『基督教詞典（修訂版）』（商務印書館、二〇〇五年、四八〇頁）。

2　計開

尾張徳川家の文庫（名古屋市蓬左文庫）所蔵になる『天学初函』には、「器編」に収められた書籍の一覧表が李之藻「刻天学初函題辞」の前に位置する。そこには「器編十種計一套」と最初に記され、その左に「器編」の十の書名が挙げられている。また内閣文庫所蔵の林家本『職方外紀』には、最初に「理編」に収められた書籍の一覧表が『職方外紀』の前に位置する。そこには「理編十種共一套」と最初に記され、その左に「理編」の十の書名が挙げられている。つまり、書名を挙げる前に「器編」では

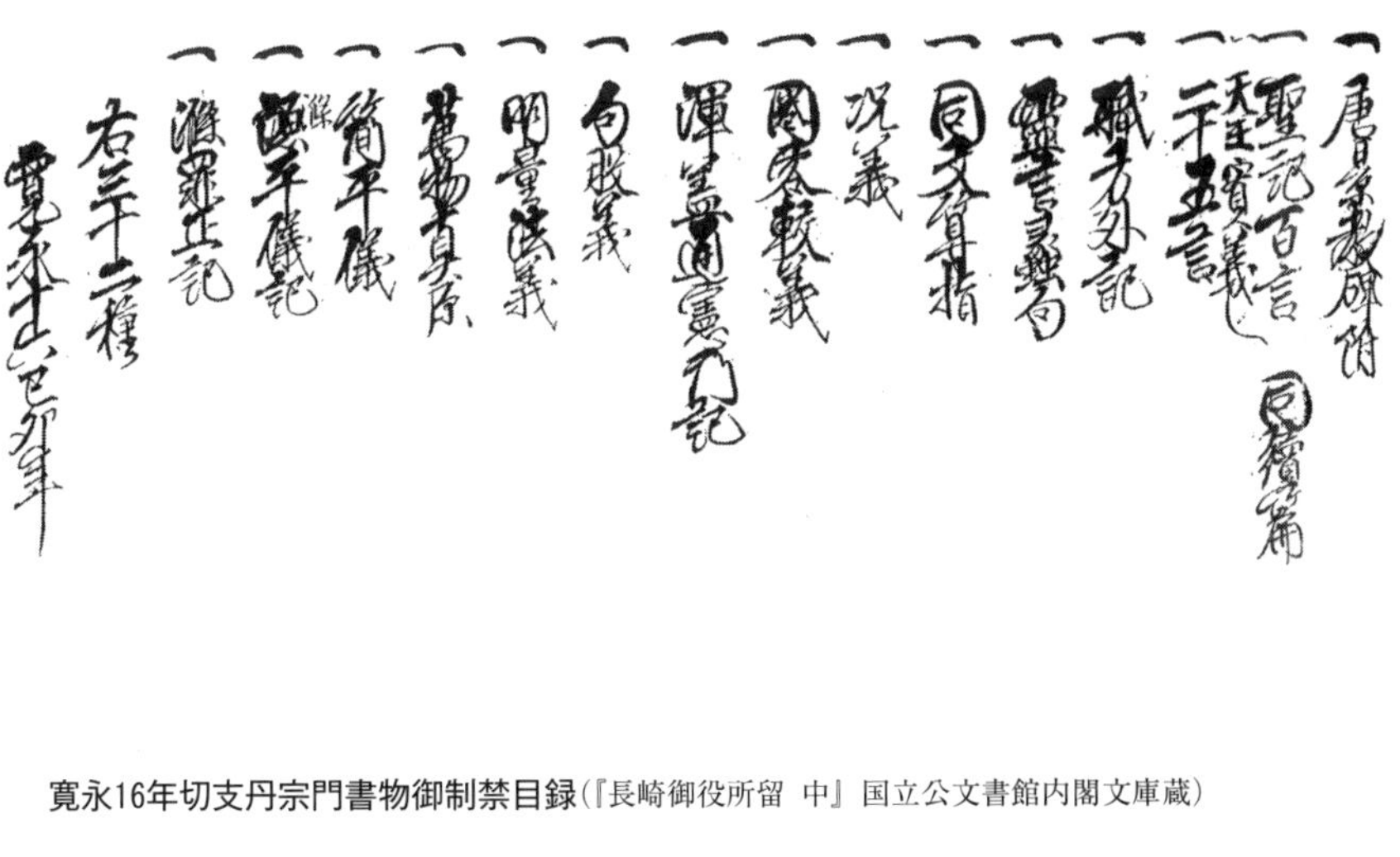

寛永16年切支丹宗門書物御制禁目録（『長崎御役所留　中』国立公文書館内閣文庫蔵）

「計一套」、「理編」では「共一套」となっている。「器編」では「計」と言う語が用いられているが、「計開」となっていない。

「計開」という語は、愛知大学中日辞典編纂処編『中日大辞典』（大安、一九六八年）に語として掲げられ（六六四頁）、そこには「左記。次ぎのとおり：左記のとおり列記するの意」（同頁）と説明されている。また大東文化大学中国語大辞典編纂室編『中国語大辞典　上』（角川書店、一九九六年）にも「計開」は語として掲げられ（一四三五頁）、「〔名〕内訳。〔動〕内訳を書く：内訳は次のとおり」（同頁）と説明されている。いずれも用例はない。

さらに中国の漢語大詞典編纂処編『漢語大詞典』（漢語大詞典出版社、一九九三年）第十一巻にも語として掲げられ（一九頁）、「計開」について「逐項開列。清単行頭習慣用此二字提冒」（同頁）と説明されている。上記二種の辞典の説明に重なるものであろう。さらに明の海瑞「被論自陳不職疏」、清の黄六鴻『福恵全書』「莅任」「発到任示票」、及び郭孝成『民国各団体之組織』第五節からの文句が用例として挙げられている（同頁）。つまり「計開」とは具体的なことがらを逐条的に書き列ねるときの前置きのような語であると言えるのではないであろうか。これを一つの書名と解することは不可能であると言ってよいであろう。

3　畸人

『畸人十篇』上下二巻。マッテーオ・リッチ Matteo Ricci 口述。李之藻及び劉胤昌の序あり。万暦三十八年（一六一〇）出版。李之藻輯『天学初函』所収。『四庫全書』「子部」「雑家類」にもあり。上巻に六篇、下巻に四篇。明末当時においてカトリックに関心を示した士人と、イエズス会士のリッチが様々なテーマで語り合ったところの宗教的な議論が問答体で記されている。

＊徐宗澤『明清間耶穌会士訳著提要』（中華書局、一九四九年。影印版、一九八九年）巻三「真教弁護類」一四八〜一五二頁。
費頼之（Louis Pfister）著、馮承鈞訳『在華耶穌会士列伝及書目　上冊』（中華書局、一九九五年）「九　利瑪竇」四二頁。

4　十慰

『十慰』一巻。高一志〔Vagnoni ヴァニョーニ〕述。黎寧石 Ribeiro・費楽 Figueredo 訂、陽瑪諾〔Emmanuel Diaz ディアス〕准。子を亡くした者への慰めなど、全部で一〇種の慰めについて書かれたものである。

＊『明清間耶穌会士訳著提要』巻二「聖書類」六九頁。
『在華耶穌会士列伝及書目　上冊』「二六　高一志」九五頁。
Standaert 編『中国キリスト教ハンドブック』第1巻〔Nicolas Standaert ed., *Handbook of Christianity in China*, Volume One : 635-1800. Brill, 2001〕六〇五頁。

5　西学凡

『西学凡』一巻。艾儒略〔Aleni アレニ〕述。浙江仁和の人楊廷筠の序、浙江銭塘の人、許胥臣の引、江西南昌の人、熊士旂の跋。天啓三年（一六二三）刊。『天学初函』（崇禎元年〔一六二八〕）所収。天啓六年に福建の欽一堂から重刻本が出ている。

新居洋子「アレーニ『西学凡』とその序、引、跋」によると、同書は一五九九年に刊行されたところの「イエズス会の教育カリキュラムを定めた『イエズス会学事規定（*Ratio Studiorum*）』と、コインブラ大学で蓄積されたアリストテレス著作に対する注解『コインブラ注解（Commentarii Collegii Conimbricensis）』（1592-1606）に従って、ヨーロッパのスコラ学、およびその修学体系を概説したもの」（九～一〇頁）であり、具体的には学問を六つの分野、すなわち文科(rhetorica)すなわち修辞学、理科(philosophia)すなわち哲学、医科(medcina)すなわち医学、法科(leges)すなわち法学、教科(canones)すなわち教会法学、道科(theologia)すなわち神学に分けて解説したものである。同書の序・引・跋において「アレーニの描いたヨーロッパにおける学問のあり方が、『大學章句』の概念に基づいて理解されるだけでなく、ヨーロッパの学問 Giulio Aleni が書物を主な拠り所として展開されることが注目され、称讃された」（二六頁）ようである。

また、高祖敏明「艾儒略著『西学凡』の内容と日本への影響」によると、「当時の西洋教学を紹介した著書としては、内容的にポルフュリオスの『五つの述語形式の問題』、アリストテレスの『十種のカテゴリーの問題』、トマス・アクィナスの『神学大全』の骨子等を紹介する一方、体系的に基礎づけられた段階的学年制やそれに見合った幅の広い教育内容等、まだ中国や日本のあずかり知らなかった新しい教育的知識をそれらの諸国にもたらしたこと」（一二頁）なども、その特色として挙げられる。

＊『明清間耶穌会士訳著提要』巻七「科学類」二八九～二九四頁。
『在華耶穌会士列伝及書目 上冊』「三九 艾儒略」一四〇頁。

高祖敏明「艾儒略 Giulio Aleni 著『西学凡』の教育的研究―日本教育史上における位置づけを中心として―」（『日本の教育史学』教育史学会紀要一七、一九七四年）。

高祖敏明「艾儒略 Giulio Aleni 著『西学凡』の内容と日本への影響―明末清初の中国と江戸時代の日本に紹介されたイエズス会の教育―」（『キリシタン文化研究会会報』九八、一九九二年、一～一四頁）。

新居洋子「アレーニ『西学凡』とその序、引、跋―明末中国における西学受容の一形態―」（東京大学中国哲学研究会『中国

哲学研究』二六、二〇一二年、一～三三頁）。

6　交友論

『交友論』一巻。利瑪竇（M.Ricci リッチ）撰。馮応京序、瞿汝夔〔礼部尚書瞿文懿の長子。リッチから西洋の学問を学ぶ。カトリックに入教〕序。万暦二十三年（一五九五）、江西南昌刊。リッチが南昌で明の宗室建安王のために、西洋のギリシア、ローマの古典古代の人物等の例を挙げて友情についての「モラリスト的考察」（平川祐弘『マッテオ・リッチ伝』第一巻、二三二頁）や「アリストテレス風の友情観」（二四二頁）を漢文で書き記したものであり、それは「シナ文人の琴線にふれる『友情』について論じたもの」（二二二頁）であった。これにはリッチ自身によるイタリア語訳がある（二二四頁）。

＊『明清間耶穌会士訳著提要』巻八「格言類」三四三～三四五頁。
『在華耶穌会士列伝及書目　上冊』「九　利瑪竇」四二頁。

矢沢利彦「マテオ・リッチと瞿太素」（『東西文化交渉史』アジア学叢書三三、大空社、一九九七年、二三七～三〇二頁）。

平川祐弘『マッテオ・リッチ伝』三冊（平凡社東洋文庫。特に、第1巻、二一七～二六四頁）。

7　辨学遺牘

『辨学遺牘』一巻。利瑪竇（M.Ricci リッチ）著。万暦三十七年（一六〇九）北京刊。本書は、雲棲袾宏がカトリックについて述べたものと、虞淳熙がカトリックと仏教の異同について述べたものに対して、リッチがカトリックの立場から論駁したもの。

雲棲袾宏は、「禅浄一致を主張した」ところの人物であり、「蓮宗九祖の一人に数えられ、万暦年間の三高僧として紫柏達観・憨山徳清と並び称される」ところの当時の中国の仏教界を代表する人物とされる（鎌田茂雄編『中国仏教史辞典』「袾宏」一五五頁）。その袾宏は、「晩年の一〇余年に感じたままを、宋の洪邁（一一二三―一二〇二）の『容斎随筆』にならって書いた」（同辞典「竹窓随筆」二四七頁）とされる『竹窓随筆』「三筆」所収の四篇の「天説」という文章で、カトリック批判が展開されている（荒木見悟監修、宋明哲学研討会『竹窓随筆　明末仏教の風景』（中国書店、二〇〇七年、四九三～四九九頁、五〇四～五〇六頁）。

一方、虞淳熙は袾宏の弟子とも言うべき明末の仏教居士で、リッチとも親交があった。浙江銭塘の人で、万暦十一年の進士（『居士伝』四十二）。淳熙は『畸人十篇』に「畸人十篇序」（『虞徳園先生集』〈内閣文庫所蔵〉巻六、三十一葉表―三十三葉表）を書いており、カトリックに関係する文章としては、「答利西泰」（『虞徳園先生集』巻二十四、一葉表―三葉表）や「天主実義殺生辯」（『虞徳園先生集』巻二十、二十葉裏―二十三葉裏）があるが、これは『辯学遺牘』では取り上げられていない。

＊『明清間耶穌会士訳著提要』巻三「真教弁護類」一一九～一二〇頁。
『在華耶穌会士列伝及書目　上冊』「九　利瑪竇」四二頁。

荒木見悟『竹窓随筆』（明徳出版社、一九六九年）。

荒木見悟『雲棲袾宏の研究』（大蔵出版、一九八五年）。

荒木見悟監修、宋明哲学研討会訳注『竹窓随筆　明末仏教の風景』（中国書店、二〇〇七年）。

8　七克

『七克』七巻。龐廸我（Pantoja パントーハ）撰述。万暦四十二年（一六一四）刊。『天学初函』所収のものには、鄭以偉の序、熊明遇の引、陳亮采の序と、龐廸我の自序、及び汪序淳の後跋がある。「七つの罪源」（Septem pecca mortalia）、すなわち「驕傲」（傲慢）、「嫉妬」（嫉妬）、「慳吝」（貪慾）、「忿怒」（憤怒）、「迷飲食」（貪食）、「迷色」（邪淫）、「懈怠于善」（怠惰）—（　）内は小林珍雄編『キリスト教用語辞典』東京堂、二六六頁）に拠った—に対して、「謙譲」、「仁愛」、「捨財」、「含忍」、「淡泊」、「絶欲」、「勤于天主之事」をもって克服することについて聖人の事績等を挙げて詳述している。

本書の影響は広範囲に及んだ。高祖敏明による「七克」の解説（『新カトリック大事典』）によると、以下のようにまとめられている。日本では「…江戸後期頃からは知識人の間でひそかに読まれていた。本多利明…の経世書『西域物語』（一七九八）には『七克』の書名が掲げられ、平田篤胤…の『本教外篇』（一八〇六）は第4部で『七克』の徳の考え方を取り入れたうえに、第5部では山上の説教を原文そのままに抄録している」（第二巻、一二二一頁）ようである。

＊『明清間耶穌会士訳著提要』巻二「聖書類」五一～五六頁。
『在華耶穌会士列伝及書目　上冊』「一九　龐廸我」七五頁。
『基督教詞典』（三七一頁）。
『新カトリック大事典』全四巻（研究社、一九九六～二〇〇九年）。

9　幾河原本

『幾何原本』六巻。利瑪竇（M.Ricci リッチ）口授。徐光啓筆訳。万暦三十五年（一六〇七）翻訳完成。万暦三十九年刊。

橋本敬造「幾何原本」の解説（『科学史技術史事典』）によれば以下のようである。「エウクレイデスの『原論』（*Stoicheia*）の漢名。底本はリッチの師、コレージョ・ロマーノの数学教授クラヴィウスの註釈本『エレメント』（*Elements* 15巻―ニーダム『中国の科学と文明』第4巻によれば、Euclidis Elementarum libri XV, P.61）である。…句股の法とは異なる論証的幾何学を中国にはじめて紹介したものであり、多くの中国人に影響を与えた。…『天学初函』器編（一六三〇）にも収録された。…『エレメント』の残りの9巻は、清末になってイギリス人ワイリーが李善蘭の協力を得て一八五七（咸豊七）年に訳出した」（二四四頁）

なおリッチは訳出に当たり、瞿太素の訳も参考にしたようである（矢沢利彦『東西文化交渉史』大空社、二七八頁）。数学史において「中国の数学に厳密な論理に裏づけられた幾何学が欠如していたのは事実である」（藪内清『中国の数学』三八頁）ということから、「徐光啓はとくに関心を持ったのであろう」（一四七～一四八頁）ということである。ただ銭宝琮によれば、「すでに訳出した前六巻も、ただ原書のラテン語の訳文にすぎず、クラビウスの注解やかれが収集したユークリッド《原本》研究者の仕事にしても、ほとんど大部分が省略されている」（『中国数学史』二四四頁）というように、翻訳としては不完全であったようである。

とはいえ、杜石然他編著『中国科学技術史　下』によれば、「西洋数学の輸入のうち主要なものは、ユークリッド幾何学・筆算・対数・3角法であり…『幾何原本』の伝入が中国の数学界に相当の影響を生みだしたことも確かである」（五二八頁）とあるように、『幾何原本』が当時の中国の数学の世界に与えた影響は意義深いものがあったようであるが、三浦伸夫によれば、「…中国数学に対する『原論』そのものに対する影響は大きくはなかったと言えよう」（「全体解説」『エウクレイデス全集』第Ⅰ巻四六頁）ということでもある。

リッチの「イエズス会によるキリスト教のチーナ布教について」は『幾何原本』翻訳の事情を詳しく述べている。

それによれば、以下のようにある。

「ドットール・パーオロは、神父たちやわたしたちの国の事物の権威を高め、これによってキリスト教の進展をはかること以外に何も考えていない人のようであった。彼はマッテーオ神父と相談して、わたしたちの自然科学書を何か翻訳することにした。わたしたちがいかに熱心に事物を研究し、いかに立派な根拠にもとづいてそれを確認し立証しているかを、この王国の文人たちに示すためである。そうすれば、わたしたちの聖なる宗教にしても、人びとが安易に信奉するようになったのではないことを、文人たちが理解するかもしれなかったからだ。そこで、さまざまな書物について話し合ったすえに、当面、エウクリーデ〔ユークリッド〕の『幾何学原論』の各書の翻訳が最善であろうということになった。なぜならばチーナでは数学が重視されていながら、その基礎ができていないと誰もが言っていたからだ。そのうえ、わたしたちが何か他のことを科学的に教えたいと思っても、この本がないと何もできなかった。とくにこの本の論証はきわだって明快だったからだ。…日夜、研究を重ね、一年余りこれに打ちこんだすえに、ついに完成し、その本で最も必要な最初の六書を翻訳した。…彼はさらに先へ進んで、全訳を望んだ。だが、神父はもっと別のキリスト教本来の問題に専念したくもあり、彼を少し休息させたくもあった。そこで、まずこの最初の各書がチーナの文人たちにどのくらい受け入れられるかを見定めて、そのあとで残りの各書の翻訳を完成しようと言った。こうして立派な二編の序文をつけて、ただちにそれを印刷させた。…だが、この著作は理解されるというよりも賛嘆の念をもって迎えられただけだった。それはチーナの傲慢さを打破するのはまことに役立った。というのも、最良の文人たちでさえ、これが彼らの文字で書かれた本であるにもかかわらず、いかに注意深く検討しても、理解できなかったと告白したからである。それはかつてなかったことだった。」（『中国キリスト教布教史二』七一〜七三頁）

＊『明清間耶穌会士訳著提要』巻六「暦算類」二五六〜二六二頁。
『在華耶穌会士列伝及書目　上冊』「九　利瑪竇」四三〜四四頁。

伊東俊太郎・坂本賢三・山田慶児・村上陽一郎編『科学史技術史事典』（弘文堂、二四四頁）。

矢沢利彦「マッテオ・リッチと瞿太素」（『東西文化交渉史』アジア学叢書、大空社、一九九七年、二三七〜三〇二頁）。

李人言著、王雲五・傅緯平主編『中国算学史』（中国文化史叢書、台湾商務印書館、一九三七年、第九章「西洋暦算之輸入」一八四〜二五六頁）。

銭宝琮編、川原秀城訳『中国数学史』（みすず書房、一九九〇年、第四編「明末から清末の中国数学」第十三章「明清の際における西方数学の伝入」二四三〜二五七頁）。

ジョセフ・ニーダム『中国の科学と文明　第四巻　数学』（思索社、一九九一年、六一頁）。

杜石然・范楚玉・陳美東・金秋鵬・周世徳・曹婉如編著、川原秀城・日原伝・長谷部英一・藤井隆・近藤浩之訳『中国科学技術史　下』（東京大学出版会、一九九七年、第8章「伝統科学技術体系の発展—明清期、上〔一三六八〜一六〇〇年ごろ〕」、第9章「西洋科学技術体系の受容—明清期、下〔一六〇〇ごろ〜一八四〇年〕」四四九〜五五九頁。特に第9章の「2イエズス会宣教師の来華とその影響」五二五〜五三二頁）。

斎藤憲・三浦伸夫訳・解説『エウクレイデス全集　第1巻　原論Ⅰ〜Ⅳ』（東京大学出版会、二〇〇八年、第4章「文明圏におけるエウクレイデス」四三〜四七頁）。

リッチ・セメード著、川名公平訳、矢沢利彦注『中国キリスト教布教史　二』（大航海時代叢書第Ⅱ期9、岩波書店、一九八三年、「第五の書」第八章、六四〜七四頁）。

10　彌撒祭義

『弥撒祭義』全二巻。艾儒略（Aleni アレニ）著。崇禎二年（一六二九）福建福州景教堂刻本。上巻ではミサの全体的な紹介をする。新旧約の祭祀の概念、教会建築、祭壇、祭衣、ミサの効果等に触れる。下巻ではミサの儀式を紹介し、ミサの主要な部分を解説する（『艾儒略漢文著述全集　上』三六九頁）。目次は、上巻は「名義」「原始」「崇厳」「堂台」「品級」「章服」「与弥撒礼儀」「与弥撒恩報」「輔弥撒礼儀」「輔弥撒経文」となっており、下巻は「将祭十八節」「正祭九節」「徹祭六節」となっている。

＊『明清間耶穌会士訳著提要』巻九「訳著者伝略」三六五頁。
『在華耶穌会士列伝及書目　上冊』「三九　艾儒略」一三七～一三八頁。

『艾儒略漢文著述全集　上』（広西師範大学出版社、二〇一一年、「葉農整理」三六七～三九七頁）。

11　天文畧

『天問略』一巻。ポルトガル人陽瑪諾（Emmanuel Diaz ディアス）条答。周希令・孔貞時・王応熊同閲。『天学初函』所収（『明清間耶穌会士訳著提要』二七七頁）。ニーダム『中国の科学と文明』によれば、同書は「ガリレオの望遠鏡でなされた発見を初めて中国語で記述した」（第五巻、三三一頁）ものである。デリアの『中国におけるガリレオ』の中の「13. ガリレオの発見についての漢籍上の最初の記述」（13. *The First Chinese Text on the Galilean Discoveries* (*1615*)）によれば、「…インドから望遠鏡と望遠鏡を使っての天文学的発見の知らせは速やかに中国に伝えられた…」（一七頁）ものである。

＊『明清間耶穌会士訳著提要』巻六「暦算類」二七七～二七九頁。

『在華耶穌会士列伝及書目　上冊』「三一　陽瑪諾」一一四頁。

ジョセフ・ニーダム『中国の科学と文明　第五巻　天の科学』（思索社、一九九一年、三三〇～三三一頁）。

デリア（Pasquale M. D, elia, S.J.）『中国におけるガリレオ』〔*Galileo in China-Relations throughthe Roman College between Galileo and the Jesuit Scientist-Missionaries (1610-1640)*〕〔translated be Rufs Suter and Matthew Sciascia〕Harvard University Press,1960, pp. 17-19.

12　奏西水法

『泰西水法』六巻。イタリア人熊三抜（Ursis ウルシス）撰説。徐光啓筆記、李之藻訂正。万暦四十年（一六一二）北京刊。『天学初函』所収。同書は橋本敬造「ウルシス」によれば、「ヨーロッパの水利技術を紹介した」（『科学史技術史事典』一〇〇頁）ものであり、更にそれは橋本「天学初函」によれば、「アルキメデス・スクリューを含む用具・機械を述べた」（同事典、六八七頁）ものである。ニーダム『中国の科学と文明』によれば、このうちのいくつかの図版は徐光啓『農政全書』に再録されているようである（二七六頁）。

＊『明清間耶穌会士訳著提要』巻七「科学類」三〇七～三一二頁、巻九「訳著者伝略」三六〇頁。
『在華耶穌会士列伝及書目　上冊』「三〇　熊三抜」一〇八頁。

『科学史技術史事典』（九九～一〇〇、六八七頁）。

ジョセフ・ニーダム『中国の科学と文明　第八巻　機械工学上』（二二四、二二五、二七〇、二七六頁）。

13 代疑篇

『代疑編』上下二巻。楊廷筠述。李之藻・王徵序。カトリックの教理等に関する質問（例えば、上巻では神の主宰性への設問、下巻では処女懐胎への設問等がある）に逐一解答する形式で教理を説明したもの。上巻が十五条、下巻が九条からなる。中国思想の文脈の中での問いかけであるだけに、それへの回答は中国思想の影響下にある同時代の日本でも通用するものであろう。

＊『明清間耶穌会士訳著提要』巻三「真教弁護類」一五七～一六〇頁。

14 表度説

『表度説』一巻。熊三抜（Ursis ウルシス）口授。周子愚・卓爾康筆記、熊明遇序、周子愚序。万暦四十二年（一六一四）刊。『天学初函』所収。同書は『中国科学技術史　下』によれば、「…天文学の原理にもとづいてノーモンを立て日影を測り、時間を定める方法を解説した」（五二七頁）ものであるという。

＊『明清間耶穌会士訳著提要』巻六「暦算類」二八〇～二八四頁。

『在華耶穌会士列伝及書目　上冊』「三〇　熊三抜」一〇八頁。

『中国科学技術史　下』（第9章「西洋科学技術の第1次輸入」「2 イエズス会宣教師の来華とその影響」五二五～五三二頁）。

15 三山論学記

『三山論学記』一冊。艾儒略（Alleni アレニ）著。黄景昉・蘇茂相序。天啓七年（一六二七）刊。本書は、神による天地万物の創造、人の善悪に対する神からの報い、降誕と罪の贖い等のキリスト教の教理に関して問答形式で記したものである。「三山論学記」の「解題」によれば、天啓七年にアレニ、葉向高（内閣大学士を二度歴任）、仏教徒の曹学佺（当時、広西右参議）との間になされた会話を本にしたものである（二一一頁）。このときヨーロッパの教会と国家の政治宗教体制が話題になり、政治体制の改革が議論された。政治体制の改革は当時の東林派人士が強く関心を持つところのことがらであった（二一二頁）。

＊『明清間耶穌会士訳著提要』巻三「真教弁護類」一五二～一五四頁。

『在華耶穌会士列伝及書目　上冊』「三九　艾儒略」一三八～一三九頁。

『艾儒略漢文著述全集　上』（「解題」二〇九～二三一頁）。

16　教要解略

『天主教要解略』上下二巻。王豊粛（Vagnoni ヴァニョーニ）述。万暦四十三年（一六一五）刊。上巻は、「天主経」（主の祈り）、「天神朝天主聖母経」（天使祝詞）、「天主十誡」（十戒）、「十二亜玻斯多羅性薄録」（使徒信条）、「天主一体三位論」、「聖号経」、「阨格勒西亜撒格辣孟多」（秘跡）、下巻は、「形神哀矜之行十四端」（慈善）、「真福八端」、「罪宗七端」（罪源）、「向天主有三徳」（対神徳）、「四宗常徳」（枢要徳）、「身有五司　神有三司」（肉体の五つの働き、精神の三つの働き）である。中国版のドチリナ・キリシタンに当たるであろう「天主教要」に簡略な解説を施したものである。

＊『明清間耶穌会士訳著提要』巻九「訳著者伝略」三五八頁。

『在華耶穌会士列伝及書目　上冊』「二六　高一志」九四頁。

「影印・翻訳　M・ジョルジェ著『ドチリナ・キリシタン』」（龜井孝・H・チースリク・小島幸枝『日本イエズス会版　キリシタン要理』岩波書店、一九八三年、一～一二七頁）。

17　唐景教碑附

『景教流行中国碑頌』。大秦寺僧景浄述。『天学初函』「理編」所収の「西学凡」の後に附されたものであろう（この文章の後には天啓五年〈一六二五〉に書かれた李之藻の「読景教碑書後」という文章が続くはずである）。景教（キリスト教ネストリオス派）が唐太宗の貞観九年（六三五）に中国に伝えられたことを記す碑文である。佐伯好郎『景教の研究』の第二章「支那景教の文献資料」の第一節「大秦景教流行中国碑頌幷序の概説」によれば、天啓五年にイエズス会士トリゴーのラテン語訳が発表されているようである（五七二頁）。また、佐伯『唐宋時代の支那基督教』の第三章「支那に於いて発見せられたる景教資料」の第一項「景教碑発見の年代問題」によれば、碑石の発見には天啓五年と天啓三年の二つの見解があるらしい（一九二頁）。

＊『明清間耶穌会士訳著提要』巻五「教史類」二三〇～二三四頁。

『在華耶穌会士列伝及書目　上冊』「三一　陽瑪諾」一一三頁。

佐伯好郎『景教の研究』（名著普及会、一九七八年復刻、原著一九三五年、五七二～六〇六頁）。

佐伯好郎『唐宋時代の支那基督教』（支那基督教の研究1、名著普及会、一九七九年復刻、原著一九四三年、一八〇～二三九頁）。

18　聖記百言

『聖記百言』一巻。羅雅谷（Rho ロー）撰。程廷端潤。龍華民（Longobardi ロンゴバルディ）・高一志（Vagnoni ヴァニョーニ）・湯若望（Schall シャル）共訂。汪秉元序、程廷端跋。羅（ロー）自序。崇禎五年（一六三二）刊。アビラのテレサが選び出した聖人の格言を百条の形に編んだもの(『明清間耶蘇会士訳著提要』三三一頁)であり、「アビラのテレサの霊的助言」('the spiritual admonitions of Theresia of Avila'『中国キリスト教ハンドブック』巻一、六三〇頁)と言うべきものである。

＊『明清間耶稣会士訳著提要』巻八「格言類」三三〇~三三一頁。

『在華耶稣会士列伝及書目 上冊』「五五 羅雅谷」一九五頁。

Standaert 編『中国キリスト教ハンドブック』第1巻〔Nicolas Standaert ed., *Handbook of Christianity in China*, Volume One : 635-1800, Brill, 2001〕(六三〇頁)。

19 天主實義・同續篇(文中追記)

『天主実義』上下二巻各八篇。利瑪竇(M.Ricci リッチ)述。『天学初函』所収。最初、万暦二十三年(一五九五)に南昌で『天学実義』という題名で出版。次いで万暦二十九年(一六〇一)に北京で刊行。万暦三十一年再版。馮応京序。重刻に李之藻の序あり。慶長九年(万暦三十二年〈一六〇四〉)に日本語に翻訳され、後に朝鮮語にも翻訳された(『明清間耶稣会士訳著提要』一四三頁)。

本書は後藤基巳の「解説」によれば、リッチが「自分もその編纂に参与した『天主実録』の欠点を反省し、仏教色を一掃し儒教色を濃厚にした『新しい教理問答書』」(一七頁)というべきものであり、「決して単なるカテキズムではなく、天主教の教義を中国思想の批判・解釈を通じて中国人に印象づけつつ説得を試みたユニークな神学書と評すべき」(二四頁)ものである。

また柴田篤の「解説」によれば「そして何よりも重要なことは、それらのことを議論するに当たって、中国人との対話、中国思想の内容を十分に踏まえながら対話が展開されているという点である」（三三三頁）ということである。

海老澤有道「『天主実義』雑考」によれば、「さて『天主実義』が、日本の記録に現われたのは、林道春の『排耶蘇』をもって初めとする。それは彼が松永貞徳の紹介により、弟信澄を伴い慶長十一（一六〇六）年六月十五日、京都のいわゆる南蛮寺に邦人イルマン・不干ハビアンを訪ね、論争した時の記録である」（二八二頁）とあるように、『天主実義』は中国で出版されて間もない頃にすでに日本に入っている。その後も影響を与え続けたようである。

名古屋の蓬左文庫には単行本の体裁の『天主実義』二巻が所蔵されている。上冊の題簽には「大西問答」とある。「大西問答」という題名で尾張藩において『天主実義』が読み継がれていたことを想像させる。これは寛永五年（一六二八）に購入したものである。活字本のように見える。

さらに水野正信編「青牖叢書」に写本上下二冊（巻一〇七、一〇八）が収められている。写本の版心には「天地楽堂」という印刷の文字がある。写本には罫線が施されており、「天地楽堂」作成の写本用の紙に写したということであろうか。

なお、王雯璐「『天主実義』の初期刊本とその改訂をめぐって」によれば、内閣文庫本にも『天主実義』が所蔵されており、以下のように、内閣文庫本と蓬左文庫本は同一の版本で、しかもそれは初期の刊本であり、それらは同一のものの中でも最も早い時期に属するものであることが結論づけられたのである。

「本論では、内閣文庫及び蓬左文庫が所蔵されている『天主実義』とローマカサナテンサ図書館の所蔵を対象として、当該版本の『天主実義』の刊行にあたり繰り返し印刷がなされていることを確認した。そのうえで、従来の研究やカサナテンセ図書館の目録で『現在最古の「天主実義」』されてきたカサナテンセ本が、実は内閣・蓬左本の重修本であることを明らかにした。初期に刊行された『天主実義』は部数が少なく、現在確認できる初期刊本はヨーロッパのカサナテンセ本と日本の内閣本と蓬左本のみであるため、非常に貴重な文献と言えるが、本研究によって、なかでも日本所蔵の刊本の重要性が明らかとなった。」(七〇頁)

＊『明清間耶穌会士訳著提要』巻三「真教弁護類」一四二～一四八頁。

『在華耶穌会士列伝及書目 上冊』「九 利瑪竇」四一～四二頁。

佐伯好郎『明時代の支那基督教』第三篇「明時代の支那基督教」第七章「利瑪竇著『天主実義』とその解説」(『支那基督教の研究3』名著普及会、一九四四年初版、一九七九年覆刻、二一七～三二〇頁)。

海老澤有道「『天主実義』雑考—特に日本との関連において—」(『増訂 切支丹史の研究』新人物往来社、一九七一年、二八二～二九五頁)。

後藤基巳『天主実義』「解説」(中国古典新書、明徳出版社、一九七一年、五～三六頁)。

柴田篤訳注『天主実義』「解説」(平凡社東洋文庫、二〇〇四年、三一四～三三七頁)。

梅謙立(Thierry Meynard)注、譚傑校勘『天主実義今注』「《天主実義》的文献来源、成書過程、内容分析及其影響」(商務印書館、二〇一四年、一～六六頁。特に三三～三四頁に収められた表は各篇の執筆に関連する時期、場所、内容について具体的に記してあり、有用である)。

王雯璐「『天主実義』の初期刊本とその改訂をめぐって」(『或問』三一、近代東西言語文化接触研究会、二〇一七年)。

『天主実義続編』一巻。龐廸我(Pantoja パントーハ)述。方豪「影印天主実義続篇序」によれば、本書は天啓五年(一六二五)以降に出版されたようである(一一頁)。また張鎧『龐廸我与中国』によれば、リッチの『天主実義』のテーマとするところをさらに詳しく説明したものである(二九三頁)が、中国社会への影響は大きくはなかったようである（二九六頁）。

＊『天主教東伝文献続編』第一冊（台湾学生書局、「影印天主実義続篇序　方豪」一一頁）。

『在華耶穌会士列伝及書目　上冊』「一九　龐廸我」七六頁。

張鎧『龐廸我与中国—耶穌会「適応」策略研究』（北京図書館出版社、一九九七年、第十章「龐廸我与〝適応〟政策実施」二七六～三〇〇頁）。

20　二十五言

『二十五言』一巻。利瑪竇（M.Ricci リッチ）述。汪汝淳較梓、馮応京序、徐光啓跋。万暦三十二年（一六〇四）刊。『天学初函』所収。道徳に関する二十五の言葉を紹介したもの。平川祐弘「東西思想史上の『二十五言』」によれば、「それら利瑪竇の『二十五言』の言葉がおおむねエピクステートスの『提要』のきわめて忠実な漢訳である」（一七六頁）ということである。

＊『明清間耶穌会士訳著提要』巻八「格言類」三二七～三三〇頁。

『在華耶穌会士列伝及書目　上冊』「九　利瑪竇」四二頁。

平川祐弘『マテオ・リッチ伝2』（平凡社東洋文庫、一九九七年、第七部「東西思想史上の『二十五言』」一五〇～一八九頁）。

21　職方外記

『職方外紀』五巻・巻首一巻。艾儒略（Alleni アレニ）増訳、楊廷筠彙記。天啓三年（一六二三）刊。楊廷筠・李之藻・

瞿式穀の序。重版時に葉向高の序あり。『天学初函』所収。

森鹿三「職方外紀」によれば、「中国、明末にイタリア人イエズス会士アレーニ（艾儒略）が漢文で書いた世界地図志」（四三〇頁）である。謝方『職方外紀校釈』の「前言」によれば、本書はアレニが携えて来たヨーロッパで出版された世界地理に関する本、パントーハとウルシスの書いた抄本やテレンツや顎本篤（Beno ît de Goës）が提供した知識と大きく関係し、また十七世紀における最新の世界地理の知識を提供するものでもあるようである（三〜四頁）。Bernard Hung-kai Luk の「アレニ『職方外紀』の研究」（A Study of Giulio Aleni's *Chih-fang waichi*）（Bulletin of the School of Oriental and African Studies 40, 1977）によれば、本書は「ヨーロッパ・ルネッサンスの地理学的著作」（'a geographical work of the European Renaissance'）（七八頁）であるということである。また『艾儒略漢文著述全集　上』「職方外紀」の「解題」によれば、現在見られる明時代に出版されたものは『天学初函』本と閩刻本（今の福建省あたりで版行された本）の二種である（一一頁）。

さらにStandaert『中国キリスト教ハンドブック』第一巻によれば、「アレニの作品は単に地図であるというだけではなく、世界の様々な地域を描写した地理学の文章である」（七五五頁）ということであり、「フランチェスコ・サンビアジ（Francesco Sambiasi）によって相当程度単純化された世界地図（一六四八）…はリッチの地図以来獲得された新知識を反映するものである」（同頁）というものであった。サンビアジの地図との関連で、海野一隆「耶穌会士畢方済の世界図」では、サンビアジの図の副図の「特色の一つは、大海中に帆船や大魚を写実的に描くことである。…しかし、『職方外紀』巻三所載利未亜（アフリカ）図はインド洋に帆船と怪魚を描いており、…あるいはそれらにヒントを得たのであろうか」（『東西地図文化交渉史研究』九六〜九七頁）と述べる。

日本における影響については、海老澤有道『南蛮学統の研究　増補版』によれば、「『職方外記』は享保に解禁され、寛永禁書中、最も普及したものであったが、本来天主教宣伝の意図をもって世界地理を書いたものであったから、具体的に天主教知識を日本にもたらすのに最も寄与した書でもあった」（三三〇頁）ようであり、「リッチの『坤輿万国図説』を基とした『采覧異言』は、アレニの『職方外紀』とともに江戸後期識者の必読の書となった」（四三九頁）とあるように、『職方外紀』は江戸後期の知識人の間に流布したようである。

また鮎澤信太郎『鎖国時代の世界地理学』によれば、「崋山が波羅泥亜に関する典拠とした『職方外紀』と『坤輿図説』は崋山の調査した参考書であったに相違ない。…崋山の蔵本を幕吏が押収したものと思はれる書冊の中にも『職方外紀』一冊がある」（二八頁）とあるように、崋山は『職方外紀』を所蔵していたようである。また、吉田松陰もまた世界地理についての知識を『職方外紀』から得ていたようである（三〇〇頁）。さらに鮎澤の『鎖国時代の世界地理学』によれば、「艾儒略の著になる『職方外紀』がわが国鎖国時代の世界地理学史上に及ぼした影響は多大であった。現在まで残つている『職方外紀』の江戸時代の写本の数は少なくない」（三一六頁）とあるように、前近代日本における世界地理学史の上からも、同書は重要な位置を占めたようである。

近年、このような『職方外紀』が、何故『天学初函』において理編に収められたかという問題意識から書かれた安部力「『天学初函』における『職方外紀』の位置が示すこと」（『哲学資源としての中国思想—吉田公平教授退休記念論集』研文出版、二〇一三年）という秀逸な論考がある。精緻な議論が重ねられ『四庫全書総目提要』の文章も引かれており（二五七～二五八頁）、啓発されるところ多々あった。注（7）では方豪「李之藻輯刻天学初函考」の中の「所謂『理』者、並非僅指教理而言、故敍述西洋學術之概要者、介紹世界地理者亦屬焉」（台湾学生書局『天学初函』㈠』三頁）が引かれている（二七一頁）。「地理」という語は『易』「繫辞上伝」の中の「仰以観於天文、俯以察於地理」という文に出て来る。高論が世に出て以降の議論について無知ではあるが、或いは李之藻は当時の世界の地理について知ることの出来る『職方外紀』を手に取り、『易』に淵源する「地理」の概念を想起したとは考えられないであろうか。

愛知県では、四種の『職方外紀』の写本が知られている。名古屋市の蓬左文庫(二種)、西尾市の岩瀬文庫、刈谷市の村上文庫である。以下順次みてみよう。

蓬左文庫に江戸時代の写本二種が所蔵されている。一つは尾張藩の陪臣である水野正信(一八〇五～一八六八)の編纂による「青牖叢書」に収められた『職方外記』乾坤二冊(巻一〇一、一〇二)である。もう一つは単独で『職方外記』一と二の二冊である。いずれも閩刻本である。

艾儒略原著・謝方校釈『職方外紀校釈』(中外交通史籍叢刊)(中華書局、一九九六年)の中の謝方「前言」によれば、『職方外紀』に関して現存のものは『天学初函』本と閩刻本の二種である。『天学初函』本は五巻であるが、閩刻本は六巻である。閩刻本には『天学初函』本の李之藻・楊廷筠・瞿式穀・許胥臣・アレニの序に加え、葉向高の序がある。閩刻本はアレニが福建に入った天啓五年(一六二五)から葉向高が逝去した天啓七年(一六二七)の間に翻刻された。閩刻本は崇禎二年(一六二九)に出版された『天学初函』本より時期的に早い。閩刻本は天啓三年(一六二三)に出た『職方外紀』の初版本に最も近い(六～七頁)。

前掲安部力「『天学初函』における『職方外紀』の位置が示すこと」の注(1)に挙げられた(二六九頁)渡辺宏「職方外紀の五巻本と六巻本」(『東洋文庫書報』第二五号、一九九三年、三八～六八頁)という論考は、ヴァティカン図書館本、東洋文庫本、内閣文庫本、静嘉堂文庫本について、『天学初函』本と閩刻本の様子を書誌学的に具体的に調べられており、裨益されるところ大であった。

更に最初実業家の岩瀬弥助によって産声を上げた西尾市の岩瀬文庫に写本一冊本が所蔵されている。これも閩刻本である。第一頁に岩瀬文庫の蔵書印のほかに他の蔵書印が押してある。文庫の職員の方のご教示によれば、それは

「読書室珍蔵記」という蔵書印であり、この本が江戸時代に京都の油小路にあった山本亡羊が主催する研究サークル「平安読書室」に所蔵されていたことを示すものであるという。武士だけでなく市井の人々にも読まれていたようである。以下、この「平安読書室」についてみてみよう。

『平安読書室―山本亡羊とその息子たち―』の「はじめに―平安読書室の旧蔵書―」には、以下のようにある。

「岩瀬文庫には『読書室珍蔵記』の朱印が捺された書籍の一群が所蔵されています。江戸時代後期を代表する知の巨人小野蘭山が幕府の招請で江戸へ下ってのち、京都学派の中心として大きな功績を果たした家塾・平安読書室の旧蔵書です。主宰は儒医にして本草学者の山本亡羊（1778～1859）です。亡羊は、蘭山に師事して本草学を修め、蘭山下向後の門人後学の指導にあたりました。その亡羊を、錫夫・秀夫・章夫・正夫・善夫という五人の優秀な子息たちがそれぞれの専門性を以て支えました。研究の根幹である本草書、家業の医書や薬学書をはじめ、儒学、国学、歴史、文学、地誌など蔵書内容は多岐に亘り、その数は1000点を超えます。中核をなすのは亡羊及びその五子による著作や精力的な和漢洋の典籍の書写で、見る者を圧倒する書物の山を築き上げました。」（三頁）

また、遠藤正治編『読書室200年史』の「読書室年譜」の一九〇七年の箇所には、「復一、故あって読書室所蔵の図書の大部を愛知県幡豆郡（西尾市）の岩瀬文庫に移す」（三七頁）とある。パンフレット『西尾市岩瀬文庫』の「岩瀬文庫のあゆみ」によれば、明治四十年（一九〇七）は岩瀬文庫の建設工事が始まった年であり、翌明治四十一年に私立岩瀬文庫が開館している。「平安読書室」の本は、草創期の岩瀬文庫の貴重な資料を構成していたことが分かる。

また刈谷市中央図書館の村上文庫にも写本として乾坤二冊本が所蔵されている。闕刻本である。村上文庫は同図書館のホームページで以下のように説明されている。

「土井氏時代(1747–1871)の刈谷藩医、村上忠順(1812–1884)氏を中心に、村上家で購入、あるいは筆写し、碧海郡堤村(現在の豊田市高岡町)にある村上忠浄氏の文庫、千巻舎で所蔵されていたもの」であり、一九一四年刈谷市(当時は刈谷町)に寄贈後「近世文芸史家あるいは書誌学者として著名な刈谷町出身の森銑三氏が、分類、整理した」ようである。同文庫の資料は一九五八年に「刈谷市指定有形文化財『典籍　村上文庫』として指定されています。」(「村上文庫について」刈谷市中央図書館：https://www.city.kariya.lg.jp/chuotoshokan/toshokannai/murkami.html)

以上四種の写本はいずれも閩刻本で、写本は四者四様である。江戸時代に『職方外紀』が広範な士と民の層に読み継がれたことを物語るものではないであろうか。

なお、『職方外紀』は、上記の他に、関西大学増田渉文庫、東京の内閣文庫にも所蔵されている。

増田渉文庫所蔵の『職方外紀』には四種類の写本がある。写本は四者四様であるが、共通する点は、いずれも閩刻本に拠り、中国の知識人の序はすべて葉向高・李之藻・楊廷筠・瞿式穀・許胥臣の順であり、書物の最後に熊士旂の跋が来ることである。これらは『職方外紀』が写本の形で日本の広範囲の読者に読まれていたことを示唆する重要な手掛かりの一部ではないかと思われる。

さらに『職方外紀』の別本が東京の内閣文庫と東洋文庫に所蔵されている。これらについては榎一雄「職方外紀の刊本について」(『榎一雄著作集』第七巻)という特筆すべき論考がある。

内閣文庫には刊本と写本が一部ずつ所蔵されている。榎論文によれば、「職方外紀は艾儒略と楊廷筠の協力によって天啓三年(癸亥、一六二三年)の夏完成し、杭州で刊行せられたのであるが、福建人の需要が多かったので、艾儒略はこれを再版し、その際、福清の人葉尚高が序を書いた。…即ち葉尚高の序文のある職方外紀は福州における重刊本

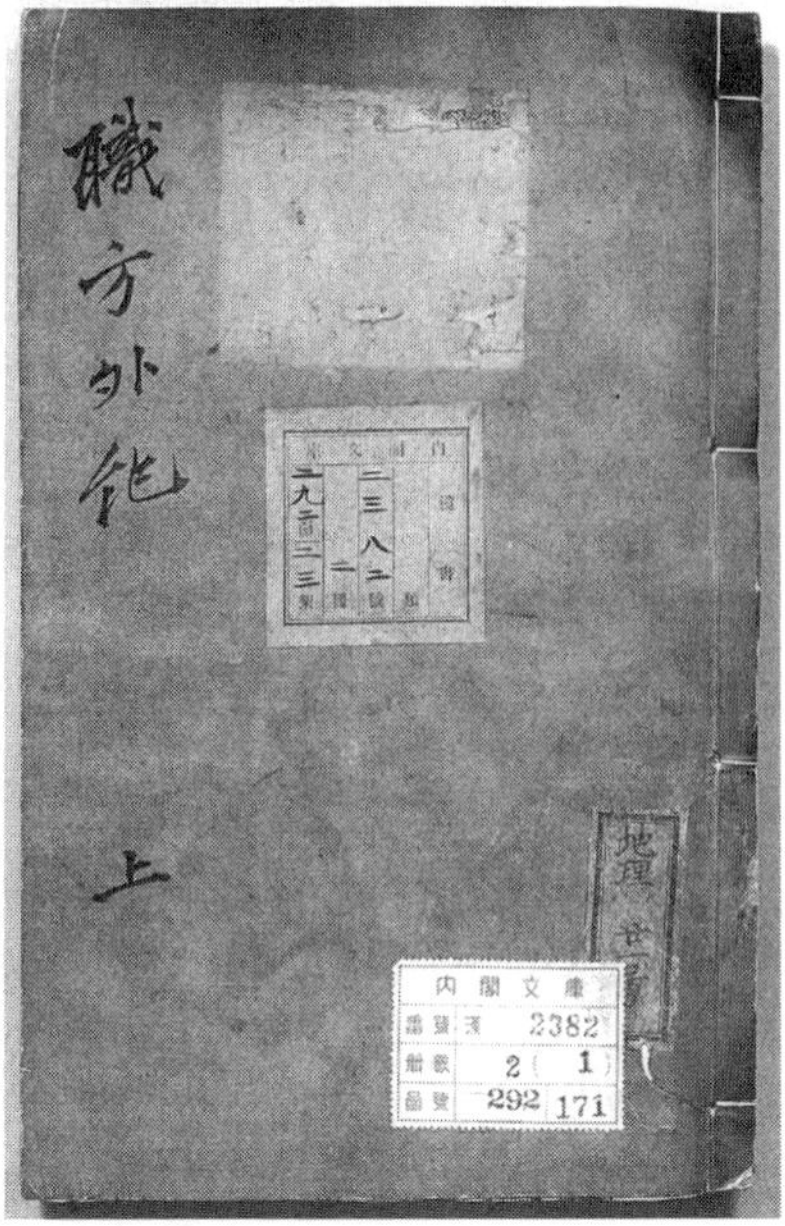

内閣文庫所蔵刊本『職方外紀』

左：李之藻「刻『天学初函』題辞」　　　　右：『天学初函』「理編」書目一覧

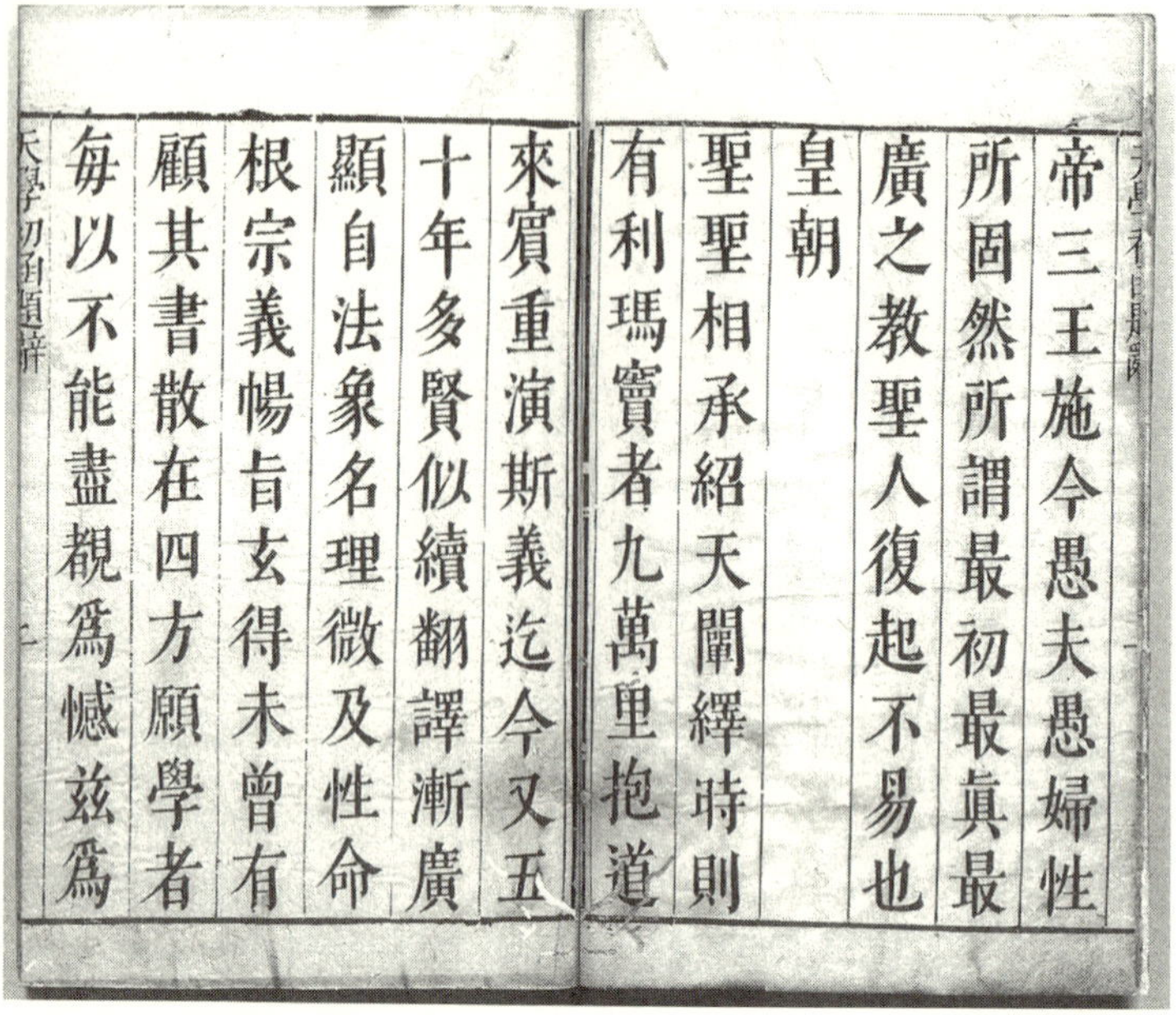

天學初函題辭 一

帝三王施令愚夫愚婦性
所固然所謂最初最眞最
廣之教聖人復起不易也
皇朝
聖聖相承紹天闡繹時則
有利瑪竇者九萬里抱道
來賓重演斯義迄今又五
十年多賢似續翻譯漸廣
顯自法象名理微及性命
根宗義暢旨玄得未曾有
顧其書散在四方願學者
每以不能盡覩爲憾兹爲

天學初函題辭 二

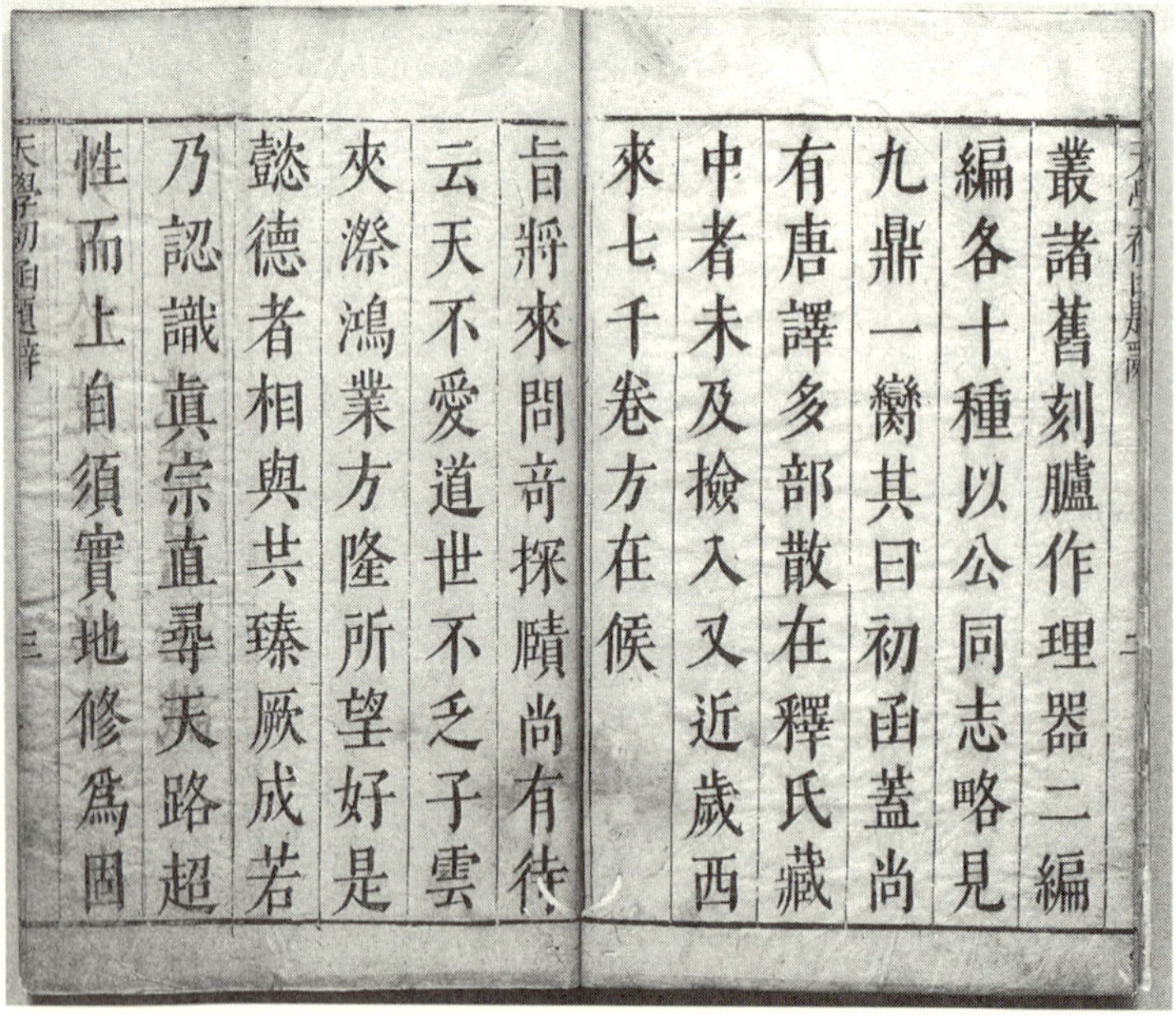

天學初函題辭 二

叢諸舊刻臚作理器二編
編各十種以公同志略見
九鼎一臠其曰初函蓋尚
有唐譯多部散在釋氏藏
中者未及撿入又近歲西
來七千卷方在候
旨將來問奇探賾尚有待
云天不愛道世不乏子雲
夾漈鴻業方隆所望好是
懿德者相與共臻厥成若
乃認識眞宗直尋天路超
性而上自須實地修爲固

天學初函題辭 三

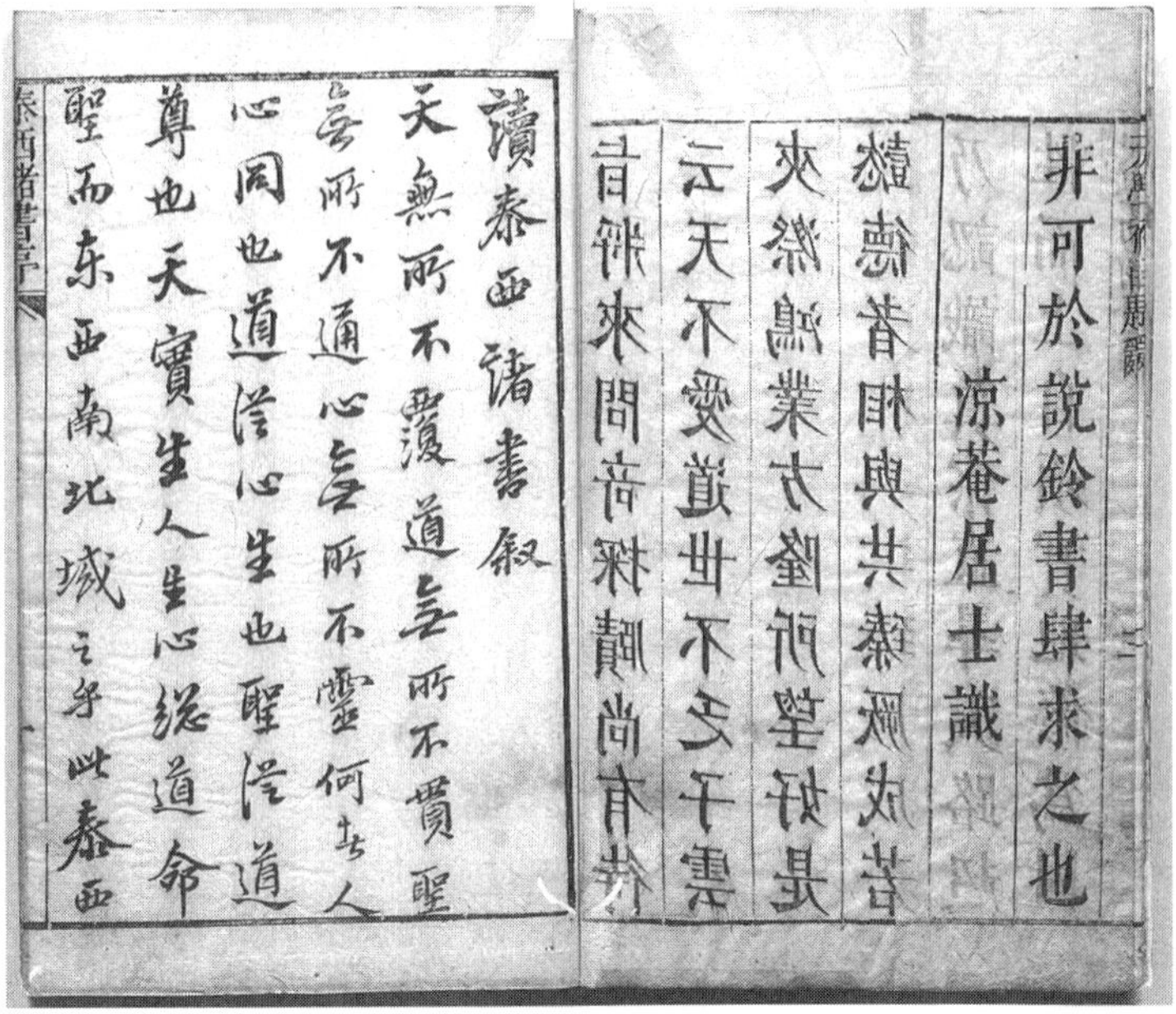

非可於說鈴書肆求之也
涼菴居士識
諸德昔相與共藉厥成若
夫鴻業方隆所望好是
云天不愛道世不乏子雲
吉人將來問奇探賾尚有待

讀泰西諸書叙
天無所不覆道無所不貫聖
無所不通心無所不靈何者人
心同也道從心生也聖從道
尊也天實生人生心從道命
聖而東西南北域之乎此泰西

左：呂図南「讀泰西諸書叙」

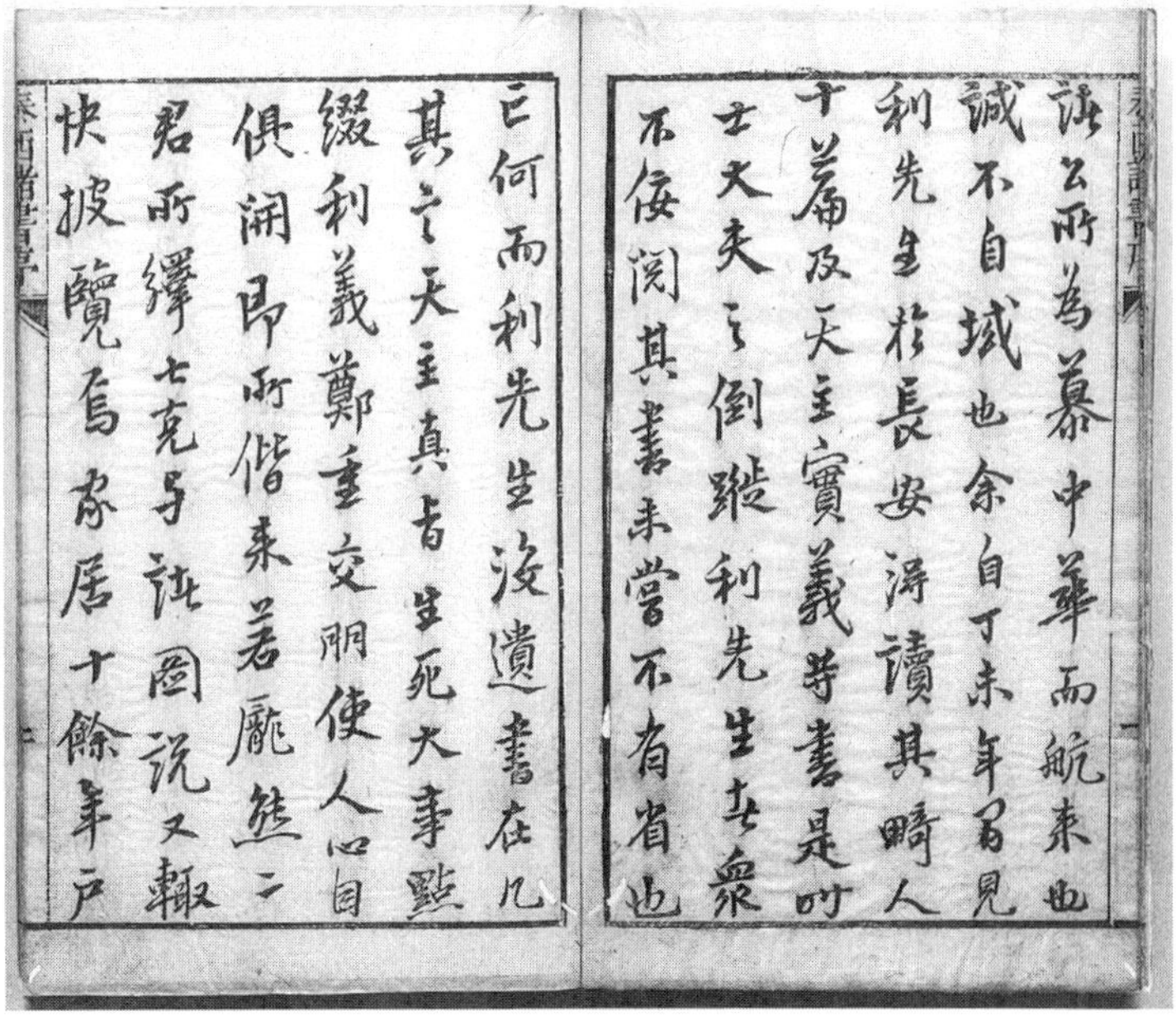

諸公所為慕中華而航來也
誠不自域也余自丁未年爲見
利先生於長安得讀其畸人
十篇及天主實義等書是時
士大夫之倒蹤利先生者衆
不佞閱其書未嘗不有省也

已何而利先生沒遺書在几
其言天主真者生死大事點
綴利義鄭重交朋使人心目
俱開即所偕來若龐熊二
君所譯七克等諸圖說又輒
快披覽焉家居十餘年戶

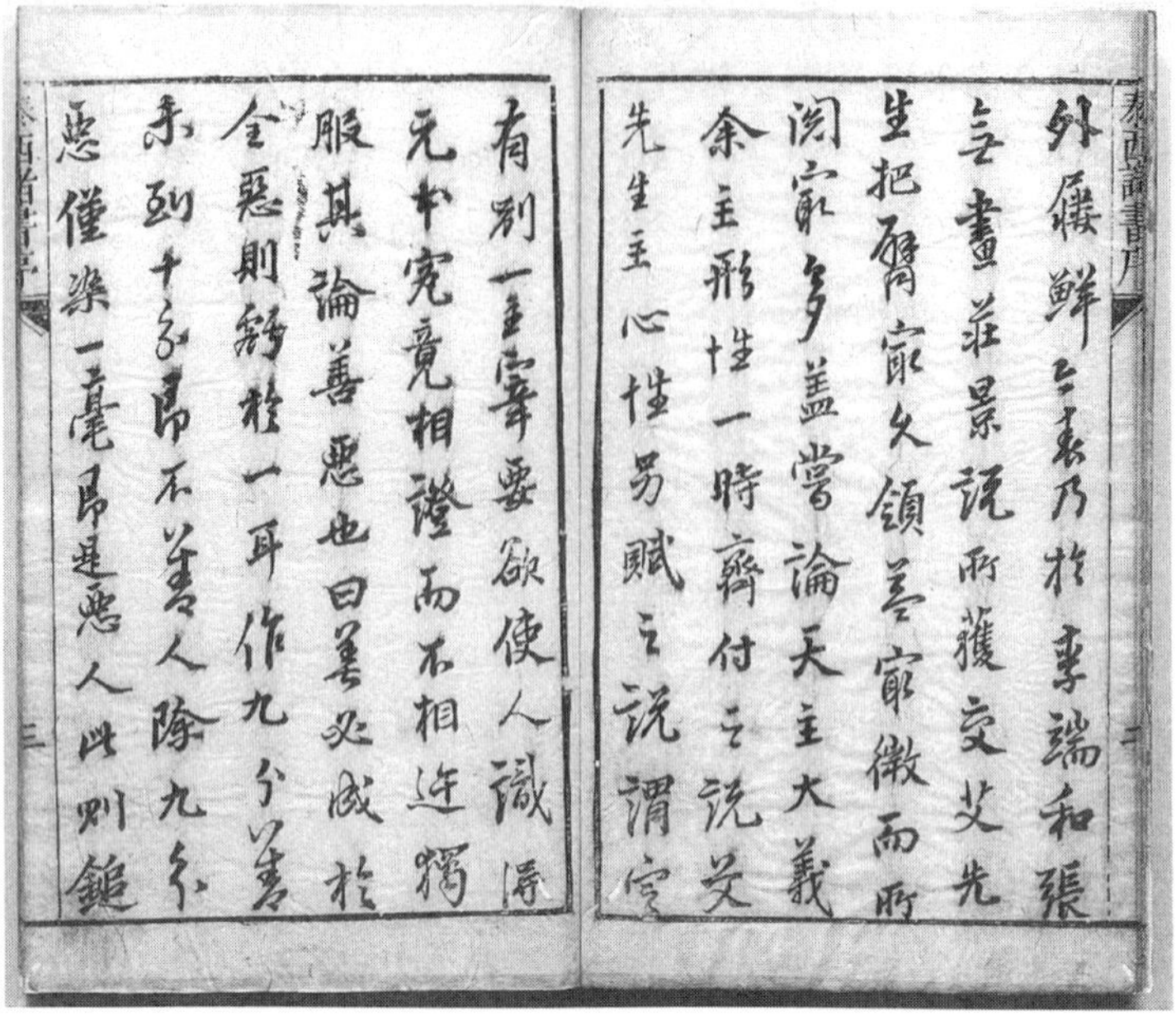
泰西讀書序 二
外攘鮮之表乃於李端和張
無盡莊景說所獲交艾先
生把臂甚久領其微而所
閱最多蓋嘗論天主大義
余主形性一時齊付之說艾
先生主心性易賦之說謂宗
有別一主宰要欲使人識得
元本究竟相證而不相近獨
服其論善惡也曰善必成於
全惡則錙銖一耳作九分善
未到十分畢不善人除九分
惡僅染一毫畢是惡人此則鍾
泰西讀書序 三

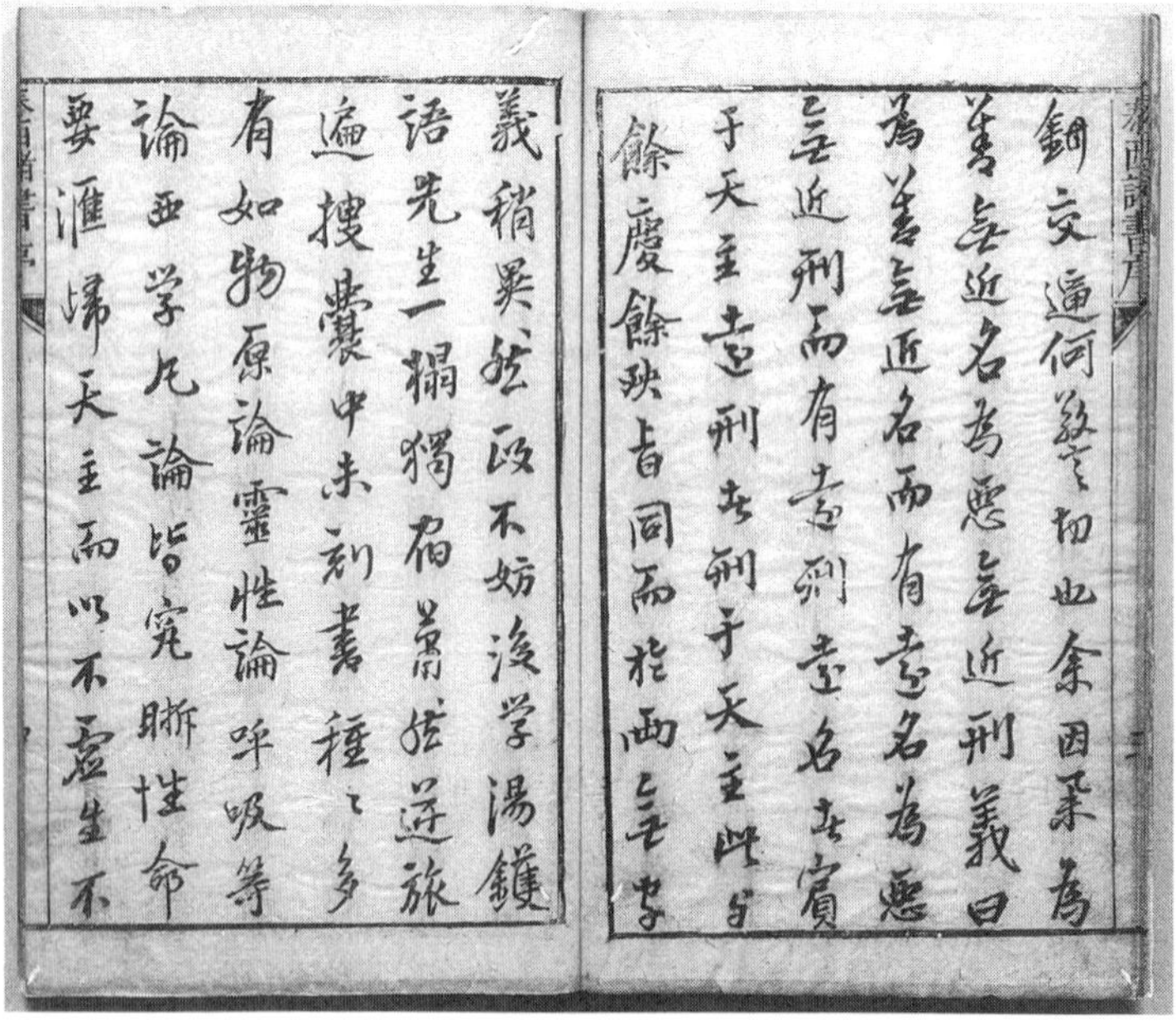
泰西讀書序 三
銅交通何疑之切也余因柔為
善無近名為惡無近刑義曰
為善無近名而有真名為惡
無近刑而有真刑真名真賞
于天主真刑真刑于天主此乃
餘慶餘殃者同而於西無字
義稍異然改不妨後學湯鑊
語先生一榻獨宿蕭然逆旅
遍搜囊中未刻書種種多
有如物原論靈性論呼吸等
論西学凡論皆究晰性命
要滙歸天主而以不虛生不
泰西讀書序 四

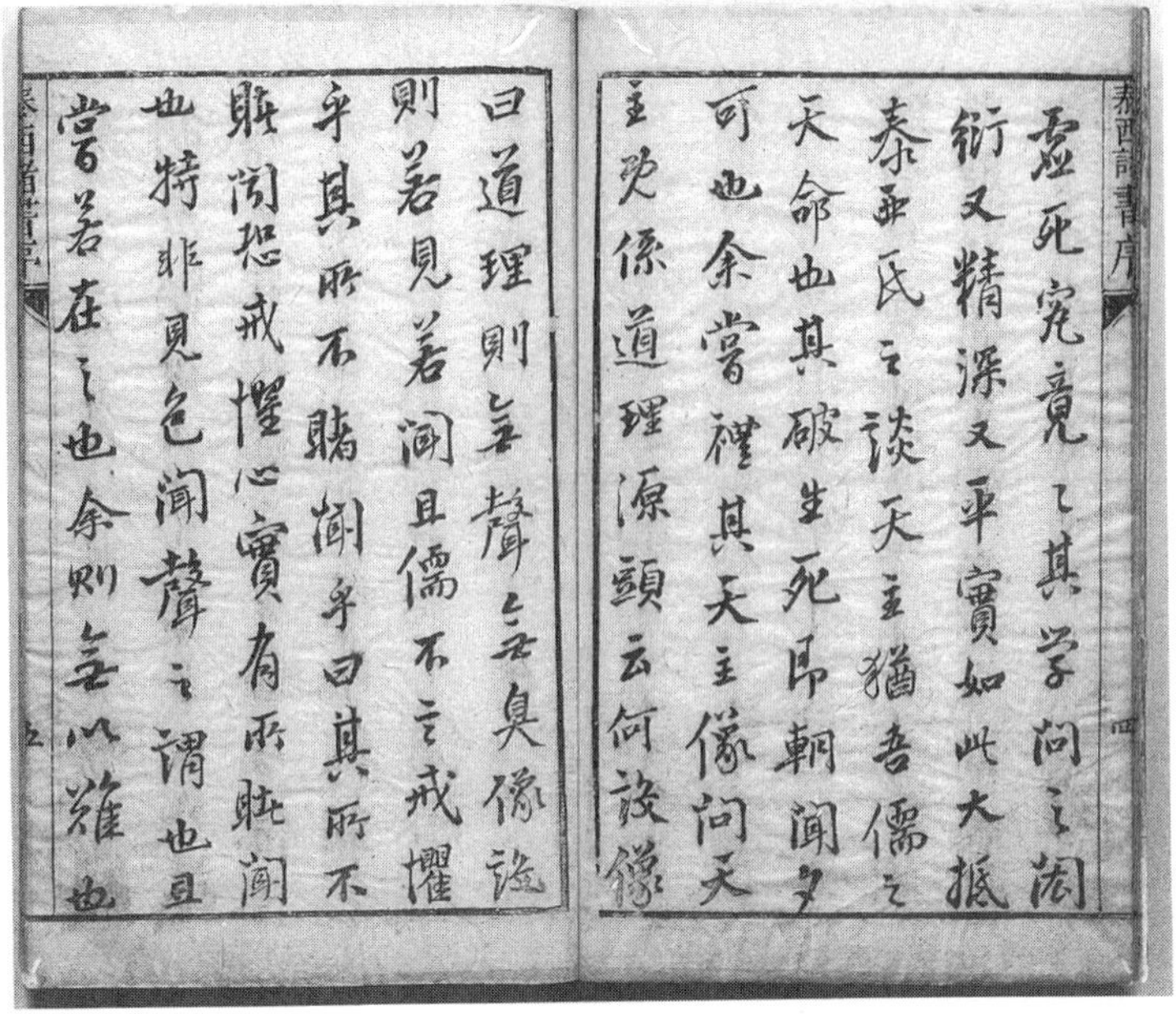
盡死究竟了其学問之閫
衍又精深又平實如此大抵
泰西氏之談天主猶吾儒之
天命也其破生死昂輒聞夕
可也余嘗禮其天主像問天
主既係道理源頭云何設像

曰道理則無聲無臭像設
則若見若聞且儒不之戒懼
乎其所不睹聞乎曰其所不
睹聞恐戒懼心實有所睹聞
也特非見色聞聲之謂也且
嘗若在之也余則無以難也

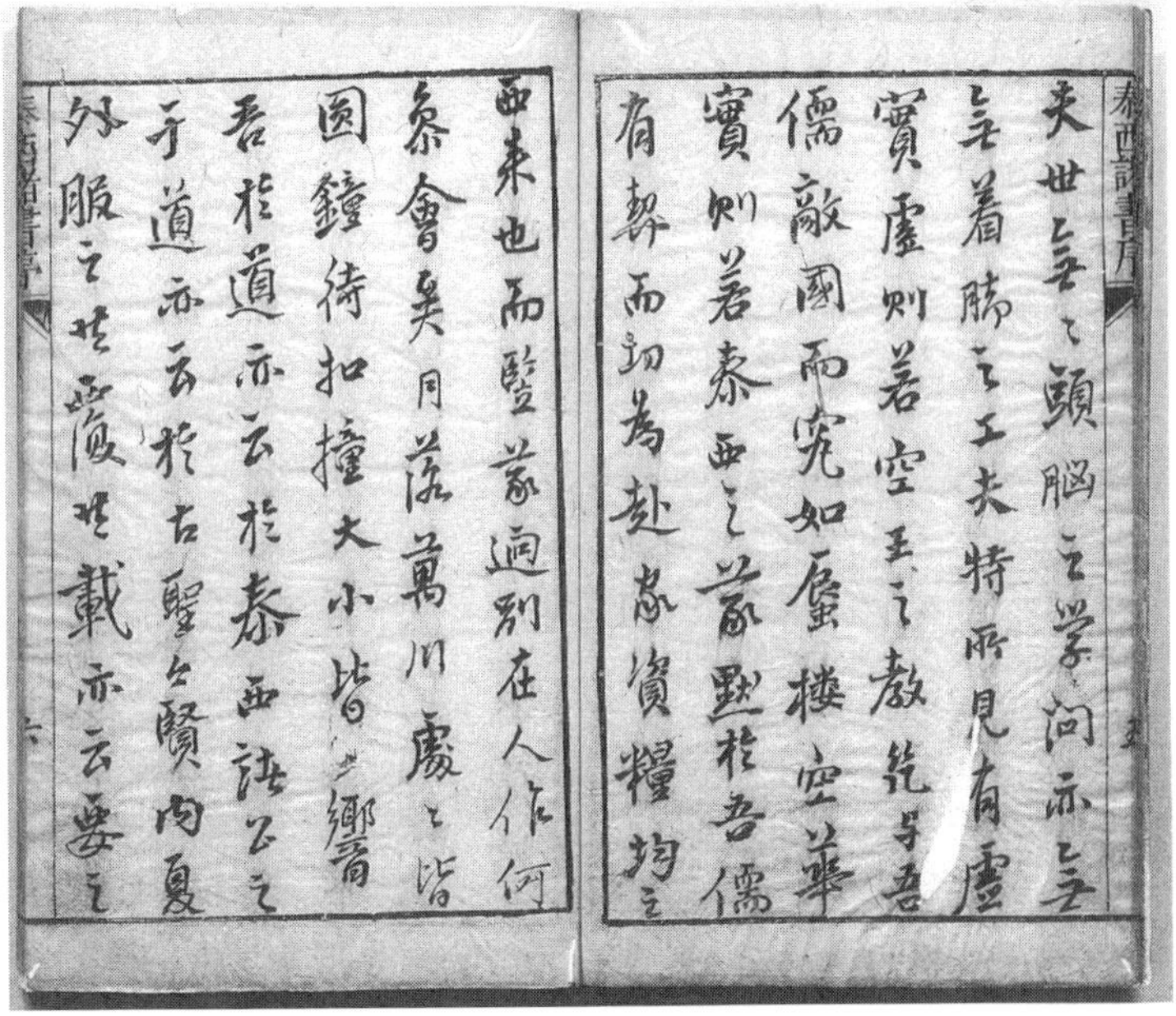
來世無々頭腦之学問亦無
無着腳之工夫特所見有虛
實虛則若空王之教能與吾
儒敵國而究如蜃樓空華
實則若泰西之叢點於吾儒
有契而切為赴家資糧均之

西來也而豎叢適別在人作何
參會矣月落萬川處々皆
圓鐘待扣撞大小皆如響
吾於道亦云於泰西諸公之
于道亦云於古聖々賢內夏
外服之其靈戴亦云要之

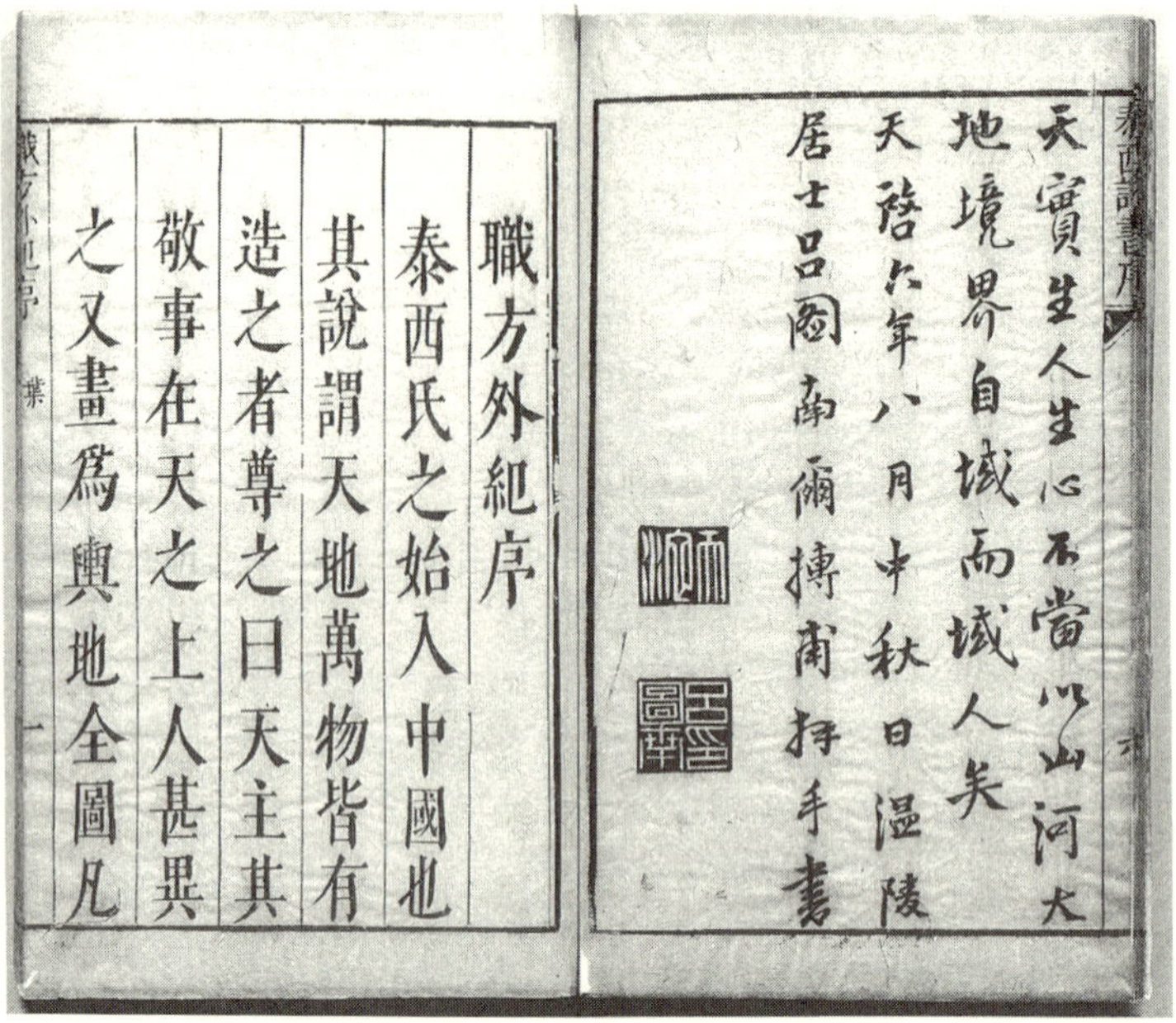

左：葉向高「職方外紀序」

(及びその系統の本)である。即ち内閣文庫本は福州重刊本の系統に属する」(二八五、二八六頁)とある。

内閣文庫本の刊本は、福建での重刊本であるということである(法量は、上冊の縦二五・〇cm×横一六・〇cm。冒頭部分の写真を117～122頁に掲げた)。これには二つの特徴がある。

一つめの特徴は、前掲渡辺宏「職方外紀の五巻本と六巻本」に記されているように(六四頁)、『天学初函』「理編」所収の書名を記した「理編十種共一套」の表と、李之藻の「刻天学初函題辞」(匡郭〔枠〕は縦二〇・五×横一四・〇cm)の後に、天啓六年(一六二六)八月に書かれた呂図南の「読泰西諸書叙」(匡郭は縦二二・〇×横一三・五cmで、他に比べてやや大きい。また整版は呂の自筆の文章に拠る)という文章が配せられていることである。このうち呂の文章は『読泰西諸書』という書物に寄せられた序である。内閣文庫刊本の編者が『読泰西諸書』の中から呂の文章だけを取り出してここに挿入したものであろう。その直後に葉向高の

「職方外紀序」（匡郭は李の題辞と同じ）が続く。これらから渡辺論文は、内閣文庫の刊本は「『天学初函』用に改訂出版されたことは疑いない」（六四頁）と述べる。また見返しの『天学初函』「理編」一套（一覧）の「七克」「霊言蠡句」の右下に「嗣刻」と記され、補なわれたことがうかがえる。

呂図南は福建晋江の人。万暦二十六年（一五九八）の進士にとりたてられた（『明清進士題名碑録索引　下』上海古籍出版社、二二五七八頁）。なお湯開建彙釈・校注『利瑪竇　明清中文文献資料語釈』（上海古籍出版社、二〇一七年）の「序跋第二」には、呂の「読泰西諸書叙」の文章全体が掲載されている（一五六～一五七頁）。これは内閣文庫本とは相当語句が異なる。同資料はサンクトペテルブルクのロシア国立図書館所蔵の清代の劉凝編『天學集解』（五六七頁）に拠っている。同書の「作者小伝」によれば、呂図南（一五六七？～一六三八）は、字は爾搏〔成文出版社『晋江縣志』巻之九「人物志」「列傳」の呂伝では「爾搏」（七十一葉表〔二四一頁〕）となっている。県志の記述に従い、「小伝」の「爾搏」を「爾搏」に改めた〕、号は天池、泉州南安の人。同期の科挙の合格者として李之藻がいる（『明清進士題名碑録索引　下』、二二五七八頁。李は第二甲、呂は第三甲）。晋江にせよ、泉州にせよ呂が福建の人であることは確実である。呂の官は、礼部主事、浙江巡按使、南京通政司右参議等を歴任している。万暦三十五年（一六〇七）にリッチと知り合い、親しく交わった。リッチの『畸人十篇』と『天主実義』は、呂に深い印象を与えた。リッチ帰天後は、宣教師のパントーハ、ウルシス、アレニと交渉を持った。天啓年間に官を辞した。明代にヨーロッパから齎された学問に好意的な態度をもって接した知識人の一人である（『利瑪竇　明清中文文献資料語釈』一五六～一五七頁）。

二つめの特徴は、内閣文庫本の『職方外紀』の存在は福建でも新たに『天学初函』を出版する計画があったことを示唆することである。

前掲『職方外紀校釈』の謝方の「前言」によれば、閩刻本は天啓五年（一六二五）から天啓七年の間に出来た（六頁）。天啓六年（一六二六）の呂の「読泰西諸書叙」は彼が官を辞し郷里の福建に帰って以降に書かれたものではないであろうか。従って閩刻本は天啓六年以降に成ったということが分かる。前掲渡辺「職方外紀の五巻本と六巻本」では「『天学初函』編成中には六巻本であったのが、完成時に五巻本に戻って頒布されたのは何故であろうか」（六四頁）と問題を提起する。完成された『天学初函』の中に六巻本の『職方外紀』はない。天啓七年（一六二七）の葉向高の逝去により福建版の『天学初函』は遂に完成の日を見なかったのであろうか。

内閣文庫の写本は上中下の三冊本である。各冊の最後のところに、「昌平坂学問所」と「安政丙辰」の印がある「安政丙辰」は安政三年（一八五六）にあたる。この年は蕃書調所が設けられた年でもある。海外に関する知識の必要から禁書令がこの書物に関しては大幅に緩められた可能性がある。なお、榎論文にはまた「（江戸時代の写本はこの内閣文庫本を祖本としているらしく、…）」（二八三頁）とある。

また東洋文庫の刊本は『天学初函』「器編」の中に収められた二冊の書物としてある。台湾の学生書局本と基本的に同じであろう。一つ異なるのは、東洋文庫所蔵本では最後に熊士旂の跋が附されていることである。

東洋文庫には写本も一部所蔵されている。一冊である。昭和十六年（一九四一）九月一日に幣原坦より寄贈されたものである。ただし巻一「亜細亜総説」と巻二「欧羅巴総説」の部分のみである。

＊『明清間耶穌会士訳著提要』巻七「科学類」三一三〜三一七頁。

『在華耶穌会士列伝及書目　上冊』「三九　艾儒略」一四一頁。

鮎澤信太郎「艾儒略の職方外紀に就て」（『東洋地理思想研究』日本大学第三普通部、一九四〇年、八六〜九七頁）。

鮎澤信太郎「江戸時代の世界地理史上の職方外紀に就て」（同書一〇三〜一一八頁）。

鮎澤信太郎「渡辺崋山の世界地理研究」（『歴史地理』七九―三、一九四二年、二三〜四五頁）。

開国百年記念文化事業会編『鎖国時代　日本人の海外知識―世界地理・西洋史に関する文献解題―』（原書房、一九七八年復刻、原著一九五三年、「世界地理の部　鮎澤信太郎」「十九　江戸時代の書籍に載せた世界図」二九六～三三二頁）。

鮎澤信太郎『地理学史の研究』（原書房、一九八〇年復刻、原著一九四八年、「世界地図及び世界地理書の刊行」（「二、艾儒略の紹介した世界地理」「六、東洋史上における耶蘇会士紹介の世界地理書」）、「耶蘇会士の支那に紹介した世界地理書が我国に及ぼした影響」（「二、江戸時代における艾儒略の職方外紀」）七二～七八、一〇四～一〇八、一三九～一五四頁）。

鮎澤信太郎『鎖国時代の世界地理学』（原書房、一九八〇年復刻、原著一九四八年、「一、西川如見の華夷通商考」、「二、林子平の世界地理研究」（「斎藤拙堂の世界地理研究」「渡辺崋山の世界地理研究」）、「九、吉田松陰の世界地理研究」二～五、三一～四〇、一八一～二一二、二二四～二六三、二八二～三一九頁）。

森鹿三「職方外紀」（平凡社『アジア歴史辞典』第4巻、四三〇頁）。

海老澤有道『南蛮学統の研究　増補版』（創文社、一九七八年、「後篇　南蛮学統の思想的影響」第七章「切支丹邪宗門観の後退」「回顧と摘要」三一八～三七五、四三三～四四二頁）。

謝方校釈『職方外紀校釈』（中外交通史籍叢刊、中華書局、一九九六年、「前言」一～一一頁）。

『艾儒略漢文著述全集　上』（「職方外紀　解題」一一～一五頁）。

Standaert 編『中国キリスト教ハンドブック』第1巻〔Nicolas Standaert ed., *Handbook of Christianity in China*, Volume One : 635–1800,Brill, 2001〕, p.692, 755。Bernard Hung-Kay Luk, "A study of Giulio Aleni's *Chih-fan wai chi* 職方外紀, *Bulletin of the School of Oriental and African Studies*, vol. 40, Part 1, 1977, pp. 58-84。

海野一隆『東西地図文化交渉史研究』（清文堂出版、二〇〇三年、「東漸篇Ⅰ」「耶蘇会士畢方済の世界図」九三～一〇〇頁）。

斎藤正高訳『大航海時代の地球見聞録　通解『職方外紀』』（原書房、二〇一七年、「解説」八～四八頁）。

西尾市岩瀬文庫編・刊『西尾市岩瀬文庫』（パンフレット）

西尾市岩瀬文庫編・刊『小野蘭山没日二百年関連展示　平安読書室―山本亡羊とその息子たち―』（二〇一〇年）。

遠藤正治編『読書室200年史』（山本読書室、一九八一年）。

榎一雄「職方外紀の刊本について」（『榎一雄著作集』第七巻「中国史」、汲古書院、一九九四年）。

22　霊言蠡勺

『霊言蠡勺』上下二巻。畢方済（Sambiasi サンビアジ）口授、徐光啓筆録。天啓四年（一六二四）刊。『天学初函』所収。Standaert『中国キリスト教ハンドブック』第1巻によれば、「フランチェスコ・サンビアジ（Francesco Sambiasi）、畢方済（一五八二～一六四九）と徐光啓（一五六二～一六三三）は『霊言蠡勺』（一六二四年）においてアリストテレスの『霊魂論』（De Anima）の理論を紹介した」（六〇七頁）ということである。本書では魂を植物・動物・人間の三つに分類する方法が示されている。

タイトルの「霊言蠡勺」の意味は、霊なる言（ことば）を蠡（ひさご）で汲む、というものではないであろうか。それはアウグスティヌスの逸話を基にしたものであろう。

この逸話はリッチの『天主実義』の「首篇　論天主始制天地萬物而主宰安養之」の中にも登場する。梅謙立注、譚傑校勘『天主實義今注』（商務印書館、二〇一四年）では「54.」という番号の附してある箇所である（八八頁）。但し同頁の注（1）では典拠が明示されていない。

なお、この逸話はヤコブス・デ・ウォラギネ『黄金伝説　3』（人文書院）にあるが、「118聖アウグスティヌス」の本文には出て来ない。しかし注(1)には、以下のようにある。

「また、海辺でひとりの童子に出会う場面がよく描かれるのは、つぎのような伝承にもとづいている。『聖三位一体論』を書いていたころ、彼が思索にふけりながら海辺を歩いていると、少年がスプーン(または貝がら)で海の水をくんでは砂浜の穴に注ぎ入れている。なにをしているのだね、とたずねると、少年は、『おじさんがしているのとおなじことをしているんだ。おじさんは神の究めがたさを思想の力で汲みつくそうとしていますね。それとおなじで、ぼくも、海の水をくみつくそうとしているんです。』と答えた—。」(三二五頁)

オットー・ヴィマー著、藤代幸一訳『図説 聖人事典』(八坂書房、二〇一一年)にはミハエル・パッハー「四大教父の祭壇画」が掲載されている(四頁)。この絵の中にアウグスティヌスとスプーンを手にした少年が描かれている。

英語版 The Temple Classics の *The Golden Legend* (Edited by F.S. Ellis, Reprinted 1931) の第5巻のアウグスティヌス伝(The Life of S. Austin of Hippo) の六六頁には、このくだりが載っている。

It was so that this glorious doctor made and compiled many volumes, as afore is said, among whom he made a book of the Trinity, in which he studied and mused sore in his mind, so far forth that on a time as he went by the sea-side in Africa, studying on the Trinity, he found by the sea-side a little child which had made a little pit in the sand, and in his hand a little spoon. And with the spoon he took out water of the large sea and poured it into the pit. And when S. Augustin beheld him he marvelled, and demanded him what he did. And he answered and said: I will lade out and bring all this water of the sea into this pit. What ? said he, it is impossible, how may it be done, sith the sea is so great and large, and thy pit and spoon so little? Yes, forsooth, said he, I shall lightlier and sooner draw all the water of the sea and bring it into this pit than thou shalt bring the mystery of the Trinity and his divinity into thy little understanding as to the regard thereof ; for the mystery of the Trinity is greater and larger to the comparison of thy wit and brain than is this great sea unto this little pit. And therewith the child vanished away. Then here may every man take ensample that no man, and especially simple lettered men, ne unlearned, presume to intermit ne to muse on high things of the godhead, farther than we be informed by our faith, for our only faith shall suffice us.

『黄金伝説』には複数の版がある。Temple Classicsの英訳本には、アウグスティヌスの海浜での童子との会話の逸話が入っていた。この逸話は『天主実義』の「首篇」にも紹介されており、重要と思われるので以上に記した次第である。

一八九〇年に出たラテン語版 *Legenda aurea* の第3版の復刻版（Wagner Edition, 2003〔南山大学図書館所蔵〕）の第一一九番の De Sankto Augustino の項（五四八～五六六頁）にはこの逸話を見出すことが出来なかった。

しかしフィレンツェの Sismel から出た上下二巻の *Legnda aurea*（edizione critica a cura di Giovanni Paolo Maggioni, 1988）〔京都大学文学部図書館所蔵、伊文配置〕の下巻の第一二〇番のアウグスティヌス伝（八四一～八七二頁）ではこの逸話が出ていた（八六四頁）。以下に記す。

Legitur quoque quod eo tempore quod beatus Augustinus libros de trinitate componebat dum per litus maris sociis a longe sequentibus meditando discurreret puerulum quendam mire pulchritudinis in litore maris inuenit qui in ipso litore maris foueam paruam fecerat et cum coclearì argenteo aquam de mari in illam foueam refundebat. Quod Augustinus uidens quid ageret inquisiuit. Et ille:《Volo totam aquam maris cum isto cocleari in hanc foueam infundere》. Tunc Augustinus in risum prouocatus ait:《Quomodo poteris ,fili, cum mare sit magnum, coclear modicum, fouea parua?》Et ille:《Possibilius est mihi hoc agere quam tu ea que cogitas adimplere》. Tunc Augustinus stupefactus quid hoc sit inquirit. Et ille:《Cogitas et laboras cum paruo ingenio tuo in breui uolumine tuo comprehendere et includere trinitatis inexplicabile sacramentum》. Statimque puer diparuit. Et Augustinus deum glorificans quoed uere puer dixerit cognouit.

アウグスティヌスのこの逸話に関して、石井道子・永富青地「『新編天主実録』訳注（一）」（早稲田大学創造理工学部社会文化領域『人文社会科学研究』第五七号、人文社会科学研究会、二〇一七年）には、「初出はトマ・ド・カンタンプレ（Thomas de Cantimpré,1201～1272）『蜂の普遍的善について』"Bonum universal de proprietatibus apum"（1260年）」（一五三頁）とある。これは同逸話を載せた『黄金伝説』の典拠を示す貴重な記述であろう。

これに関してはさらに、石井道子・永富青地「『新編天主実録』について―『天主実義』との比較において―」（東アジア文化交渉学会第八回国際シンポジウム予稿集『東アジア文化交渉学の新しい歩み（上）』二〇一六年）に、以下のようにある。

「第二の挿話はアウグスティヌスの逸話として広く知られ、この場面を描く絵画も数多い。しかし『告白録』などアウグスティヌスの個人的体験を記した著作に典拠はない。もともと固有名詞はなかったのを、後世の人々がより信憑性のある効果的な物語にするためにアウグスティヌスの名をあて、三位一体の神秘を語る逸話として普及してきたものである。逸話はハイステルバッハのカエサリウス（1180年頃～1240年頃）の『奇跡八巻』（Libri Ⅷ miraculorem 1225年～1237年頃）が初出である。そこではセーヌ河畔を舞台に、無名の修道士と子供の会話になっている。カンタンプレのトマの『蜜蜂の普遍的善』（Bonum universal de proprietatibus apum 1263年）でアウグスティヌスの名を出した導入部を添え、逸話に史実性を与えている。」（二九頁）

ハイステルバッハのカエサリウスは、『新カトリック大事典』（研究社）によれば、以下のようにある。「カエサリウス〔ハイスタバッハの〕Caesarius 一一八〇頃―一二四〇頃。シトー会員、歴史家。ケルンで教育を受け、近郊ハイスタバハ（Heisterbach）の修道院長ゲヴァルドゥス（Gevardus）との出逢いが機縁となり、1199年、同修道院にはいる。以後死ぬまで同院にとどまり、修練長、副院長などの職務を行うかたわら、神学書・信心書・歴史書を著した。」（第一巻、一〇四三頁、梛木伸明執筆）

そして彼の著作のうち、「特に長く読まれたのは、修道士訓育のための『奇跡物語』（Dialogus miraculorum, 1219–23）とその続篇（Libri Ⅷ miraculorum, 1225–27）で、両書とも当時の俗信、慣習、民間伝承や信仰の性格をよく反映している」（同頁）とある。

両書のうち、『奇跡物語』は二〇〇九年にBrepolsからラテン語原文と独訳文を並べた五冊本（*Dialog über die Wunder=Dialogus miraculorum*）が出ている。わたくしは南山大学所蔵のものを閲覧することが出来た。大部である。アウグスティヌスの名前は数か所見られたが、この逸話にあたるものは見出せなかった。

同じく南山大学図書館所蔵のカエサリウス編『奇跡とは』（永野藤夫訳、天使館、一九九三年）の訳者永野氏の「あとがき」には、以下のようにある。

「本書のテクストは『ハイスターバッハのシトー会士カエサリウスの奇跡問答　第二巻　シュトランゲ編　ケルン・ボン・ブリュッセル　一八五一年』（Caesarii Heisterbachensis Dialogus Miraculorum.J.Srange. Coloniae, Bonnae et Bruxellis, MDCCCLI）（ミュンヘン国立図書館の本のコピー）で、独訳本は唯一のロンドン版写本によるドレッシャー訳（K. Drescher. Berlin 1929）（上智大図書館の本のコピー）である。『ヘッセの中世説話集』（林部圭一訳、白水社、一九九四年）に、二四篇収められている。……編者カエサリウス（一一八〇頃―一二四〇頃、本は一二二三、三四年頃完成）は、ケルン生れらしく、世俗のこともよくしり、シトー会士養成のため、みごとなラテン語で、語られたとおりの奇跡を集大成した。上下二冊本は一二部よりなっているが、古来、下巻が面白いので、主によまれてきた。」（一四一頁）

「本書はヨーロッパ中世の宗教史、歴史、法史、文学史、文化史の方面からも注目され、研究されている。それで、文化史としての演劇史を研究する訳者は、『イミタチオ・クリスティ』『カルミナ・ブラーナ』『ローマ人物語』についで、本書を取りあげたわけである。」（一四二頁）

なお、上智大学中世思想研究所編訳・監修『中世思想原典思想』（平凡社）にはその著作は収められていない。彼は神学思想の構築家ではなかったのかも知れない。しかし伝統的な中世思想を後代の我々に伝える得難い思想家であったのではないであろうか。

次の『奇跡八巻』は上智大学中世思想研究所が所蔵していた。上智大学図書館の書誌情報によれば、タイトルはLibri Ⅷ miraculorum/Caesarius of Hiesterbach;in Auswahl herausugegeben und erläutert von Fritz Wager であり、出版はPadeborn : F. Schöningh, c1962であり、シリーズはSchöninghs lateinische<>Lesehefte//aである。全部で六〇頁ほどの小冊子ともいえそうな量のこの本の中に、逸話は収められていた。

逸話はI.Dreieinigkeit und Taufe の *I. De sacramento Trinitatis* (*II, I*) の箇所である。以下に記す。

Die quadam Parisiis, cum in scolis cuisdam eximii magistri disputatio haberetur de sacramento Trinitatis, ceperunt scolares ab eo requirere aliquam manifestam similitudinem, per quam intellegere possent, quomodo in una deitate tres esse possent persone, Pater scilicet et Filius et Spiritus sanctus, ita ut quelibet earundem personarum Deus sit nec tamen tres dii, sed unus credendus sit Deus. Quibus ille presumens de scientia sua respondit: „Cras dicam vobis bonam similitudinem.“Cui tota nocte per cogitationem laboranti, cum nil relatione dignum occurreret et mane sclolas intranti discipuli cum promissam similitudinem inportunius exigerent, tacuit ille. Qui cum instarent, magister capucio caput operiens cum silentio exivit et super ripam Secane residens amplius de interrogatis meditari cepit. Et ecce! infantulum speciosissimum contra se sedere respexit, qui fossam modicam, quam fecerat, digitulo suo flumini crebrius intincto eandem fossulam diligenter intus circumlinivit. In cuius aspectu delectatus scolasticus, cum eum interrogaret et diceret:„Quid operaris, bone puer?“ respndit: „Ego omnes aquas huius fluminis inducere volo in hanc fossam.“ Cui cum diceret ille: „Hoc prorsus inpossibile est“, subiunxit infans: „Possibilius est michi hoc facere quam te per similitudinem sacramentum Trinitatis et unitatis posse explicare.“ Ad quod verbum mox disparens, quid de tanto sacramento credere quidve alios docere deberet, satis instruxit. Qui Deo gratias agens ad discipulos rediit et suam insufficientatiam confessus, quod sacramentum Trinitatis et unitatis non ratione, sed fide discuitiendum esset, edocuit. — Puerum hunc puto fuisse angelum Domini vel, quod verius videtur, ipsum ‚speciosum forma pre filiis hominum‘ Christum Ihesum, qui multis modis in se credentibus apparere dignatus est.　p. 7

またカンタンプレのトマスについては、『岩波　世界人名大辞典』第二分冊に以下のようにある。

「トマス(カンタンプレの）〔ラ〕Thomas Cantimpratensis 〔独〕Thomas von Cantimpré〔仏〕Thomas de Cantimpré 1201頃～63(-72)聖人伝作者。ドミニコ会士。ブラバンド地方に生れる。リエージュで学んだ後にカンタンプレでアウグスチノ修道参事会員になる［1217］が、ドミニコ会に移り［30頃］、ケルンとパリでアルベルトゥス・マグヌスのもとで勉学を続け、ルーヴェン修道院副院長となる［46頃］。ベルギーとオランダの地方

の聖人の伝記を著した。」（一八八五頁）

つまり彼は、ハイスタバッハのカエサリウスとほぼ同時代の人物であり、カエサリウスより年少である。ケルンという土地でカエサリウスとの接点が考えられそうである。逸話についての影響関係についてはどうなのであろうか。同辞典は著作のうち『蜜蜂の普遍的善について』については、「《蜜蜂の普遍的善：Bonum univerasale de apibus》で蜜蜂を共同生活の一例に挙げ、初期ドミニコ会会員の生活を取り入れつつ報告した」（同頁）と記す。

この『蜜蜂の普遍的善』については、Bonna Universale de Apibus（1627年）の第48章の 'Profundas quaestiones vitandas docet ex quadam relatione de Sancto Augustino.'（437 - 439頁）に該当箇所が見出された。

Z. Zimmerman O.S.B.「聖人伝」によれば、

「キリスト教的古代及び中世全体における聖人伝の傾向は宗教的建徳であり、その所産は歴史的な正確さを要求しない宗教小説である。歴史的な事実がそこでは時代思潮や環境に応じ且つまた縷々民話や童話を利用しつつ浄められ、高められ、他の民話や童話と融合されてゐる。そして中心点及び主要な効果手段は奇蹟（及びまた魔法的奇蹟）であつて、これが結局において一切のものを蔽ひ、一人の聖人から他の聖人へ移されて類型的な形式で幾度となく繰り返される。」（冨山房『カトリック大辞典Ⅲ』、一九三頁）

とあるように、中世の聖人伝は奇跡を類型化し、奇跡に関わる聖人は厳格に固定的なものではないということである。更に、

「中世における主要編輯者及び改訂者はグレゴリウス一世（彼の Dialogi de vita et miraculis partum Italicorum 所収）、トゥールのグレゴリウス、テオドレトゥス、シメオン・メタフラステス、ハイステルバッハのカイサリウス（Caesarius von Heisterbach）、シャンタンプレのトマス（Thomas de Chantimpré, 最後の二人は中世の逸話的聖人伝

の主要な代表者である)、ヤコブス・ア・ヴォラギネ(Legenda aurea 黄金聖人伝)、モンブリチウス(Mombritius)、ペトルス・デ・ナタリブス(Petrus de Ntalibus)であり、近世においてはリッポマノ(Lippomano)、スリウス、ロスウェイデ及び殊に巨大な著作 Acta Sanctorum を出版しているボランディストである。」(同頁)

とあるように、ハイスタバハのカエサリウスとカンタンプレのトマスの二人は「中世の逸話的聖人伝の主要な代表者である」らしく、この逸話がウォラギネの『黄金伝説』に受け継がれるのは自然の成り行き(the natural course of events)であったのかも知れない。

*『明清間耶穌会士訳著提要』巻四「神哲学類」二〇〇～二〇四頁。

『在華耶穌会士列伝及書目 上冊』「四〇 畢方済」一四七頁。

Standaert編『中国キリスト教ハンドブック』第一巻〔Nicolas Standaert ed., *Handbook of Christianity in China*, Volume One :635-1800,Brill, 2001〕p.607.

ヤコブス・デ・ウォラギネ、前田啓作・西井武訳『黄金伝説3』(人文書院、一九八六年、二八二～三一九頁)。

The Golden Legend〔The Golden Legend or Lives of the Saints. Compiled by Jacobus de Voragine, Archbishop of Genoa, 1275. First Edition Published 1470. Englished by William Caxton, First Edition 1483, Edited by F.S. Ellis, Temple Classics, 1900 (Reprinted 1922, 1931) vol.5, pp.45-67〕.

23 同文算指

『同文算指』十一巻。利瑪竇(M.Ricci リッチ)授、李之藻演。万暦四十二年(一六一四)刊。銭宝琮宗編『中国数学史』によれば、以下のように説明されている。

「クラビウス《実用算術概論》（Epitome arithmeticae praticae）［1585年］と程大位《算法統宗》［1592年］にもとづいて編訳されたものである。ヨーロッパの筆算を初めて紹介し、後の算術に巨大な影響を与えている」（二四五頁）

「大きく〝前編〟と〝通編〟［1613年］と〝別編〟［年代不詳］に分かれる。〝前編〟はおもに整数と分数の四則演算を論じ、そのうち加法、減法、乗法と分数の除法は現在の演算と基本的に等しく、整数の除法は十五世紀末にイタリアの数学者が使用した〝削減法〟（帆船法のこと）で、かなり複雑である。…〝通編〟は、比例［正比例、反比例、複比例を含む］、比例分配、盈不足問題、級数［等差級数、等比級数を含む］、多元一次連立方程式、開方［開平方、開立法、開多乗法を含む］、帯従開平方などからなる。…〝別編〟はただ截圜弦算の一節からなる。」（二四五～二四六頁）。

「翻訳は全書が完成しているとも思えず、また抄本が今日に伝わるだけである。」（二四六頁）

「《同文算指》が紹介する筆算は、現在の筆算にかなり近く、清代の数学者はそれを重視し、不断に欠点を克服して、筆算を次第に完成させた。筆算はかくして、順次普及していったのである。」（二四六頁）

＊『明清間耶蘇会士訳著提要』二〇三～二〇六頁。

『在華耶穌会士列伝及書目　上冊』「九　利瑪竇」四四頁。

銭宝琮編、川原秀城訳『中国数学史』（みすず書房、一九九〇年、第四編「明末から清末の中国数学」第十三章「明清の際における西方数学の伝入」「一　最初の数学翻訳と明末学者の西方数学研究」二四三～二四八頁）。

方豪『李之藻研究』（台湾商務印書館、一九六六年、第八章「李之藻訳介西洋数学」第一節「同文算指」九七～一〇〇頁）。

24 況義

『況義』一巻。金尼閣(Trigault トリゴー)による。天啓五年(一六二五)、西安刊。イソップのたとえ話を収めたもの。

＊『明清間耶穌会士訳著提要』巻九「訳著者伝略」三六三頁。
『在華耶穌会士列伝及書目 上冊』「三二 金尼閣」一二二頁。

25 圜容較義

『圜容較義』一巻。利瑪竇(M.Ricci リッチ)授、李之藻演。万暦四十二年(一六一四)刊。李之藻序。『天学初函』所収。銭宝琮編『中国数学史』によれば、「《圜容較義》は図形の相互関係を比較した幾何学書、多角形どうし、多角形と円、錐体と柱体。正多面体どうし、球と正多面体の間の関係を分析している」(二四六頁)というものである。「《容較義》の内容は疑いなく、かかる著作からの翻訳であり、利瑪竇マテオ・リッチや李之藻の創作ではない」(二四七頁)とあるように、『圜容較義』は前二世紀のギリシアの数学者ゼノドロスや、三世紀のパッポスの著作を翻訳したものであるようである。

＊『明清間耶穌会士訳著提要』巻六「暦算類」二七四〜二七七頁。
『在華耶穌会士列伝及書目 上冊』「九 利瑪竇」四四頁。

銭宝琮編、川原秀城訳『中国数学史』(みすず書房、一九九〇年、第四編「明末から清末の中国数学」第十三章「明清の際における西方数学の伝入」「一 最初の数学翻訳と明末学者の西方数学研究」二四三〜二四八頁)。

方豪『李之藻研究』(台湾商務印書館、一九六六年、第4章「李之藻著述考」第1節「書籍之部」4「圜容較義」四九〜五〇頁)。

26 渾蓋通憲門記

『渾蓋通憲図説』上下二巻。李之藻撰。『天学初函』所収。万暦三十五年（一六〇七）刊。Standaert 編『中国キリスト教ハンドブック』第1巻によれば、それは「アストララーベへの立体平画法的な投影」(stereographic projections for the astrolabe)（七一二頁）について議論したものである。

＊『明清間耶穌会士訳著提要』巻六「暦算類」二六三〜二六四頁。
『在華耶穌会士列伝及書目 上冊』「九 利瑪竇」四四頁。
Standaert 編『中国キリスト教ハンドブック』第1巻〔Nicolas Standaert ed., *Handbook of Christianity in China*, Volume One : 635-1800, Brill, 2001〕, p. 712.
方豪『李之藻研究』（台湾商務印書館、一九六六年、第4章「李之藻著述考」第1節「書籍之部」3「渾蓋通憲図説」四八〜四九頁）。

27 句股義

『句股義』一巻。利瑪竇(M.Ricci リッチ）授、徐光啓撰。『天学初函』所収。「句股義」とは「今の三角法にほかならない」（『明清間耶穌会士訳著提要』二〇九頁）というものである。本書は銭宝琮編『中国数学史』によれば、「《幾何原本》の方法に倣って、わがくに古代の句股術に厳格な論述を加えることを企図したもの」（二四七頁）である。

＊『明清間耶穌会士訳著提要』巻六「暦算類」二七二〜二七四頁。
『在華耶穌会士列伝及書目 上冊』「九 利瑪竇」四四頁。

銭宝琮編、川原秀城訳『中国数学史』(みすず書房、一九九〇年、第四編「明末から清末の中国数学」第十三章「明清の際における西方数学の伝入」「一　最初の数学翻訳と明末学者の西方数学研究」二四三〜二四八頁)。

28 明量法義

『測量法義』一巻。利瑪竇(M.Ricci リッチ)口訳、徐光啓筆授。本書は銭宝琮編『中国数学史』によれば、「陸地測量にかんする数学著作である。その内容はわがくに古代の句股測量の範囲を超えていないが、結論ごとに《幾何原本》の定理によって注釈を加える点がそれと異なっている」(二四七頁)というものである。

＊『明清間耶穌会士訳著提要』巻六「暦算類」二六七〜二六九頁。
『在華耶穌会士列伝及書目　上冊』「九　利瑪竇」四四頁。

銭宝琮編、川原秀城訳『中国数学史』(みすず書房、一九九〇年、第四編「明末から清末の中国数学」第十三章「明清の際における西方数学の伝入」「一　最初の数学翻訳と明末学者の西方数学研究」二四三〜二四八頁)。

29 萬物真原

『万物真原』一巻。艾儒略(Alleni アレニ)述、龍華民(Longobardi ロンゴバルディ)・傅汎際(Furtado フルタード)・費楽徳(Figueredo)同訂。崇禎元年(一六二八)刊。全部で十一の項目に分かれている。『艾儒略漢文著述全集　上』の「解題」によれば、本書はカトリックの教理を問答体で説明したものであり、アレニの執筆の動機は「儒家思想の中にもともと存在する『自然的啓示』を通して中国人にキリスト教を伝える」(三四一頁)ことにあった。本書は出版されるや好意的反応をもって迎えられた(三四二頁)。

＊『明清間耶穌会士訳著提要』巻三「真教弁護類」一七三〜一七四頁。
『在華耶穌会士列伝及書目　上冊』（「三九　艾儒略」一三八頁。

『艾儒略漢文著述全集　上』（「万物真原　解題」三四一〜三四二頁）。

30　簡平儀

『簡平儀説』一巻。熊三抜（Ursis ウルシス）撰説、徐光啓劄記及び序。万暦三十九年（一六一一）刊。『天学初函』所収。『中国科学技術史　下』によれば、「また熊三抜…は、『簡平儀説』『表度説』を著して、簡平儀の使用法をくわしく説明し、あわせて天文学の原理にもとづいてノーモンを立て日影を測り、時間を定める方法を解説した」（五二七頁）ということである。

張柏春『明清測天儀器之欧化』によれば、「イタリアの宣教師ウルシス…は器具の作製に巧みで、一種の『簡平儀』、すなわちアストロラーベ（星盤）を試験的に製作した。彼は徐光啓にこの機器について説明し、…これが記録されて『簡平儀説』（一六一一年）となった」（一三〇頁）ということである。

＊『明清間耶穌会士訳著提要』巻六「暦算類」二七〇〜二七二頁。
『在華耶穌会士列伝及書目　上冊』「三〇　熊三抜」一〇八頁。

『中国科学技術史　下』（「第9章　西洋科学技術の第1次輸入」「2. イエズス会宣教師の来華とその影響」五二五〜五三二頁）。

張柏春『明清測天儀器之欧化：十七、十八世紀伝入中国的欧州天文儀器技術及其歴史地位』（遼寧教育出版社、二〇〇〇年、第二章「一七〜一八世紀欧州天文儀器技術的伝入」第一節「三　欧州儀器的分類描絵」一〇六〜一五四頁）。

31 滌平儀記

これについては海老澤有道『南蛮学統の研究』に、
「寛永禁書令が寛文以来漸次きびしく、貞享二(一六八五)年に至っては、およそキリスト教に関係ある語の見えているものが処分されるようになったことはすでに述べたところである。従って従来禁書として諸文献に名が伝えられている他にも、多くの書が長崎書物改の検閲に引かかったはずである。事実数十種のそれらの書名が諸資料に見えているが、それも諸文献で各々出入があるばかりか、寛永禁書ですら書名が誤られていたりする。即ち『天学初函』という叢書名が一部の書と考えられ、その所収書と並記されたり、『滌平儀記』などと『簡平儀器』とを混合した書名が加えられていたりする。その性質上多くの人の目に触れず、しかも禁ぜられたものへの好奇心が加わって伝聞され、或いは書名が転写せられて次第に混雑したであろうことを示すものである。」(二八二頁)
とある。『滌平儀器』は『簡平儀器』の誤りであることになろうか。
『天学初函』の「器編総目」には『簡平儀』という書名が認められる。しかし実際『天学初函』の『天問略』と『同文算指』の間に収められた書物の名は『簡平儀説』となっている。このあたりの書名の混乱が、「簡平儀」と「滌平儀器」という記載に反映されていると考えることは出来ないであろうか。同一の書物を二つの異なる書名で書き記したわけである。そもそも「簡平儀」とは既述のように、アストロラーベastrolabeという天体観測機器を指すのであって、書名とするには「簡平儀説」、すなわち「簡平儀」についての解説としたほうがより適切であろう。
＊海老澤有道『南蛮学統の研究　増補版』(創文社、一九七八年、「後篇」第六章「鎖国後のキリシタン理解」Ⅲ「元禄前後における禁書の流布」二八二～二九三頁)。

32　滌罪正記
『滌罪正規』四巻。艾儒略（Alleni アレニ）著。崇禎十七年（一六四四）刊。本書は『艾儒略漢文著述全集　上』によれば、「本書は伝統的な内省の方法を紹介し、読者に外在的な罪を反省するだけでなく、内心の罪を反省することを奨励するものである」（二五二頁）というものである。内省の時に依拠すべき十戒と七つの罪源を示し、罪の悔い改めと告解について教える内容のものである（二三五〜二三六頁）。
＊『在華耶穌会士列伝及書目　上冊』「三九　艾儒略」一三八頁。
『艾儒略漢文著述全集　上』（「滌罪正規　解題」二三五〜二三六頁）。

二　寛永十六己卯年付禁書目録所載漢籍の出版と禁書令

前節では、『長崎御役所留』所収、寛永十六己卯年付禁書目録所載の耶蘇教関係漢籍について、それぞれ解説したが、次に、上記漢籍を刊年順に配列する。なお、「2計開」は便宜的に掲げた。

2計開〔書名なし〕
6交友論〔『交友論』一巻。利瑪竇 Ricci 撰、馮応京序、瞿汝夔序。万暦二十三年（一五九五）刊〕
19天主實義〔『天主実義』二巻。利瑪竇 Ricci 述。『天学初函』所収。初版『天学実義』万暦二十三年。『天主実義』万暦二十九年（一六〇一）。万暦三十一年（一六〇三）再版〕
同続篇〔『天主実義続編』一巻。龐廸我 Pantoja 述。天啓五年（一六二五）以降刊、方豪「影印天主実義続篇序」〕

20二十五言〔『二十五言』一巻。利瑪竇 Ricci 述。汪汝淳較梓、馮応京序、徐光啓跋。万暦三十二年(一六〇四)刊〕
26渾蓋通憲門記〔『渾蓋通憲図説』二巻。李之藻撰。『天学初函』所収。万暦三十五年(一六〇七)刊〕
7辨学遺牘〔『辨学遺牘』一冊。利瑪竇 M.Ricci 著、万暦三十七年(一六〇九)刊〕
3畸人〔『畸人十篇』上下二巻。利瑪竇 M.Ricci 口述。李之藻・劉胤昌序。万暦三十八年(一六一〇)刊〕
9幾河原本〔『幾何原本』六巻。利瑪竇 M.Ricci 口授、徐光啓筆訳。万暦三十九年(一六一一)刊〕
30簡平儀〔『簡平儀説』一巻。熊三抜 Ursis 撰説、徐光啓劄記及び序。万暦三十九年刊〕
31滌平儀記〔『簡平儀説』一巻。熊三抜 Ursis 撰説、徐光啓劄記。万暦三十九年刊〕
12奏西水法〔『泰西水法』六巻。熊三抜 Sabbathinus de Ursis 撰説。徐光啓筆記、李之藻訂正。万暦四十年(一六一二)刊〕
8七克〔『七克』七巻。龐廸我 Pantoja 撰述。万暦四十二年(一六一四)刊〕
23同文算指〔『同文算指』十一巻。利瑪竇 Ricci 授、李之藻演。万暦四十二年刊〕
14表度説〔『表度説』一巻。熊三抜Ursis口授、周子愚・卓爾康筆記、熊明遇序、周子愚序。万暦四十二年刊〕
25圏容較義〔『圜容較義』一巻。利瑪竇 Ricci 授、李之藻演。李之藻序。万暦四十二年刊。『天学初函』所収〕
11天文畧〔『天問略』一巻。陽瑪諾 Emmanuel Diaz 条答。周希令・孔貞時・王応熊同閲。万暦四十三年(一六一五)刊〕
16教要解略〔『天主教要解略』上下二巻。王豊粛 Vagnoni 述。万暦四十三年刊〕
28明量法義〔『測量法義』一巻。利瑪竇 Ricci 口訳、徐光啓筆授。万暦四十五年(一六一七)刊〕
27句股義〔『句股義』一巻。利瑪竇 Ricci 授、徐光啓撰。万暦四十五年刊〕

13代疑篇〔『代疑編』上下二巻。楊廷筠述、李之藻・王徴序。天啓元年（一六二一）刊〕

5西学凡〔『西学凡』一巻。艾儒略 Aleni 述。楊廷筠序、許胥臣引、熊士旂跋。天啓三年（一六二三）刊〕

21職方外記〔『職方外紀』五巻・巻首一巻。艾儒略 Alleni 増訳、楊廷筠彙記。天啓三年刊〕

4十慰〔『十慰』一巻。高一志 Vagnoni 述。黎寧石 Ribeiro・費楽 Figueredo 訂、陽瑪諾 Emmanuel Diaz 准。天啓四年（一六二四）刊〕

22霊言蠡勺〔『霊言蠡勺』二巻。畢方済 Sambiasi 口授、徐光啓筆録。天啓四年刊〕

17唐景教碑附〔『景教流行中国碑頌』。大秦寺僧景浄述。『天学初函』「理編」所収の「西学凡」の後に附されたもの。この文章の後には天啓五年（一六二五）に書かれた李之藻「読景教碑書後」が続くはず〕

24况義〔『况義』一巻。金尼閣 Trigault による。天啓五年（一六二五）刊〕

15三山論学記〔『三山論学記』一巻。艾儒略 Alleni 著。黄景昉・蘇茂相序。天啓五年刊〕

29萬物真原〔『萬物真原』一巻。艾儒略 Alleni 述、龍華民 Longobardi・傅汎際 Furtado・費楽徳 Figueredo 同訂。崇禎元年（一六二八）刊〕

1天学初函〔『天学初函』。李之藻輯。崇禎二年（一六二九）刊〕

10彌撒祭義〔『弥撒祭義』二巻。艾儒略 Aleni 著。崇禎二年刊〕

18聖記百言〔『聖記百言』一巻。羅雅谷Rho撰。程廷端潤。龍華民Longobardi・高一志Vagnoni・湯若望Schall共訂。汪秉元序、程廷端跋。羅Rho自序。崇禎五年（一六三二）刊〕

32滌罪正記〔『滌罪正規』四巻。艾儒略Alleni著。崇禎十七年（一六四四）刊〕

以上から、『長崎御役所留』〔一二七号〕収録「切支丹宗門書物御制禁目録」所収本の上限が利瑪竇撰「6交友論」の万暦二十三年（一五九五）であり、下限は艾儒略著「32滌罪正記〔『滌罪正規』〕」崇禎十七年（一六四四）となる。日本側の禁書発令年とされる寛永七年（一六三〇）説については、右の結果に照らして不成立となる。

付記1

『近藤正斎全集　第三』（国書刊行会、一九〇六年）に「禁書」の関連記事が収められている。そこには清の乾隆年間（一七三六〜九五）に出された『四庫全書総目提要』に収められた二十五種のカトリック関係の漢籍に関する『総目』の解説がそのままに書き写されている。清代の中国にあってこれらの書物は禁書ではあり得ない。江戸時代の日本はこれらが禁教のカトリック関係の文献であるというそれだけの理由で、内容とは無関係に禁書にされている。中国文化への素養や知識が頂点に達した江戸の知識人が、カトリック関係の書籍を一律に禁書とする幕府の方針に、根源的な疑問・批判の念を抱くことはなかったのであろうか。なおこの二十五種と本稿でとりあげた寛永十六年の三十二種との関係については、本書所収「近世長崎の禁令書をめぐって」を参照。

付記2

また海老澤有道『南蛮学統の研究　増補版』（創文社、一九七八年）のなかに、「附表　天主教関係漢籍江戸時代流布本所在目録」（三〇一〜三一七頁）が収められている。それ（三〇七頁）に基づき、関心のある『職方外紀』について筆者が居住している愛知県の岩瀬文庫（西尾）と村上文庫（刈谷）を訪ね、所蔵資料（写本）を閲覧させていただいた。その後、東洋文庫と内閣文庫を訪ね、そこでの所蔵資料を閲覧させていただいた。写本の世界の多様性に目を見張るばかりであった。

日本の各地には篤志家が築いた文庫がある。それらの文庫には貴重な書物が所蔵されていることが稀ではない。こうした地方の文庫について、日本各地のキリシタン史の研究者は知悉しているのではないか。それらの研究者の衆知を結集して、日本各地の文庫に所蔵されている漢籍カトリック文献の総合的なリストを作成することは出来ないものであろうか。すでに『イエズス会士関係著訳書の基礎的研究』（昭和62年度科研費〔総合研究A〕研究成果報告書）（研究代表者吉田忠、一九八八年三月）のⅡにおいて、吉田忠編「イエズス会士関係著訳書所在報告」（一～一四頁）、「イエズス会士関係著訳書見在書目」（一五～六〇頁）、「イエズス会士系著訳書名表（出版年代順）」（六一～六七頁）というカトリック漢籍の所在に関する報告と表が作成されている。緻密で広範な調査に基づいた作業は多大な困難を伴ったことであろう。その点は高く評価されるべきであることは紛うべくもないが、ただいかんせん、これは各地の中国学の研究者が協力して出来上がったものであって、完全なものであるとは言い難いし、何よりもこうしたリストの作成は、日本のキリシタン史研究の領域の中に組み込まれるべきものではないかと想像するものだからである。

近世長崎の禁書令をめぐって—寛永七年説と禁書目録—

清水　紘一

はじめに

漢籍は日中間を往復した日本船・唐船により古くから本邦に将来されたが、明清代漢籍のなかには耶蘇教（天主教）関係の書冊が含まれており、キリシタン禁制が強化されると長崎奉行は、舶来漢籍に対する水際での検閲強化と、市中書肆からの禁書一掃策を進めた。

本稿では、葛谷登氏が明らかにした綿密な成果に導かれ、禁書に関する主要史料と、寛永七年以降の史実を幾分微視的に検証し、長崎における漢籍耶蘇教書禁止の諸過程について若干の整理を試みる。

一　関連の諸研究と主要史料

最初に漢籍耶蘇教の禁書問題について、先学の研究事績を点景しておこう。

長崎で禁止された漢籍耶蘇教の書目と禁書発令年次については、三二種の書籍と寛永七年（一六三〇）の発令説が提示されてきた。

伊東多三郎氏は、天保十二年(一八四一)向井雅次郎等が長崎奉行に提出した『御禁書目録、御禁書中御免書目録、御制禁御免書籍訳書』が最も信用に足るとし、寛永七年以来「三十二種」が禁書に指定されたと主張した。(1)

海老沢有道氏は「もともと禁書令の原文が伝えられていない」とし、「現在知られる禁書令についての公文書は、長崎県立図書館蔵『御制禁御免書籍訳書』であるが、それは実に約二百年後の一八四一(天保十二)年に書かれたものである。しかし書物改役の向井兼哲らが長崎奉行に提出したものであり、禁書については実際に書物改役が取り締まっていた根拠を示すものであって、幕府の書物奉行で海外事情にも少なからぬ関心を持っており、長崎に遊び、向井家の書上げを用いた近藤正斎の『好書故事』も同様であり、その点信用して良いものと考えられる」と説論した。(2)

両氏が提出された同上見解は、大庭脩氏ほか諸先学の研究でも大略承認され、今日の学界では定説的な位置を占めてきている。(3)

同上から、先学の依拠した主要史料は『御禁書目録、御禁書中御免書目録、御制禁御免書籍訳書』と『好書故事』所収の「禁書」記事であったことが知られるが、(4)『長崎御役所留』中冊第二の帳延宝四年(一六七六)の項所収「切支丹宗門書物御制禁目録　寛永十六己卯年」については、如上の論文で何故か看過されており論及されてはいない。

禁書については同上以外にも関連史料があり学界に提示されてきているが、(5)本稿では禁書政策が施行された初期過程に関する基本的なアプローチとして、上記史料を再度検証する。作業の順序については、禁書一覧が採録乃至閲覧された年次(後述)を勘考し、以下の順でみていく。

1「切支丹宗門書物御制禁目録　寛永十六己卯年」(『長崎御役所留』中冊)〔以下、寛永十六己卯年付御制禁目録と略記〕

2「御禁書目録」（近藤重蔵『好書故事』第二冊巻三）〔以下、近藤重蔵御禁書目録と略記〕
3『御禁書目録、御禁書中御免書目録、御制禁御免書籍訳書』〔以下、同上標題の他、御禁書目録等と略記〕

1　寛永十六己卯年付御制禁目録

本目録を最初に掲出した理由は、本文が長崎奉行の手許資料集というべき『長崎御役所留』第二帳〔寛文四年（一六六四）〜貞享五年（一六八八）文書〕に載録された文書であり、延宝四年（一六七六）長崎奉行が書物改から提出させた文書（写）と推断されることによる。同上一覧は〔表1〕のようである。便宜上、順序数を付記したほか、天學初函に収録された書名に＊印を付した（題字は、ママ）。

同上漢籍の書誌については葛谷登氏の詳論に委ねるが、〔表1〕について以下に注意しておこう。その一は、典籍の書名に錯誤が認められるほか、書名とはいえない「2一計開」(6)が「一打」され「三十二種」の一書として算定されている観があること。その二、天學初函は叢書名であるが収録された全二〇種（後註（9））が目録に「不統一」のまま収められていること。末尾の「右三十二種」は叢書〔一天學初函〕を含めた合計数となるが、同上数は後年の禁書目録の「定数」としてその後に継承された可能性があること。その三、末尾の年紀「寛永十六己卯年」（一六三九）は、葛谷登氏が論文中で指摘された「32一滌罪正記」〔艾儒略著『滌罪正規』崇禎十七年（正保元、一六四四年）〕の刊年に照らして、あり得ない年次となること。

故に本文書には不自然な跡が感得される文書となるが、「寛永十六己卯年」と年紀が付された理由と延宝四年の項〔「長崎」一二七）に本文書が何故収められたか問題として残る。その経緯については、同上の背景と関連する史料などから次節で管窺する。

〔表1〕寛永十六己卯年付御制禁目録

1	天學初函	①
2	計開	
3	畸人＊	②
4	十慰	③
5	西學凡＊	④
6	交友論＊	㉙
7	辨學遺牘＊	⑤
8	七克＊	⑥
9	幾河原本＊	㉘
10	彌撒祭義	⑦
11	天文畧＊	㉖
12	奏西水法＊	㉚
13	代疑篇	⑧
14	表度説＊	㉑
15	三山論學記	⑨
16	教要解略	⑩
17	唐景教碑附＊	⑪
18	聖記百言	⑫

〔表2〕近藤重蔵御禁書目録

①天學初函　壱部
②畸人＊
③十慰
④西學凡＊
⑤辯学遺牘＊
⑥七克＊
⑦彌撒祭義
⑧代疑篇
⑨三山論學記
⑩教要解略
⑪唐景教碑＊
⑫聖記百言
⑬天主實義＊
⑭天主續篇
⑮二十五言＊
⑯霊言蠡句＊
⑰况義
⑱萬物眞源

19天主實義＊・同續篇	⑬⑭	⑲滌罪正記
20二十五言＊	⑮	⑳滌平儀記
21職方外記＊	㉕	㉑表度説＊
22霊言蠡句＊	⑯	㉒測量法義＊
23同文算指＊	㉝	㉓測量法義異同
24況義	⑰	㉔簡平儀記＊
25圏容較義＊	㉜	㉕職方外記＊
26渾盖通憲門記＊	㉛	㉖天文略＊
27句股義＊	㉗	㉗勾股義＊
28明量法義＊	㉒㉓	㉘幾何原本＊
29萬物真原	⑱	㉙交友論＊
30簡平儀＊	㉔	㉚泰西水法＊
31滌平儀記	⑳	㉛渾蓋通憲圖説＊
32滌罪正記	⑲	㉜圜容較義＊
		㉝同文筭指前篇通篇＊
右三十二種		通計三十弐種

＊は「天學初函」所収。〔表1〕下の丸数字は〔表2〕に対応する。
〔表1〕の各冊に「一打」が付されている。
〔表2〕冒頭の天學初函のみ「一打」。

2 近藤重蔵御禁書目録

近藤重蔵〔守重、正斎〕は、長崎から蝦夷地まで日本列島を縦断し、帰府後は幕府の書物奉行として勤仕。公務の傍ら多数の書物を編著するなど、多事多彩な活動歴を残した。長崎には寛政七年（一七九五）六月から九年十二月まで奉行手附出役として出向し、奉行所では目安方を担当。傍ら、寸暇を惜しんで奉行所内外の書籍を渉猟し著述に励んだ。[7] 重蔵が長崎で知り得た禁書に関する資料についてはその後の知見と併せ『好書故事』に載録されており、本稿では次の二点を参照した。その㊀は、内閣文庫本『好書故事二』巻三に見える「○禁書　御禁書目録」である。その㊁は、『近藤正斎全集三』に収められた「好書故事」巻第七十四　書籍二十四　禁書一である。両書に収録された記事には若干の出入りが生じているが、上記㊀は「正斎用箋九行取り」箋で紙面には自筆と見られる付箋多数の貼りこみと朱書が施されており、重蔵手沢の跡が感得される。本稿では同書㊀を基本とし、併せて全集本㊁を参照した。

右によると、重蔵は禁書について「長崎書物改ニ質問スルニ云、寛永七年以来禁書ト称スルモノ三十二種、内十一種ハ享保五年ヨリ禁限ニ非ト、姑ク其記ヲ下ニ付載ス」と要略し、その根拠について「長崎鎮府書物改所伝ノ記　御禁書目録」「通計三十弐種」、「右は此の節御尋ニ付旧記相調候処書面の通御座候、以上　未十月　向井元仲」と典拠を記した。元仲は寛政八年長崎聖堂の祭酒を継いでおり、「未十月」の年紀については重蔵が帰府した寛政九巳年以降の同十一年が未年となる。同年重蔵が「寛永七年以来」として書留めた禁書「三拾弐種」は〔表2〕となる。向井家と漢籍との関わりについては次節で述べる。

〔表2〕と、上記の〔表1〕を比較する。〔表2〕のうち「①一天學初函壱部」の他は「一打」なしの単行書目とされ列記されている。天學初函所収本の全二〇種を収めている。〔表1〕に見える「2一計開」は〔表2〕で消えているほか、「②崎人」〔表2〕と「3一崎人」〔表1〕が同名であるが、正しくは「畸人十篇」である。さらに〔表1〕の「19一天主實義・同續篇」が、〔表2〕では「⑬天主實義、⑭天主續篇」に、「28一明量法義」が「㉒測量法義、㉓測量法義異同」と分離新加されている。「通計三十弐種」について〔表2〕の書名数は「①一天學初函」を含め三三種となり、同書を除くと三二種となる。重蔵は書物改から入手した〔表2〕が「寛永七年以来禁書ト称スルモノ」とするが、〔表1〕で既述した寛永十六己卯年付御制禁目録が「九年前」の年次に遡及されたこととなる。

書目の配列順序については〔表1〕を基準とし、〔表2〕と比較すると〔表1〕の下の数字のようになる。同上から、収載書物の順序については相互に移動が相当数認められる。特に「6一交友論（㉙交友論）」以下が著しい。但し、両書に見える集計数は「三十二種」（三十弐種）で同数とされている。「通計三十弐種」が、禁書の規定数〔範数〕とされている感がある。

3　御禁書目録、御禁書中御免書目録、御制禁御免書籍訳書[8]

標記した御禁書目録等は、長崎県立図書館から長崎歴史文化博物館に移され現蔵されているが、長崎奉行が認許した確かな「文書」であることが上述した先学により確言されている。とはいえ海老沢有道氏が指摘したように、寛永七年から「実に約二百年後の一八四一（天保十二）年に書かれたもの」であり、現在でも批判研究の余地は残されている。

御禁書目録等は小冊子であるが三部からなる。表紙には「天保十二丑年四月改」の年紀と、標題「御禁書目録、御禁書中御免書目録、御制禁御免書籍訳書」、その下に「三在勤　戸川播磨守」の記名が見える。天保十二年（一八四一）四月、戸川播磨守安清（天保七年六月〜十三年二月在任）が、本冊子について吟味し公許した型式を備えている。

以下同上について、⑴御禁書目録、⑵御禁書中御免書目録、⑶御制禁御免書籍訳書の順に見て行く。

⑴御禁書目録　禁書指定については、①寛永七年段階、②貞享二年（一六八五）段階、③天保十一年（一八四〇）段階に区分され、書名が列挙されている。

①寛永七年段階、次の書名と年次を挙げる。＊印、天學初函所収本

一天學初函壱部　種目　畸人＊　十慰　西學凡＊　辨學遺牘＊　七克＊　彌撒祭義　代疑篇　三山論學記　教要
解略　唐景教碑＊　聖記百言　天主實義＊　天主續篇　二十五言＊　霊言蠡勺＊　况義　萬物眞原　滌罪正記
滌平儀記　表度記＊　職方外記＊　以上弐拾壱種

写本に見える筆記の体裁は、冒頭に見える「一天學初函　壱部」、次いで「四字程」下げた形で小字の「種目」が見える。天學初函は理編十部と器編十部〔合計二十部〕から成る叢書である。(9)「種目」は、上記〔表1〕所載の「計開」に代わる語となる。以下写本では畸人から唐景教碑まで二字下ゲ一点ごと筆記の書名が続き、聖記百言から職方外記まで微妙ながら「一字下げ」の書式に見える。畸人から末尾の職方外記まで「一打」はない。

如上の筆跡前半の体裁は、冒頭に見える「一天學初函壱部」の収載書物を示した形式に見える。但し、天學初函所収本二〇種のうち＊印を付した一〇種が指定されている。すると天學初函に含まれない漢籍に「一打」がなされて然るべきであるが、そのような形跡はない。文末には「以上弐拾壱種」、「右は寛永七午年より御禁書ニ被仰付置候」と付記する。「弐拾壹種」に天學初函はカウントされていない。

②貞享二年段階においては、次の書名と年次を挙げる。「一寰有詮、一地緯、一帝京景物略、一天經或問後集、一禪眞逸志、一願學集、一名家詩觀、一方程論、一檀雪齋集」。文末に「以上九種、右は貞享二丑年より追々持渡候処御禁書被　仰付候」とする。

右は貞享二年渡来した拾五番南京船将来寰有詮の焼き捨て処分（『近世長崎法制史料集2』［長崎］一六一、参考二〇三号）に始まるその後の禁書一覧となる。同上のうち「一寰有詮」[10]は、崇禎元年（一六二八）耶蘇会士が著刊した「論宇宙之書」である。

③天保十一年（一八四〇）段階においては、禁書名として「一天方至聖實録□譜」一冊を掲載。本文末尾に「右は天保十一子年持渡候処　御禁書ニ被仰付候、総計三拾弐種」。

同上の末尾に「右之通ニ御座候、以上、丑四月、向井雅次郎㊞、田邊啓右衛門㊞、村岡東吉郎㊞」と署名捺印が見える。

以上⑴①②③の御禁書目録は、天保十二年書物改が作成し長崎奉行に提出。文末に見える「御禁書ニ被仰付候、総計三拾弐種」については、寛永七年の耶蘇教書「弐拾壱種」、貞享二年耶蘇会士著作・耶蘇教記事を含む漢籍「九種」、天保十一年「一種」の計三十一種が、「総計三拾弐種」とされている。「三拾弐種」は、禁書につきまとう数字となっている。

⑵**御禁書中御免書目録**　冒頭の「覚」前半の記事は、後年免許された書名と部数で「測量法義＊、測量法義異同＊、簡平儀記＊、天文略＊、勾股義＊、幾何原本＊、交友論＊、泰西水法＊、渾蓋通憲圖説＊、圜容較義＊、同文算指前篇通篇＊、計拾壱種」（＊印は天學初函所収本）を挙示。次いで「右は寛永七午年御禁書ニ被仰付三拾弐種の内追々御免ニ相成候書銘ニて御座候」とする。即ち、寛永七年「三拾弐種」が禁書とされたが、同数は上記⑴①の「弐拾壱種」と⑵の「拾壱種」が加算された数字となる。右のそれぞれに天學初函は算入されていない。

後半は貞享二年以来の禁書十六種のうちから、追々免許された書物となる。「一福建通志、一譚友夏合集、一西堂全集、一増定廣輿記、一三才發秘、一堅瓠集、一西湖志」など。

⑶御制禁御免書籍訳書　以下の構成となる。冒頭①御禁書目録「三十二種」を挙示し、次いで②貞享二年探索された寰有詮ほかの禁書一覧、③享保五年の一部解禁書籍、④上掲②のうち、その後の「御免」書七書、⑤その後の書籍二書などが筆録されている。

①御制禁目録「三十二種」については、次のようである。＊印、天學初函所収本

一天學初函壱部　種目　畸人＊　十慰　西學凡＊　辯學遺牘＊　七克＊　彌撒祭義　代疑篇　三山論學記　教要解略　唐景教碑＊　聖記百言　天主實義＊　天主續篇　二十五言＊　霊言蠡勺＊　況義　萬物眞原　滌罪正記　滌平儀記　表度記＊　測量法義＊　測量法義異同　簡平儀記＊　職方外記＊　天文略＊　勾股義＊　幾何原本＊　交友論＊　泰西水法＊　渾蓋通憲圖説＊　圜容較義＊　同文筭指　前編通編＊　通計三拾二種

右について上述した近藤重蔵の御禁書目録〔表2〕と比較すると、漢籍の配列は同じとなる。同上の資料源については管見し得ないが、重蔵が寛政七～九年（一七九五～九七）長崎で書物改に「質問」し、その後入手したと見られる既述の「未十月付」向井元仲文書と同根の「資料源」があったこととなろう。

同上目録に次いで「右は寛永七午年より欧羅巴人利瑪竇等の作三拾弐種の書并邪宗門教化の書は御制禁被仰付」とし、次いで「其外書中ニ邪宗門の噂国俗風儀等の儀書入候分は其儘商賣仕来候、然ル処貞享二丑年右三拾弐種の外寰有詮と申天主教勧法の書唐船持渡の内より向井元成改出し言上仕候処焼捨被　仰付候（下略）」と記載。寛永七年「三拾二種」を指定、貞享二年以降勧法の書とされた寰有詮発見後、禁書の措置が一層強化されたとする。

②貞享二年探知された勧法書『寰有詮』、以降探知された利瑪竇等への一句半言にても「邪宗門の事相記し候書」とし、以下の禁書十六種を記す。

寰有詮、福建通志、地緯、天經或問後集、帝京景物略、西堂全集、三才發秘、願學集、西湖志、禅真逸志、譚友

夏合集、方程論、名家詩觀、檀雪齋集、增定廣輿記、堅瓠集

③享保五年の一部解禁書籍。禁書緩和の次第について「享保五子年被　仰出候は是迄邪宗門之儀聊かニても書載有之書物は一切御制禁の処、向後は噂迄ニて勧法ニ不拘書の分は御用物は勿論世間致流布不苦旨被仰付候」とし、御免書籍「拾弐種」の漢籍を掲出している。

圜容較義＊　渾蓋通憲圖説＊　測量法義＊　測量法義異同＊　簡平儀記＊　勾股義＊　幾何原本＊　交友論＊

同文筭指前編　通編＊　泰西水法＊　天文略＊　職方外記＊　以上拾弐種

右については既述した⑵御禁書中御免書目録の「計拾壱種」と一種異なるが、この点は『職方外記』算入の有無にあろう（⑤参照）。ほかいずれも天学初函所収本で、享保五年同上書が再吟味されたことが推察される。

④上掲②のうち、その後の「御免」書七書。

福建通志　西堂全集　三才發秘　西湖志　譚友夏合集　增定廣輿記　堅瓠集

⑤その後の書籍二種。職方外記、享保五年一旦免許されたが寛政七年再度禁書とされ焼捨て。天方至聖實録年譜、「邪宗門の儀相認候書付」と上申し天保十二年（一八四一）聖堂で焼捨て以来御禁書。職方外記の如上の扱いについては、長崎での禁書指定基準にゆらぎがあった証跡の一つとなろう。

以上に述べた御禁書目録等⑴⑵⑶は、書物改が提出した禁書に関する経緯と文字通りの「目録」であり、同内容について長崎奉行が改めて公許した記録となる。同上の背景については、将軍家慶治政下の天保改革で推進された綱紀粛正策を基調とする政治改革の動向が感得される。即ち、禁書の取締りについて天保十年代の長崎奉行所には根拠とされる確かな資料がなく、享保年間発出された「緩書令」による解禁などで生じた混乱があり、公権力による「禁書」の再確認が必要と認識されたことにあろう。

以上、1寛永十六己卯年付御制禁目録、2近藤重蔵御禁書目録、3御禁書目録等を概見したが、1は延宝四年長崎奉行に提出された御制禁目録の写である。2は寛政十一年重蔵が向井元仲から入手した目録、3は天保十二年書物改から長崎奉行に提出された寛永七午年以降の禁書目録となる。各目録には通計「三十二種」が一貫して記されているが、「三十二」は上記1に淵源する数字と見做すことができる。ほか1と2・3の間に年次・書名の相違があり、収載順が異なるなど相互の断続感が顕著に認められる。

二　漢籍耶蘇教書の禁止問題

寛永七年（一六三〇）と同十六年付禁書目録「三拾二種」については、崇禎十七年（正保元年、一六四四）宣教師艾儒略 Alleni が著刊した滌罪正規が掲載されており〔葛谷登氏論文〕、上記年次に禁書目録が発令されたとする従来の通説については再検討が求められる。この問題について解明に資する材料は乏しいが、寛永七年の禁書と寛永十六己卯年付御制禁目録の周辺状況について点描し、禁書に関する初発段階とその後の過程について推論する。

1　寛永七年の禁書目録

禁書目録に見える寛永七年説は、何を根拠として記述された年次であったろうか。同年在勤した長崎奉行は、豊後府内の藩主竹中采女正重義（寛永五年冬任～十年春罷免）である。重義は将軍家光に擢用され任地のキリシタン禁制に尽力したが、在勤中の秕政を糾弾され没落した。(11) このため残されている同家の関連史料は乏しく、禁書に関する確たる史料類は知られていない。

その上で寛永七年の禁書目録の出所として、長崎春徳寺創建の寺伝と住持の「舶来制禁の書籍校監」故事が想起される。春徳寺の開祖は禅僧泰室清安であり、『長崎名勝図絵』には「寛永七年建仁寺三江紹益禅師の弟子泰室清安豊後府内の産なり道徳の誉れあるによつて江府に召され対州長崎の両所切支丹宗門目附として舶来制禁の書籍を校監すべきの旨を命ぜらる丶。即ち対州へは芳長老下り長崎へは泰室清安が下る」と記されている[12]。同上から、春徳寺の開祖泰室は寛永七年江戸に召され、対馬と長崎両所の宗門目付として舶載書籍に御禁制書物がないか検閲すべき旨を命じられ、対馬には芳長老が下向、泰室清安は長崎に赴き「舶来制禁の書籍を校監」する役を勤仕したとする伝承が知られる。すると寛永七年の禁書発令説は、右の故事から引かれた可能性がある。但し、同上については大正十一年（一九二二）編刊された『長崎市史　地誌編　仏事部下』[13]により、既に次のような疑義が提出されている。

泰室が学識深かりしため唐書の交監を命ぜられたことは事実と認めねばならぬ。併し泰室が京都から江戸に召され長崎に舶載する唐書の校監を命ぜられたので長崎に来たと云ふことは疑はしい。寧ろ泰室が春徳寺を開創して後に江戸に召されたのではあるまいか。

右では開祖泰室の寛永七年の動向について、上記図絵が伝える一連の過程「江戸招喚―宗門目附―春徳寺創建―唐書校監」ではなく、「春徳寺開創…江戸招喚―宗門目附―唐書校監」勤仕の諸過程を想定したものと解される。すなわち泰室の寛永七年の寺院開創事業から唐書校監まで、何年かの「経年」期間が推測されていることとなる。但し、その根拠は提示されていない。

泰室は上記図絵で「豊後府内の産」と付記されており、春徳寺創建に関連して奉行竹中重義の領国との縁故がありえたかも知れないが、唐書校監について本稿では、以下の事由から『長崎市史』の上記見解を支持する。

①『長崎名勝図絵』が伝える「対馬には芳長老が下り、泰室清安は長崎へ来て」云々とする上記の件は、対馬に置かれた以酊庵に付会された説話であろう。以酊庵は対馬厳原の臨済宗寺院であるが、日朝間で取り交わされた周知の通信問題に参与した。[14] 寛永十二年対馬藩の御家騒動がからむ国書改竄一件が発覚すると、同年三月十一日将軍家光は同件を直裁。対馬府中以酊庵の僧規伯玄方を処罰し、以降、京都五山の僧が対馬に下向する輪番制を敷いた。上述した「芳長老」については未詳であるが、対馬の輪番は寛永十二年の「一番東福寺」〔以酊庵三世〕に始まり、八番目に建仁寺〔如院鈞天永洪〕の名が見える。[15] 同年次は寛永二十年となる。春徳寺開祖泰室の唐書校監勤仕は同年か、以降のことに付会されていまいか。

②唐船を含め長崎入港船に対する規制については、寛永十年以降長崎奉行に下された老臣下知状〔拙稿「長崎奉行に発給された御渡物」、本書収載〕により施行され、「伴天連の儀船中改まて入念」改めと、生糸ほか積荷書立・売買仕法(一所買取禁止)などの細則が規定された。但し、同年前後唐船舶載の漢籍にまで探査と規制の網が張られたか確証を得ない。もう一つ、唐船の積荷に言及する制令として、寛永十八年月日付「諭大明商船三章」(『近世長崎法制史料集1』一二三〇号)がある。同上諭告では三章で「吉利支丹之書札、并蔵寄之者潜蔵、齎来於日本、則必須誅之」と制令され、唐船側に書札の密送や持ち込みの厳禁を通達している。この場合の「書札」は、通信関係の書類と解されたことであろう。他方で幕府は「天主教の書物」の制令について、延宝三年(一六七五)七月二十五日発布している。後述する。

③九州各地に来航する唐船の長崎集中は、寛永十一年から実施された(『近世長崎法制史料集1』一七三号)。唐船は同年以前九州各地の沿岸に入港した。一部の港町には内陸部を含め唐・唐人を冠した地名が現在に残されている。それらは中世後期から近世初頭に来日した唐船・唐人の居留地に因むものであろう。[16] 寛永十一年以降においても、唐船

は漂流や補給などの名目を付して長崎以外の湾岸に寄港したが、幕府は寛永二十一年（正保元、一六四四）以降、唐船員の上陸厳禁と長崎回送を命ずる令達を諸藩に下している。唐船に対する漢籍の統制は、同上通達以降の年次となるまいか。

④漢籍は幕府・諸藩や漢学者を含め官民識者の需要があり、相当数の輸入があり得た。葛谷登氏によると、尾張徳川家は寛永九年に天學初函を購入している。同書の売買が長崎でなされたか、他港ないし流通先の京坂三都の書肆でなされたか未詳であるが、天學初函〔李之藻輯、崇禎二年（寛永六年、一六二九）刊〕は日本に齎され、上梓された三年後には名古屋藩に購入されたこととなる。同書は現在名古屋市の蓬左文庫に架蔵されている。(17) 仮に天學初函が寛永七年「禁書」に指定されていたとすると、同書は「違法」状態の下で売買と流通がなされたこととなる。

以上、春徳寺の開祖泰室による寛永七年の宗門目付・唐書校監役勤仕説については問題が生じており、再検証が必要といえる。

2　寛永十六己卯年付御制禁目録

寛永十六年の標記目録は延宝四年（一六七六）長崎奉行に提出された「文書」の写と見られるが、寛永期の「原文書」は二次写本を含め「存在」していたか、前節1で述べた上記事由により本稿では懐疑的である。但し同上目録は長崎奉行の手控えとされた『長崎御役所留』に収録された文書であり、同上の根源性と来歴については考察の余地がある。御制禁目録の作成過程については次節三で述べることとし、本節では寛永十六年以降長崎で船来漢籍の選定に関与し禁書目録にも関係したと見られる向井家に眼を転じ同家の事跡を概見しておこう。

向井家は代々長崎聖堂で祭酒を勤めた家筋である。同家系について長崎の地誌は、向井元升以順〔初代、正保四年

（一六四七）〜万治元年（一六五八）〕―元成兼丸〔二代、延宝八年（一六八〇）〜享保十年（一七二五）〕―文平兼命〔三代、享保十一年〜〕―元仲兼般〔四代、享保十二年〜明和二年（一七六五）〕―齋宮延美〔五代、明和三年〜〕―元仲富〔六代、寛政八年（一七九六）四月〜〕―雅次郎兼哲〔七代、文政十年（一八二七）閏六月〜〕と伝える。[18] 但し聖堂の歴代祭酒については、向井元升の上洛後、延宝四〜七年南部草壽が祭酒を勧めたことが指摘されている。[19] 同上家系と事績の概略は、次のようである。

①向井元升　元升は漢学・医学に優れ、その名が江戸にも聞こえたことにより唐船舶載漢籍の選定を担い幕府に納本している。同上は大庭脩氏が東北大学狩野文庫蔵本『御文庫目録』[20]から明らかにされた元升の事績であり、寛永十六年には「唐船より持渡る御書物御文庫納め」役となり「九十二部」の漢籍を幕府に納本したという。元升はその後も漢籍選定役に任じたが、同役と同役開始年としての「寛永十六年」は元升とその後継者にとって記念すべき事業と年次であり、その後の同家と門弟に記憶されたことであろう。元升は、正保四年聖堂を創建し祭事を主宰した。万治元年一族を率いて上洛、著作の傍ら多数の貴賤に医術を施したという。

②南部草壽　元升上洛後、聖堂は「暫ク主宰無之」状態にあったという。その間南部草壽が留守を預かり、寛文三年（一六六三）の長崎大火で罹災した聖堂を延宝四年再興し同七年まで祭酒を勤仕している。他方で長崎奉行は延宝四年、上掲した寛永十六己卯年付御制禁目録を提出させているが、草壽は同目録の作成に何程か関与したことが推測される。草壽は聖堂の維持・再建に尽力したが、延宝七年仕官を望んで長崎を退去している。

③向井元成　延宝八年元升の三男元成が由緒を認められ、二代家督として聖堂を主宰した。元成は先代の漢籍選定役を兼ね、貞享二年唐船持渡書から『寰有詮』を検出。褒賞として俸禄「切米三拾俵二人扶持」を受け、以降書物改を命じられている（『長崎実録大成　正編』一〇七頁）。

以下の向井家歴代のうちでは、四代元仲兼般と六代の元仲富が同名を名乗っている。近藤重蔵は寛政七～九年に在崎したが、その間五代齋宮と六代元仲との交代があった。故に重蔵が禁書について質した向井家当主は、既述した六代元仲となろう。

三　漢籍耶蘇教書の禁止過程

本節の課題は漢籍耶蘇教書の禁書指定について各段階を措定し、管見した史料で何程か跡付けることである。最初に禁書指定に至る動向について概略すると、漢籍耶蘇教書に対する長崎奉行・奉行所の警戒は寛永末年以降本格化したと見られる。その態様については、唐船舶載漢籍について天主教書か否かの吟味と検閲が先行。天主教書目には個別の禁書指定がなされ、蓄積された禁書類から延宝四年段階で御制禁目録〔三十二種〕を作成。その後寛永七年付「禁書目録」に改定された過程が想定される。

同上の具体的な年次について、近世前期の禁書指定から目録作成に至る過程を段階的に試案すると、私見では1寛永十九年（一六四二）～正保元年（一六四四）段階。2寛文十年（一六七〇）～同十一年段階。3延宝三年（一六七五）～同四年段階。4貞享二年（一六八五）以降の段階となる。

各段階について、漢籍耶蘇教書の指定と取締り状況、管見し得た関連資料を見ていく。

1　寛永十九年～正保元年段階

同上年間、イエズス会宣教師の日本潜入と唐人キリシタンの露顕があり、水際における漢籍耶蘇教書対策が施行された。漢籍耶蘇教書が禁書の対象として注目された時期については、オランダ商館長（蘭館）の記録が注目される。平戸蘭館は寛永十八年長崎出島に移転したが、翌十九年鹿児島藩が「琉球の一島」（薩摩下甑島）で捕えたイエズス会士アントニオ・ルビノ Antonio Rubino 一行八名が長崎に連行されると、長崎蘭館では以下の情報を入手し記録を残している。

〔史料1〕寛永十九年八月の長崎蘭館長日記(21)

〔一六四二年九月〕二十三日（寛永十九年八月二十九日）ポルトガル人宣教師は、昨日も水を呑む責を受け、支那には宣教師が多数いて忙しく活動し、キリスト教に関する書物を沢山印刷して日本に輸入するのに忙しく、彼らも亦若干の書物を輸入し、他の物と共に土中に埋めたことを白状した。これは支那と日本とは文字が同一で、発音は違うが書物は双方で読むことができるからである。奉行は驚いて支那人を悉く呼び出して、このような書物を日本に持って来ぬよう、また背けば宣教師を連れて来ることと同じ最も惨酷な死刑に処する旨を伝えたという。

寛永十年代のキリシタン禁制の強化に伴い、長崎では同宗の伴天連から宗徒まで根絶策が迅速に進められていたが、蘭館長の上記日録から、日本側では唐船舶載耶蘇教書に対して監察事項とし注視していなかった状況が看取される。長崎でなされた漢籍耶蘇教書に対する長崎奉行・奉行所の関心と具体策は、寛永十九年秋以降のこととなろう。もう一つ、正保元年（一六四四）長崎に入港した唐船査検により発覚した漢籍耶蘇教書と唐人キリシタン発見の一件がある。以下のようである。

〔史料2〕正保元年八月の長崎蘭館長日記(22)

〔一六四四年九月〕十七日（正保元年八月十七日）朝、昨日当地に着いた三隻のジャンクは、各種生糸、支那の絹織物多量、その他を満載しており（中略）一切の商品が非常に下落した。（中略）検視のボンジョイらが、昨日到着したジャンク検視の際、数珠と一冊の書籍を発見し、所有主は投獄され、支那船の頭たち立会の上、水責の拷問にかけられ、キリシタンでアントニーという名であることを自白した。同上の支那人は驚いたが、皆厳重に監視されている由を聞いた。

右から、長崎奉行所では入港した唐船に対し、キリシタン宗門関係者の有無と聖具類の船載について精査し、ロザリオと耶蘇教書籍を摘発したことが知られる。同上一件は直ちに江戸に報告されており、幕府は九州沿岸の諸大名に「漂着」唐船員の上陸を禁止し、藩の役人を付けて長崎に回送させることを厳達している。薩摩藩の内部文書では、次のように伝えている。

〔史料3〕寛永廿一年九月晦日付薩摩藩老臣書状(23)

猶々水取ニ陸へおろし候儀も可為無用候、若水かつゑ申舟にて候ハ、陸より水取り候て舟へ可被入候、返々唐人陸へおろされましく候哉、以上

当年長崎へ参候唐船ニ唐人之きりしたん宗御座候由、訴人有之ニ付拷問被成候処於天川唐人を南蛮宗ニすゝめ入大明へも日本へも可召渡たくミを深々敷仕候、先今度之者共ハ日本之御法度之様子を為可承遣候、其外あま川ニ罷居候日本之子共ニ唐之学問又南蛮宗門之学文をさせ、日本へ可渡用意を仕由申候間、自今以後は唐船よりも陸地へ不着海上ニて船中を相改宰領を付長崎へ可送届之旨今度被仰下候間唐舟相懸候者番衆を付置不移時日鹿児島へ可被申越候、勿論直ニ如長崎走通船にて候ハ、可為其分候、右之趣聊油断有間敷者也

寛永廿一年九月晦日　　　　山民部少輔印（中略）

鹿籠役人中

唐人キリシタンの露顕については上述したが、幕府は同宗徒への取調べを通じて「天川唐人を南蛮宗ニす丶め」、同地在住日本人子弟に「唐之学問又南蛮宗門之学文」を奨めて日本潜入を企図しているとし、唐船の大名領への「漂着」等を厳禁したことが知られる。漢籍耶蘇教書は、内外の日本人・唐人に「唐之学問又南蛮宗門之学文」を奨める書物となる。漢籍に対する吟味と耶蘇教書禁止が寛永末年から本格的に取締りの対象とされ、正保元年の前後春徳寺住持が禁書改役（書籍見）として任用されたことが推察される。

2 寛文十年~同十一年段階

寛文十年代（一六七〇~七三）漢籍統制が流通段階で具体化された時期である。禁書目録「三十二種」指定の具体的な過程については未詳であるが、目録化への階梯は正保年間（一六四四~四八）以降「禁書」が逐次指定され、寛文十年代には街中への書肆統制の指針として同情報が提示されたことであろう。

禁書は書籍見の春徳寺のほか、漢籍に造詣の深い聖堂関係者・唐通事などにより逐次進められたことであろう。寛文十年代の書籍見として、寛文十~十一年春徳寺と書肆に課された関連の記録が知られている。

〔史料4〕寛文十年十月春徳寺請取手形(24)

寛文十庚戌年十月書籍見春徳寺請取候銀手形裏書請取申銀子事

合二十枚也

右、是は戌年為御合力銀請取申候、為其仍如件

寛文十年戌十月十四日　　　春徳寺印

末次平蔵殿

表書之銀二十枚被相渡、重て可有勘定候、断は本文有之者也

戌十月十四日　　　　　　河　権右衛門印

末次平蔵殿

春徳寺は書籍見として、寛文十年銀二十枚を給与されたことが知られる。文中の「河　権右衛門」は、長崎奉行河野権右衛門（寛文六年三月任～十二年三月転）、末次平蔵は幕府領浦上を支配した代官末次茂朝（慶安二年十二月任～延宝四年二月改易）である。

近世前期の春徳寺の歴代住持を略述すると、次のようである。

開山　泰室清安　寛永七年～慶安四年

二代　心傳正鐵　慶安四年～寛文六年

三代　桃悟宗勤　寛文八年～延宝八年

四代　月岑正琳　延宝八年～元禄九年

五代　天震宗黙　元禄九年～同十四年

六代　萬江正税　元禄十四年～享保十一年

七代　芳洲正英　享保十一年～宝暦四年、下略

（『長崎市史　地誌編　仏寺部下』六五〇頁）

右から、寛文十年書籍見を勤めた春徳寺（史料4）は「三代桃悟宗勤」となろう。

同時期の書肆統制については、書籍見に関する寛文十一年付の記録二通が知られている。

〔史料5〕寛文十一年六月書物屋差上手形

指上申手形事

一兵書の類幷切支丹宗門の事書載候書物は不及申、其外何にても珍敷書物於長崎見出候はヽ、早速御奉行所様え可申上候事

一江戸京大坂堺、其外何方にて成共、右之通之書物出し申候においては、其所の御奉行様、又は御支配の御方え早速可申上候事

右之趣、於相背申候者、何様の曲事に被為仰付候共、勿論違背申上間敷候、此以前より書物商売の者共追々罷下申候て、早速申上連判に相加へ可申候、以上

寛文十一年亥六月十四日

本紺屋町　吉田次右衛門印

材木町　山形屋吉兵衛印

引地町　田中甚兵衛印

本興善寺町長尾長三郎借家　大串次郎右衛門印

京　田中庄右衛門印

進上御奉行所様

（『通航一覧第四』一一九頁）

右については「高木彦右衛門年行事番に付、書物屋共召連参判いたさせ候、例年如斯候」と追記され、手形差出が年中行事化されたことが知られる。他、署名者のうち、最初の二人は同年九月の前文書に一か条を加えた一札を奉行に提出している。

〔史料6〕寛文十一年亥九月廿九日付起請文前書(25)

一私共儀御書物目利被為仰付難有奉存候、御公儀御法度の儀相背申間敷候事

一兵書の類幷切支丹宗門の事書載セ申候書物は不及申上何ニても珍敷書物於見出聞出次第ニ早速可申上候事

一江戸京大坂堺其外何所に有之といふとも珍敷書物見出聞出次第其所の御奉行所様又は御支配の御方え早速可申上候事
右条々於相背申は
寛文十一年亥九月廿九日　書物屋次右衛門
山形屋吉兵衛
進上　御奉行所様

右に見える書物屋次右衛門・山形屋吉兵衛については未詳であるが、長崎から江戸京大坂堺に顧客ないし流通先を持つ書店主であろう。また両者は書物目利に任じられ、「兵書の類幷切支丹宗門の事書載セ申候書物」の選別を命じられたことが知られる。漢籍耶蘇教書に関しては、同上目利によっても鑑別が課されたことが推認される。

3　延宝三～四年の段階

〔史料5〕ほかにより、寛文十一年以降長崎から、三都の書肆でも流通段階で禁書を含む内外書籍が査検されたことが看取される。但し「禁書目録」に関連する特段の言及はない。とはいえ、禁書関連の情報提示が長崎ないし江戸で民間から為政者に求められた可能性はあろう。

以下「寛永十六己卯年付御制禁目録」〔表1〕について、同文書の本原性を諸事象から試論しておこう。

幕府は延宝三年七月二十五日弘文院〔林春勝〕に命じ、真草三通（「唐国商船に申渡す」「諭唐国商船三章」「諭唐山併各州府船主」『近世長崎法制史料集2』〔長崎〕一二二～一二四）に記された禁書令を発布。各書札の二条で「天主教の書物幷諸道具の荷物隠密に日本へ送り邪法をひろむるのたよりとせんため唐人をたのみ船底にかくし持来者有之、其船を破り其荷物悉く没収すへし」と関係者に令達した。同上文書は、寛永十八年長崎で掲出し異国船に下した真草二通の「諭唐船諸人」三章を改定したもので、漢籍耶蘇教書の禁止を明記して幕府が正式に発令した法制となる。

次いで寛永十六己卯年付御制禁目録は『長崎御役所留』第二帳に収録されたが、同文書は延宝四年三月二十七日付の末次平蔵処分を伝える老中下知状（宛所、松平主殿頭〔島原藩主〕・牛込忠左衛門）と、辰八月十一日付の在府奉行岡野孫九郎の老中に対する伺書の間に挟まれている。

長崎奉行の動向を見ると、在府奉行牛込忠左衛門は延宝三年七月発令の上掲三通を携えて長崎に下向。同年九月十三日着崎し、以降漢籍耶蘇教の禁書行政に着手したことが推測される。同時期の長崎では、延宝四年正月以降代官末次平蔵の抛銀疑惑が生じ、平蔵一門改易の「大闕所」事件に展開しており、長崎政界では地下の諸役人に対する綱紀粛正が推進された時期であった。書物改に対しても寛永末年以降の禁書に関する実態検証がなされ、長崎奉行から関係者に推問された可能性がある。そうした背景の下で書物改から奉行忠左衛門に提出された文書が、上述来の寛永十六己卯年付御制禁目録であったと思われる。(26)

長崎奉行は寛永十六年付の禁書目録を書物改から延宝四年に徴取し『長崎御役所留』第二帳に書き残した。故に同上目録は「公文書」並みの性格を帯びたこととなるが、抑々同上目録は当時「実在」した文書であったろうか。関連史料は未詳であるが寛永十六己卯年付禁書目録について本稿では、長崎奉行の下問に対し「書籍見」が急遽作成した禁書一覧であったと推測する。その場合の当事者は既述した春徳寺〔三代桃悟宗勤〕となるが、本稿では書物選定を向井元升から引き継いで聖堂を預かった南部草壽に注目しておきたい。次の事由による。

その一。同時期の「書籍見」は春徳寺であるが、開祖泰室の唐書校監役就任の年（上掲「寛永七年」）が目録には記されず、向井元升が漢籍選定を開始した上記の「寛永十六年」が「目録」に付されていること。

その二。聖堂文書に寛永十六己卯年付御制禁目録の一部を写した左記の断簡が残されており、向井家〔聖堂祭酒〕では同上目録を後年まで継承し書物改の現場で実地使用したと見られること。断簡については、次のようである。

〔表4〕禁書に関する覚書（聖堂文書、請求記号「370-38」）

（前欠）／圜容較義　渾盖通憲間記　勾股義　明量法義　萬物真原　簡平儀記　滌平儀記／寰有詮　天經或問後集　福建通志　地緯　帝京累問畧（下略）

如上は、上掲した〔表1〕の一部「25一圏容較義、26一渾盖通憲門記、27一句股義、28一明量法義、29一萬物真原、30一簡平儀、31一滌平儀記」と書名順が一致する（末尾の「32一滌罪正記」は欠）。後半に記された寰有詮以降の五書は、貞享二年以降に禁書とされた諸書となる。

如上の断簡については、大庭脩氏の先行研究があり示唆を受けた。[27] 同上断簡は旧長崎市立博物館に収蔵・整理され「禁書に関する覚書」と題されていたが、[28] その後長崎歴史文化博物館に移管され「聖堂文書」〔請求記号「370-38」〕として現蔵されている。

寛永十六年己卯付禁書目録については、以上により春徳寺に加え延宝四年聖堂の〔二代祭酒〕南部草壽が何程か関係し作成。長崎奉行に提出された可能性がある。[29]

4　貞享二年以降の段階

寛永十六己卯年付「禁書目録」（〔長崎〕一二七号）は長崎奉行に提出された「文書」であるが、一部で首尾の整わない文書であった。故に右の「目録」は、その後改訂が迫られ「寛永七年の禁書目録」として年次を付け替え再度作成されたことが推測される。但し禁書目録の収載数字「三十二種」は、「不変」とされたことであろう。ほか寛永七年は上述した春徳寺の創建と唐書校勘開始説話の年次であり、同上年次が付されたことであろう。

禁書目録が「改定」された年次については現段階で未詳であるが、貞享～元禄年間の時期を推測しておきたい。因みに貞享二年（一六八五）には寰有詮六冊問題が露顕（『近世長崎法制史料集2』〔長崎〕一六一号）し、元禄八年（一六九五）には帝京景物略（〔長崎〕二〇二～二〇五号）の一件が発覚している。前者の寰有詮は漢籍耶蘇教書であるが、「三十二種」外と見做された。後者の帝京景物略については調書の一節に「前々御制禁天學實義等の書籍名目を相見」云々と記されており、「寛永十六己卯年御禁書目録」が参照された痕跡が幽かに推測される（〔長崎〕二〇三号）。なお同上鑑定の当事者として、春徳寺・岩永元当・片山元止が名を連ねている（〔長崎〕二〇六号）。

小結

漢籍耶蘇教書に関する寛永七年説と同十六年の禁書目録成立記事について、拙論では不成立とする。『長崎御役所留』所収「寛永十六己卯年付切支丹宗門書物御制禁目録」は延宝三年幕府が制定した漢籍取締り令により、同年から翌年の頃、俄に「出現」した可能性が高い。同上には「一計開」など実在しない漢籍が記されていたこと等により、その後春徳寺創建故事から「寛永七年」と年次を付け替えた新目録が作成されたが、その時期は貞享～元禄年間のことであろう。

本稿は、禁書目録に関する現段階での推論である。関連する新史料の出現を待ちたい。

註

（1）伊東多三郎「禁書の研究」（『近世史の研究　第一冊』（吉川弘文館、一九八一年、一六九頁〔初出、一九三六年〕）ほか。

（2）海老沢有道「禁書令に関する諸問題」（『切支丹史の研究』新人物往来社、一九七一年、三一一頁〔初出、一九五六年〕）。ほか同氏には「禁書令」（『日本キリスト教歴史大事典』教文館、一九八八年）。同「寛永禁書令」（『新カトリック大事典　第2巻』研究社、一九九八年、五九頁）など。

（3）大庭脩「禁書について」（『江戸時代における唐船持渡書の研究』関西大学東西学術研究所、一九六七年〔一九八一年再刊〕）。同「禁書発見」（『江戸時代の日中秘話』東方書店、一九八〇年、第二章）。同「禁書に関する二、三の資料―長崎聖堂文書研究―」（『史泉』第四〇号、一九七〇年）。先行研究として、上記のほか以下のものがある。杉本勲「禁書令下の西洋文化」（『日本歴史』第五九号、一九五三年）。中村喜代三「江戸幕府の禁書政策」（『近世出版法の研究』日本学術振興会、一九七二年〔初出『史林』一一―二～四、一九二六年〕）。今田洋三『江戸の禁書』（吉川弘文館、二〇〇七年）。鈴木武雄「鎖国下におけるキリシタン禁書『泰西水法』の伝来と流布」（『数理解析研究所講究録』一七八七、二〇一二年）。ほか、越中哲也「長崎に於ける書物改について（一）」（『長崎談叢』第四五輯、一九六六年）。越中氏は書物改の役人創置を「寛文年間」とする見解を提示されたが、同上論説は続稿が中断されており、現状で未完。

（4）『長崎御役所留』三冊五帳、国立公文書館内閣文庫蔵、請求記号〔181‒113〕。同上、清水紘一・柳田光弘・氏家毅・安高啓明編『近世長崎法制史料集2』（岩田書院、二〇一九年）に〔長崎〕番号とし収録。以下、本文に同上表記。

（5）海老沢有道氏によると、元禄十一年（一六九八）大坂奉行松平玄蕃頭が市内書林に通達した『御国禁耶蘇教書目』（追加書目とも三十八種、十九世紀改作か）、三浦梅園が安永七年（一七七八）著作した『帰山録』（貞享二年（一六八五）までの三十四種を収録）、天明四年（一七八四）『五月雨抄』ほか（『切支丹史の研究』註(2)三一四頁）。中村邦光氏は「江戸の禁書―17～18世紀の漢訳西洋科学書の場合―」（『日本の科学者』vol.45–No.1 二〇一〇年）で、明和八年（一七七一）刊の『禁書目録』（京師書林印行）、享保二年以降の『御国禁耶蘇書目』（伊藤氏旧蔵写本）ほかの関係史料を検討。

（6）諸橋轍次氏は「計開」について「即ち。次の如し。しめて。又、目録。目次」と語釈している。諸橋轍次編『大漢和辭典　巻十』三八七頁〔35220〕。

（7）近藤重蔵の伝記については、村尾元長編「近藤守重事蹟考」（国書刊行会編刊『近藤正齋全集第一』一九〇五年、三頁）。福井保「近藤重蔵関係文献解題」（『内閣文庫書誌の研究―江戸幕府紅葉山文庫本の考証―』青裳堂書店、一九八〇年、三一一頁以下）ほか。文政九年（一八二六）長男の事件に連座し改易、近江大溝に流され同十二年病没した。禁書関連記事については、本文㈠内閣文庫本『好書故事』二冊巻の三「○禁書」（全一二冊、請求記号「特68–1」）。同㈡全集本『好書故事』書籍二十四　禁書一～四」（『近藤正齋全集第三』二一五～二四一頁）。禁書一では、寛永七年から明和八年の禁書一覧を掲出。禁書二～四で重蔵は、漢籍耶蘇教書二七点を概略。但し、葛谷登氏が本書掲載論文で指摘された禁書指定の時期に関わる二点「18　聖記百言〔崇禎五年（一六三二）刊〕、艾儒略著「32　滌罪正記〔崇禎十七年（一六四四年）刊〕（本文〔表1〕）について言及は見えない。

（8）『御禁書目録、御禁書中御免書目録、御制禁御免書籍訳書』、長崎歴史文化博物館蔵。請求記号「B）11／17–1」。26.2㎝×19.3㎝。同書は、大庭脩「禁書に関する二、三の資料」前掲註（3））に全文翻字されている。同書を公認した戸川播磨守安清は天保六年（一八三五）閏七月二十七日目付として長崎下向を命じられ、「長崎表取締」役を勤仕（箭内健次編『通航一覧續輯　第一巻』清文堂出版、一九六八年、二〇二頁）。次いで翌年六月七日長崎奉行に就任、同十三年二月十七日勘定奉行に転じている。

（9）天學初函〔理編・器編〕一覧

理編：西學凡《せいがくはん》　唐景教碑書後　交友論　二十五言　天主實義　畸人十篇　辯學遺牘　七克　霊言蠡勺《れいげんれいしゃく》　職方外紀
器編：泰西水法《たいせいすいほう》　渾蓋通憲《こんがいつうけん》図説　幾何原本　表度説　天問略　簡平儀説　同文算指　圜容較義　測量法義　勾股義

(10) 徐宗澤編著『明清間耶穌會士譯著提要―耶穌會創立四百年紀年（一五四〇～一九四〇）―』（台湾中華書局印行、中華民国四七年、一九七頁）。

(11) 鈴木康子『長崎奉行　等身大の官僚群像』（筑摩選書、二〇一二年、第一章）。外国側史料として、フランソア・カロン原著・幸田成友訳『日本王国志』（平凡社東洋文庫、一九六七年、一五五、二〇五頁）。

(12) 饒田喩義編述・打橋竹雲図画、丹羽漢吉訳著『長崎名勝図絵』（長崎文献社、一九七四年、二一一頁）。文化～文政年間（一八〇四～一八三〇）の成立とされる。同上刊本は訳著であり、本文では長崎市編刊『長崎市史　地誌編　仏事部下』（清文堂出版、一九八一年復刻、六一六頁）収載文によった。

(13) 長崎市編刊『長崎市史　地誌編　仏事部下』（清文堂出版、一九八一年復刻、六一七頁）。

(14) 田代和生『書き換えられた国書　徳川・朝鮮外交の舞台裏』（中公新書、一九八三年、一五八頁）。田中健夫『前近代の国際交流と外交文書』（吉川弘文館、一九九六年、一三五頁）。池内敏『絶海の碩学　近世日朝外交史研究』（名古屋大学出版会、二〇一七年、五〇頁）。

(15) 国書刊行会編刊『通航一覧第一』（一九一二年、三六五、三六七頁）。神宮司廳編『古事類苑　外交部』（吉川弘文館、一九七八年、七七一頁）。

(16) 「特集九州の唐人町」（『海路』2、二〇〇一年）。森勝彦「中世九州の交易港と唐人町」（『国際文化学部論集』2、二〇〇一年）。

(17) 名古屋市蓬左文庫の検索システムでは「天学初函60巻24冊。年代天啓中、明・李之藻編　徐光啓訂、26.0×16.5cm。寛永9年買本。印記尾陽文庫」。名古屋市蓬左文庫監修『尾張徳川家蔵書目録影印版 第二冊』(ゆまに書房、一九九九年、二〇六頁)に、天學初函が載録されている。尾張家の収書事業については、大庭脩「尾張の「御本」と紅葉山文庫の創始」(『漢籍輸入の文化史―聖徳太子から吉宗へ―』研文選書、二〇〇七年)。跡部佳子「徳川義直家臣団についての考察―義直の文治臣僚―」(『金鯱叢書』第九輯、一九八二年)ほか。なお蓬左文庫には『天主実義』が収蔵されており、同本改定に関する検証が王雯璐氏によりなされている。同氏「『天主実義』の初期刊本とその改訂をめぐって」(『或問』第三一号、二〇一七年)。いずれも、葛谷登氏からご教示と資料提供を頂いた。

(18) 長崎の聖堂については『長崎実録大成 正編』(田辺茂啓撰、丹羽漢吉・森永種夫校訂、長崎文献社、一九七三年、一〇四頁以下)。「向井家世系」、松浦東渓著・森永種夫校訂『長崎古今集覧 上巻』(長崎文献社、一九七六年、四六一頁)。

(19) 前註のほか、若木太一「長崎の儒学と国学」(『新長崎市史 第二巻 近世編』七四八頁)。

(20) 『御文庫目録』(旧上野国主土岐氏蔵書原本)、一冊。請求記号「1-91-1」。東北大学のサイトによる。土岐氏蔵書、寛保二年上野沼田に移封された老中土岐丹後守頼稔家の蔵本となろうか。大庭脩『江戸時代の日中秘話』前掲註(3)四七頁。

(21) 村上直次郎訳『長崎オランダ商館の日記 第一輯』(岩波書店、一九八〇年第二刷、一九〇頁)。一行は一六四二年八月二十二日(寛永十九年七月二十七日)薩摩船で長崎に連行され、以降拷問を伴う厳しい取調べがなされていた。

(22) 『長崎オランダ商館の日記 第一輯』(前掲書、三五二頁)。

(23) 鹿児島県歴史資料センター黎明館編『鹿児島県史料 旧記雑録後編六 付録一』(鹿児島県、一九八六年、三四九号、二五八頁)。

(24) 『通航一覧 第四』(前掲書、一一九頁)。同書では「寛文中書籍をはしめ諸目利役を命し、すへてその年代今詳らかならす、をのをの印署を呈せしむ、貞享三丙寅年、聖堂預向井元成書物改兼帯仰付られ、廩米等を賜ふ」と記す。

(25)『長崎諸事覚書第九冊』（国立公文書館内閣文庫、請求記号「175–94」）。

(26) 牛込忠左衛門は延宝四年九月十五日着崎した岡野孫九郎と交替し、同月二十五日江戸に向け発駕している。中田易直・中村質校訂『崎陽群談』（近藤出版社、一九七四年、二〇〇頁）。

(27) 大庭脩氏は断簡について、写真と全文翻刻を紹介している（同氏「禁書に関する二、三の資料―長崎聖堂文書研究」前掲註（3）ほか、同著『漢籍輸入の文化史―聖徳太子から吉宗へ―』（研文選書、一九九七年、一〇八頁）。大庭氏によると断簡は当時一枚ものであり、次のようであったという。「長崎市立博物館の聖堂文書の中に、たて九センチメートル、横は全長一五一センチメートルで、それを五・五センチごとに細かく折りたたんだ文書（三七〇―三八）があり、一面には禁書目録、反面には「寛永十六己卯年御文庫目録」とし、以下享保八年まで毎年の項に部数だけを記したものである。これは狩野文庫の「御文書目録」と体裁は違うが、やはり江戸の御文庫へ奉った書籍の数を記したものに違いない。ただ、狩野文庫の目録と数が合う年と合わない年とがあり、いずれかに脱落があったのであろう」と指摘されている。

(28) 断簡は「細かく折り」たたみ、その後の聖堂で実地使用されたと見られるが、その後同文書は長崎市立博物館により「禁書に関する覚書」（年欠十二月）など以下の三部に分けて整理されている。「三部」、ⅰ覚〔禁書に関する件〕写十二月一通、19.0×161.5㎝、370–38③–1、ⅱ〔禁書目録〕（断簡）写一通、9.0×93.5㎝、370–38③–2、ⅲ〔禁書目録〕（断簡）写一通、9.0×66.0㎝、370–38③–3（長崎市立博物館編刊『長崎市立博物館資料目録　文書資料編』一九八九年、一八七頁）。なお、聖堂文書については同上の一八五～二七三頁に収めているが、うち「書籍改」「禁書」については、同目録一八五～一九〇頁に見られる。年次の知られる標題として「享保四年書物改簿」〔請求記号「370–74」〕ほか。

（29）［長崎］一二七号文書は、「関係者」間で「急造」された可能性があろう。「急造」と仮定すれば、書名の誤りや存在しない書名（本文〔表1〕「計開」）記載の説明がしやすいといえる。但し、確証を得ない。後日の課題としておきたい。

〔追記〕本文で参照した『御禁書目録、御禁書中御免書目録、御制禁御免書籍訳書』（前掲註（8））については、長崎学研究所の藤本健太郎氏に関連事項のご教示を頂いた。ほか、柳田光弘氏に長崎歴史文化博物館で関係史料類の調査をお願いした。漢籍については、葛谷登氏から、度々御教示を頂いた。各位に御礼を申し上げます。

近世「鎖国期」における長崎の台場・遠見番所

柳田　光弘

はじめに

近世の長崎は、貿易都市・自治都市・軍事都市などとしての性格を有していた。本稿においては、軍事・要塞都市としての長崎に着目し、いわゆる「鎖国期」における同地に構築された主要な台場および遠見番所についてとりあげ、幕府による長崎警備・沿岸警備体制などにも視点をあてながら、その変遷と概要を展望する。あわせて、台場・遠見番所の絵図や文献史料にもふれて、基礎的な跡付けを試みたい。

台場とは、要害の地に大砲などの重火器を据えた海防の観点から築造された砲台のことをいう。江戸時代に海軍力をほとんど保持しなかった幕府は、やがて外国船の砲撃による攻撃を想定して沿岸部に台場を建設する必要に迫られた。品川台場をはじめとする幕末期の台場構築の展開は、ペリー来航をもってその転機としたが、原剛氏は全国的なレベルでの台場構築の実態を解析し、幕末までに国内には約一〇〇〇箇所の台場が建造されたとした。その内訳はペリー来航以前に約六〇〇箇所、以後に約四〇〇箇所であるが、文化・文政期以前には、表1のとおり蝦夷地から琉球にかけてその建設地域は僅かであった(1)。

表1　文化・文政期以前の台場構築状況

蝦夷地	箱館（幕領）・松前
東 北	弘前・八戸・盛岡
関 東	銚子（高崎）・江戸湾入口
山 陰	松江
九 州	長崎・諫早（佐賀）
琉 球	那覇（琉球）

（原剛『幕末海防史の研究』付表より作成）

箱館・松前・弘前・八戸・盛岡・銚子および江戸湾入口に築造された台場が存在するが、それは、レザノフの通商要求が拒否されたことにより、部下であるフヴォストフによる樺太・択捉島襲撃（露寇事件）への対応策として文化期に構築されたものである。また、松江は寛政期、諫早は文政期にそれぞれ築かれたが、寛政期以前における台場は長崎と那覇（琉球）の二箇所のみであった。那覇の台場（三重城《みえグスク》・屋《や》良座森城《らざもりグスク》）は十六～十七世紀、尚氏によって倭寇対策などの一環として備えられたことを考えれば(2)、近世初頭幕府によって築造された台場は、長崎以外には存在しなかったのである。

寛政三年（一七九一）発刊の『海国兵談』では、「当世の俗習にて、異国船の入津ハ長崎に限たる事にて、別の浦え船を寄ル事ハ決して不成事ト思リ」と、林子平が日本人の警衛意識の希薄さを指摘し、さらに「当世長崎の港口に石火矢台を設て備を張が如ク、日本国中東西南北を不論、悉ク長崎の港の如クに備置度事、海国武備の大主意なるべし(3)」と、長崎を規範とした台場建設を全国に拡張することが海防上の重要課題であると説いていた。

一方、近世前期に遡及すれば、海外からの国防の必要性が意識されたのは、幕府によるポルトガル船追放以降のことと考えられている。山本博文氏は、寛永十七年（一六四〇）におけるルイス・パシェコらマカオからの使者が長崎に来航したため斬罪に処された事件を起因として遠見番所の設置が命じられ、長崎警備、西国大名による沿岸防備など厳重な警戒態勢がとられるようになったと論じた。さらに、「正保国絵図」の作成において、寛永期にはみられない海辺の状況が詳細に記載されるようになるが、それは単純な幕府の大名対策としてではなく、ポルトガルからの報復

を念頭に入れた対外的危機意識が存在したためであると分析した。(4)

一　近世前期における公儀台場・遠見番所築造の変遷

1　近世前期の長崎警備・沿岸警備体制

寛永十八年（一六四一）二月八日、幕府より異国船対応にともなう長崎番役について、福岡藩主黒田忠之に対し、長崎警備を命じる老中奉書が次のとおり発給された。

一筆令啓候、かれうた船渡海之儀、就御停止異国船着岸之時分ニも候間、其元被為差置候、被得其意、当年は参勤可為無用候、恐々謹言

二月八日

阿部対馬守重次
阿部豊後守忠秋
松平伊豆守信綱

松平右衛門佐殿(5)

同様の奉書は、黒田家のほか福江藩主五島盛利、大村藩主大村純信にも出され、異国船渡来の航路にあたる自国の沿岸防備にあたらせた。(6)

翌十九年三月には、当時参勤中であった鍋島勝茂が帰国後に長崎警備の黒田忠之と交代し、大坂より公儀の火砲を受領して佐賀から長崎への巡察を行った。同年参勤の黒田氏は翌二十年の長崎御番を命じられ、福岡・佐賀両藩による隔年交代が成立して長崎警備の基礎が定まるが、この制度は以後幕末まで継続され、右の両藩が恒常的に担当した

ことを特徴とした。また、両藩は参勤交代において江戸での在府期間を短縮され、手伝普請など諸家役免除の措置を講じられるが、藩財政には重い負担を課されることになった。鍋島家においては自領深堀・神ノ島にも軍勢を置いて勤番させ、のち御番交代時の四月、オランダ船入港時の七月、および帰帆時の九月頃とした年三回ほど「御見廻の儀」と称して長崎に赴いた。

一方、キリシタン禁圧を強化する幕府に対して、寛永十九年下甑島(鹿児島藩)におけるアントニオ・ルビノや、翌二十年筑前大島でのペドロ・マルクスらイエズス会士一行による日本潜入への試みは続き、以降寛永・正保期におよんで唐人キリシタンも発覚するようになった。

このような徳川家光政権の状況下において、正保二年(一六四五)二月十二日には、老中連署奉書により西国大名に対して異国船への対応策が伝達された。

異国船領内の浦え令到来訴訟の儀於申は、船中のものきつかひ無之様挨拶いたし、至長崎以奉行人可遂訴訟旨相含ミ差副案内者彼地え可被越之候、若在其所て訴訟仕度と申候者番の者之付置、其趣大坂の定番衆・同町奉行・長崎奉行人幷高力摂津守迄早々注進尤候、自然長崎え不相越、又は湊え船を不入、沖に有之てはし船を以令申ニおゐてハ湊え本船を不入、憶成者をも不差越候間、江戸え可致注進様なく其上当所ニは通詞無之候、長崎え罷越儀不相成候者可帰帆の旨含之相構ハれ間敷候、兎角日本え可為商船渡海の訴訟候間、彼輩不気遣様可被心得候、恐々謹言

正保二酉二月十二日

阿部対馬守
阿部豊後守
松平伊豆守

右の文言ニて九州・四国・中国壱万石以上の面々え奉書被遣之(7)

その内容は、訴訟を目的とした異国船が大名領内へ来航した場合には長崎に回航させ、現地に留まり訴訟しようとすれば、大坂定番・大坂町奉行・長崎奉行・島原藩主高力忠房まで報告するというもので、長崎に航行しない場合には帰帆させることなどが規定され、その後の基本方針となった。

正保四年（一六四七）六月二十四日、ゴンサロ・シケイラ・デ・ソウザ率いる石火矢二〇挺以上を艦載したポルトガル軍船二隻が長崎に来航する事態が発生した。一行は、ポルトガルがイスパニアから独立した旨を伝え、日本との貿易再開を要求すると、この使節来航に対して、豊後府内藩主日根野吉明・島原藩主高力忠房・長崎奉行馬場利重の協議により諸藩に出兵を促した。史料によってその規模は異なるが、『徳川実紀』では兵数四万八三五四人、船数八九八艘、(8)最大規模を記録したと思われる『崎陽群談』「勝茂公譜考補」などでは、福岡藩一万一七三〇人、佐賀藩一万一三五〇人など総勢五万五五二八人、船数九六九艘と記されている。(9)この五万人前後の兵力が長崎に集結し、二隻の船に対して港内に船橋を架けて海上を封鎖した。

このような対応について、松尾晋一氏は、大名家側に派兵数などの明確な枠組みを決定しないままに要請を行ったため、彼らが独自に対応することで過剰な動員を招く結果となったと指摘し、当時の警衛体制の実態を明らかにした。(10)

同年七月二十九日に江戸より大目付井上政重・長崎奉行山崎正信が上使として長崎に到着すると、来航の目的である独立告知の趣旨を勘案して処罰はしないが、国交再開は拒否するとともに、以後の来航を厳禁するとの伝達を行った。ポルトガル側もこれに従い、同年八月六日に水・食糧などの支給を受けて長崎を退去した。この一件は長崎警備などの海防政策の改善に着手する重大な契機となるのである。

翌年の慶安元年(一六四八)以後、福岡・佐賀両藩は、非番年も異国船が長崎に往来する間は、加番と称して一部の藩兵を残留させて在国し、オランダ船帰帆後の十月上旬頃に江戸への参勤を命じられるようになり、翌年の当番年には、三月に江戸を出立して四月の帰国後に御番を担当した。

さらに、長崎における緊急事態に対処できるよう蔵屋敷を設置し、諸大名の家臣を置いて聞役とした。寛永年間の頃までは、長崎奉行と国許との書信伝達の窓口などとして軽輩の武士や町人などを登用していたが、この正保四年の事件後は、長崎奉行から西国一四藩の国許への指示・伝達とともに、貿易品の調達や諸藩との情報交換にあたる政治的・経済的な手腕を要する長崎駐在員として位置付けられ、大名の家人が派遣された。その勤務形態は、年中常勤と五月中旬より九月下旬までのいわゆるオランダ船来航期に滞在する夏詰があった。定詰ともいわれる年中常勤にあたるのは、福岡・佐賀・熊本・対馬・小倉・平戸の六藩であり、夏詰には、薩摩・長州・久留米・柳川・島原・唐津・大村・五島の八藩が担当することとなった(11)。

2 七箇所の台場(古台場・在来台場)構築過程

長崎港口における台場建設に先立ち、慶安元年(一六四八)、幕府は福岡・佐賀の両藩に対して、西泊と戸町にそれぞれ本建築の番所築造を命じた。西泊・戸町ともに長崎港の入口に近く、「長崎町より沖の方西南半里余海辺の両傍、右は西泊といひ、左は戸町といふ所に、海上五町余を隔て相対し」ていた。「長崎大概」に「今年ヨリ長崎御番、松平筑前殿へ仰付ケラル、此時迄ハ御番所無之、番人ハ船ニ在之(12)」とあり、『長崎集』には「寛永十八辛巳年、奉行馬場氏柘植氏の節、西泊戸町は長崎要塞のためとして御番所設らる、則松平右衛門佐に被仰付両所に木屋を建被勤番(13)」と記載されている。『長崎実録大成』では「最初ヨリ六七年ノ間ハ小屋掛ニテ、当番限リニ造替有之(14)」とあって、寛永期の当初は本格的な番所とはなっていなかったようである。ポルトガル船来航事件の翌年にあたるこの慶安元年は、西泊・戸町両番所の本格的な建築のほか、先の長崎番役における加番制の導入、長崎聞役の在駐化、加えて後述する台場建設の構想など、長崎警備における一つの変革期にあたる年であり、幕府はポルトガル船の再渡航に備えて、さらなる警戒体制をを構築しようとしていたことが窺える。

また、長崎奉行による西泊・戸町両番所巡見の際には御用船が用いられた。これは寛永十六年（一六三九）に熊本藩主細川忠利・島原藩主高力忠房・天草領主山崎家治に対して提供させたもので、天草が幕領になる寛永十八年より、熊本藩は二艘で期間八か月、島原藩は一艘四か月とし、享保五年以降は熊本藩のみ一艘一か年に変更された。さらに天明二年（一七八二）には、有事の際のみ派遣となり、常備船としての御用船は廃止された(15)。

この西泊・戸町両番所の完成によって石火矢などの保管が可能となったが、先の正保四年（一六四七）ポルトガル船来航事件を契機として台場の構築が不可欠となったため、幕命により平戸藩主松浦鎮信（天祥）の手によって七箇所の台場が建設された。その上意にともなう築造開始時期について、『長崎実録大成』『崎陽群談』「勝茂公譜考補」『通航一覧』などの諸史料では承応二年（一六五三）としており、通説となっている。しかし、平戸藩の正史『家世伝』に続く『家世続伝』『家世後伝』における引用史料を明示した草本となる史料『御家世伝草稿』や福岡藩主黒田家の記録『黒田家譜』では、その時期を承応三年としている。

長崎・佐賀藩側などの前者四史料では、次のように松浦鎮信に対する台場築造の台命について記載する。

①承応二癸巳年、平戸城主松浦肥前守鎮信蒙上意、当湊ニ南蛮船其外悪船渡来リ、御下知ニ依テ可被撃沈節ノ支度ノ為、異国船沖ヨリ乗入ル左右ノ海辺湊内ニ三ケ所、湊外ニ四ケ所、各地形高サ七八尺、入五間横拾七八間程ニ築立テ、石火矢台都合七ケ所ヲ修セラル(16)

②石火矢台ハ、承応二巳年松浦肥前守奉行之七ケ所築之(17)
③今年、長崎御石火矢台場普譜ノ儀、松浦肥前守鎮信へ被仰付、成就有之(18)
④承応二癸巳年、肥前国平戸城主松浦肥前守篤信、鈞命を蒙り、南蛮其外異国の悪船渡来の時、打しつめんかため、沖より乗入へき左右の海岸、湊内外に、砲台を築く事、凡七箇所なり(19)

ここでは、台場建設の目的を、南蛮船その他悪船が日本に渡来することから、「可被撃沈節ノ支度ノ為」「打しつめんかため」としている。④の『通航一覧』にみられる平戸城主松浦肥前守篤信とあるのは、鎮信の誤りであろう。一方、『御家世伝草稿』によれば、老中奉書の控をともない、左記のとおり記録している。

三年甲午公《(松浦鎮信)》長崎口に石火矢台御普請御手伝を命せられ是を築かせらる、（中略）都合七ケ所の右石火矢仕掛所の義、長崎奉行論談これある砌、公長崎え往き是を聞たまひ、幸ひの義ニ付石垣御普請御手伝成され、致江戸え御願なされル《（ママ）》れハ、酒井雅楽頭忠清・松平伊豆守信綱・阿部豊後守忠秋より八月五日の奉書同月十八日平戸に到来し其旨上聞ニ達せし処、願の通り仰付られ候間、其旨を得られ甲斐庄喜右衛門・黒川與兵衛御相談、御普請なされ候様是を命せらる、（中略）

御奉書扣曰

於長崎石火矢仕掛候所石垣築候義、彼地両奉行遂僉議候の砌、其方も長崎へ趣被承之候、幸の事ニ候間、右の石垣被仰付候様ニて望の通達上聞候処、可申付旨被仰出候間、被得其意、甲斐庄喜右衛門・黒川与兵衛被相談御普請可有之候、恐々謹言

阿部豊後守　忠秋　判

八月五日

松平伊豆守　信綱　判

酒井雅楽頭　忠清 判

松浦肥前守殿

承応三年八月十八日自長崎達(20)

同史料によれば、長崎奉行による台場の石垣築造に関する協議が行われると、来崎した松浦鎮信がそれを受け、幕府に石垣普請を願い出たと記されている。その結果、老中酒井忠清・松平信綱・阿部忠秋による承応三年八月五日付老中連署奉書により、松浦鎮信に対して長崎奉行甲斐庄正述・黒川正直と相談の上、台場建設に着工するよう伝達された。

また、七箇所の台場築造過程についても次のとおりふれられている。

公ハ九月十八日長崎ニ往たまひ、普請方由断なく申付られ、七ケ所の内長刀岩・かけの尾・白崎・大とう四ケ所は十月出来す、高崎・たかほこ・めかミ三ケ所は其処に石これなき故、福田と云処より来年正月まてニ石を被出候、二月上旬に築かせらるへく候、（中略）因て翌春ニ至て残り三ケ所御普請被成七ケ所共成就す、（中略）

去月廿七日の御状令被見候

公方様（徳川家綱）益御勇健被成御座候間可被心安候、将亦長崎表石垣御普請付、先月十八日其地被相越無油断被申付候由尤の事候、長刀岩・かけの尾・白崎・大とう此所の石垣ハ当月中可為出来の由得其意候、高崎・たかほこ・めかミ三ケ所ハ其所に石無しニ付、福田と申所より来正月迄ニ石出させ、従二月上旬築候様ニ可被申付之旨承届候、其通可然候条四ケ所の石垣於出来ハ在所え被罷帰至春可被申付候、長々在留苦労の段察入候、恐々謹言

十月十三日

阿部豊後守　忠秋 判

松平伊豆守　信綱 判

酒井雅楽頭　忠清 判

松浦肥前守殿

八月五日付老中奉書により上意を受けた松浦鎮信は、九月十八日に長崎に到着して台場建設に着手すると、七箇所のうち長刀岩・かけの尾（陰ノ尾）・白崎・大とう（太田尾）の四箇所が十月に竣工した。また、高崎（神崎）・たかほこ（高鉾）・めかミ（女神）の三箇所は石材不足のため、翌承応四年正月に福田より調達して同年春期に築造したことで、七台場の完成におよんだとしている。

また、『黒田家譜』も、台場に関する幕府上意・建設開始を承応三年としている。しかし、「承応三年七月松浦肥前守鎮信台命を受く、同年八月より修築せらる、所なり」(21)とあって、『御家世伝草稿』の記述に対してそれぞれ一か月早い時期となっている。

右のとおり、台場築造に関する幕府の上意および開始時期について、通説による承応二年説に対し、『御家世伝草稿』などにみられる承応三年説は一年の隔たりが生じている。その違いについては明らかにし得ないが、当史料が承応三年説を支持する根拠として次の点をあげている。

按するに長崎実録ニ承応二年癸巳公（松浦鎮信）上意を蒙て之を築くといふ、然れとも御奉書到来年譜・碑銘・霜木覚書等の諸書三年甲午の年とす、故に是ニ従ふ、（中略）又石垣間数坪数は霜木覚書同く後集ニ拠る、長崎実録ニは各地形高七八尺入五間横十八間といふ、大凡を云しものなり

それによると、老中奉書到来の時期を「年譜」「碑銘」「山本霜木覚書」などの引用する諸史料は、承応三（甲午）年と記録されていることを挙示している。これは『寛政重修諸家譜』松浦鎮信の項にある台場建設に関する老中奉書の発給年と合致する。(22)また、各台場における石垣の長さや敷地面積など「山本霜木覚書」、同「後集」では詳細に記録

されているのに対し、『長崎実録大成』では、一律に「地形高七八尺入五間横十八間」として概数での数値しか記載されていないことを指摘して、承応二年説を退けている。『御家世伝草稿』には各台場の規模が詳細に記され、古台場では海辺に砲台のための石垣を築いていたが、その横幅・高さ・敷地面積などについても記録が残されている。ここでは、石垣内における石火矢台の坪数を一例として採り上げると次のとおりである。太田尾四七坪八合二勺、女神三七坪五合六勺、神崎四八坪六合九勺、白崎四七坪八勺、高鉾四六坪二合二勺、長刀岩三五坪三合二勺、陰ノ尾二八坪六合一勺で七箇所の総坪数は二九一坪三合一勺と記載されており、平均坪数は四一坪六号二勺で、最大は神崎台場、最小は陰ノ尾台場となる。以上の点を考慮すれば、『御家世伝草稿』による承応三年説がより高い信憑性をもつものと考えられる。

台場落成の時期について、当史料では、承応三年の「翌春ニ至て」「七ケ所共成就す」とあるように、七箇所の台場完成は、承応四年(明暦改元、四月十三日)春としており、『黒田家譜』では同年三月二十三日と記している。[23] 七箇所の公儀台場とは次のとおりである(図1の①〜⑦)。これらが完成したのは、正保四年のポルトガル船来航事件から約八年後のことであった。

一番	太田尾	幕領	港内
二番	女神	大村藩領	港内
三番	神崎(高崎)	幕領	港内
四番	白崎	大村藩領	港外
五番	高鉾	佐賀藩深堀領	港外
六番	長刀岩	佐賀藩深堀領	港外

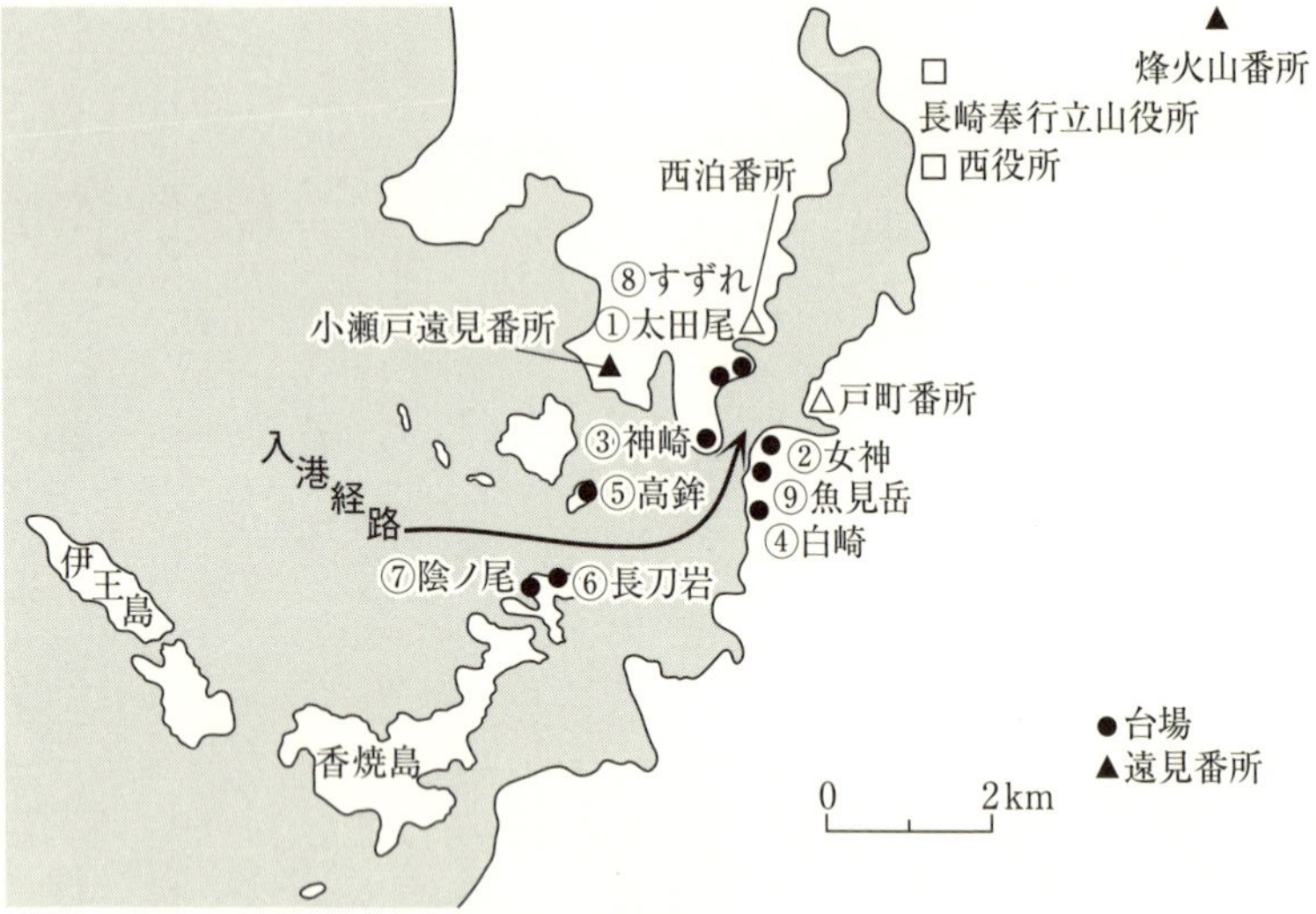

図１　長崎の古台場・新台場・増台場配置図

七番　陰ノ尾　　佐賀藩深堀領　港外

当初の台場は、港内に太田尾・女神・神崎の三箇所、港外には白崎・高鉾・長刀岩・陰ノ尾の四箇所で合計七箇所に設けられ、これらは後に建造される新台場・増台場と区別して古台場（「在来御台場」）とよばれ、有事の際に、西泊・戸町両番所から石火矢・大筒が搬送・配備されることになっていた。また、これらの台場のうち、港内は当番藩が担当し、港外は非番の藩において警備した。

長崎警備は、先述のとおり寛永十八年（一六四一）より開始され、その担当は福岡藩・佐賀藩の両藩で隔年交代とされた。慶安二年（一六四九）五月の書付によれば、福岡藩は四番交代制をとり、足軽頭・馬廻・船手頭・目付・足軽・水主などで構成され、それぞれ一番一〇八〇人、二番一〇七七人、三番一〇五三人、四番一〇五七人で、船数は四一艘（うち関船一〇艘・荷船三一艘）ずつの三か月交代とある。[24] 佐賀藩の場合、天和元年（一六八一）の書付では、大物頭・鉄炮物頭・石火矢役士・足軽・水主など一三〇〇人余、関船大小四六艘で、オランダ船帰帆後は八〇〇人余、関船三一艘であった。[25] 台場落成にあたる承応四年

（明暦元年、一六五五）の当番は福岡藩で、前年に死去した黒田忠之のあと、家督を光之が継ぎ、明暦元年五月二十三日付黒田光之宛老中奉書によって「こう崎・めかミ・大とを」の担当を伝達された(26)。当番の石火矢・大筒などの火砲は西泊、非番は戸町の番所にそれぞれ収納し、黒田・鍋島両家が管理することとされたが、台場完成当時の保管記録が『長崎御役所留』に残されている。

明暦元年未八月御石火矢・大筒、松平右衛門佐・鍋嶋信濃守当番・非番に分ケ御預ケニ付、両所家来預り目録

一当番石火矢台三ケ所

石火矢拾挺の内

鉄

壱挺、玉目壱貫八百目
弐丁、玉目壱貫五百目
壱丁、玉目壱貫百目
壱丁、玉目九百五拾目
弐丁、玉目六百目宛
三丁、是は沈船よりあかり候筒なり

大筒九挺の内

四挺、玉目百目筒、台なし
弐丁、玉目五拾目宛、台有
三丁、玉目三拾目宛、台有

一外石火矢台四ケ所

壱挺、玉目壱貫目
壱丁、玉目壱貫七百目
壱丁、玉目九百目
壱丁、玉目八百目

石火矢拾弐挺の内　壱丁、玉目七百目
　　　　　　　　　壱丁、玉目五百目
　　　　　　　鉄　壱丁、玉目壱貫目
　　　　　　　同　壱丁、玉目壱貫二百目
　　　　　　　同　四丁、玉目六百目宛
　　　　　　　　　六挺、玉目百目筒、台無シ
大筒拾弐挺の内　　三丁、玉目五拾目宛、台無シ
　唐金石火矢　　　弐丁、玉目三拾目宛、台有
　　　　以上
明暦元年八月五日
　　　　　　　　　　　　　阿部豊後守
　　　　　　　　　　　　　松平伊豆守
　　　　　　　黒川与兵衛殿
　　　　　　　甲斐庄喜右衛門殿(27)

当初は「当番石火矢台」である港内の三台場に、石火矢一〇挺・大筒九挺、「外石火矢台」である港外の四台場には、石火矢・大筒各一二挺の合計四三挺が割り当てられていた。石火矢・大筒の種類には、鉄や青銅(唐金)製がみられる。玉目とは砲弾の重量のことであるが、石火矢は五〇〇目から一貫八〇〇目まで、大筒では三〇目から一〇〇目までに対応できる各砲が備えられていた。

ただし、石火矢・大筒の中には「沈船よりあかり候筒」が用いられていたり、砲身の疵・罅や錆などから修理を要する火砲が存在したりするなど、実戦への対応には十分ではない点もあったと考えられる(28)。

このように七箇所の公儀台場(古台場)が完成し、異国船からの攻撃に対処するための石火矢・大筒を配備可能とし

た唯一の海防施設が対外関係の窓口である長崎に建設されたが、それは日本で最も重要な要塞都市に位置付けられることを意味したのである。

将軍家光が慶安四年（一六五一）に没した後、幼少の将軍であった家綱政権下で、承応三年（一六五四）五月十八日付長崎奉行宛 老中連署下知状が発給された。

覚

一南蛮船自然令渡海如何様の訴訟仕候共　大猷院（徳川家光）様御代堅御制禁の事ニ候、今程　公方（徳川家綱）様御幼君に候得者、兎角不及御下知候、下として相計候儀ハ猶以不成候、何程に申上候とも此度は申渡之、早々帰帆可申付事

一右の通致挨拶、其上江戸え注進可仕、并松平隠岐守・日根野織部正所えも早々申遣へし、此両人長崎相越候儀は江戸より可為差図次第、若早速呼候ハて不叶子細於有之は高力摂津守相談および可申遣事

一大久保加賀守所えも可告知之、但シ長崎え呼候儀は隠岐守・織部正招候節、同前ニ可申遣事

一鍋嶋信濃守・松平右衛門佐事、当番の方ハ長崎え相詰候様可申遣、非番の方ハ自然人入申へき様子ニ候ハヽ、申遣シ、先長崎近所まで呼寄可差置候事

一縦みなとへ船を入候共幾度も右の通令挨拶帰帆可被申付之、万一船より鉄炮なと打懸、不儀の働仕ニおゐてハ、兼て所々ニ石火矢を懸置、陸より船を打しつめ可申候、順風にて逃延候共不苦の間、船にて追候儀は可為無用事

以上

豊後守　判

承応三甲午年　　伊豆守　判

五月十八日　　讃岐守　判

雅楽頭　判

甲斐庄喜右衛門殿

黒川与兵衛殿(29)

ここでの要旨は、以下のとおりである。第一条で、家光政権下において、来航南蛮船からどのような要求がなされても厳禁してきたが、将軍家綱は幼君のため同上の問題について、裁断を下すことはかなわず、下僚の討策はなおさら不可であり、早々に帰帆させること。第二条では、南蛮船に帰帆を命じて来航の一件を幕府に報告し、あわせて伊予松山藩主松平定行・豊後府内藩主日根野吉明にも同様に告知すること。両者が現地に出向くことが困難な場合は、島原藩主高力忠房に相談すること。さらに、第三条では、唐津藩主大久保忠職へも同様に通報すること。第四条は、鍋島・黒田両家のうち当番は長崎に赴き、非番は人数が必要な場合には同様とするが、当面は長崎付近で待機すること。第五条では、もし南蛮船が入港した場合には、帰帆を申し付けなくてはならないが、万一相手側からの発砲など不当な攻撃がある場合は、各所へ石火矢を設置し、南蛮船を撃沈させること。ただし、退去した場合は追跡不要であること。以上の内容が幕府から長崎奉行に伝達された。

これらと同様の条目は、すでに慶安元年(一六四八)二月二十日付で、長崎奉行(馬場利重・山崎正信)宛に通達されていた(30)。つまり、前年にあたる正保四年のポルトガル船来航を受けて、再渡航などを想定した幕府の対応策として発令されたものと考えられる。ほかこの第五条の規定は、幕府が「不儀の働」をなす南蛮船に対して、火砲による武力行為を命じた内容になっている。ただし、それは「万一船より鉄炮なと打懸、不儀の働仕ニおゐては」とあるように、あくまで相手側から軍事的攻撃を受けた際に初めて行使する自衛を意味していた。

また、「兼て所々ニ石火矢を懸置」とする幕府からの指示により、長崎奉行は各所の台場構築を具体的に検討していくことになったはずである。仮に、松浦鎮信に命じた台場築造の時期を『御家世伝草稿』の記述をもとに考察すれば、次のような推論も成り立つのではないかと思われる（左記の括弧内は原文を引用）。

台場の構築は、正保四年ポルトガル船来航事件以来の懸案事項であったが、酒井忠清らによる承応三年五月十八日付、老中連署下知状にもとづき、長崎奉行甲斐庄喜右衛門・黒川与兵衛が七箇所の台場建設について協議すると（「都合七ケ所の右石火矢仕掛所の義、長崎奉行論談これある砌」）、来崎した松浦鎮信は、それを受けて幕府に台場の築造を願い出た（「致江戸え御願なされ」）。その結果、同年八月五日付老中連署奉書では、松浦鎮信の請願が将軍へ届き（「望の通達上聞」）、裁許されたことが伝達された。九月に着工したところ十月に四箇所、翌承応四年の春には残り三箇所が築造されて、七箇所の台場が完成することになった（「翌春ニ至て残り三ケ所御普請被成七ケ所共成就す」）。

慶安元年二月二十日および承応三年五月十八日の下知状と同様の規定が、明暦二年（一六五六）五月十六日、寛文二年（一六六二）六月二十八日[31]、寛文十二年閏六月二十六日[32]にも示されている。家光に続く家綱政権下の対外関係においても南蛮船来航に対する緊張感は存続し、キリシタン禁圧政策を維持する方針が継続されていたことがわかる[33]。山本博文氏が指摘しているように、この家綱政権期における老中は、島原・天草一揆の鎮圧にあたり、キリシタン勢力の脅威に接した幕閣である[34]。特に松平信綱は、次に述べる野母・烽火山の遠見番所・狼煙台の設置を策定したとされる老中であった。

3　長崎および大村藩・福江藩の遠見番所

長崎の遠見番所設置に関する沿革については、寛永十五年（一六三八）二月十一日、松平信綱が島原・天草一揆後における キリシタン禁圧の一環として海防上の警備を急務とし、野母村日野山に野母遠見番所と長崎港の東に烽火山

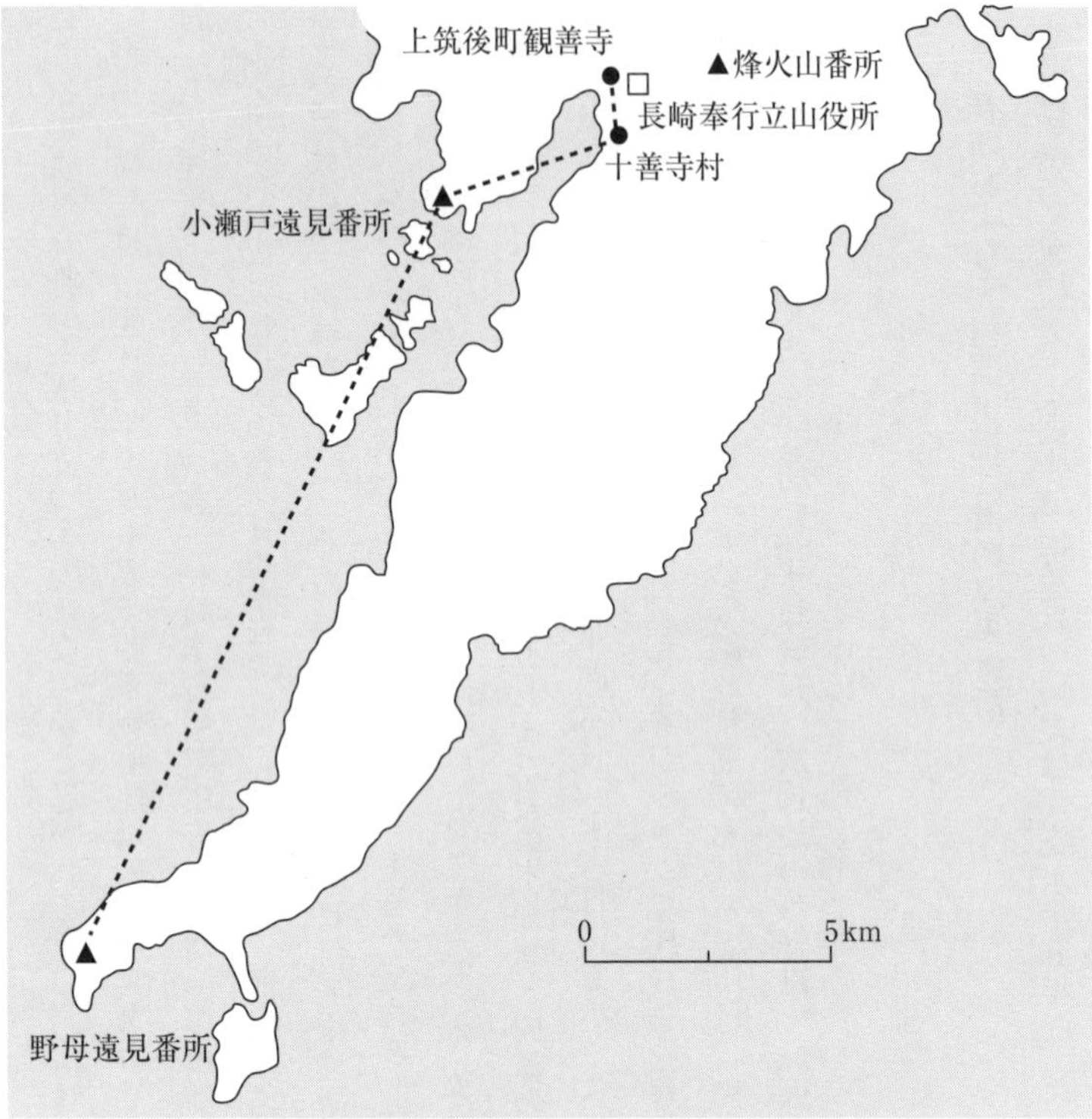

図2　近世前期　野母・小瀬戸遠見番所より長崎奉行への通報経路

（放火山）遠見番所を配置したことに始まる。野母で異国船を発見した際には、飛船をもって長崎奉行に注進し、さらに烽火山より狼煙をあげて近国（大村・諫早・島原をはじめ港内外）に伝達する警報体制を敷いた。野母は当初、唐津藩主寺沢家の領有であったことから、野母村（野母・高浜・川原）より百姓四人ずつの二十日交代制であったが、万治二年（一六五九）に農民の勤番負担を理由とし、長崎代官末次平蔵茂朝の嘆願を経て遠見番一〇人・水主一〇人を召し抱え、遠見番は年中二人ずつ二十日交代とされた。烽火山番所では、長崎村・浦上村山里・浦上村淵の三か村から百姓二人ずつ十日交代で昼夜常駐させたが、同年に野母と併せて専任の遠見番を新設した。その際に十善寺村の海手側に長屋一〇軒を建てたが、これが現在の長崎市十人町にあたる。なお、遠見番保田家の子孫籏先家に伝存する「籏先家文書」には、遠見番人数を遠見番触頭二人・遠見番一〇人とする記録がみられる。[35] 遠見番は、延宝三年（一六七五）、投銀による改易処分を受けるまで末次平蔵支配下におかれ、その後は長崎奉行管轄の地役人に編入された。

元禄元年（一六八八）には小瀬戸郷に遠見番所が設置され、長崎奉行への通報体制が変更された。これまで異国船が確認されると野母遠見番所より注進船にて連絡（白帆注進）されたが、遅滞解消の目的で旗による掲揚の信号方式で伝達され、小瀬戸より十善寺村、観善寺（のち永昌寺）を経て長崎奉行立山役所に通報された（図2）。

大村藩は、大村純信により寛永十三年（一六三六）に戸町および長崎外目にあたる福田・三重・神浦・瀬戸・中浦・面高にそれぞれ番所を設置し、正保元年（一六四四）にはこの七番所に加えて、式見・黒崎・池島・松島・江島・平島・崎戸・大島・吹切の九箇所の番所を増設した。これらを総称して十六ケ所番所という。また、大村純長によって大浦・雪浦・蠣浦の新番所が設置され、さらに大村純尹の治世である宝永三年（一七〇六）より正徳二年（一七一二）には横瀬浦寄船番所が築かれた。[36]

福江藩は、福岡藩・大村藩とともに寛永十八年異国船の警備が命じられて以降、大瀬崎・嵯峨島・鬼宿・富江・黄島・祝言島・宇久島の七箇所に遠見番所を備えた。正保四年には、御嶽・奈留・福見・供栖の四箇所を増設し、嵯峨島を三井楽柏崎、祝言島を曽根崎にそれぞれ移設して警備にあたった。[37]

4　頻発する抜荷と唐船打ち払い

明清交替にあたり、中国を統一した清がこれまで発令されていた遷界令を解除し、かわって展海令が発令されると唐船による日本への来航が急増するが、貞享二年（一六八五）を転機として、長崎では抜荷が頻発した。幕府はその対応策として、元禄二年(一六八九)に唐人屋敷を建設し、長崎市中における中国人を隔離、同十五年には新地蔵を築造して唐船からの積荷を収容した。先の小瀬戸遠見番所設置の経緯も、中国人による抜荷に対しての取締り強化策の一環であった。

正徳五年(一七一五)に制定された正徳新例にもとづいて長崎貿易が開始されると、交易できない唐人の仲介などによって、抜荷領域は長崎に限らず九州北部の沿岸地域に拡大していった。長崎では、福岡藩・佐賀藩による長崎警備が西泊・戸町両番所における異国船警備という役割から、抜荷取締りおよび長崎町中の治安維持などを担うようになっていったが、このような状況下では警備態勢の弱体化傾向は避けられなかったとする指摘がある。中村質氏によれば、長崎奉行大岡清相は、福岡藩の本来的な両番所の人数を『崎陽群談』において、約九〇〇人としているのに対して、同藩による「長崎御番勢内識」では「両番所惣人数六百六拾八人」とし、二〇〇人以上も不足している実態についてふれている[38]。

享保元年(一七一六)以降、長州沖から北九州に至るいわゆる三領沖にかけて漂流する不法滞船などが発生したため、幕府による唐船打ち払いが実施された。翌二年、幕府は小倉藩主小笠原忠雄に対して萩藩主毛利元矩・福岡藩主黒田宣政とともに三藩による打ち払い体制を整備させるが、それは、これまでの個別領主による違法唐船への対処から幕府主導の沿岸警備体制の構築へと移行する画期を意味したとされる[39]。さらに同五年、かつて頭目として抜荷に従事した先生《シャンシイ》金右衛門を抜荷取り締まりの目明かしとして利用した。囮捜査によって沖買人になりすまし、唐船に侵入して唐人を逮捕して唐船に攻撃を加える作戦であった。実際に唐商五〇人余りを捕縛し、抜荷組織の摘発に功を奏した[40]。それ以降、不法唐船の滞留が常態化する状況は減少していく傾向にあった。

二　近世後期における台場・遠見番所築造の変遷

1　寛政・文化期における異国船の接近

近世後期にあたる寛政期から文化期（一七八九〜一八一八）にかけて、ロシア船をはじめ異国船による日本接近が多発化していく。

松本英治氏は、従来の研究に対し当該期の長崎警備などに再検討を加えている。それによれば、百年間以上実施されてこなかった西泊・戸町両番所保管の石火矢など火砲の試射や長崎地役人による砲術訓練が行われた点、また対外的危機に直面する環境下で、長崎聞役はオランダ通詞・唐通事らを通して海外情報の収集に努めていた点などを指摘して、長崎警備の実状を動態的に捉え直そうとしている。同氏は、予想されるロシア船のさらなる来航をふまえて厳戒態勢でのぞむ幕府の方針が、長崎警備の見直し・補強を図る一因になったと分析し、その後本格化する長崎警備に関する改革の段階と位置付けた(41)。

寛政四年（一七九二）九月、ロシアより大黒屋光太夫らを引き連れてラクスマンが根室に来航し、漂流民を引き渡した。その際に親書は受理せず、外交交渉は長崎で行うこととして、次回来航時には必要となる信牌を手交した。老中松平定信は、このような事態に対する海防の必要性を痛感し、江戸湾・蝦夷地などの海防政策を提起したが、翌五年に老中を失脚したことにより、諸構想は頓挫した。

文化元年（一八〇四）にはロシア使節レザノフが長崎に来航し、ラクスマンに与えた信牌の写と来航趣意書を手渡した。その際に日本人漂流民四人が日本側に引き渡される一方で、幕府は朝鮮・琉球・中国・オランダ以外の国との通信・通商関係を持たないのが祖法として通商要求を拒絶し、帰帆を命じた。この対応は、オランダ商館長からのレザノフ来航情報や寛政期におけるロシア船への長崎警備体制の見直しにより、着手することができたとされる[42]。

そのため幕府は、文化三年にいわゆる撫恤令を出して薪水給与を命じたが、フヴォストフによる露寇事件により、翌年にはロシア船打払令が発令された。冒頭でふれた蝦夷地から江戸湾入口に至る台場は、この事件を契機に建設されたものである。それとともに、公儀七台場のほか岩瀬道郷備場・稲佐崎備場・北瀬崎米蔵・大波止・出島・新地蔵・十善寺郷の港内七箇所における台場の警備も補強されていく[43]。

しかし、これまで強化してきたと思われた長崎警備の失態を露呈し、以後の防衛体制の再検討を促す出来事となったのが、文化五年(一八〇八)八月十五日に発生したフェートン号事件である。この年は七月においてもオランダ船の入港がなかったことから、来航船なしとの判断により警備体制が縮小化されていた。「全く当年は最早紅毛人不参候と心得内々にて国元へ引取り、両御番所にて人数漸く百四五十人も相詰候仕合故[44]」とあるように、長年にわたる平穏裡の中、当時の警備担当である佐賀藩は本来の定員八〇〇人を大きく下回る軍勢しか待機させておらず、イギリス側からの食糧提供の要求を聞き入れざるをえない状況であった。さらに諸藩からの赴援もないままに、フェートン号は同十七日に長崎港を後にして松平康英は同日自害、佐賀藩主鍋島斉直は不調法の咎により逼塞を命じられ、西泊・戸町両番所の警備は福岡藩に交代させられた。

2 フェートン号事件を契機とした台場増設と長崎警備の再検討

フェートン号事件後には江戸湾の防備や長崎警備の見直しが図られた。江戸湾では、会津藩が相模国城ヶ島・浦賀・観音崎、白河藩が安房国洲崎・上総国竹ヶ岡に台場を築き、長崎では異国船の入港を未然に防ぐ方針に力点が置かれるようになる。異国船撃退をふまえ台場を港外に拡張し、石火矢・大筒の砲数を増加した。

長崎港では、文化五年福岡藩・佐賀藩に命じて女神・神崎・高鉾・陰ノ尾に台場を増設するとともに、すずれ（沙崩）においても新規着工したが、これらを新台場（「新規御台場」）とよんだ。幕府はさらに文化六年（一八〇九）にも、長崎半島の高浜村恵美寿・野母村（横尾・葉山・天神）・樺島村京崎・川原村恵美須山・茂木村汐見崎・日見村天神山の各地に台場を新設し[45]、同七年には、福岡・佐賀両藩に命じて神崎・高鉾・長刀岩の三箇所を増築、新たに魚見岳にも台場新造を開始して増台場とよんだ。これらの台場は、砲弾の飛距離を考慮して高台に設置されたのを特徴とする。

また、事件の翌年より異国船に対する旗合や検問などの手続きが複雑かつ長時間になり、帆影発見から入港までの手続きが次のように変更された。

帆影発見の一報があると、これまでの高鉾島から港外の伊王島で旗合を行う。その際に「一ノ印横文字」の書翰を手交し、船長名・船名・船体規模・バタビア出港年月日・長崎入港月日・人数などを記載させる。次に「二ノ印横文字」を渡した後、オランダ船より二人の人質を受けて上陸。出島のカピタン部屋にて申告書をもとに聴取し、確認がとれると入港を許可した[46]。

文化年間におけるフェートン号事件を契機として、海防の不備を露顕した幕府は、長崎港の内外に台場および遠見番所を増設し、有事対応のあり方を変更していく。その一方で、新台場・増台場の増設にともなう経済的負担は大幅に増加し、福岡・佐賀両藩の藩財政に大きな影響をおよぼした。また、それまで西泊・戸町両番所に保管していた石火矢・大筒を台場に常備かつ追加することにより、従来における両藩の隔年交代では対応が困難な状況になっていた。

さらに、文政期にはイギリス捕鯨船が日本沿岸に接近・上陸する事件が発生する。文政七年（一八二四）五月二十八日、常陸国大津浜に二艘の捕鯨船による乗組員の上陸事件が発生し、同年七月八日には薩摩国宝島においても捕鯨船員が上陸して牛を略奪するなどの紛争が起きた。これらの事件により、翌文政八年二月十八日には「以来何れの浦方ニおいても異国船乗寄候を見請候ハヽ、其所ニ有合候人夫を以有無ニ不及一図ニ打払」とする異国船打払令の発令に繫がっていくのである。(47)

3 弘化・嘉永期における長崎警備と佐賀藩・大村藩による台場築造

天保期(一八三〇〜一八四四)には、モリソン号事件やアヘン戦争に関する情報を契機として、幕府は海防政策の転換を図った。異国船取扱法を文化期に戻し、薪水を給与して帰帆させる一方、異国船からの上陸を認めず、日本人との接触を禁止した。

その後、弘化・嘉永期(一八四四〜一八五四)にかけて、幕府は海防掛を設けて警衛策の計画・実施にあたらせ、江戸湾防備などの立て直しを図った。長崎では、弘化元年(一八四四)のオランダ船パレンバン号、同二年のイギリス船サマラン号、同三年のフランス船クレオパトル号、嘉永二年(一八四九)のアメリカ船プレブル号など、その目的は異なるものの頻繁に欧米各国の軍艦が来航していた。

弘化二年九月、老中に就任した阿部正弘は、長崎警備の強化について福岡・佐賀両藩に諮問した。佐賀藩は防備の重点を外目におき、長崎港外の台場増築とともに大型の石火矢と警備兵を設置することを提案して、藩主鍋島直正は老中阿部らに建策したが、嘉永元年(一八四八)十二月、幕府は内目の要地に台場を新設し、福岡・佐賀の両藩に負担するよう命じた。その理由は、外目台場の建設には従来以上の負担が増え、両藩の疲弊を招きかねないとするものであった。(48)

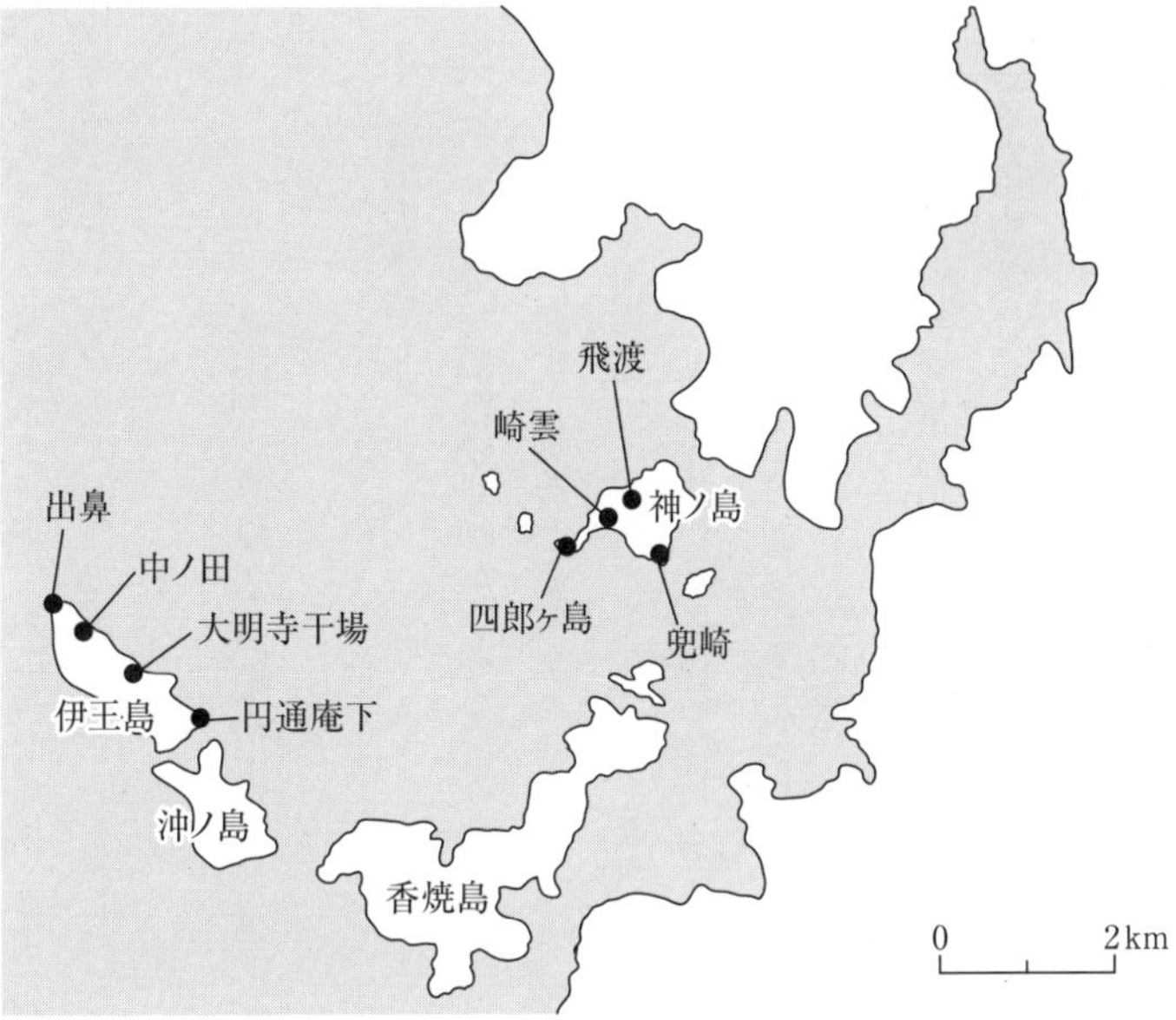

図3　嘉永期における長崎港外の台場（神ノ島・四郎ヶ島・伊王島）

これを受けた佐賀藩は、伊王島・神ノ島などが佐賀藩領であることを理由として、幕府に内諾を得た上で外目の台場建設に着手し、伊豆韮山代官の江川太郎左衛門（英龍）に砲台や反射炉構築の協力、松代藩士佐久間象山には砲台設計図作成の指導などを要請した。

台場工事は、嘉永四年六月に着工され、翌五年七月に神ノ島・四郎ヶ島の二島が埋立てによって繋がれた。四郎ヶ島には、四郎ヶ島台場と小島台場、神ノ島には、崎雲崎・崎雲浜手・飛渡・兜崎、伊王島には出鼻・中ノ田・大明寺干場・円通庵下に各台場が建造された(49)（図3）。

大村藩も台場建設を進め、嘉永元年より同三年にかけて、式見・福田・三重・神浦・瀬戸・松島・崎戸・面高の外海八箇所に台場を築造した。また、福江藩は、外国船の往来が頻繁になる「開国」後の安政三年（一八五六）頃に台場を建設するようになった(50)。

近世「鎖国期」における幕府が建造させた台場は、寛政期以前には唯一長崎のみであり、異国からの攻撃に対応できる軍事力を持ち合わせていなかった。しかし、近世後期における異国船の頻繁な来航に対処すべく、江戸湾をはじめとする台場建設が開始され、遠見番所もまた海上を監視する番所として、九州・中国・四国地方をはじめ東北地方にまでおよび、全国的に設置されていくことになる。

三　絵図より見る長崎台場（古台場・新台場・増台場）

1　台場の構造

次に、近世長崎に建設された主要な台場および遠見番所について概括する。

近世の台場に関する築造とその構造については、数種の台場絵図によって概要を知ることができる。うち古台場は低台場として海岸沿いに、後に増設された新台場・増台場は、高台場として丘の中腹もしくは頂上に方形に削った造成地をつくり、海側に石垣を積んでその上に台座を置くのが特徴である。これは、石火矢・大筒の弾道・飛距離などの違いによって変化した可能性が考えられる。また、絵図で見るかぎり、台場前方には攻撃に対する遮蔽物は築かれていなかったようである。

当港口御台場ノ儀、何レモ海岸へ臨候地所ニテ打払不便利ノ節ニテ候ニ付、先達テ相調候絵図面振合ヲ以、山上又者中腹等打払ノ手都合宜地所へモ御台場取建御筒配当イタシ候積、伺ノ通牧備前守殿被仰渡候間、両家中渡候ニ付右家来立合、其方御勘定方手附ノ者一同見分ノ上地所取極可被申聞候

文化五辰十二月(51)

佐賀藩側から上申された右史料『長崎御備一件』には、フェートン号事件後の新台場構築において、海岸沿いに設

置された古台場が異国船の打ち払いには不都合であることを進言したところ、山上・中腹への台場建造ならびに石火矢などの配備を老中牧野忠精から福岡・佐賀両藩へ申し渡している。

また、各台場における石火矢・大筒の備砲数について検討を加えると、表2の弘化四年（一八四七）では、古台場・新台場として存続した太田尾・女神・白崎・陰ノ尾・すずれに対して、増台場を新設あるいは増設した神崎・高鉾・長刀岩・魚見岳の保有数が多い。一例をあげれば、神崎台場は太田尾台場の四倍強におよぶ。その種類内訳において、太田尾が一貫九〇〇目（一挺）・一貫目（一挺）・五〇〇目（一挺）の石火矢三種三挺と大筒三挺に対して、神崎は最大二貫四〇〇目（一挺）をはじめ、二貫目（一挺）・一貫五〇〇目（三挺）・一貫目（七挺）・八〇〇目（六挺）・六〇〇目（一挺）・五〇〇目（三挺）・三〇〇目（二挺）の八種二四挺と大筒三挺を有した(52)。これは増台場として築造された場所が幕府にとって極めて重要視されていたことを意味している。神崎と魚見岳、高鉾と長刀岩はそれぞれ相対する位置にあるが、それはまた異国船の長崎港への入港経路と重な

表2　弘化4年長崎台場の火砲数

	古台場	新台場	増台場	計	合　計
(1)太田尾	3			3	6
	3			3	
(2)女　神	2	6		8	10
	2	0		2	
(3)神　崎	5	3	16	24	27
	3	0	0	3	
(4)白　崎	3			3	6
	3			3	
(5)高　鉾	2	3	10	15	18
	3	0	0	3	
(6)長刀岩	3		16	19	21
	2		0	2	
(7)陰ノ尾	2	3		5	8
	3	0		3	
(8)すずれ		5		5	5
		0		0	
(9)魚見岳			22	22	22
			0	0	
計	20	20	64	104	123
	19	0	0	19	

上段：石火矢数／下段：大筒数
（『通航一覧続輯』第五巻より作成）

表3　長崎台場における海辺からの位置

台場名	台場の種類	海面からの高さ	海岸までの距離	沖の水深(20間沖)
(1)太田尾	古			2間余(3.6m)
(2)女　神	古			1間余(1.8m)
	新	5間余(9.1m)	1段余(10.9m)	
(3)神　崎	古			5間余(9.1m)
	新	25間余(45.5m)	5段余(54.5m)	
	増(1ノ増)	21間余(38.2m)	5段余(54.5m)	
	増(2ノ増)	14間余(25.5m)	3段余(32.7m)	
	増(3ノ増)	10間余(18.2m)	2段余(21.8m)	
(4)白　崎	古			2間余(3.6m)
(5)高　鉾	古			4間余(7.3m)
	新	22間余(40.0m)	1段余(10.9m)	
	増(1ノ増)	40間余(72.8m)	6段余(65.4m)	
	増(2ノ増)	25間余(45.5m)	3段余(32.7m)	
(6)長刀岩	古			8間余(14.5m)
	増(1ノ増)	25間余(45.5m)	8段余(87.2m)	
	増(2ノ増)	21間余(38.2m)	7段余(76.3m)	
	増(3ノ増)	10間余(18.2m)	4段余(43.6m)	
	増(4ノ増)	8間余(14.5m)	3段余(32.7m)	
(7)陰ノ尾	古			2間余(3.6m)
	新	13間余(23.7m)	3段余(32.7m)	
(8)すずれ	新	24間余(43.7m)	4段余(43.6m)	6間余(10.9m)
(9)魚見岳	増(1ノ増)	42間余(76.4m)	1町7段余(185.3m)	
	増(2ノ増)	35間余(63.7m)	1町5段余(163.5m)	
	増(3ノ増)	23間余(41.9m)	7段余(76.3m)	6間余(10.9m)

「台場の種類」において、古＝古台場，新＝新台場，増＝増台場をあらわす
(「御台場十二箇所切絵図」より作成)

り、防衛上乗り筋を扼する地点であったことが大きな要因と考えられる。

次に、台場に関する絵図および文献史料などをもとに台場の構造など個別に概観してみたい。

「御台場十二箇所切絵図[53]」は、長崎港内外に位置する太田尾・女神・神崎・白崎・高鉾・長刀岩・陰ノ尾・すずれ・魚見岳の九箇所にわたる台場(古台場・新台場・増台場)と戸町・西泊の両番所を

描いた見取図で、合計一二種（うち高鉾台場は二種）の絵図で構成されており、作者は未詳である。表3のとおり、各台場の位置が、海面からの高さ、海岸からの距離によって明示され、軍事的な情報が含まれている絵図である。また、古台場・新台場の砲台は各一箇所に対して、増台場は一ノ増台場より複数の砲台を備えており、その重要度がうかがえる。

さらに台場・遠見番所や長崎奉行所・長崎会所・出島・唐人屋敷などを描いた二四種からなる絵図「崎陽諸図」(54)もあわせてとりあげておきたい。本図は台場名の記載が太田尾・女神・神崎・長刀岩・すずれ・魚見岳の五つの台場のみであることなど、やや粗略な点も指摘できるが、先の古台場を含む絵図であることから、前者などと比較した上で敢えて二者の掲載を試みたい。「崎陽諸図」には「長崎火薬庫図」と二枚の「長崎砲台図」があるが、その形状から判断して「長崎火薬庫図」は白崎台場、「長崎砲台図」は高鉾台場と陰ノ尾台場であると思われる。また、「港内台場図」(55)は、太田尾・女神・神崎・白崎・すずれ・魚見岳の各台場や元禄年間に移設した道生田塩硝蔵などを描いた平面図で、これまであまり明らかにされてこなかった台場の石火矢上屋・常住小屋（木屋）・番所・侍番所・道具小屋（木屋）・塩硝蔵など付属建築物およびその間取りなども記されている。

2　各台場の概況

(1) 太田尾台場（古台場、長崎市西泊町）（図4・5）

古台場（在来台場）の一つとして長崎港内の西側に神崎台場と隣接した地に設けられていた。海辺に台場が築かれ、「港内台場図」と照合すれば、台場の中央に石火矢上屋一棟、左手に侍番所・④道具小屋一棟（八畳・四畳・板の間・土間・押入）、右手に⑤番所一棟（三畳・土間）が見える。また、海辺より奥には、③常住小屋二棟（八畳二室・四畳二室・土間・押入、一〇畳・四畳・土間・押入）と、石蔵と呼ばれる石造の②塩硝蔵一棟（二間四方）が置かれていた。この場所は爆発の危険性により、砲台など他施設とは隔離された場所にあったことが知られる。

(2)女神台場（古台場・新台場、長崎市戸町四丁目）（図6～8）

長崎港内の東側に古台場として成立後、さらに文化五年（一八〇八）に新台場も着工された。海辺に①古台場、山腹に②新台場が築かれている。古台場には石火矢上屋一棟、番所一棟（三畳・土間）と、侍番所・道具小屋一棟（八畳・三畳・板の間・土間・押入）が確認される。新台場には番所一棟（三畳・土間）、侍番所一棟（八畳・四畳・土間・押入）があ

図4・5 【太田尾台場】

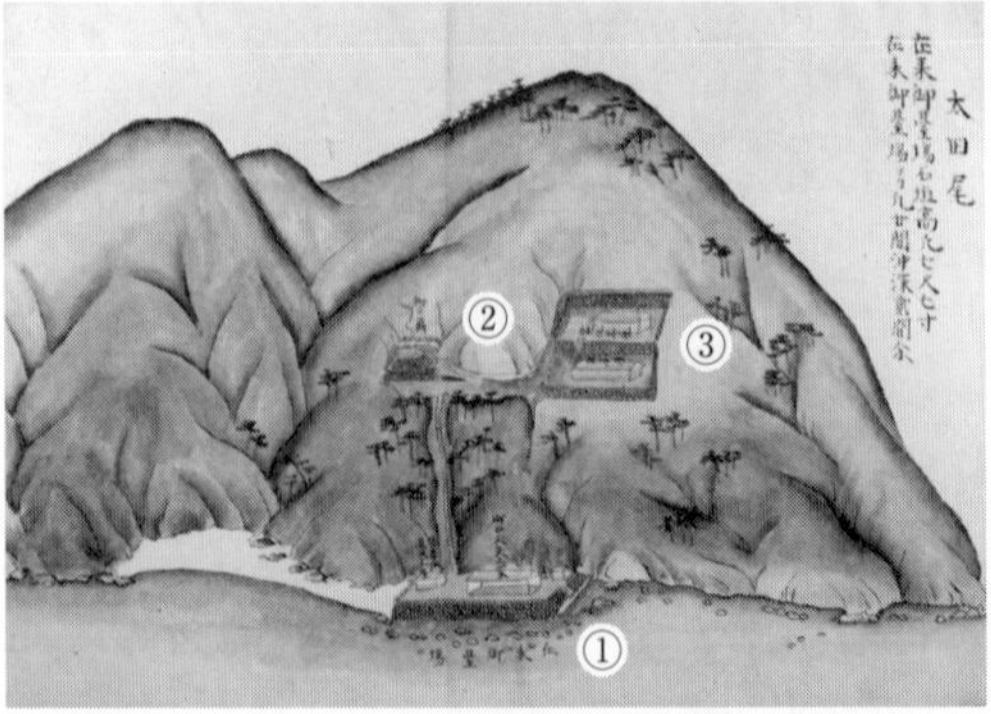

①古台場　②塩硝蔵　③常住小屋

図4 「御台場十二箇所切絵図」（長崎歴史文化博物館収蔵）

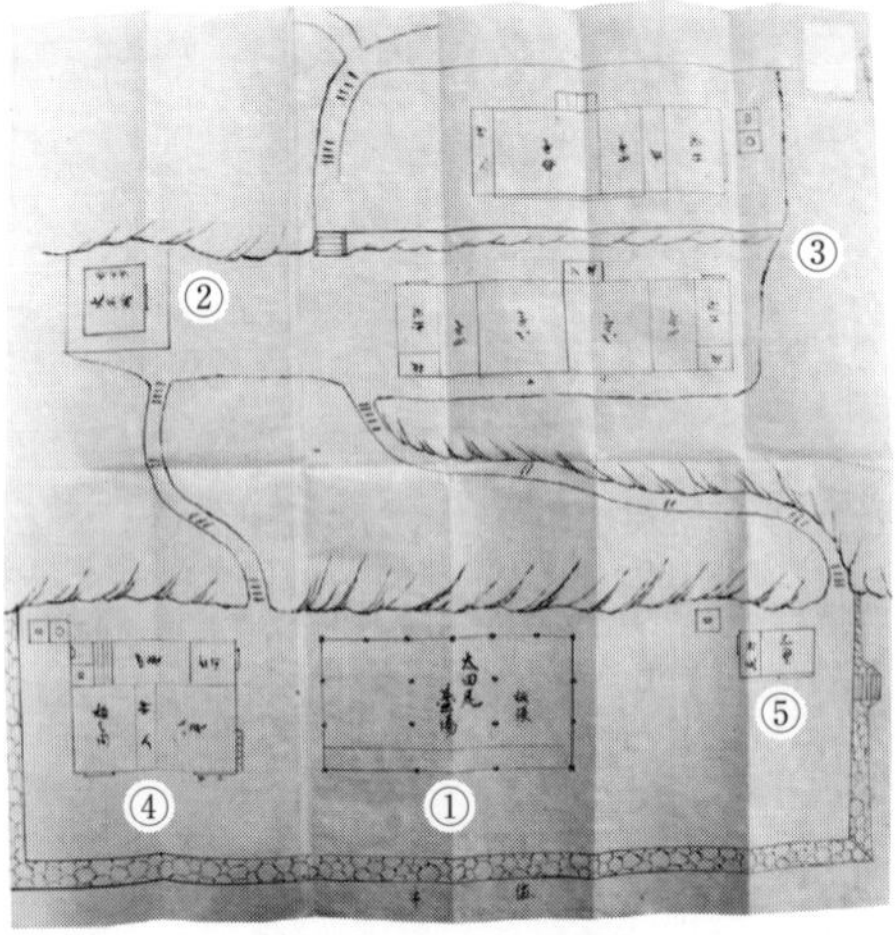

①古台場　②塩硝蔵　③常住小屋
④道具小屋　⑤番所

図5 「港内台場図」（長崎歴史文化博物館収蔵）

図6〜8 【女神台場】

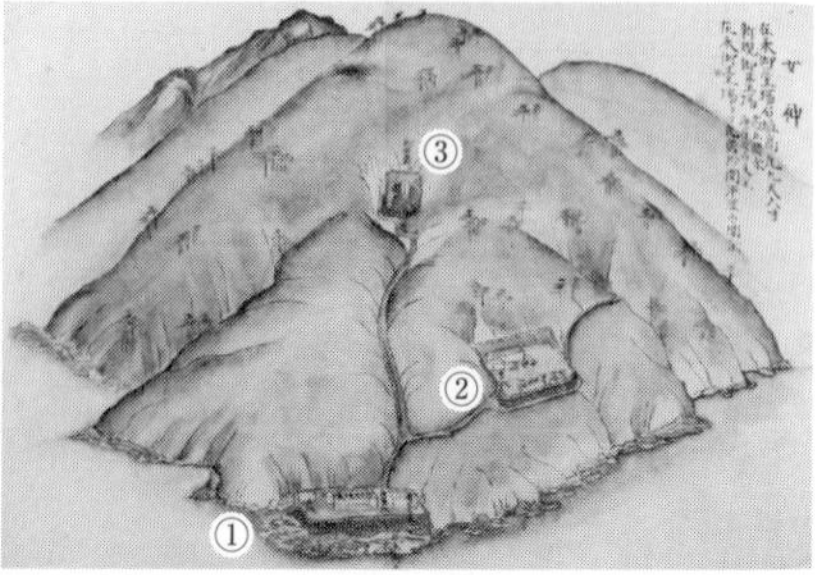

①古台場　②新台場　③塩硝蔵

図6 「御台場十二箇所切絵図」

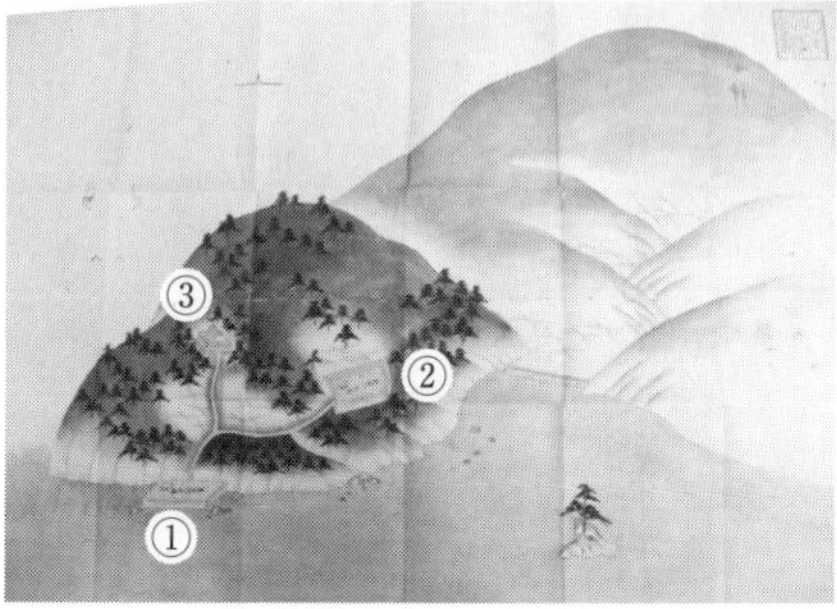

①古台場　②新台場　③塩硝蔵

図7 「崎陽諸図」（内閣文庫収蔵）

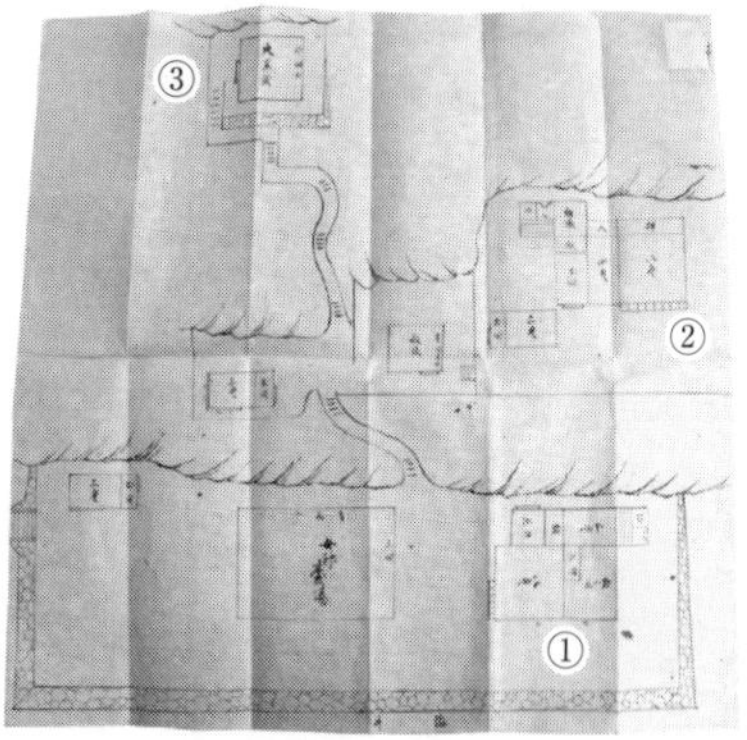

①古台場　②新台場　③塩硝蔵

図8 「港内台場図」

り、丘上寄りに③塩硝蔵一棟（二間四方）があった。

(3) 神崎台場（古台場・新台場・増台場、長崎市木鉢一丁目・西泊町）（図9〜11）

神崎台場は古台場・新台場・増台場の三種ともに構築されたが、それは長崎港を形成する港口西部にある岬の突端にあたり、港の最狭部という重要な位置にあったためであると考えられる。岬の突端付近の海辺に①古台場があるが、ここには石火矢上屋一棟、番所一棟（三畳・土間）、侍番所一棟、道具小屋一棟（八畳二室・四畳・土間）があり、現在では貯油基地の一部になっている。文化五年（一八〇八）に着手された②新台場は、山頂にある現在の神崎神社付近に設けられており、番所一棟（三畳）があった。また、同七年に着工された増台場は、この新台場の下に築造され、③一ノ増台場の次に道具小屋をともなう④二ノ増台場があった。⑤三ノ増台場は一ノ増台場・二ノ増台場より西方に位置し、番所一棟と⑦常住小屋二棟（一二畳二室・土間・押入、一〇畳・七畳半・土間・押入）が設けられていた。三ノ増台場から新台場へ上る途中に⑥塩硝蔵へ続く道が見える。

(4)白崎台場（古台場、長崎市戸町五丁目・小ヶ倉町一丁目）（図12〜14）

長崎港内に対し、港外の東側に①古台場として女神台場に隣接した地に成立した。「御台場十二箇所切絵図」「港内台場図」には石火矢上屋一棟、③番所一棟（三畳・土間）、侍番所一棟、④道具小屋一棟（八畳・四畳・板の間・土間・押入）が見える。その南側の丘上には②塩硝蔵一棟（二間四方）が置かれていた。

図９〜11　【神崎台場】

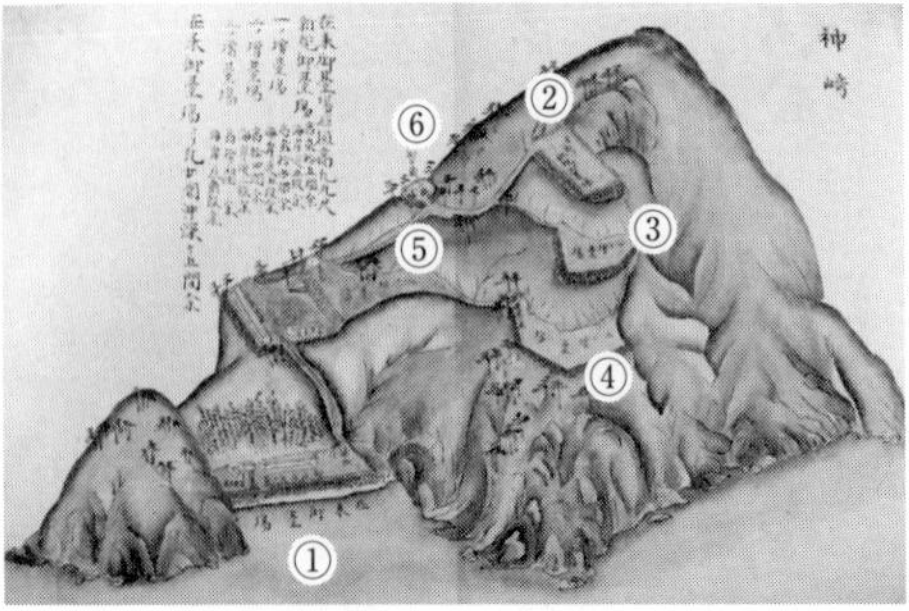

①古台場　②新台場　③一ノ増台場
④二ノ増台場　⑤三ノ増台場　⑥塩硝蔵

図９　「御台場十二箇所切絵図」

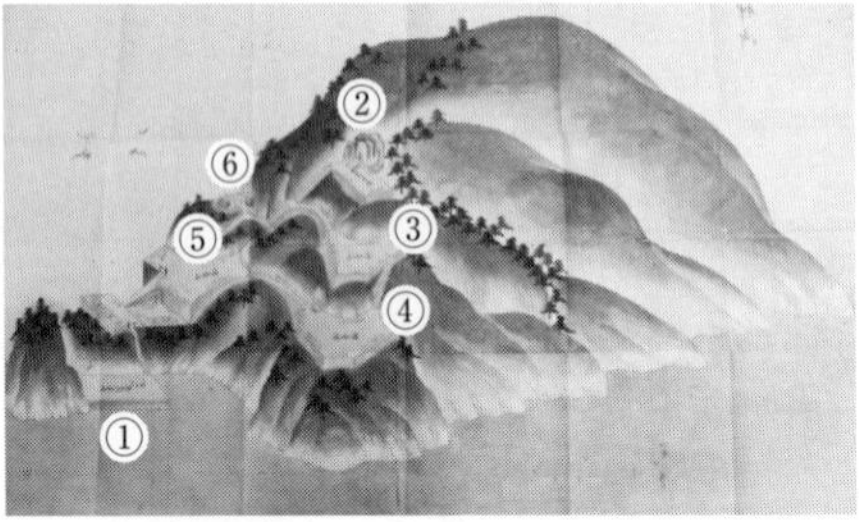

①古台場　②新台場　③一ノ増台場
④二ノ増台場　⑤三ノ増台場　⑥塩硝蔵

図10　「崎陽諸図」

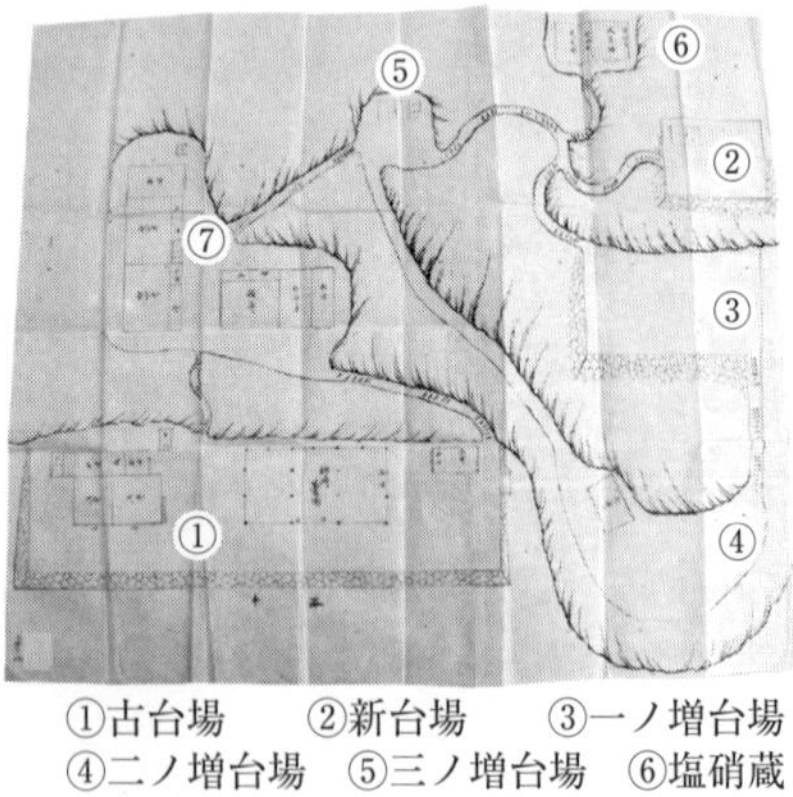

①古台場　②新台場　③一ノ増台場
④二ノ増台場　⑤三ノ増台場　⑥塩硝蔵
⑦常住小屋

図11　「港内台場図」

(5)高鉾台場（古台場・新台場・増台場、長崎市神ノ島町二丁目）（図15〜17）

神崎台場と並んで古台場・新台場・増台場を備え、「御台場十二箇所切絵図」では、唯一「内目ヨリ見取之図」「外目ヨリ見取之図」の二種の絵図により作成されている。前者では海辺の①古台場に石火矢上屋一棟、番所一棟、侍番所一棟、道具小屋一棟が見られ、海岸沿いの道の途中に②塩硝蔵一棟、さらに進むと絵図の中央下部には③常住小屋二棟が確認される。⑤一ノ増台場は標高四〇間余（約七二・八メートル）で島の最上部に増築されており、もう一つの④塩硝蔵は、⑥二ノ増台場から近い場所に設置されている。後者では、二ノ増台場が二五間余（約四五・五メート

図12〜14　【白崎台場】

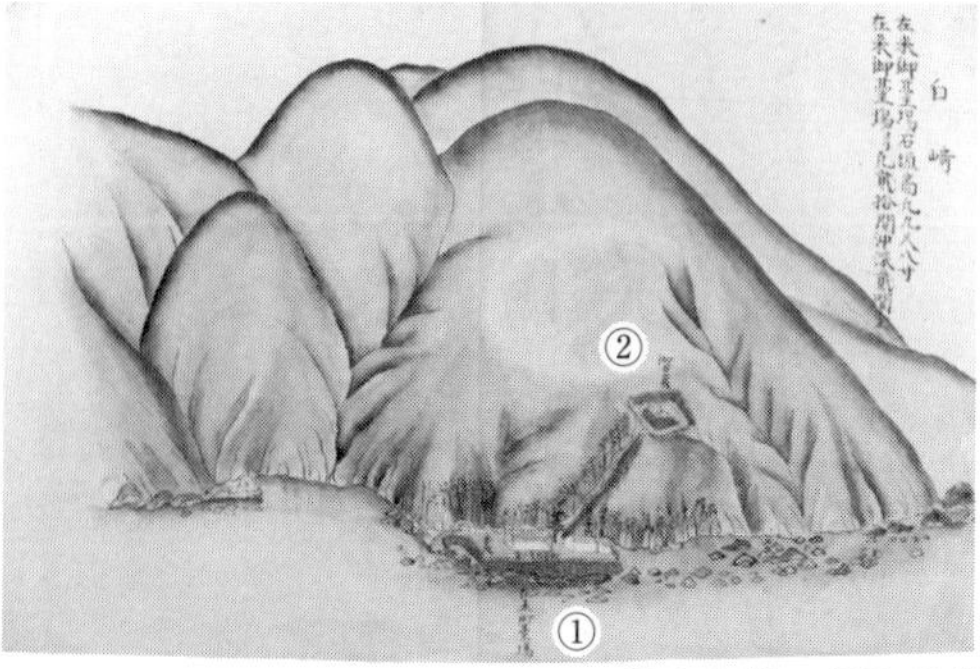

①古台場　②塩硝蔵

図12　「御台場十二箇所切絵図」

図13　「崎陽諸図」のうち「長崎火薬庫図」

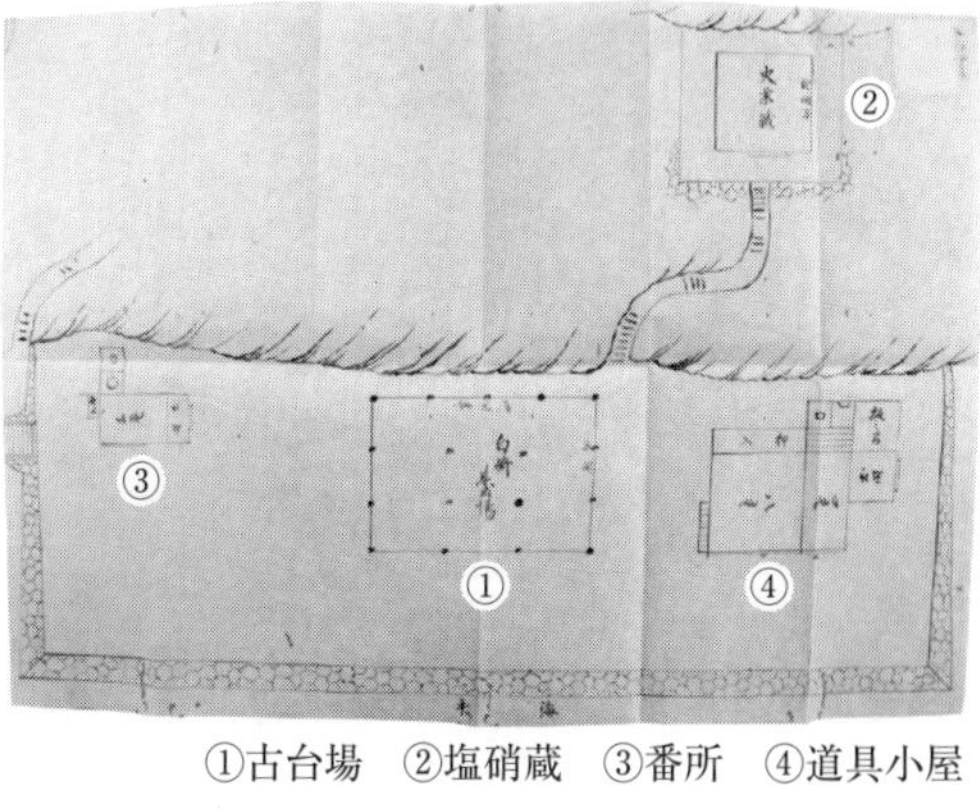

①古台場　②塩硝蔵　③番所　④道具小屋

図14　「港内台場図」

図15〜17 【高鉾台場】

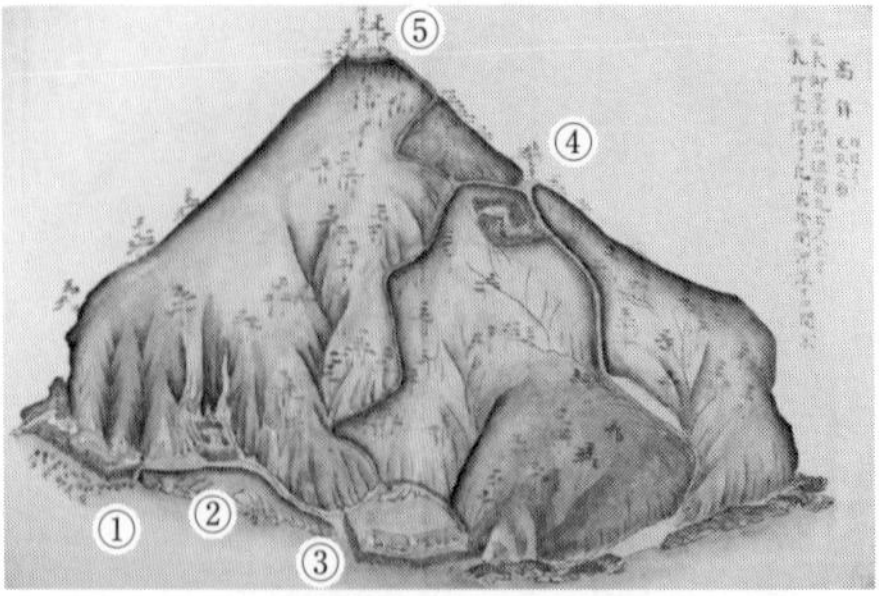

①古台場　②塩硝蔵　③常住小屋
④塩硝蔵　⑤一ノ増台場

図15 「御台場十二箇所切絵図」（内目）

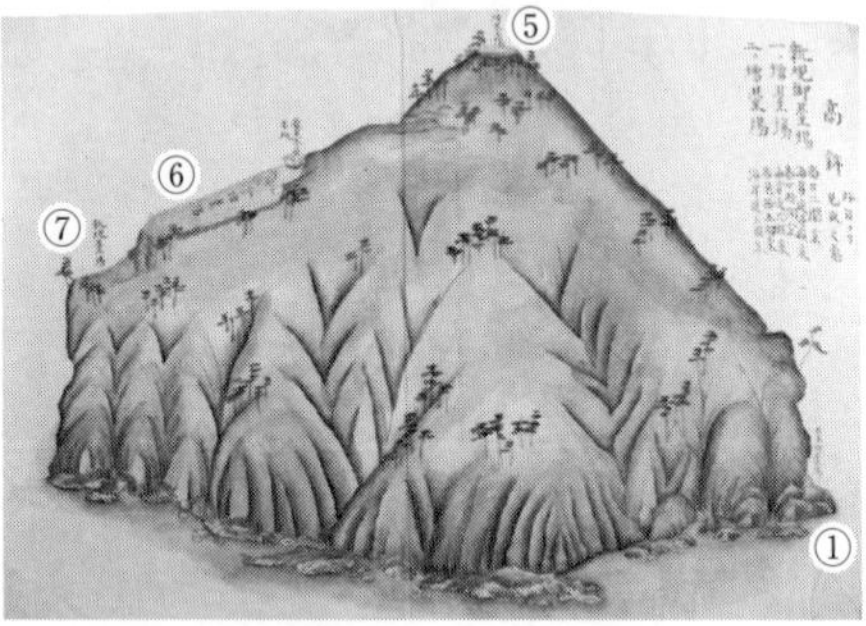

①古台場　⑤一ノ増台場　⑥二ノ増台場　⑦新台場

図16 同上図（外目）

図17 「崎陽諸図」のうち「長崎砲台図九」

ル）、その下方に位置する⑦新台場二二間余（約四〇メートル）の高さで海に面した崖上に隣接しており、二ノ増台場上方には、番所・道具小屋一棟が設けられている。「崎陽諸図」では「長崎砲台図」と標題が付され、古・新・増台場などの名称も記載されていないが、高鉾島全体を一枚で描写しているのが特徴である。

(6)長刀岩台場（古台場・増台場、長崎市香焼町馬手ヶ浦）（図18・19）

長崎港外陰ノ尾島の一角に古台場として成立した後、文化七年（一八一〇）に増台場を着工した。古台場には番所一棟、侍番所・道具小屋一棟が見える。増台場は上から順に②一ノ増台場・③二ノ増台場・④三ノ増台場・⑤四ノ増台場からなり、それぞれ高さは、二五間余（約四五・五メートル）、二一間余（約三八・二メートル）、一〇間余（約一八・二

図18・19　【長刀岩台場】

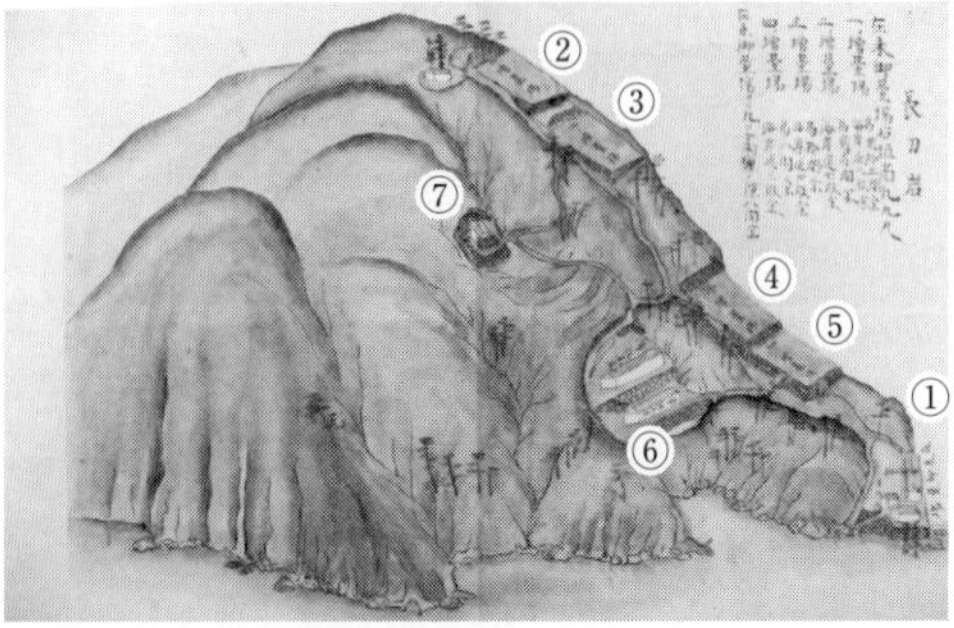

①古台場　②一ノ増台場　③二ノ増台場　④三ノ増台場
⑤四ノ増台場　⑥常住小屋　⑦塩硝蔵

図18　「御台場十二箇所切絵図」

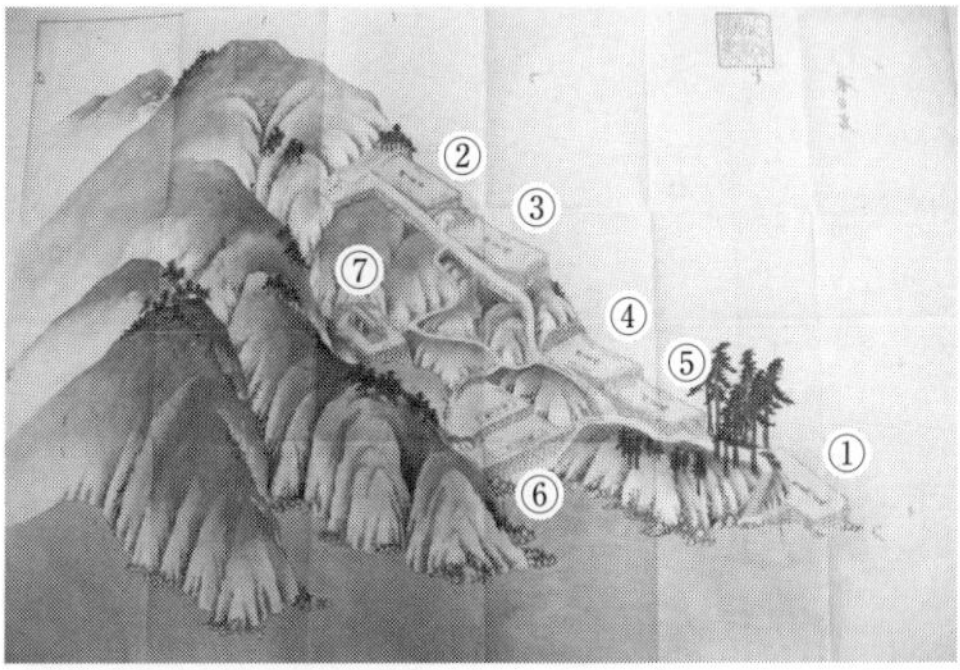

①古台場　②一ノ増台場　③二ノ増台場　④三ノ増台場
⑤四ノ増台場　⑥常住小屋　⑦塩硝蔵

図19　「崎陽諸図」

メートル）、八間余（約一四・五メートル）である。台場はすべて方形で、尾根筋を海岸に沿って一列に併置されている。三ノ増台場・四ノ増台場付近に⑥常住小屋二棟があり、さらにその上方には⑦塩硝蔵一棟、一ノ増台場近くには番所・道具小屋一棟が設置されていた。

(7)陰ノ尾台場（古台場・新台場、長崎市香焼町馬手ケ浦）（図20・21）

長刀岩に隣接する場所に古台場として成立した後、文化五年（一八〇八）に新台場も着工された。①古台場には石火矢上屋一棟、番所一棟、侍番所一棟、道具小屋一棟が見え、その上部には②常住小屋二棟がある。海沿いの突端部には高さ一三間（二三・七メートル）の③新台場があり、そのやや上部に④塩硝蔵一棟、付近に番所一棟が見える。なお「崎陽諸図」には、古台場・新台場・常住小屋などの名称は記載されていない。現在は一二〇万トン建造ドックや五〇万トン修繕ドックを有する三菱重工業香焼ドック建設の際に破壊されたため、その形跡はみられない。

図20・21　【陰ノ尾台場】

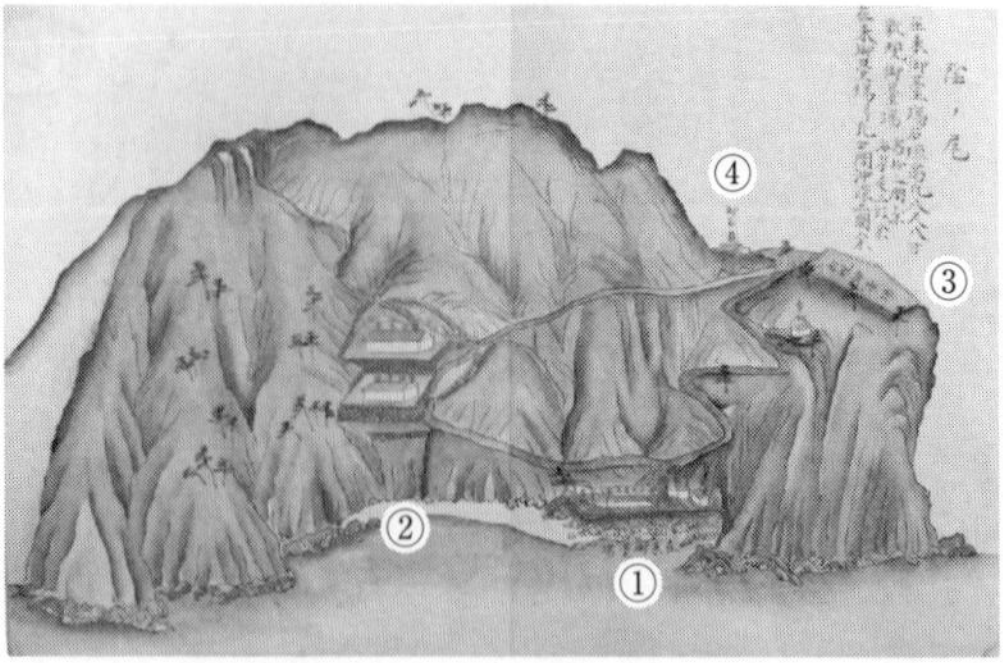

①古台場　②常住小屋　③新台場　④塩硝蔵

図20　「御台場十二箇所切絵図」

図21　「崎陽諸図」のうち「長崎砲台図十」

(8)すずれ台場（新台場、長崎市西泊町）（図22～24）

港内太田尾台場に隣接する地に新台場として築造された。太田尾のやや北側の突端部に置かれ、番所一棟（三畳）、⑤侍番所一棟（八畳・四畳・板の間・土間）が見える。また、さらに上ると②塩硝蔵一棟（一間半四方）があった。

(9)魚見岳台場（増台場、長崎市戸町四・五丁目）（図25～27）

長崎港東岸の大久保山から北西側の尾根にあたる先端部付近に築造され、現在は国指定史跡となっている。古台場である女神台場と白崎台場の間に位置しており、対岸にある神崎台場までの距離は約五〇〇メートルで、長崎湾内で

図22～24　【すずれ台場】

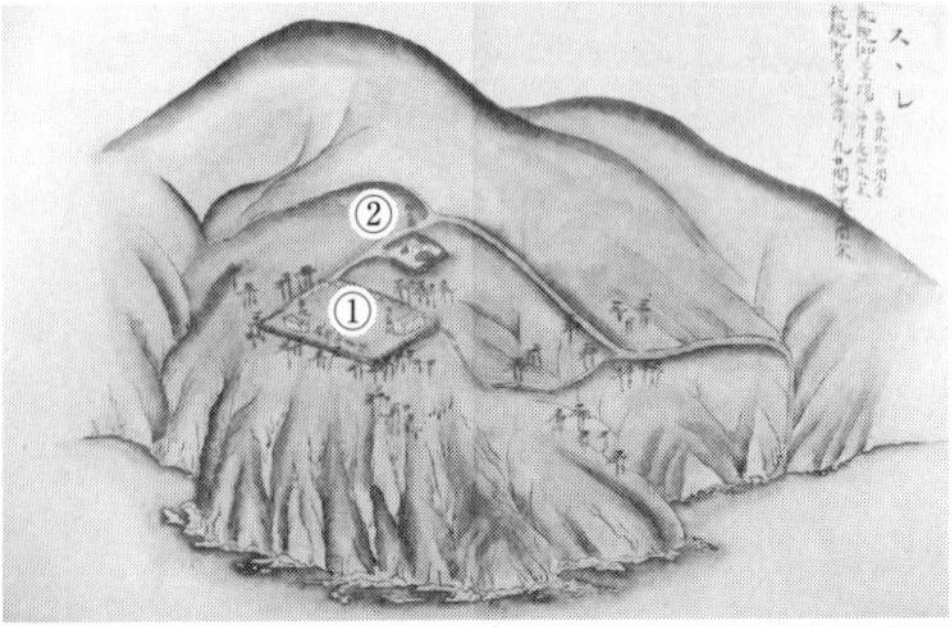

①新台場　②塩硝蔵

図22「御台場十二箇所切絵図」

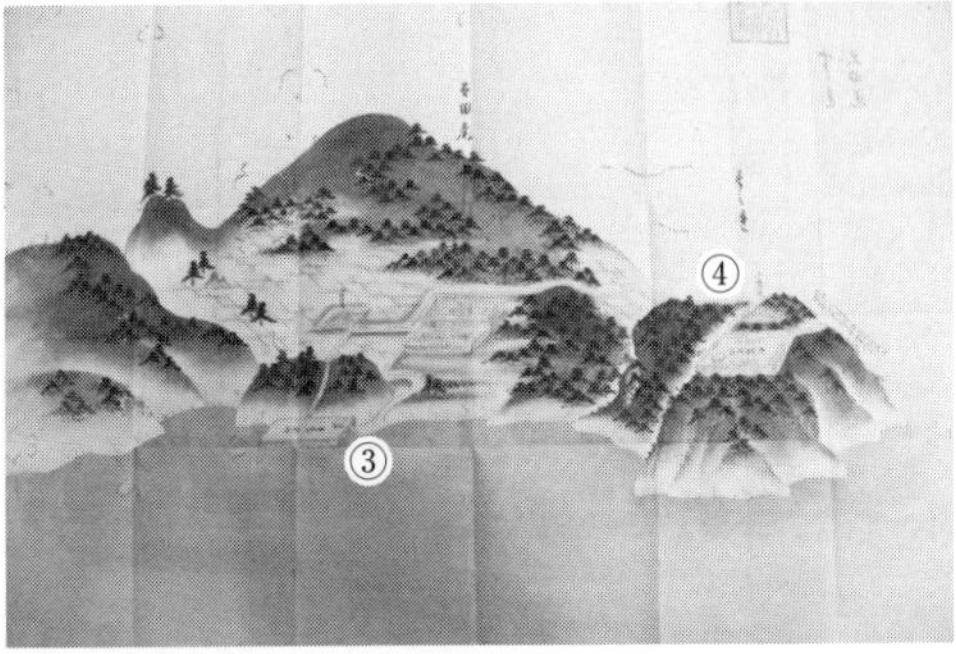

③太田尾古台場　④すずれ新台場

図23「崎陽諸図」

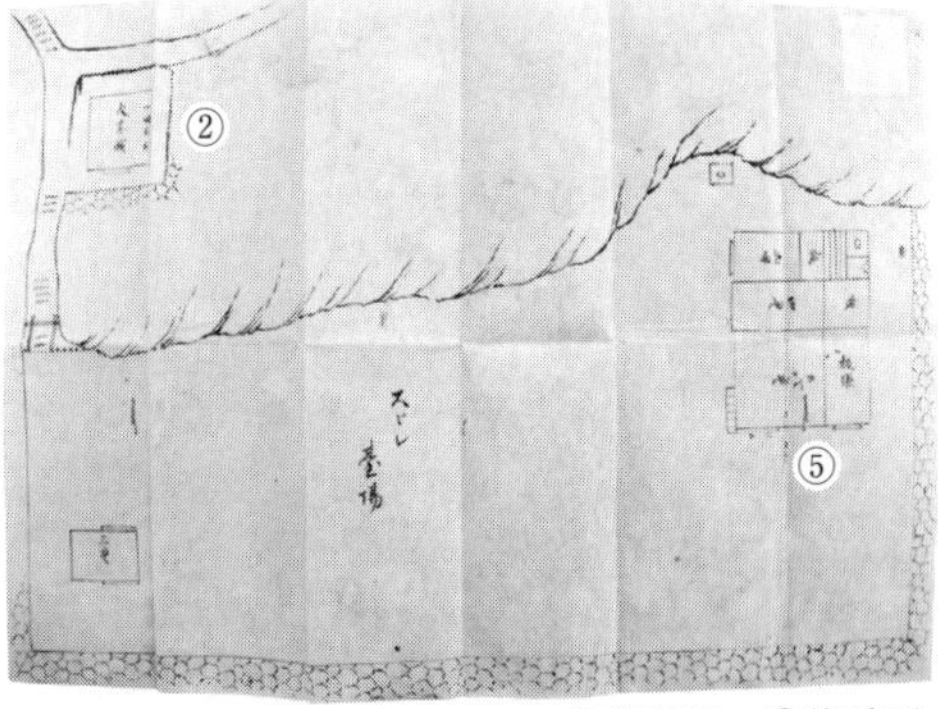

②塩硝蔵　⑤侍番所

図24「港内台場図」

両岸が最も近接する場所であった。フェートン号事件によって長崎港の警備が強化され、文化七年（一八一〇）新設の増台場として造営された。「御台場十二箇所切絵図」によると、上から①一ノ増台場・②二ノ増台場・③三ノ増台場の順に位置し、海面からの高さはそれぞれ四二間余（約七六・四メートル）、三五間余（約六三・七メートル）、二三間余（約四一・九メートル）とあり、一ノ増台場は九箇所の中で最も高位置に築造されている（表3「海面からの高さ」の項参照）。一ノ増台場と二ノ増台場の間に④塩硝蔵が置かれ、二ノ増台場には⑤常住小屋二棟（一二畳・八畳・土間、八畳二室・板の間・土間・押入）と⑥道具小屋一棟（九畳）が隣接している。海岸には船繋場が設けられていた。

図25～27 【魚見岳台場】

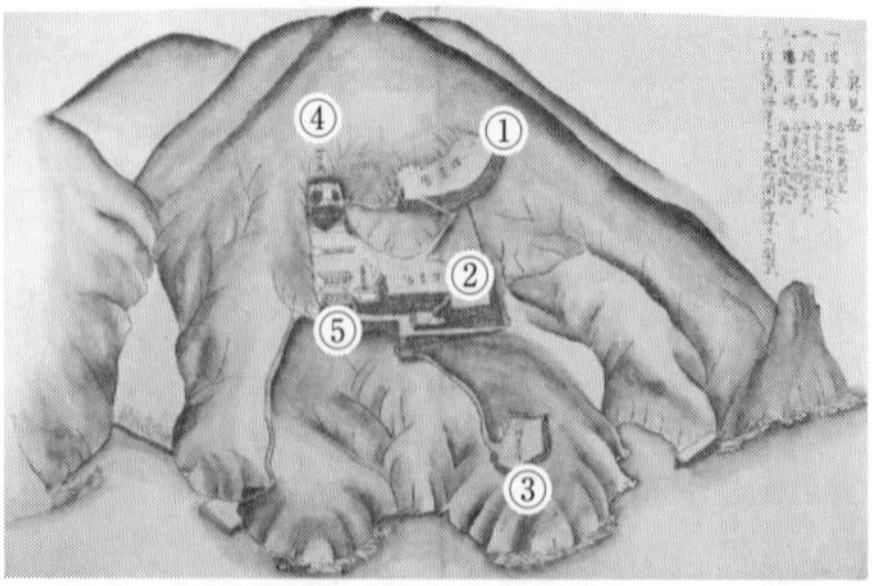

①一ノ増台場　②二ノ増台場　③三ノ増台場
④塩硝蔵　⑤常住小屋

図25 「御台場十二箇所切絵図」

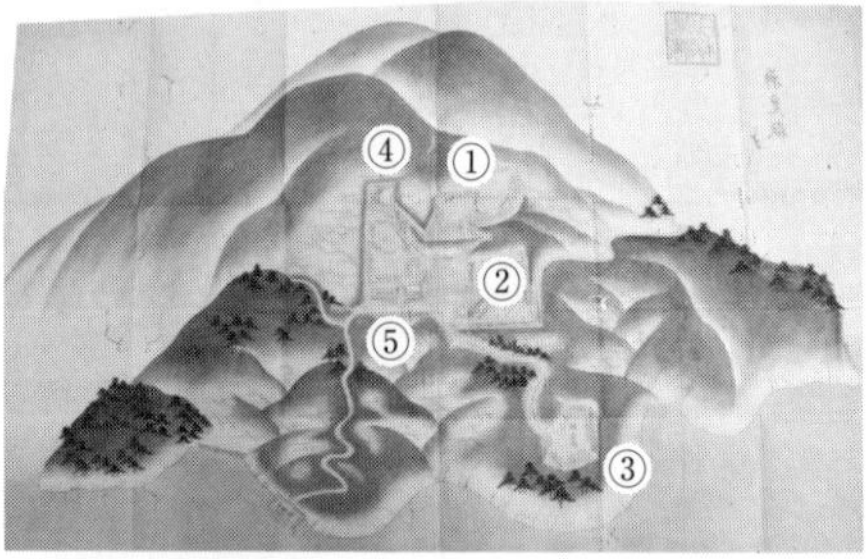

①一ノ増台場　②二ノ増台場　③三ノ増台場
④塩硝蔵　⑤常住小屋

図26 「崎陽諸図」

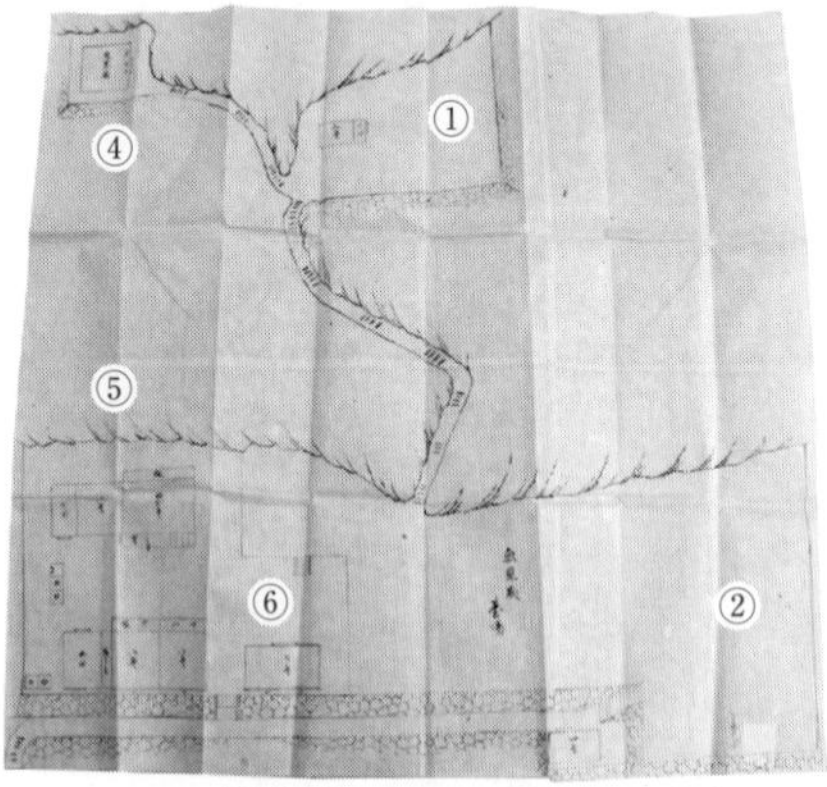

①一ノ増台場　②二ノ増台場　④塩硝蔵
⑤常住小屋　⑥道具小屋

図27 「港内台場図」

四　絵図より見る遠見番所（野母・小瀬戸・烽火山）

1　野母遠見番所（長崎市野母町）（図28・29）

標高一九八メートルの日野山（権現山）山頂に位置し、中番所・遠見番所・霧番所からなる。沿革は先述のとおり、島原・天草一揆後のキリシタン禁圧策に関連して異国船などの接近を監視できる適地として設置された。周囲に視界を遮るものがなく、東に雲仙・天草、西に五島列島を一望できる長崎半島南端部に位置する。異船を発見した場合には直ちに注進船を派遣して長崎奉行まで通報することとされた。

次の「崎陽諸図」の標題には「小瀬戸遠見番所」と記載されているが、半島の形状や「椛島」(樺島)の地名が見られるところから野母遠見番所図を示している絵図である。

①中番所　日野山中腹の地へ一棟(薪小屋・土間・押入)を設置して交代者の宿泊所・賄所とした。奥には畑も見える。入口のある垣の幅は六間五尺(一二・四メートル)である。

②遠見番所　日野山頂上に一棟(二間四方)を設置し、望遠鏡三挺を備えて海上を監視した。

図28・29　【野母遠見番所】

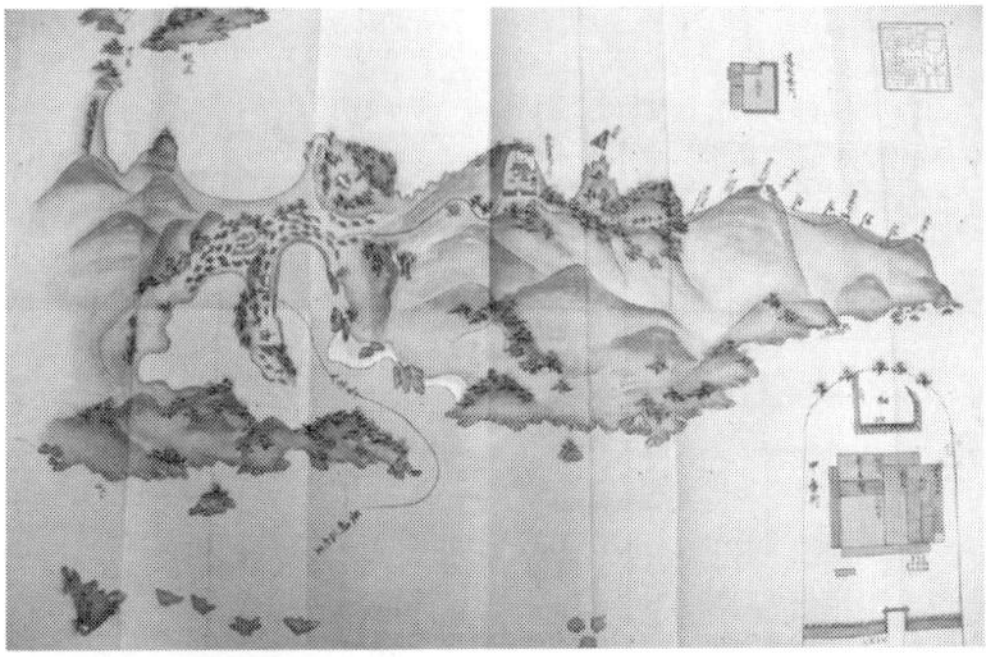

図28　「崎陽諸図」

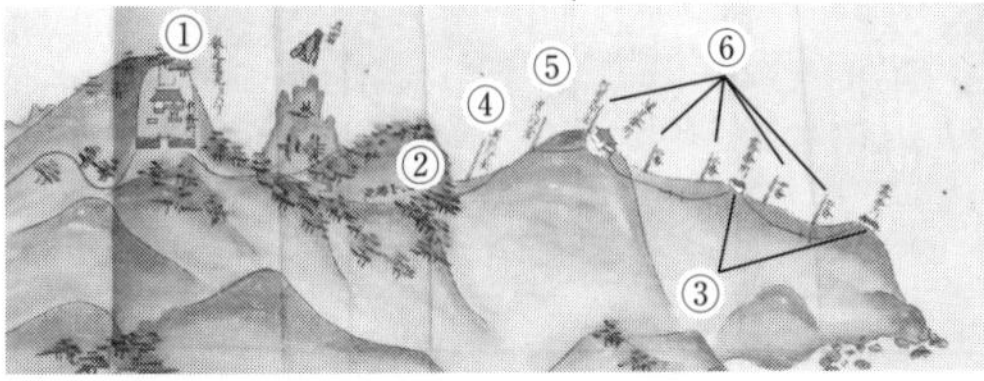

①中番所　②遠見番所　③霧番所　④異形印台
⑤唐人印台　⑥阿蘭陀印台（1～5番）

図29　同上拡大図

③霧番所　遠見番所の下方にあたる野母岬側に、山頂が霧深い場合に備えて海辺より監視する目的により二棟設置しているのが確認される。

『長崎実録大成』には、遠見番所設置についての経緯、番所の間取り(絵図の記載とは異なる)、船舶数や、遠見番に対する服務規定として長崎奉行からの高札内容が記載されており、掲出すれば次のとおりである。

野母幷烽火山御番所之事

一寛永十五年戊寅年三月島原一揆征伐以後、松平伊豆守長崎ニ被立越、諸処見分アリ、野母

日野山権現山上ヨリ西南ノ大洋一面ニ見渡ス所ナレハ、此所ニ番所ヲ建シメ、異国船見掛ケ次第御奉行所ニ可注進旨被仰付、但番人ハ其頃野母ハ寺澤志摩守預リ地ナル故、其所ノ百姓共四人宛相勤、仍テ寛永十八年阿蘭陀船当湊ニ移レシ以後、入船ヲ見掛次第即刻飛船ヲ以テ注進ス

（一箇条省略）

一万治二亥年新ニ遠見番人拾人、水主拾人被召抱之、但是迄両所ノ百姓共二十余年相勤、及困窮之旨依相願被差免之、則十善寺村海手ニ長屋拾軒被建

野母遠見番所　一棟、一間半四方

中宿賄所　一棟、三間ニ四間

霧番所　一棟、是ハ山上霧有テ海上見へ難キ時山ヲ下リ海際ヨリ見渡スヘキ為建之

遠目鏡　三挺

注進船　二艘、但五挺立

帆中黒ニテ野母御注進船之文字染入

詰番年中二人宛、廿日代リ、唐船帰帆ノ節四人宛、六月朔日ヨリ阿蘭陀船入津相揃迄、触頭隔番十日代リ相勤之

御番所御高札

条々

一遠見番入念阿蘭陀船入津帰帆之節早速注進可仕事

一異形之船相見候ハ、阿蘭陀船同前可致注進事

一常々遠見番無油断相守之、若不審成ル船見出候ハ、即刻長崎え致注進、庄屋所えも其趣を為申聞之、海上え罷出弥見届之重而注進可仕事
一唐船入津帰帆共ニ、日本船唐船え近寄候ハ、早速乗付相改、不審成品於有之者、右之船差留、長崎え可致注進事
　附唐船入津帰帆共ニ繋船有之節ハ時を不定夜廻可仕事
一火之用心堅ク可相慎事
一公儀之外為私用百姓猟師等一切遣ふ間敷事
一番所ニ遠見之者並水主等之外、無用之輩一切不可差置事
一喧嘩口論堅く停止之事
一博奕賭之諸勝負一切可為無用事
右之条堅可相守之、若違犯之者於有之ハ可為曲事也
　元禄元辰年十一月　　　　　　　　　　長崎奉行(56)

この条文中には、オランダ船・唐船の入港・帰帆、および異船発見の際には至急注進することが規定されている。また、日本船が唐船に接近した場合には、直ちに臨検を実施するように命じており、当時の抜荷に対する対応策が示されている。

野母から長崎奉行への通報は当初、注進船が使用されていた。長崎までは絵図に七里（二七・五キロメートル）と記載され、船便での所要時間は約二時間を要したという。史料中にある「注進船二艘」とは、大鷹丸・小鷹丸（四反帆五挺立て）のことで、中黒の帆に「野母御注進船」の六文字が染抜きされており、その他には鯨船とよばれる小型軍船二艘が備えられていた(57)。

元禄年間に小瀬戸遠見番所ができると、注進船から信号による通報体制へと変更され、野母・小瀬戸間では、唐船・オランダ船・異船を識別するために旗竿の設置場所を変えた。絵図を見ると、遠見番所付近に⑥「阿蘭陀印台」の文字が読み取れ、それより③霧番所のある海側にかけて一番から五番まで順次印台が設置されていた。また、番所の反対側(山側)には⑤「唐人印台」④「異形印台」二種の存在も確認される。

2 小瀬戸遠見番所(長崎市小瀬戸町)(図30・31)

野母から見通しのきくことを理由に元禄元年(一六八八)この地が選定され、遠見番所が新設された。野母に掲揚された信号を望遠鏡で確認すると、長崎奉行への通報のため十善寺村へと伝達するが、中番所付近にはそのための「阿蘭陀印柱」(注進印柱)が見える。絵図から読み取れる三箇所の番所については左のとおりである。

①遠見番所　観音山の頂上に所在し、番所一棟(二間四方)。

②中番所　遠見番所より二七六間(五〇二・三メートル)離れた丘上に位置し、番所一棟(二間×三間一室・一間×三間二室・半間×三間一室)。

③不寝番所　中番所から一五八間(二八七・六メートル)離れた山の麓に番所一棟(二間四方が二室)。

専任の遠見番は一二人が採用され、万治二年(一六五九)以降の一〇人に加えて総勢二二人体制となった。十日交代四人ずつの番所勤番で、日中は一人が定期的に望遠鏡によって外海を監視した。ただし、唐船・オランダ船が帰帆の際には二人加番となり、また、水主は小瀬戸に常住していたため、自宅よりの交替勤務であった。

長崎からの海上距離は一里八町(四・八キロメートル)で、注進船は、橋鷹丸・雲龍丸・寿永丸・天竜丸の四艘と鯨船一艘があったといわれる。(58)

図30・31　【小瀬戸遠見番所】

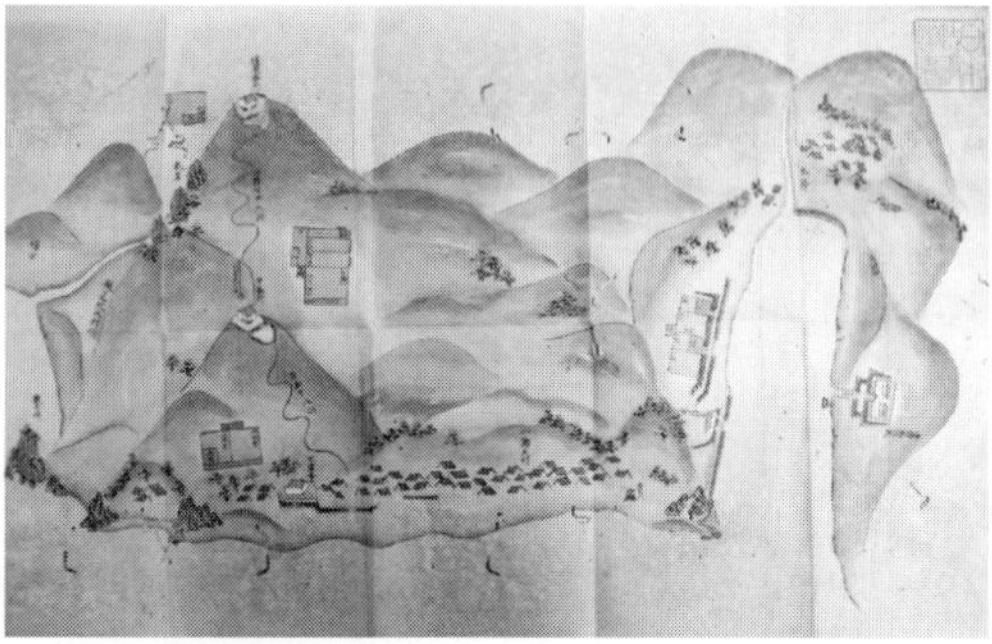

図30　「崎陽諸図」

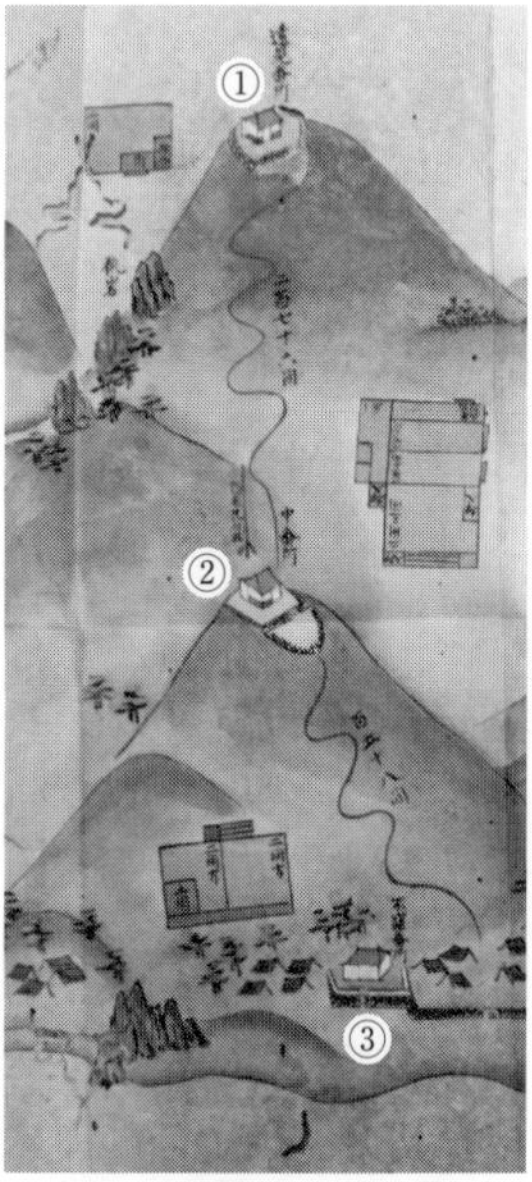

①遠見番所　②中番所
③不寝番所

図31　同上拡大図

3　烽火山遠見番所（長崎市鳴滝・本河内・木場町一帯）（図32・33）

もとの名を斧山という標高四二六メートルの山に築かれた遠見番所である。烽火山の山頂には竈所を置き、異船入港の連絡があれば狼煙により通報する体制をとっていた。「長崎ヨリ近国ニ急ヲ告ル狼煙ヲ挙ヘキ為烽火山番所ヲ令建ラル、番人ハ長崎領ノ百姓二人宛相勤ル」[59]とあって、当初は代官支配の長崎村・浦上村山里・同村淵の三か村より二人ずつの十日交代制であったが、既述のとおり万治二年（一六五九）の改正で専任の遠見番に変更された。烽火山より狼煙が上がると「●寅卯之間当多良嶽●丑寅ニ当リ大村領琴ノ尾ト云山有リ、三ツ山ノ東ノ後方ニ見ユ、此両処即チ烽火ノ受ケ処也、是ヨリ烽火ヲ他処へ続ク也(60)」とあり、佐賀藩方面へは多良岳（現在の長崎・佐賀の県境に位置する。標高九八三メートル）、大村藩へは琴ノ尾岳（標高四五一メートル）を通じて伝達された。

「長崎諸官公衙及附近之図(61)」の図32「放火山之図」では新御番所より竈所までの距離が記載されており、①新御番所から②本御番所までは一四七間（二六七・〇メートル）、本御番所から③大荷所まで一六七間（三〇三・九メートル）、大荷所から④竈所まで一四〇間（二五四・八メートル）とある。

また、図33同「右ノ山上竈之図」では、矢来の内部に石積みでできた④竈所を中心にして⑤用水池（水溜池）・⑥薪小屋などが描かれ、竈の深さは約七尺（二・一メートル）、火入れ口が三箇所に、竈の上部に昇るための段も二箇所見

図32・33【烽火山遠見番所】

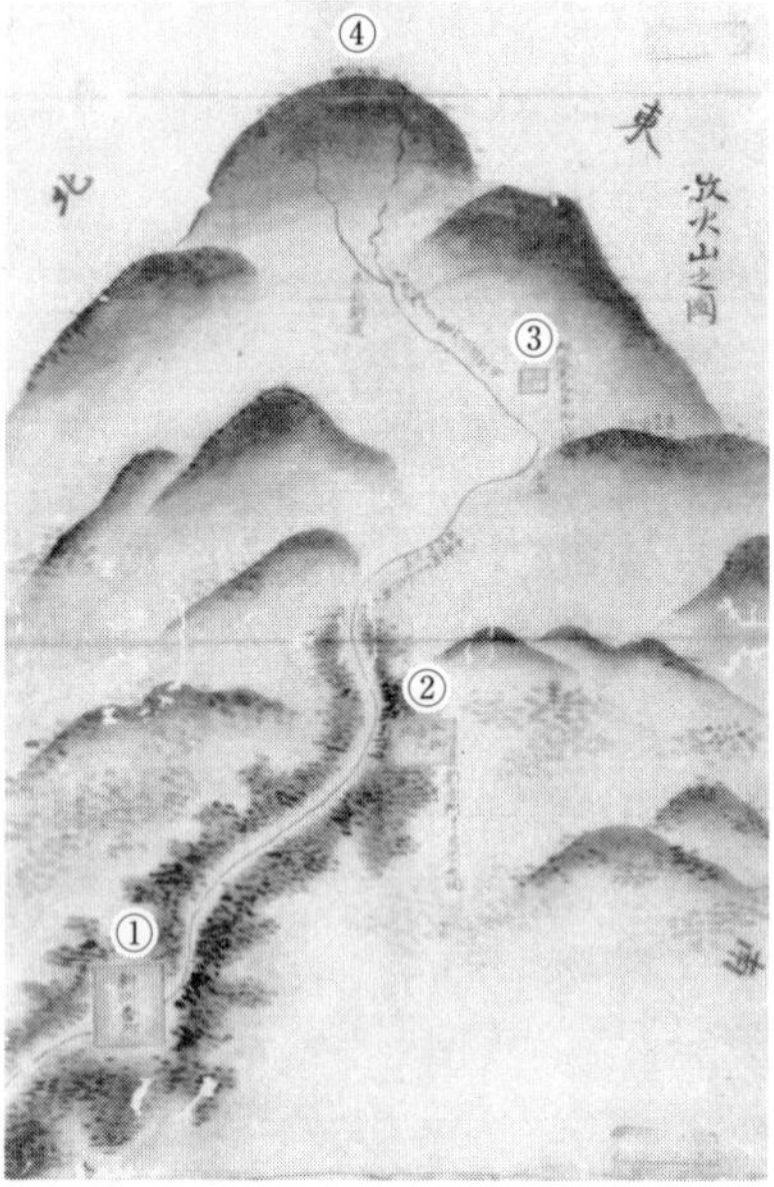

図32 「長崎諸官公衙及附近之図」のうち「放火山之図」①新御番所 ②本御番所 ③大荷所 ④竈所
（長崎歴史文化博物館収蔵）

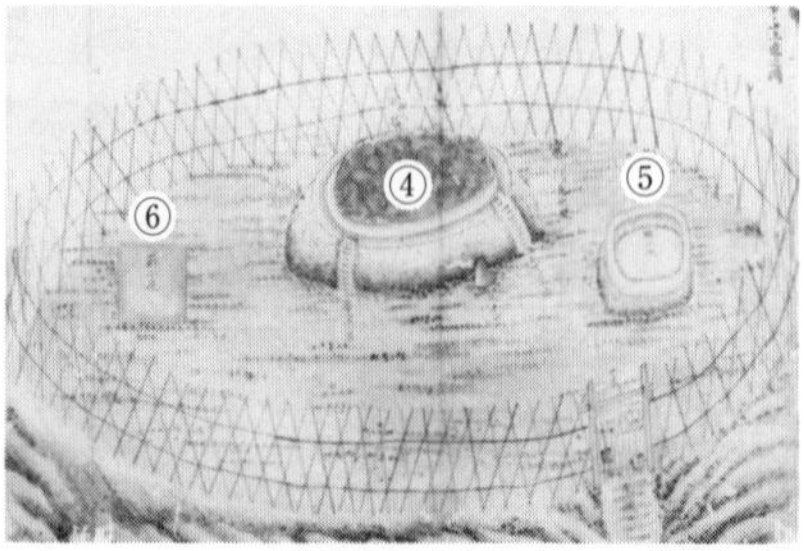

④竈所 ⑤用水池 ⑥薪小屋

図33 同上図のうち「右ノ山上竈之図」

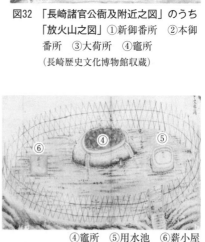

られる。右手（竈の北東側）には縁に石灰を塗ったとされる用水池があり、左手（西側）には二間四方の薪小屋が確認され、狼煙用としての薪などもこの柵内に常備されていたと考えられる。なお、昭和四十三年（一九六八）に県指定史跡となった。烽火台からは、東方に雲仙岳、南方に長崎港・長崎半島およびその突端まで、北は多良岳や西彼杵半島を遠望する。

竈所などに関する記録は『長崎古今集覧』に記され、その深さなどに相違はあるが、三点を挙げれば左記のとおりである。

　竈所
地ヨリ凡二間程高ク築上ゲ丸クシテ、縁ヲ石灰ニテ塗ル、中ノ深サ凡三間程、三方ノ下地ヨリ溝道ヲ穿チ火入レ口トス、唯小屋ノ方ハ無シ、竈ノ丸ミ指渡シ午子ノ亙リ、六尺縄ニテ二間四尺六寸、辰巳ノ亙リ弐間五尺六寸、丸ノ惣廻リ九間弐尺七寸（中略）

　水溜池
竈ノ寅ノ方平地ニ水溜池ヲ掘テ水ヲ溜ル也、縁ニ石灰ヲヌル、竈ノ脇ノ方ニアリ、ハゞ一間半余、長二間余、惣廻リ六尺縄ニテ七間二尺余有リ

　小屋
二間四方也、竈ヨリ西ノ方ニ数武（ママ）ノ内ニ有之、板屋根也、杉皮ニテ惣壁蔀トス、竈ノ方ニ半間ノ戸口有リ、是ハ薪ヲ置貯フ処也[62]

また、烽火山遠見番所から狼煙の発煙手続きに関する記録が伝存している。「異国船渡来之節御備大意御書付」は、長崎奉行曲淵景露在勤時の文化六年（一八〇九）六月に記された町年寄藤定知による控書である。当時のオランダ

商館長ヘンドリック・ドゥーフとの協力によって臨検・防備態勢の骨子がまとまり、フェートン号事件後の対応策が早急に進められたことがうかがわれる史料であり、摘記すれば次のとおりである。

放火山遠見番所よりも白帆相見え候歟、湊番所合図之筒音又者早鐘等聞付候ハヽ、当番之者壱人早速御役所え罷出、紅毛船異船之差別相伺、異船ニ決候注進承り候上放火揚之義相伺差図可受、御役所よりも焚上之差図ニも可及候、右相図之義者木札可相渡候間、右木札遠見番所え持参焚柴之義者兼而長崎村郷々より納来年々山上え積揃置候茅百五拾荷者不及申、竈近辺え生立候生柴雑木等兼而手当之百性共鉈鎌など携駆付、遠見番共差図受伐取山上え持運ひ煙を重ニ致、夜分ハ火勢を第一ニ焚上候義ニ付、昼者竈内ニ於て枯柴生木等取交焚揚、夜者竈内に不抱、兼而竈際ニ積揃置候枯薪雑木類仮覆取付有之候儘火勢強く焚揚ケ、弥多良岳之内小峯ニ而も移取放火揚候を見受候ハヽ、其段御役所え致注進、焚止候義も其節可相伺候、右之通多良岳之内小峯ニ於而移取、夫より朝日山其末筑前領天山幷四玉山等順々請継、諸家城下々々え移取人数差向事ニ候得共、長崎表弥御手厚ニ御備相立事ニ候条此旨可申聞置候事

放火揚之節遠見番え相渡候鑑札(63)

可
(焼印) 放火上ケ鑑札

右史料によれば、烽火山番所より異国船の発見、あるいは湊番所からの号砲や早鐘など聞き付けた場合、当番一人は迅速に長崎奉行へ出向いて、オランダ船か異船かを確認し、異船との連絡を受けた場合には、長崎奉行から狼煙をあげる許可を受けて鑑札を遠見番所に持参する。薪については、長崎村より納入される山上への茅一五〇荷のほか、竈付近に生える雑木など、手配の百姓らが鉈・鎌など持参し、遠見番の指示により伐採して山上に運搬する。昼は竈

内で枯柴と生木を混ぜて焚き、夜は火勢を第一にして枯柴など強く焚きあげる。また、多良岳の小峯で狼煙があがるのを確認した場合には、長崎奉行に報告して焚止の件も伺う。多良岳の小峯より朝日山、さらに天山・四玉山など順次中継して、諸家の城下まで伝達していくこととした。

時期は若干前後するが、明和元年（一七六四）十月には「烽火山御番所勤番相止、当分取畳ミ置ル」(64)とあり、番所の勤番制度は当面の措置として休止されていたが、先のフェートン号事件に際しては烽火台より狼煙があげられる事態となった。結果として諫早・大村藩などから派兵されたにもかかわらず、長崎到着時にはすでにイギリス艦退去後のことであったため、文化五年十月、番所を再興して七日交代の勤番制度を復活させた(65)。

また、翌六年三月には異船来航時の警報体制が整備され、白帆船を発見した際には野母遠見番所より大砲五発を打ち、それを受けた小瀬戸など遠見番所や湊番所・興福寺の番所も同様に五発を放つこととした。大徳寺・聖福寺にては鐘を連撞して奉行役人・火消し役などは定位置につき、長崎村の人夫は烽火山の狼煙を上げる準備の指示が出され、翌四月に訓練された。これは前掲「異国船渡来之節御備大意御書付」成立とされる時期と軌を一にしていることがわかる。しかし、その事前準備も活用されることなく、文化十二年（一八一五）十月に勤番制は廃止され、番所も取り壊されることでその役割を終えた。

おわりに

本稿において、江戸幕府の対外応接の窓口となった長崎に視点をあて、幕府の外交的・軍事的な政策にふれながら、鎖国期における主要な長崎の台場（古台場・新台場・増台場）および遠見番所について概観し、文献や絵図の一部を用いてその変遷を辿った。近代以降における絵図とは異なり、正確さの点などにおいて限界はあるものの、例えば長刀岩や陰ノ尾など、現在では大きく変貌を遂げたその地の概況を知る上で、近世絵図は大いに参考とされる。

長崎における両者の設置経緯を整理すれば、次のとおりである。①遠見番所は寛永十四年(一六三七)の島原・天草一揆、②古台場は正保四年(一六四七)のポルトガル船来航事件、③新台場・増台場は文化五年(一八〇八)のフェートン号事件を各起因とし、要塞施設の築造へと繋っていく。それらは、どれもが対外交渉の玄関口である長崎に直接大きな影響力をおよぼす事件であった。

嘉永より安政期にかけての編纂とされる対外応接史料『通航一覧』の「凡例」において、「寛永中南蛮船の事によりて、沿海の防禦を命せらる、元禄の頃異船の渡来稀なるをもて、しはらく廃せられしものありしか、寛政已来再その事を厳にせらる」(66)と記されている。幕府にとって寛政期のロシア船来航以降の出来事は、寛永期と同等の危機意識を想起する事態であったと受け止められていたことがわかる。当該期における長崎警備体制は、決して形骸化していたわけではなかったことが指摘されている。さらに、文化期のフェートン号事件以降、長崎各台場の石火矢・大筒の配備数は追加され、台場は港内から港外に向けて増設されることにより、海防施設は拡充された。

この事件後に、町年寄高島秋帆は高島流砲術を完成させ、鍋島直正の佐賀藩をはじめ各方面に広めた。周知のとおり、秋帆は天保十二年(一八四一)徳丸ヶ原において洋式砲術の公開演習などを実施し、伊豆韮山の代官江川英龍や旗本下曽根信教らに高島流砲術を伝授している。翌十三年に長崎会所の杜撰な管理責任者として捕縛されるが、嘉永六年(一八五三)のペリー来航に際し赦免されると、「嘉永上書」を幕府に提出して、鎖国・攘夷を継続すれば国家存亡の機に直面すると上申した。アメリカとの間に戦端を開けば長期戦となる虞があり、現状では勝機はないと判断しているが、それは当時の国内軍事力を客観的に認知していたことのあらわれであり、卓見であったといえよう。また、外国との交易を許可することは国体を損ねることにはならないとし、通商後二、三年の経過により、不都合な状況であれば中止、利益があれば海防費にあてることも可能であると進言するなど、貿易による経済的利益をも認識し、世界の趨勢をふまえながら、大局的な視点から意見を論じている(67)。

江戸幕府は、寛永年間にポルトガ船を追放して以降、当初はキリシタン潜入防止策として、長崎警備および沿岸警備体制を構築していった。それは、諸藩の大名に向けた異国船来航時に対する退去命令、幕府や一連の譜代大名・長崎奉行などへの通報・派兵体制に重点が置かれ、確立していく。このような警衛体制とともに、軍事的には遠見番所の設置と台場建設により、異国船への監視体制を整え、異国船からの攻撃に対処しうる措置を講じて、鎖国期には全国の沿岸地域約六〇〇箇所に台場が建設されるようになった。

しかし、嘉永六年、ペリーによるアメリカの「砲艦外交」に対して、日本の台場からの砲撃は沈黙していた。浦賀にはすでに台場が建設されていたが、臨戦態勢はとらなかった(68)。幕府の兵力はあくまで沿岸防備としての自衛におかれ、外国との交戦はその構想になかったと思われる。結果的にみれば、これは近世前期長崎に台場が築造されて以来、戦争回避にもつながる対応となるが、そこに幕府海防政策における一つの特質が示されているといえよう(69)。

註

（1）原剛『幕末海防史の研究』（名著出版、一九八八年）三〇五～三一〇頁。
（2）『国別 城郭・陣屋・要害・台場事典』（西ヶ谷恭弘編、東京堂出版、二〇〇二年）六五二～六五三頁。
（3）『新編林子平全集1 兵学』（山岸徳平・佐野正巳共編、第一書房、一九七八年）八七頁。
（4）山本博文『寛永時代』（吉川弘文館、一九八九年）一〇一～一一六頁。同『幕藩制の成立と近世の国制』（校倉書房、一九九〇年）一六一～一六三頁など参照。

（5）『新訂黒田家譜』第二巻（川添昭二・福岡古文書を読む会校訂、文献出版、一九八二年）一八二～一八四頁。なお、丸山雍成氏は、福岡藩主黒田忠之が寛永十七年のポルトガル船来航問題の処理にあたった加々爪忠澄の援助にひき続き翌十八年まで勤務したことを根拠に、その長崎番役の開始を同十七年と推察している。丸山雍成「長崎警備と参勤交代との関係」（藤野保『佐賀藩の総合研究』吉川弘文館、一九八一年）九七七～九七八頁。

（6）『新訂増補国史大系　徳川実紀』第三篇（吉川弘文館、一九九〇年）二一七頁。『長崎拾芥・華蛮要言』（純心女子短期大学・長崎地方文化史研究所編、一九八八年）八一頁。

（7）『長崎御役所留　上』（国立公文書館内閣文庫所蔵、請求番号一八一―〇一一三）。『近世長崎法制史料集2』〔長崎〕一〇号（清水紘一・柳田光弘・氏家毅・安高啓明編、岩田書院、二〇一九年）。

（8）前掲『新訂増補国史大系　徳川実紀』第三篇、四九二頁。

（9）『崎陽群談』（中田易直・中村質校訂、近藤出版社、一九七四年）六〇～六一頁。「勝茂公譜考補　十中」正保四年丁亥条（『佐賀県近世史料』第一編第二巻所収、佐賀県立図書館、一九九四年）七三七～七三八頁。

（10）松尾晋一『江戸幕府の対外政策と沿岸警備』（校倉書房、二〇一〇年）五八～七五頁。同『江戸幕府と国防』（講談社、二〇一三年）三〇～四六頁。

（11）『長崎実録大成　正編』（丹羽漢吉・森永種夫校訂、長崎文献社、一九七三年）三四～三五頁。梶輝行「長崎聞役と情報」（岩下哲典・真栄平房昭編『近世日本の海外情報』岩田書院、一九九七年）四六～四七頁など参照。なお、聞役の成立時期について、木村直樹氏は熊本藩の実状をふまえ、長崎奉行と諸藩との連絡体制などが公的な性格を有するのは、寛文・延宝期であろうと推察している。木村直樹『幕藩制国家と東アジア世界』（吉川弘文館、二〇〇九年）一七二～一九〇頁。

(12) 「勝茂公譜考補　十上」（『佐賀県近世史料』第一編第二巻）六七八頁。

(13) 『長崎集』（純心女子短期大学・長崎地方文化史研究所、一九九三年）七八頁。

(14) 前掲『長崎実録大成 正編』二九頁。

(15) 同右、三三〜三四頁。前掲『崎陽群談』七一頁。「増補長崎略史」上巻（『長崎叢書 下』（原書房、一九七三年）二〇七頁。

(16) 前掲『長崎実録大成 正編』三二頁。

(17) 前掲『崎陽群談』二五頁。

(18) 「勝茂公譜考補　十下」承応二年癸巳条（『佐賀県近世史料』第一編第二巻）七七七〜七七八頁。

(19) 『通航一覧』第八（国書刊行会、一九一三年）二九五頁。

(20) 『御家世伝草稿 八』承応三年条（天祥公四自慶安四辛卯至明暦二丙申）、松浦史料博物館所蔵。

(21) 前掲『新訂黒田家譜』第二巻、二四五頁。

(22) 『新訂寛政重修諸家譜』第八（続群書類従完成会、一九六五年）九一頁。これには「三年八月五日にこふむねをゆるされ、長崎湊の外浦に七か所の石火矢台を築く」とあり、『御家世伝草稿』に記された老中奉書の発給年月日と一致している。なお、松浦鎮信が台場築造を願い出た背景などの考察については、今後の課題としたい。近年においては、吉村雅美氏による松浦家の異国船対応をめぐる検討などにより、研究が深められている。吉村雅美「異国船対応をめぐる平戸藩と幕府」（木村直樹・牧原成征編『十七世紀日本の秩序形成』吉川弘文館、二〇一八年）。

(23) 前掲『新訂黒田家譜』二四五頁。

(24)『長崎覚書』(佐賀県立図書館鍋島文庫所蔵、請求番号「複鍋二五二―一〇一」)「慶安二年五月ニ長崎御番所へ兼テ御当番ノ節段々代リテ被遣置御人数ノ御書附」。
(25)「光茂公譜考補 地取二」(『佐賀県近世史料』第一編第三巻所収、佐賀県立図書館、一九九五年)二六八頁。
(26)前掲『新訂黒田家譜』第二巻、二四五頁。
(27)前掲『長崎御役所留 上』。『近世長崎法制史料集2』(長崎)二四号。
(28)同右『近世長崎法制史料集2』(長崎)三五～三九号、四七～四九号。
(29)同右『近世長崎法制史料集2』(長崎)一五号。
(30)前掲『新訂黒田家譜』第二巻、二一七頁。
(31)前掲『長崎御役所留 上』。『近世長崎法制史料集2』(長崎)二九号、五六号。
(32)前掲『新訂黒田家譜』第二巻、三八三頁。
(33)山本博文『鎖国と海禁の時代』(校倉書房、一九九五年)一四九～一五三頁。
(34)同右、一五三頁。また、家綱期以降の綱吉期や家継期にも、それぞれ延宝八年八月二十一日(『新訂黒田家譜』第二巻、四四三～四四四頁)や正徳六年閏二月二十八日(『新訂黒田家譜』第三巻、四一八～四一九頁)に、同様の老中連署下知状が下達されている。
(35)籏先好紀・江越弘人『白帆注進』(長崎新聞社、二〇〇一年)二一頁。
(36)『大村見聞集』(藤野保・清水紘一編、高科書店、一九九四年)二七六～二八三頁。清水紘一「幕藩体制の成立と大村藩」(『新編大村市史』第三巻近世編、二〇一五年)一〇九～一一二頁、一四五～一四八頁。
(37)『五島編年史』上巻(国書刊行会、一九七三年)二七一頁、二八五頁。なお、遠見番所について福岡藩は、前掲『新訂

黒田家譜』第二巻、一八一頁、佐賀藩は、前掲『佐賀県近世史料』第一編第二巻、七〇八頁など参照。
(38) 中村質「長崎警備」(『長崎県史』対外交渉編、一九八六年)二七七頁。
(39) 山本英貴「唐船打ち払い体制の成立と展開―享保期の抜荷取締対策を中心に―」(森安彦編『地域社会の展開と幕藩制支配』名著出版、二〇〇五年)四七一～四七四頁。
(40) 荒野泰典「小左衛門と金右衛門―地域と海禁をめぐる断章―」(『海と列島文化 第10巻 海から見た日本文化』小学館、一九九二年)四三四～四三八頁。松尾晋一「「抜荷」目明かし金右衛門の「抜荷」知識」(『長崎県立大学国際情報学部研究紀要』一六号、二〇一五年)など参照。
(41) 松本英治『近世後期の対外政策と軍事・情報』(吉川弘文館、二〇一六年)一六～三七頁。
(42) 同右、三三一～三三二頁。
(43) 前掲「増補長崎略史」上巻(『長崎叢書 下』)二四九頁。
(44) 「松平康英遺書」(秀島成忠『佐賀藩銃砲沿革史』所収、原書房、一九八一年)八二頁。
(45) 前掲『幕末海防史の研究』一八八～一八九頁。
(46) 『鎖国時代対外応接関係史料』(片桐一男校訂、近藤出版社、一九七二年)一八四～一九八頁。
(47) 藤田覚『近世後期政治史と対外関係』(東京大学出版会、二〇〇五年)二二八頁。異国船打払令は、寛政四年(一七九二)十二月発令の海防強化令(『御触書天保集成 下』六五二七号)にある「異国船取扱は穏便、海岸防備は過剰」から、この法令以後「異国船取扱は厳重、海岸防備は軽微」に転換したと分析し、その理由を「打払令発令以前の海防態勢とその矛盾のなかで検討されるべき」と提唱した。
(48) 梶原良則「長崎警備と弘化・嘉永期の政局」(中村質『開国と近代化』吉川弘文館、一九九七年)。

(49) 柴多一雄「高まる外患とフェートン号事件」(『新長崎市史』第二巻近世編、長崎市史編さん委員会、二〇一二年)八五二~八五四頁。前掲『佐賀藩銃砲沿革史』三九五~三九七頁。『伊王島町郷土誌』(伊王島町教育委員会、一九七二年)四七一頁。

(50) 前掲『幕末海防史の研究』二八八~二八九頁。

(51) 『長崎御備一件』高木氏蔵本写(佐賀県立図書館鍋島文庫所蔵、請求番号「複鍋二五二―八八」)。

(52) 『通航一覧続輯』第五巻(箭内健次編、清文堂出版、一九七三年)七四~七八頁。

(53) 「御台場十二箇所切絵図」(長崎歴史文化博物館所蔵、請求番号三/七三―二/一~一二)。

(54) 「崎陽諸図」(国立公文書館内閣文庫所蔵、請求番号一七七―〇八三八)。

(55) 「港内台場図」(長崎歴史文化博物館所蔵、請求番号B三―二四九)。

(56) 前掲『長崎実録大成 正編』三五~三七頁。

(57) 『長崎市史』地誌編・名勝旧蹟部(清文堂出版、一九六七年)五九一頁。

(58) 同右、五八八頁。

(59) 前掲『長崎実録大成 正編』三五~三六頁。

(60) 『長崎古今集覧』上巻(森永種夫編、長崎文献社、一九七六年)二三九頁。

(61) 「長崎諸官公衙及附近之図」(長崎歴史文化博物館所蔵、請求番号三/三六―二)。

(62) 前掲『長崎古今集覧』上巻二三九~二四〇頁。

(63) 前掲『鎖国時代対外応接関係史料』八三頁。

(64) 前掲『長崎実録大成 正編』三八頁。

(65) 前掲『長崎市史』地誌編・名勝旧蹟部、五三七頁。
(66)『通航一覧』第一(国書刊行会、一九一二年)二頁。
(67) 有馬成甫『高島秋帆』(吉川弘文館、一九五八年)一八一～一九九頁など参照。
(68) 上白石実『幕末の海防戦略―異国船を隔離せよ―』(吉川弘文館、二〇一一年)二頁。同氏は、台場に対して「軍事的実効力ではなく威嚇のための視角的効果を期待していた」と捉えている。
(69) 例えば、文政八年の異国船打払令について、上白石実氏は、天文方高橋景保・勘定奉行遠山景晋・町奉行筒井政憲の上申書を検討し、異国船については、「高橋が捕鯨船、遠山は海賊船、筒井は商船と認識していた」と分析し、また「打払いとは大砲を発射して沿岸に接近する異国船を追い払うことであって、異国船を攻撃して撃沈することではない」として外国人隔離のための政策であると述べた(上白石実『幕末期対外関係の研究』吉川弘文館、二〇一一年)。藤田覚氏は、「(老中たちは)渡来する西洋船は捕鯨船であるという高橋景保の指摘に基づいて判断し、それゆえに軽微な兵力で打ち払うことができるとし、その措置が西洋諸国との紛争や戦争を引き起こす可能性を想定していない」と論じている(前掲『近世後期政治史と対外関係』二二一～二二六頁)。

追記　本稿は「要塞都市長崎の形成過程について」(『外政史研究』第二号、外政史研究会、二〇〇三年二月)、および「近世における長崎の台場・遠見番所について」(同誌第四号、二〇〇四年十二月)掲載の論考に加筆・修正を加えたものである。

宗門改役の成立と変遷
付 宗門改役歴代一覧

清水　紘一

はじめに

江戸幕府は慶長十七年（一六一二）「伴天連門徒御制禁也」[1]と諸国に発令し、翌年著名な伴天連追放文[2]を発布してキリシタン宗門の禁制を内外に宣布したが、同政策は以降の幕藩制国家の国是とされ、宗徒根絶策は幕末まで継続された。当初の禁制は家康主導で推進され、幕府老臣の大久保忠隣《ただちか》を伴天連追放の総奉行に任命するなど、幕府中枢部が同上禁制を所管し諸国・諸大名に禁制を及ぼした。キリシタン宗門が重厚に受容された肥前長崎に対しては、慶長十九年上使山口駿河守直友を同地に派遣。長崎奉行長谷川藤広に対する宗門禁制の督励と周辺大名の軍勢動員により、宣教師・主要信徒の国外追放、教会堂の破壊を執行させた（『近世長崎法制史料集1』九三号）。

幕付の宗門改役は、将軍家光が創設した惣目付〔大目付〕の職制と井上政重に課された加役としての長崎御用に関わりがある[3]。惣目付〔大目付〕は寛永九年（一六三二）十二月十七日、秋山修理亮正重・水野河内守守信・柳生但馬守宗矩・井上筑後守政重等四名に同役の人事が発令され創設された。職務は同年十二月十八日付条々の定則として明文化され[4]、大名・旗本の法度違反から民情の内偵と報告、年寄以下諸役人の奉公監視、分限帳・海道筋の制札点検まで将軍権力を支える広範かつ強力な監察権限が同職に付与された。キリシタン宗門に対する監察はその一環とされたが、大目付のほか作事奉行にも後年の職制に兼帯として付加され、担当者が宗門改役として幕府に定置された。

本稿では、宗門改役の起源とその後の諸過程を素描する。同改役の成立については一般に寛永十七年とされ定説化されているが(5)、宗門改役制の創始について本稿では家光の動向から正保三年(一六四六)説を提起する。ほか、宗門改役について、その一覧「宗門改役歴代一覧」(正保三年〜慶応三年)を作成し掲載する。

一　宗門改役の成立過程

最初に大目付井上政重と長崎との関わりについて要録しておこう。政重は寛永十五年(一六三八)正月三日、将軍家光の上使として島原に下り(6)、以降「異国商船をよび耶蘇禁制の事を裁許(7)」するなど、多面的な経歴を残した。特に政重は異国商船問題について、家光政権が島原一揆鎮圧後進めたポルトガル・オランダ(蘭)との通商問題(断交と再編)に直接関与している(8)。ほか耶蘇禁制問題について政重は、寛永十六年家光の命を受け奥州仙台で捕囚された岐部ペドロ神父を穿鑿するなど(9)、島原一揆後強化されたキリシタン詮議に関与した(10)。

寛永十七年六月十二日、政重は加増され万石に列したが、当日の幕府日記では「未刻御座の間出御、井上筑後守御前へ被召出浴御加恩六千石都合壱万石、是為長崎御仕置毎年依被遣之也、云々(11)」と記されている。加増の理由とされた「長崎御仕置」について具体的な記述はないが、家光の直達を江戸—長崎で「毎年」仕置する長崎御用の役務となろう。同年七月二十七日、家光は「井上筑後守被召出今度長崎へ被遣道筋タルノ間讃岐国へ大蔵少一同に為上使相越御法度の趣申付、其上長崎へ可参旨被仰付候」(『江戸幕府日記　姫路酒井家本　第九巻』五四四頁)と命じている。文中の

「大蔵少」は、摂津尼崎藩主青山大蔵少輔幸成（『新訂寛政重修諸家譜　第十二』九三頁）。讃岐高松藩主生駒高俊の改易執行を家光から命じられ、上使として下向した。政重は讃岐への道中「上使」として同役務を遂行したほか、長崎においては「日本国欽差使」として阿媽港船来航厳禁と耶蘇宗門の厳禁を同地で告達している。(12)

長崎政界における以降の上下関係は、政重―長崎奉行―代官・町年寄の序列となる。同年政重は長崎奉行柘植平右衛門を帯同して平戸に赴き、九月二十六日（一六四〇年十一月九日）オランダ商館長フランソワ・カロンF.Caronに平戸蘭館の破壊を強要し同館の取壊しを検分。翌十八年四月二日（一六四一年五月十一日）江戸城の殿席・老中列座の下で蘭館長に長崎移転を通告している。(13)

政重は寛永十七年前後から江戸―長崎間を往復し、長崎でも立山で役宅を拝領。(14)長崎奉行の施政監察と、将軍・老中への情報提供や献策など内外の諸政事に関与した。

長崎奉行は寛永十年以降二名に増員され行政・司法を管掌したが、同地周辺の諸国に対しても同年以降「伴天連之宗旨有之所えは両人申遣可遂穿鑿事」（『近世長崎法制史料集1』一四一号ほか）と制令されており、西国諸藩に対する強力な宗門監督権が付与されていた。同上法度は、幕末まで御渡物に記され歴代の長崎奉行に下達された。

故に長崎における政重の職権と職域は次第に拡大され、西国で探索されたキリシタン宗徒仕置についても逐次関与したことであろう。次いで、寛永二十年前後には家光の命を受け各地で顕在化したキリシタンを追捕した。同上については村井早苗氏が究明した備前国の事例があり、(15)木村直樹氏が指摘した広島藩・長州藩・米沢藩・磐城平藩内の信徒探索の事例がある。(16)

1　将軍家光のキリシタン詮議

政重が長崎（幕領）から諸藩のキリシタン宗徒を査検していく過程については現段階で解明の途上にあるが、本稿では将軍家光が寛永二十年から正保元年（一六四四）に遂行した宗徒に対する直裁の動きを見る。寛永二十年は、正月から紀州藩で露顕したキリシタン信徒の査検があり、ほか宣教団として入国を企図し福岡藩に捕囚されたペドロ・マルケスPedro Marques一行の処置問題、さらには奥州に漂着し南部藩に捕囚されたオランダ船員一行の問題が次々と重なり、幕府は対応に追われた。

同年の家光の動向については、幕末期に水戸藩が編集した『息距編』巻の六（事実第二）[17]に撰録されている。但し同書が何を典拠としたか、一部の記載を除き不明である。そこで幕府が編集した老臣二家の家譜（『寛政重修諸家譜』）と、同じく『徳川実紀』に散見される記事を年月日順に掲出する。

〔史料1〕家光のキリシタン尋問記事抄録（寛永二十年～正保元年）　日付脇＊印、家光臨席

○寛永二十年（一六四三）

正月二十七日　「紀藩狩野彌右衛門邪宗尊崇する聞えあるにより。父子下僕まで十三人府の邸に召よせ置たれば指揮を待てさし出すべき旨大目付井上筑後守政重のもとへうたへらる」（『徳川実紀第三篇』三〇六頁）。

＊二月十二日　家光、堀田正盛の「居邸に渡御」（『寛政重修諸家譜　第十』四一二頁）。「堀田加賀守下屋敷え御成、切支丹せつ《説話カ》は御成御聞候、井上筑後守参候、十八人切支丹参候」（『息距編』巻の六）。「紀伊国より捕出したる天主教の徒を引出し御みづから鞫問《きくもん》し給ふ」（『徳川実紀第三篇』三〇七頁）。

＊四月二十一日　家光、堀田正盛の「別荘にならせ給ひ、井上筑後守政重をして邪法の徒の実否を糺さる」（『寛政重

修諸家譜第十』四一二頁）。「堀田加賀守正盛別墅《べっしょ》にならせたまひ。天主教の徒鞫問のさま聞召る」（『徳川実紀　第三篇』三一一頁）。堀田正盛「下屋敷へ九ツ半に御成、切支丹の穿鑿御聞七ツ半迄也」（『息距編』巻の六）。

＊四月二十七日　家光「夕かけて酒井讃岐守忠勝が別墅にならせられ、天主教の徒を御みずから鞫問し給ふ（紀伊記）」（『徳川実紀第三篇』三一二頁）。「酒井讃州下屋敷へ八半時御成伴天連昌白幷長老市左衛門参宗門の事御尋被遊候事」（『息距編』巻の六）。

五月二十七日　「松平右衛門佐領分へいるまん・伴天連十人小船にて参候を捕へ候段注進申参候事」（『息距編』巻の六）。

六月二十三日　家光、奥州南部重直領で捕囚した蛮《蘭》船員の江戸送り下達（『寛政重修諸家譜　第四』一〇七頁、『徳川実紀　第三篇』三一七頁）。

七月十日　「先に松平右衛門佐忠之所領筑前かちめ大島響灘にて逐捕せし伴天連四人・いるまむ一人・切支丹五人府に護送して来りしとぞ」（『徳川実紀　第三篇』三二〇頁）。

＊七月二十二日　家光、堀田加賀守別荘へ渡御「南部山城守重直、松平右衛門佐忠之が封地にをいて虜とせし蛮人及び陸斯都《でうす》合二十人を庭上にすへて糾問あり、井上筑後守政重御前に候す」（『寛政重修諸家譜第十』四一二頁）。「堀田加賀守正盛別墅にならせ給ふ。この日かへらせたまひて後、筑前より搦出せし蛮人四人、南部より捕出せし蛮人鞫問あり。御みづからこれを聞せ給ふ」（『徳川実紀　第三篇』三二三頁）。「加賀守下屋敷へ九ツ前に御成、日暮に還御、筑前より参候南蛮人四人御詮議御聞候、其外四五人日本伴天連出る、幷に南部より参候おらんだ十人大将弐人、此内也髪赤く目白く是も御詮議、市左衛門・昌白も出る、其外通詞弐人出ル」（『息距編』巻の六）。

＊八月十三日　家光、堀田正盛別荘へ「また成せられ、井上政重をしてふたゝび糺明せしめらる」（『寛政重修諸家

譜 第十』四一二頁）。「堀田加賀守正盛が別墅にならせらる」（『徳川実紀 第三篇』三二六頁）。「浅草御廻りより加賀守下屋敷へ御成、南蛮はてれん吉利支丹参り候由」（『息距編』巻の六）。
八月二十九日「ながさき訳官忠庵新に月俸十口賜ふ」（『徳川実紀 第三篇』三二七頁）。
九月八日「今年筑州大島にて追捕せし伴天連・いるまん・同宿等改宗して蛮夷の情実を白状す、蛮人らとにかく邪宗をひろめ遂には我国民をも随へんとはかるよしなれば、その心すべき旨在府の諸大名に仰下さる」（『徳川実紀第三篇』三三一頁）。
九月十日* 家光「堀田加賀守正盛別墅にならせらる」（『徳川実紀 第三篇』三三一頁）。「八ツ過に加賀守へ御成、五ツニ還御、十人の南蛮人幷松平相模守医者玄公・南部シュン・津田道慶息御詮議有之」（『息距編』巻の六）。
九月晦日* 家光「讃岐守忠勝が別墅へならせ給ふ」（『徳川実紀 第三篇』三三二頁）。「九ツ半に讃岐守下屋敷へ御成、四人の南蛮人伴天連幷竹屋の長左衛門其外四五人切支丹穿鑿御聞被遊五ツに還御」（『息距編』巻の六）。
十月十一日* 家光「酒井讃岐守忠勝の牛込別業にならせらる」（『徳川実紀 第三篇』三三四頁）。「讃岐守下屋敷へ九ツに御成日暮ニ還御、筑前の取まへ候伴天連の口御聞候、南蛮人ハ不参候」（『息距編』巻の六）。
十一月十八日* 家光「堀田加賀守正盛が別業にならせらる」（『徳川実紀 第三篇』三三六頁）。「讃岐守下屋敷へ八ツ時御成日暮還御、十人の内六人の伴天連御聞被遊候」（『息距編』巻の六）。
十二月十二日* 家光「堀田加賀守正盛が別業へならせたまふ」（『徳川実紀 第三篇』三三八頁）。「堀田加賀守え御成夜五ツニ還御、伴天連参御聞被成」（『息距編』巻の六）。
○正保元年（一六四四）
二月八日* 家光「この日堀田加賀守正盛が浅草の別墅へならせたまふ」（『徳川実紀 第三篇』三四五頁）。「堀田加賀守へ九ツ半に被為成、道筋御鷹被遊日暮還御、切支丹御詮議」（『息距編』巻の六）。
＊四月朔日　家光「又浅草の邸にして井上政重が陡斯を糺明するを台聴あり」（『寛政重修諸家譜第十』四一二頁）。「この日堀田加賀守正盛が浅草の別墅へならせられたまふ」（『徳川実紀　第三篇』三四五頁）。「加賀守へ御成、切支丹御詮議」（『息距編』巻の六）。
＊四月二十一日　家光「八ツ時前堀田加州へ御成、伴天連御聞五ツ前に御立四ツニ還御」（『息距編』巻の六）。
＊四月二十八日　家光「堀田加賀守下屋敷へ八ツ時二ノ丸より御成、伴天連御聞夜ニ入還御」（『息距編』巻の六）。
＊十一月十四日　家光「この日未後酒井讃岐守忠勝が別業へならせ給ふ」（『徳川実紀　第三篇』三七五頁）。「讃岐守下屋敷へ御成、伴天連御聞被成候」（『息距編』巻の六）。
＊十二月十三日　家光「御狩ありて酒井讃岐守忠勝が牛込の別業にわたらせ給ひ御膳めし上らる」（『徳川実紀　第三篇』三七七頁）。「讃州下屋敷へ八ツ時出御日暮に還御、切支丹御聞被成候　寛慶録」（『息距編』巻の六）。

家光は歴代将軍のなかで、只一人キリシタン宗徒裁断の場に臨席した。〔史料1〕によると、家光は寛永二十年正月二十七日から翌正保元年十二月十三日まで二十三か月間に合計一六回、吉利支丹糾問の場に出ている。家光が臨席した場所は老臣宅であり、堀田正盛の「浅草の別墅」（下屋敷）で一一回、酒井忠勝の「牛込別業」で五回となる。

家光が宗徒裁断の場に出た事由は、寛永二十年に連続的に生起した上述の内外問題への対応にあったと見られる。その発端は、同年正月二十七日「紀藩狩野彌右衛門邪宗尊崇する聞え」が紀藩から井上政重に提訴されたことにあろう。当時の紀州藩主は徳川頼宣（家康十男、従二位権大納言、寛文七年〔一六六七〕五月隠退）であり、政重は狩野彌右衛門とその一族の処分を専断し得ず、家光に上訴したことが推測される。家光も同訴を口頭ないし老中処決に止めず、狩野一族を紀州藩邸から堀田屋敷に移し、当日「御みづから鞠問」したこととなろう。政重はその場に伺候したが、この一件で家光が御三家の紀州藩に対し藩内で露顕したキリシタン信徒を同藩庁での内決「自分仕置」とさせず、政重に提訴の手順を踏ませた意味は重い。家光は諸国で露顕したキリシタン詮議を、政重に集約させる仕置の範例とすべく、眼に見える形で紀藩一件の処置を自身の直裁とし、在府の諸藩主・幕臣に見せつけたこととなる。

次は筑前と奥州漂着の異国船問題である。マルケス一行[18]は、寛永二十年五月十二日福岡藩から長崎へ、次いで家光の命で江戸送りとされ七月十日着府。奥州南部（閉伊《へい》郡山田浦）で捕えた蛮船員（蘭船）一〇名は江戸に送られたが、南部差遣幕吏（歩行目付・通詞）は七月十一日帰府し老中に復命している。家光は同月二十二日堀田正盛の別墅に赴き、マルケス一行と蘭船員の合同取調べに臨んだ。マルケスと蛮船（蘭船）員の各一行を堀田屋敷の庭上に据えた理由は、両者提携の疑惑を自身で追及することにあり、「御前に候」した井上政重を通じ自身の疑義を糺明させたことであろう。

その後、前者は軟禁状態を解除され[19]、後者のマルケス一行は収監を継続されたが、以上に加えて前掲記事抄録に見える家光の執着的行動から、キリシタン宗門については将軍直裁事項とする明確な権力意志が濃厚に感得される。併せて家光にはキリシタン禁制の徹底について、領主層を通じ既述した「世論」喚起の意図があったろう。

家光はマルケス一行に対し、八月十三日に再度詮議〔史料1〕。九月八日、その調書を在府の諸大名に告達させている。同上について『御当家令条』二〇五号では、冒頭に「高力左近大夫儀、依在江戸、於殿中演達之、今度筑前国大嶋ニて捕候南蛮伴天連いるまん同宿白状覚」、本文末尾に「未九月八日　井上筑後守」とする文書を収めている（『近世長崎法制史料集1』二四一号）。高力左近大夫は、官名から肥前島原藩主〔高力摂津守忠房〕の長子高長となろう。ほか末尾の記載から、井上政重が本文を作成したことが知られる。但し、家光の命で長崎御用・キリシタン詮議を手掛けた大目付の井上政重が自身で「殿中演達」をせず、家督前の高力高長が「演達」した経緯は不明である。この点については、キリシタン改め政策の制度的骨格が幕政上成立途上にあったというべきであろう。同上文は四項からなり、南蛮伴天連白状の主旨について「日本に法を弘、したかへんとのたくらみに候事」とし、伝統的なキリシタン奪国観を結語としている。

2　井上政重の役宅と切支丹屋敷

家光政権下のキリシタン改め体制は、政重の行政手腕と相俟って逐次整備された。同上関連の所務は当初政重の家臣団により同役宅で担われたが、その後家光は政重の下屋敷に付設した牢檻施設を拡充。公儀の切支丹屋敷（囲屋敷）として整備し、改めて同屋敷を政重に管掌させた段階が推測される。同上について私見では、宗門改役制の成立を見る上で重要な指標となる過程と推察する。政重の周辺状況から見ていく。

井上政重の下で役務を支えた吏員については、諸書に散見される若干の人名を除き未詳である。政重は下総・上総に散在所領一万石を給付された譜代大名であり、長崎立山を含む複数の拝領地と屋敷を保持した[20]。上述した長崎御用・宗門詮議など政重に課された多面的な役務は、殿中と役宅とされた井上屋敷（上下屋敷）で執行された筈で、屋敷内では所領を差配する家政担当者ほか、多方面にわたる人員が必要とされたことであろう。

政重の役務を支えた人員として、寛永十五年十二月四日家光は政重に「与力五騎同心二十人」を付与したとする記録が残されている（『寛政重修諸家譜　第四』三〇五頁）。但し、幕府日記の同日の条では当該者を鉄炮方井上外記正継に対する付属であると記しており[21]、政重への与力・同心付属記事は誤りとなる。

政重の多面的な役務を支えた要員は、政重に仕えた同家の藩士が基本であろう。政重は寛永十七年既述した加増があり一躍万石に列したから〔下総高岡藩〕、同家士の総数は、寛永十年二月十六日付で家光が制定した軍役令に照らして、「一五〇人」を超えたことであろう。ちなみに寛永十年二月十六日、家光が制定した軍役令に見える装備・人員は「一万石馬上十騎。銃廿挺。弓十張。槍三十本。旗三本。ただし対の持鑓ともたるべし」。同じく月俸の制では「一万石百五十人」と見える。(22) 同上が江戸・長崎の役宅に配置され、江戸―長崎間を往復する供回りに至るまで、政重の基本的な役務を支えたことが推測される。

井上屋敷の牢檻施設については、マルケス一行の江戸引致とその後の処分に関わる。マルケス一行の江戸における当初の収監先については、政重が身柄を所管し、小伝馬町牢屋―政重屋敷付設牢―公儀牢〔切支丹屋敷〕へと収容先を何度か変えたことであろう。但し、同上を跡付ける史料は乏しい。本稿でも新史料を提示することはできていないが、以下に関連史料の若干を摘記しておこう。

同時代の史料として、マルケス一行を書き留めた蘭館長の記録がある。

〔史料2〕一六四三年十二月（寛永二十年十月）の蘭館長日記(23)

一六四三年十二月二日（寛永二十年十月二十一日）去る七月パーデレらと長崎から江戸に来た通詞吉兵衛は、次のように話した。転向して日本人となった彼らは、三日前に上司から日本風に妻女と同棲することを命ぜられ、日本人パードレたちは承諾して自由になったが、ポルトガル人パーデレ四人は拒絶したので、再び投獄され、前よりも厳重に監視を命ぜられた由。

一六四三年十二月五日（同上十月二十四日）（井上政重邸に呼び出され辞去した商館長が）外に出た時、呼ばれて前記パーデレ四名と共に日本に来た五名、うち三名は日本人、一名は交趾人、一名はカントンの支那人を見せられた。筑後殿は、彼らにオランダ・カピタンに挨拶せよと言い（中略。当日大目付邸で同席した長崎奉行馬場三郎左衛門から）、明日の準備をせよと言われた。

文中の「通詞吉兵衛」は元和〜寛永年間の南蛮大通詞で、寛永十七年以降阿蘭陀大通詞を勤めた西吉兵衛[24]である。故に吉兵衛からの聞き取り情報は、正確な一次情報であったろう。上記から家光―政重はマルケス一行に対し「日本風に妻女と同棲」させることを下達。その諾否をめぐり一行には「自由」と「投獄」二様の処分が執行されたことが知られるが、身柄を留められた場所については明確ではない。ほか井上邸でマルケス一行（九名中の五名）と蘭館長が顔を合わせたこととなるが、上屋敷で対面したか下屋敷で対面したか判然としない。

「契利斯督記」（前註（9））は井上政重の手稿資料を基礎としており、幕政初期のキリシタン詮議が知られる稀少な史書といえる。同書ではマルケス一行について、家光は「筑後守ニ御預ケ、色々御穿鑿仕候由、拷問の上ニ而、両度ニ四人ナガラコロビ念仏ヲ申」と記載。うちアロンソは「立アカリ候ニ付而上意ニ而女蔵え御入候へバ廿日程存命ニテ病死イタシ候」と伝える。同上一行は「筑後守ニ御預ケ」に処され最後まで抵抗した宣教師四名が拷問により念仏宗に転宗。その後立ち上がったアロンソを「女蔵」入りに処したが二十日後病死したとする。ほか「女蔵」への入牢が家光の「上意」として執行されたとしており、家光の令達が牢内での仕置に迄及ぼされていたことが看取される。女蔵は小伝馬町の女囚牢であったろう[25]。

次いで井上屋敷の付属牢について、「筑後守屋敷ニ牢ヲ作リバテレン四人入置度々召出」、「ペイトロヂセイフ入満同宿宗門のモノ廿人バカリ、小日向屋敷ニ御普請被仰付筑後守ニ御預被成候、ヂョセイフハ三右衛門ト申」と伝える。同上から、井上屋敷に牢を造り「バテレン四人入置」いた当初段階と、「ペイトロヂセイフ入満同宿宗門のモノ廿人」御預け時点で、家光が「小日向屋敷ニ御普請被仰付」たとする二段階の造設が知られる。後者が後年の切支丹屋敷となる。

『通航一覧』(26)は幕府が儒学者の林家に命じ江戸末期に編纂させた対外関係の史誌であり、同書巻之百九十五「南蛮総括部五切支丹禁制、宗門奉行、同改役、目明幷山屋敷」に御用屋敷の沿革が見える。同文中では切支丹屋敷の造設について、①正保三年(一六四六)とする見解を提示しているほか、②同上の推移について寛永~正保年間の間とする記事を収めている。以下、同上に添って一部を見ていく。

〔史料3〕正保三年切支丹牢造設記事

正保三丙戌年、江戸小日向に牢獄を造られ、寛永二十年癸未年渡来の伴天連、ジョセイフカウロ等を助命ありてこゝに移さる、これまて伝馬町の獄屋にあり、自後彼宗門を犯せるもの皆此牢獄に禁め、或ひは刑せらるへき法場となさる、ジョセイフカウロは後姓名を賜はりて、岡本三右衛門と称す、其事は南蛮意大里亜国の部、渡来幷扱方の条にあり、査祅餘録載貞享二乙丑年三右衛門死去の時、其検使に出せし口書に三右衛門儀四十三年巳前未年、井上筑後守に始めて御預、囲屋敷に当丑年まて、四十年罷在とあるを推算して、其起立正保三年たるをしる

(『通航一覧 第五』一八九頁)

文中に見えるジョセイフカウロは上述したマルケス一行の宣教師の一人であり、日本名を岡本三右衛門と称した。三右衛門は、小日向の囲屋敷で後半生を過ごし、貞享二年(一六八五)死去したが、『査祅餘録《さようよろく》』に収録された三右衛門の検死書付を引き、囲屋敷の起立について正保三年と指摘している。同上書付は、次の如くである。

〔史料4〕貞享二年七月廿六日付岡本三右衛門の検死書付(27)

口上之覚

切支丹屋敷ニ罷在候伴天連岡本三右衛門儀、南蛮ししりやの者、四拾三年以前未年、井上筑後守へ始而御預、囲屋敷ニ当丑年迄四拾年罷在候処、当月初より致不食相煩候ニ付、牢医石尾道的薬用申候へ共、段々気色差重り、

昨廿五日昼七半時過相果申候、右三右衛門八拾四歳ニ罷成候、此外相替儀無御座候、以上

七月廿六日　　林信濃守組　奥田治部右衛門　〔ほか四名略〕

文中に見える「四拾三年以前未年、井上筑後守へ始而御預」は寛永二十年であり、三右衛門が「囲屋敷ニ当丑年迄四拾年罷在候」とする年次は正保三年となる。同上の指摘は、切支丹屋敷の造設を考察する上で貴重な指摘である。

〔史料5〕井上屋敷と御用屋敷

切支丹御用屋敷は（中略）山屋敷ともいへり、此地もと井上筑後守か別業なりしか、宗門奉行となりしにより、こゝへ牢獄を作れり、後いつとなく御用屋敷とはなりしとそ、其比南蛮シシリヤの内ハレルモの人ジョセイフカウロといふもの、吉利支丹の宗旨勧めむとて船来せり、時に寛永二十年五月なり、同年七月十三日江戸へ召寄せられて宗門奉行筑後守政重にあつけ給ひ伝馬町の牢獄に置かれしを、後筑後守屋敷へ移し、遂に山屋敷へおかると、されはこの此時当初の牢獄は構へられしにや、正保の比江戸絵図には、井上筑後守屋敷としるせり、これは山屋敷をおかれていくほとなけれは、いまた改正に及はさりしなるへし、とにかくに寛永正保の間に作られし事は疑ふへからす（『通航一覧　第五』一八九頁）

即ち岡本三右衛門の身柄は井上政重の下で「伝馬町牢―筑後守別業牢」と移されたこと。次いで「筑後守屋敷別業牢―御用屋敷」の過程を記し、年次について「寛永正保の間」のことであると推測している。

右のうち井上屋敷から御用屋敷への転換については、家光政権の宗門改行政の枠組み構築過程から見て正保三年十一月中旬のこととなろう。二点挙げる。

その一は、井上政重に上方への役務展開を命じていることである。同月十日家光は「この日井上筑後守政重は上方の邪宗門査検し。日根野織部正吉明は長崎の邪宗門査検すべしと命ぜらる。（日記、水戸記）」（『徳川実紀　第三篇』四六

二頁)と制令している。政重の長崎御用については前述した。同上の役務について家光は、新たに豊後府内藩主の日根野織部正吉明を擢用したこととなる。同上に関する詳細は未詳であるが、政重の役務が幕藩制下の重要地に拡大される段階を迎えたことが推察される。

その二。家光は府下の霊岸島(東京都中央区)で政重に下屋敷を下賜している。[28] 次の記録が知られる。

〔史料6〕正保三年十一月十六日

一井上筑後守　御座間え被　召出於霊岸嶋下屋敷五十間四方被下旨被　仰出之

(『江戸幕府日記　姫路酒井家本　第十八巻』註(6)二八五頁)

右から、家光は政重に下賜していた従来の小日向下屋敷を召し上げ、代替地を霊岸嶋に下賜したことが確知される。

家光は切支丹屋敷を軸とする公儀の宗門改役所を整備し、政重に専掌させたこととなる。本稿では同上二点を、宗門改制の創始期とみなしておこう。

以上、既知の史料から若干の整理を試みたが、同上の知見については本稿でも基本的に踏襲しておきたい。

家光は正保三年宗門改を政重の兼役とし、同年政重の下屋敷牢を公儀の切支丹屋敷牢として整備し更改したと見られる。その理由として、家光のキリシタン直裁は正保元年十二月を最後としていること〔史料1〕。岡本三右衛門らは寛永二十年以降伝馬町「女囚牢」〔史料2〕を経て井上家小日向屋敷に囚禁、正保三年十一月同地で造建された公儀牢(山屋敷、切支丹屋敷)に移管されたこと〔史料5〕などである。

政重に課された役務は長崎御仕置に始まり、寛永二十年前後には京都・山陽道・奥州ほかで顕在化したキリシタン信徒について逐次詮議した。家光は同年紀州藩宗徒・マルケス一行に対し詮議の場に臨席して直裁したが、正保三年改めて上方の宗門改を政重に命じている。
政重の小日向下屋敷牢増築から公儀牢〔切支丹屋敷〕への転換、宗門改役の実体化と井上政重の正規就役は正保三年十一月中旬が画期となろう。

二　宗門改役の変遷過程

宗門改役の成立過程について、正保三年（一六四六）以降の変遷を概括すると以下のようである。

1　大目付専管の段階

井上政重は、切支丹屋敷を私宅から分離された宗門役所とし、諸国から江戸送りとされた被疑者の取調べを通じて、キリシタン禁教政策を広域的・重層的に加速させた。家光を後継した将軍家綱は明暦三年（一六五七）九月二十五日大目付を引見し、政重に天主教考察を命じている。次の記録がある。

〔史料6〕明暦三年九月二十五日付江戸幕府日記(29)

二十五日　青　殿中別条無之、表出御、伺公の面々御目見、御刀大久保出羽守、（中略）大目付へ万事御尋有之也、御馬上覧、筑後守へ切支丹の儀弥可相改之、御直ニ被仰出

右から、大目付の役務「万事」が家綱に再認識されたことのほか、家光時代政重に課された既述の「長崎御用」が家綱から再達されず事実上の「役免」とされ、天主教考察が大目付加役として改めて下達されたことが知られる。政重に付与された上述の「長崎屋敷」は空屋敷を経て、寛文十一年（一六七一）長崎奉行に正式移管される（『近世長崎法

制史料集2』［長崎］九二号）。

政重は、万治元年（一六五八）四月二十九日、天主教考察を大目付北条氏長に引継いだ。政重の役免は、前年の明暦三年十月中旬、肥前大村藩で露顕した郡崩れが背景にあっただろう（『近世長崎法制史料集1』二九〇号）。同一件では領民六〇三名が捕囚され、牢死七八名を除く四六八名が斬罪とされており、[30]政重が管掌したキリシタン禁制政策の妥当性と職責が幕府内で大きく問われたことが推察される。

政重の信徒探索方式は、訴人が提供ないし供述した被疑者追捕・詮議と棄教策を基本としており、当初は信徒探索に実効性があったことが推測される。但しキリシタン信徒が寺請制度の下で潜伏状態に入ると、如上の方式には制約と限界が生じた。政重はその後暫く大目付に留まり、同年閏十二月八日老免とされている（「宗門改役歴代一覧」参照）。後任の大目付北条氏長は、万治二年四月二日「与力六騎・同心三十人」を付与されて執務。同人員が、後任の改役に引き継がれる。

2 大目付・作事奉行加役の段階

ついで寛文二年二月八日、作事奉行安田宗雪が天主教考察を下達された。作事奉行の創設は寛永九年（一六三二）十月三日で、佐久間将監実勝・神尾内記元勝・酒井因幡守忠知が任命され、以降幕末迄常設とされた。[31]同奉行は城郭・神社仏閣など遠国を含む造営を職務としており、宗門統制の部署とは言い難い職制である。

作事奉行が天主教考察の兼役とされた理由については明確でないが、作事奉行は殿中席次でも大目付に次ぐ幕府重職であるほか、職務上広範な領域を管掌した。即ち同職は下僚（材木石奉行・大工頭・畳奉行・植木奉行・小細工奉行・絵師ほか）（『徳川禁令考 第二』八七七～八八五号）を通じて多種多面的な職人集団を束ねたことにより、末端から収集される情報は諸種多彩であり得た。同上の職務と職能が、大目付と並ぶ宗門禁制の専管部署とされた主要な理由となるまいか。

宗門改役の複数制への契機については、兼役発令前年の寛文元年から以降、美濃国内の旗本領、次いで尾張藩で尾濃崩れが生じており、同上露顕が家綱政権を動かした可能性がある。郡崩れに続く尾張藩の崩れは幕府に衝撃を与え、次に見るように寛文三年の武家諸法度の箇条にキリシタン禁制が新加される。以降、天主教考察は大目付と作事奉行二職への加役とされ幕末に至る。(32)

宗門改役の職名は様々に呼称された。天主教考察のほか、宗門奉行、宗門改役、切支丹奉行、切支丹類族改などがある。ほか、吉利支丹御用、切支丹支配などの用例もある。(33)本稿では、『柳営補任』(34)所収大目付・作事奉行一覧に添書きされた「宗門改加役」の用例に従った。

3　宗門改役の職務

宗門改役はキリシタン信徒の探索と同宗門禁絶を本務としたが、寛文年間（一六六〇年代）以降、同上にキリシタン類族の管理が新加された。類族は周知のように、キリシタン本人と「ころび」者の子孫のことである。(35)類族に対する幕府の監視体制は、耶蘇制禁条項を付加した寛文三年の武家諸法度改定後、同四年のキリシタン穿鑿専任役人の設置令（『長崎』一号）により具体化され、寛文五年には「ころひ候者」の調査が発令される。次のようである。

〔史料7〕寛文五年正月付類族に関する制令(36)

覚

一旧冬も申付候通ニ代三代以前ニ吉利支丹ニ而ころひ候もの之孫子有之候ハ、其者之ぢい・親何拾年以前ニころひ申候由、名主五人組致吟味、其通を委細ニ書付両御番所え差上得其意、北条安房守殿・保田若狭守殿え可申上候、若隠置脇より於申出ニは急度曲事可申付事

正月

右は巳正月十五日御触、町中連判

右は江戸で発令された触書であるが、名主・五人組に対し「ころひ候もの」の孫子の「ぢい・親」について「何拾年以前」転向したか、その年次の吟味と書上げを命じている。長崎でも同様の措置がとられたことであろう。特に明暦四年長崎奉行は、南蛮船の渡来と湾内への進入に関連して「長崎いつれもきりしたんころひものにて御座候、彼船乗込候を見申候ハヽ、ころひ共の気ちかひ候儀、万一可有御座かと奉存候事」(37)と断じ、老中に進言していた。故に寛文年間には、類族調査が長崎でなされた事であろう。

以降の主要な宗門法度については、綱吉政権初期の天和元年(一六八一)証文差出の法改定、貞享四年(一六八七)類族令本則、元禄八年(一六九五)同細則などが布告され、関連する付則が逐次追加された。その過程で関連する資料が大量に生み出されたが、他方で初期の宗門改書類が焼却されており、宗門行政のあり方に大きな転機が生じている。若干を跡付ける。

天和元年のキリシタン禁令では「切支丹転之者并類族迄常々行跡疑敷儀無御座候事」が規定されたほか、信徒改め証文の提出について隔年から毎年差出へと諸国諸大名に課された(『近世長崎法制史料集1』三九五号)。

翌二年には、切支丹屋敷でキリシタン古証文の整理と焼却が開始されている。同年の関連史料は、次のようである。

〔史料8〕天和二年二月二十九日古証文焼捨て

二月十九日切支丹古証文庚申年より只今迄のを残シ置、己未より以前之分不残焼捨ニ仕候様ニと被申付候、仍而山屋敷へ御頭用人久木源右衛門参、尤与力共立合、古証文共遂吟味申候、今日より毎日々々源右衛門参り、古証文共撰申候（『査祇餘録』前註（27））

文中の庚申年は延宝八年（一六八〇）、己未年は同七年となる。即ち家綱から新将軍綱吉への交代期（延宝八年五～八月）が区切りの年次とされ、天和二年二月に延宝八年以前の切支丹古証文が焼却処分されたこととなる。焼却を命じた宗門改役は、作事奉行兼役の青木遠江守義継と大目付兼役の坂本右衛門佐重治。井上政重時代の資料破棄が大規模になされたこととなるが、同上の施策により、幕藩制下のキリシタン禁制が従来の信徒摘発と穿鑿から、幕藩権力が捕捉ないし把握していた信徒後裔〔類族〕の統制・管理へと政事力学の軸足が移され、類族に対する監視システムの構築・強化がなされたことが知られる。無論、切支丹禁制は幕末まで形式上「第一義」とされたが、その内実は「類族」取締りに禁制遂行の重点が移行されたことになろう。

貞享四年の類族令は従前のキリシタン禁令を踏まえ、同年七月付八か条として制定された[38]。その衝に当った宗門改役は、戸田又兵衛直武・中山勘解由直守である。同令は寛文四年以降の調査結果を踏まえ、切支丹本人・本人同前、類族に分け、六条で「類族之者忌掛り候親類幷聟舅吟味」し書付を命じた。但し、同上に見える「忌掛り」は綱吉政権が貞享元年制定した服忌令（『近世長崎法制史料集2』〔長崎〕一四九号）に照らし、混乱が生じたことであろう。服忌令では忌掛りについて高祖父母（忌十日）から末孫（忌三日）まで規定がなされていたことによる。「当代賞罰厳明[39]」を謳われた将軍綱吉治政の時代である。そのため類族令を補う細則が元禄八年六月付で布達された[40]が、同令はキリシタン本人・本人同然から最長で五代までの子孫を類族とし、個々の人生の節目や異動について年々の報告を義務づけた繁文である。同上制定の衝に当った宗門改役は、作事奉行兼帯小幡三郎左衛門重厚、大目付兼帯前田安芸守直勝等である。

類族令細則の施行は、類族と接する地方・町方から民政を司った諸藩の役人、同報告を集約し宗門改役への届出義務を課された大名領主に至るまですべての段階で厄介な煩務であり、類族と実務者を悩ませた法令であった。同上により宗門改役は報告文の雛型作成を余儀なくされたほか、類族に関する改定令が以降も再達された。吉宗政権の下では、享保三年(一七一八)十一月類族追放刑、離別等が規定された(『徳川禁令考 前集第三』一六〇八号)。家治政権の下では、明和三年(一七六六)十月切支丹類族届七月・十二月の二季届について遵守を命ずる触書を発令している(同右、一六〇九号)。

類族法制の整備を背景として、長崎からは大量の書類と簿冊が江戸に送られた。その様子については、断片的な記事が残されている。

〔史料9〕元禄六年の長崎類族届書

元禄六癸酉年正月、類族帳面六櫃に入、高木作左衛門殿参府之節持参仕、宮城越前守様え相渡之　長崎覚書、按するに宮城越前守は長崎奉行、高木作左衛門は同所町年寄なり(『通航一覧 第五』二一二頁)

右から、長崎の類族帳面は町年寄により江戸に搬送され、長崎奉行宮城越前守和澄の領掌を経て、宗門奉行に提出されたことが知られる。

キリシタン禁制は類族統制令により強化の一途を辿ったこととなるが、既述した煩瑣で形式的な側面を加速させることとなった。キリシタン禁制は幕末まで幕藩制国家の国是として幕末まで歴代の長崎奉行に御渡物や触書等で下達されたが、内実は前例踏襲と形式化が進んだ。他方で潜伏キリシタンは寺請制を基軸とする宗門改体制の下で多くが「タコツボ」化して存続。西九州の各地で代官・領主と在地役人の支配を受けながら近世村落の風土に順化潜伏し、自身の「同一性」を強固に保持した。それらについては多くの研究蓄積がなされているが、私見では同上の変異幅の両極について、伝統的切支丹型と、混交的切支丹型に区分し、大別しておこう(41)。

宗門改役の系譜は、幕末まで辿ることが出来る。慶応三年肥前大村藩は領内の浦上木場村で捕えた異宗徒男女一一六名の処置について長崎奉行能勢大隅守頼之に伺い、同奉行から「其筋」へ再提出する旨の指令を得て大目付滝川播磨守具挙《ともたか》に伺書を提出している。次のようである。

〔史料5〕慶応三年十二月二十二日大村藩士伺書(42)

宗門の儀ニ付てハ従古来厳重被仰出丹後守領内無油断遂穿鑿長崎御奉行所より毎年踏絵借用家中末々迄絵踏申付宗旨相改候処頃年踏絵御廃止後も別而入念厳重改僉議候、然処今度浦上村百姓之内宗旨方疑敷筋之者も有之候間召捕置致吟味候得共邪正未相決候、依之猶遂糺問委細可申上候得共先此段御聞置被下候様申付越候、以上

十月廿二日　大村丹後守《純熙》家来　浦小斎治

同伺に対する徳川政権の令達は示されることはなかったと見られるが、同上が幕府大目付の宗門改役に関係する最後の一件となった(43)。

註

(1)『御当家令条』巻二十九（石井良助編『御當家令條・律令要略』創文社、一九五九年、三七三号）。東京大学史料編纂所編『大日本史料　第十二編之十』（東京大学出版会、一九六一年覆刻、四頁）。

(2)慶長十八年十二月、大久保忠隣が伴天連追放総奉行とされ、翌年追放令が京都で発布されている。追放令については、異国日記刊行会編『影印本異国日記―金地院崇伝外交文書集成』（東京美術、一九八九年、六三頁）。清水紘一・木

崎弘美・柳田光弘・氏家毅編『近世長崎法制史料集1』（岩田書院、二〇一四年、八二号）に収録。同書、本文中に記載。
（3）国史大系編修会編『徳川実紀　第二篇』（吉川弘文館、一九六四年、五七六頁）。
（4）大目付勤方規定、石井良助編『徳川禁令考　前集第二』（創文社、一九六八年第二刷、九二九号）。
（5）宗門改役の成立を寛永十七年とする見解については、海老沢有道「切支丹屋敷」（国史大辞典編集委員会編『国史大辞典』第四巻、一九八四年、吉川弘文館）ほか。筆者は嘗て大目付兼職の宗門改役について素描し、同職に就いて「宗門改役は寛永鎖国期前後を機として次第に井上政重がキリシタン取締関係の専任者として位置づけられていき、明暦三年九月二十五日に名実とも成立したと見るべきであろう」とした。清水紘一「宗門改役ノート」（『キリスト教史学』第三十輯、一九七六年）。本稿は同上の続編で大幅に補訂した。
（6）寛永十五年正月三日当日の幕府日記「肥前嶋原へ為上使井上筑後守被差遣之、御前へ被召出様子御直ニ被仰含御差料の御腰物青江県服御道服黄金十枚人馬御朱印被下也、申刻退出〆即刻発足」（藤井讓治監修『江戸幕府日記　姫路酒井家本　第七巻』ゆまに書房、二〇〇三年、三〇頁）。以下、文中に（江戸幕府日記）と略記。
（7）井上政重譜、高柳光寿・岡山泰四・斎木一馬編集顧問『新訂寛政重修諸家譜　第十二』（続群所類従完成会、一九六五年、三〇五頁）。
（8）永積洋子「オランダ人の保護者としての井上筑後守政重」（『日本歴史』第三二七号、一九七五年）ほか。
（9）「契利斯督記」（国書刊行会編『続群書類従第十二宗教部』続群書類従完成会、一九七〇年、六四七頁）。
（10）家光は寛永十五年九月二十日宗徒告訴に対する「公儀褒賞」を諸国に令達（『近世長崎法制史料集1』二〇三号）。
（11）『江戸幕府日記　第九巻』（前掲書、四四四頁）。寛永十七年七月朔日、加増御礼記事（同上、五〇一頁）。七月廿七日長崎出立の暇乞い（同上、五四四頁）。

(12)　京都史蹟会編『林羅山文集』（弘文社、一九三〇年、六九一頁）。
(13)　永積洋子訳『平戸オランダ商館の日記第四輯』（岩波書店、一九七〇年、四二九、四九一頁）。
(14)　井上政重の長崎屋敷は、寛文十一年長崎奉行の下屋敷として移管され、その後立山役所が築造された（『長崎御役所留』国立公文書館内閣文庫蔵、請求記号「181-113」）。関連史料、清水紘一・柳田光弘・氏家毅・安高啓明編『近世長崎法制史料集2』（岩田書院、二〇一八年）に収録（略称［長崎］）。該当史料は同九二～九五号。
(15)　村井早苗「キリシタン禁制をめぐる岡山藩と幕府―万治二年『備前国吉利支丹帳』の分析を中心に―」（『キリシタン禁制の地域的展開』岩田書院、二〇〇七年）。
(16)　木村直樹『幕藩制国家と東アジア世界』（吉川弘文館、二〇〇九年、第二章「宗門改役の成立過程」）。
(17)　徳川斉昭編『息距編三』（国立公文書館内閣文庫蔵、二二巻一一冊）請求記号「193-597」。
(18)　マルケス一行は、寛永十九年日本宣教団として薩摩甑島に上陸したアントニオ・ルビノ Antonio Rubino 一行の第二隊となる。ルビノ一行は鹿児島藩に捕囚され、翌年長崎で穴吊しの刑に処された。マルケス一行はルビノ一行に続いたこととなるが、家光はマルケス等を江戸送りとさせている。理由は不明であるが、マルケス等の乗船が西九州沿岸を北上したことが背景にあろうか。同一行渡日の目的地について阿久根晋氏は綿密に考察し、奥州津軽とする新説を提示している（同氏「マニラから津軽へ―「キリシタン時代」末期における日本宣教再開の試み―」（郭南燕編『キリシタンが拓いた日本語文学』明石書店、二〇一七年）。
(19)　永積洋子訳『南部漂着記　南部山田浦漂着のオランダ船コルネリス・スハープの日記』（キリシタン文化研究会、一九七四年）、レイニアー・H・ヘスリンク『オランダ人捕縛から探る近世史』（山田町教育委員会編刊、一九九八年）に詳しい。

(20) 井上政重が長崎で屋敷を拝領した年次は不明であるが、寛永十七年家光から長崎御用を命じられた頃となろう。なお政重は自藩の所領に陣屋をおかなかったが、三代藩主政蔽《まさあきら》は下総高岡村に陣屋を構えた。木村礎・藤野保・村上直編『藩史大事典　第2巻　関東編』（雄山閣出版、一九八九年、四四五頁）。

(21) 寛永十五年十二月四日の幕府日記に「井上外記御加増五百石被下之、其上与力五騎徒同心廿五人被仰付、是日来御役の儀無油断心懸色々鉄炮手立工ミ依也、老中被申渡也」（『江戸幕府日記第七巻』五六二頁）と見える。

(22) 『徳川実紀第二篇』、五八二頁。『徳川禁令考前集第一』一九八号。同上軍役で人数を示している上限は「二千石四十三人」であり、単純に万石を計算すると二〇〇名を超える。但し、石高の上級者は漸減されている。

(23) 村上直次郎訳『長崎オランダ商館の日記　第一輯』（岩波書店、一九八〇年第二刷、二六八・二七四頁）。〔史料2〕に関連して政重の役宅での詮議事例を付加しておくと、寛永二十年十月蘭館長は政重邸で手枷を外された「男」を目撃し、政重の家来から「京の周辺に住む日本人五、六百人のキリシタンを摘発したので、彼はこれが調査され、事実とわかるまで監禁されねばならない」と聞かされている。永積洋子『南部漂着記　南部山田浦漂着のオランダ船コルネリス・スハープの日記』（前掲書、九三頁）。

(24) 『阿蘭陀通詞由緒書』（長崎縣史編纂委員会編『長崎県史史料編第四』吉川弘文館、一九六五年、八〇三頁）。

(25) 伝馬町牢屋は慶長年中常盤橋から小伝馬町に移されたが、女子は「揚屋の一」に入れ、これが女牢といわれたという。刑務協会編刊『日本近世行刑史稿　上』（一九四三年、一二二頁以下）。平松義郎『近世刑事訴訟法の研究』（創文社、一九八八年第二刷、九二八頁）。

(26) 国書刊行会編刊『通航一覧第五』（一九一二年、一八九頁）。本書、文中に記載。

(27) 「査祆餘録」（国書刊行会編『続々群書類従第十二』続群書類従完成会、一九七〇年、六一九、六二〇頁）。

(28) 東京市役所編刊『東京市史稿　市街篇　第六』（一九二九年、一六七頁）。
(29)『明暦年録七』（国立公文書館内閣文庫蔵、請求記号「163-205」）。明暦三年九月二十五日条「大目付をめしてその職務を尋給ふ。大目付井上筑後守政重天主教考察を命ぜらる」（『徳川実紀　第四篇』二四一頁）。
(30) 藤野保・清水紘一編『大村見聞集』（高科書店、一九九四年、六四五頁）。
(31)『徳川実紀　第二篇』（五六八頁）。神宮司廳編『古事類苑　官位部三』（吉川弘文館、一九七八年、六三一〜六六〇頁）。
(32) 故に作事奉行から大目付に転任し、その両方で就役した須田盛昭（文政十以降）の例がある。ほか普請奉行から宗門改役を命じられた例がある。田中友明（天和二年以降）、大草高好（天保六年以降）など。後掲付表参照。
(33) 例えば、天主教考察、切支丹奉行（『近世長崎法制史料集2』［長崎］一〇六号）。宗門奉行（国書刊行会編刊『通航一覧第五』前掲書、二一一頁）。吉利支丹の御用「寛文七年九月廿九日　北条安房守・保田若狭守御座の間え被為召吉利支丹の御用被仰付候」（国立公文書館内閣文庫蔵『寛文年録』一六四―一）。切支丹支配「寛文十二年五月六日　一保田若狭守へ御預の切支丹支配の与力同心幷彼屋敷の事青木遠江守へ御預の由老中伝之」（『寛文年録』一六四―一）。「切支丹の儀」、別に「天主教考察」。
(34) 東京大学史料編纂所編『柳営補任二』（根岸衛奮原編、東京大学出版会、一九六三年、一五、六九頁）。
(35) 寛文三年五月二十三日付武家諸法度19条「一耶蘇宗門之儀於国々所々彌堅可禁止之事」（高柳眞三・石井良助編『御触書寛保集成』（岩波書店、一九七六年第三刷）五号。
(36) 近世史料研究会編『正宝事録第一巻』（日本学術振興会、一九六四年）三六六号。
(37)『近世長崎法制史料集2』［長崎］四三号。同文中の「ころひ共の気ちかひ」、石井良助編『徳川禁令考前集第六』（創文社、一九六八年第二刷）四〇八七号では「ころび共の乗ちかひ」とする。

(38)『御触書寛保集成』一二三九号。『徳川実紀　第五篇』六〇三頁では、貞享四年六月二十二日(『近世長崎法制史料集1』四一五号)。

(39)「常憲院殿御実紀附録巻上」(『徳川実紀　第六篇』七三二頁)。

(40)『憲教類典』四ノ十六切支丹、国立公文書館内閣文庫蔵。

(41)本稿で述べた伝統的切支丹は、戦国末期南欧から将来された同上宗門の「古型」を維持した宗団。混交的切支丹は、寺請制の下で交錯的な転化を遂げた宗団。私見では同上とも切支丹宗門であるが、後者のうちでは切支丹宗門の「一派」と類型化される宗団があろう。別稿を要する。潜伏キリシタンに関する研究は重厚に蓄積されてきている。最近の研究として安高啓明『踏絵を踏んだキリシタン』(吉川弘文館、二〇一九年)。川口洋平「長崎と天草地方の潜伏キリシタン関連遺産」『歴史と地理』第七二二号、二〇一九年)。村井早苗「〔研究動向〕キリシタン史研究の成果と課題—近年の動向を中心に」(『歴史学研究』第九八三号、二〇一九年)参照。

(42)大村家覚書二十四(大村市立史料館蔵、請求記号「S101–163」、六五頁)。

(43)清水紘一「浦上四番崩れと大村藩」(大村市史編さん委員会編刊『新編大村市史第四巻近代編』二〇一六年、一一〇頁)。

付 宗門改役歴代一覧（正保三年～慶応三年）

宗門改役に就任した幕府役人の総数は、大目付が四五、作事奉行が五二、普請奉行一、総数は九八名となる。

本一覧については、以下の要領で作成した。

一、『柳営補任二』（前註(34)）所収大目付・作事奉行の関連記事から宗門改役を抽出。併せて『新訂寛政重修諸家譜』（前註(7)）、『徳川実紀』・同続篇（前註(3)）、『江戸幕府日記　姫路酒井家本』（前註(6)）ほかを参照した。データの異同については校勘したが、宗門方への就退任期は相当数が不明である。

二、一覧の記載は、大目付・作事奉行の任職、宗門改役の任免年月日の順に記載した。大目付は宗門方に加え、分限方・服忌方・鉄砲改方・指物方・御日記方・道中方などを分掌しており、宗門方への就退任が判明する場合、年月日の順に記載した。年次不詳の場合、『柳営補任二』の記載に倣い「宗門改兼之」ほかに記載した。このため、関連史料による改訂の余地が多分に残されている。ほか関連文献の一部を「　」で付記した。

以上により、本一覧は作成途上にある。参照の便宜として、一覧に【将軍時代】を添えた。

【家光時代】元和九年七月二十七日～慶安四年四月二十日

井上筑後守政重　寛永九年（一六三二）十二月十七日惣目付〔大目付〕任

寛永十七年六月十二日長崎御用（「長崎御仕置毎年」、「異国の商船をよび耶蘇制禁等の事裁許」）。寛永二十年家光の命で各地のキリシタン、マルケス一行を詮議。正保三年（一六四六）十一月造設された公儀の切支丹屋敷を管掌、初代宗

門改役。明暦三年（一六五七）九月二十五日将軍家綱、政重に宗門方専掌「切支丹の儀弥可相改之」直達。万治元年（一六五八）四月二十九日宗門改役免、同年閏十二月八日大目付免（『江戸幕府日記姫路酒井家本第九巻』四四四頁。『寛政重修諸家譜第四』三〇五頁。『柳営補任二』一五頁。内閣文庫蔵『明暦年録七』。『徳川実紀第三篇』一九四、三〇六頁。同『第四篇』二四一、二八九頁。『柳営補任二』一五頁）。

【家綱時代】慶安四年八月十八日～延宝八年五月八日

北条安房守氏長〔正房〕　明暦元年（一六五五）九月十日大目付任

万治元年（一六五八）四月二十九日天主教考察兼務。同二年「四月二日天主教考察によて。先手組与力三騎。同心三十人を附属せられ。別に与力三騎召か、へしめ。惣計六騎になされ。廩米六十石づつ給ふ」。寛文十年三月九日病免（『寛政重修諸家譜第八』三〇九頁。『徳川実紀第四篇』二六六、三〇三頁。同『第五篇』六七頁。『柳営補任二』一六頁）。

保田若狭守宗雪　寛文二年（一六六二）二月八日作事奉行任

寛文二年二月八日天主教考察兼務「与力六騎同心三十人御預宗門改仰付」。同十二年四月二十九日病免（『寛政重修諸家譜第四』二〇二頁。『徳川実紀第四篇』四一〇頁。同『第五篇』一三〇頁。『柳営補任二』七〇頁）。

大井新右衛門政直　寛文六年（一六六六）八月十八日作事奉行任

「宗門改」。延宝九年（一六八一）三月二十九日免（『寛政重修諸家譜第四』六九頁。『徳川実紀第四篇』五八〇頁。同『第五篇』四〇七頁。『柳営補任二』七〇頁）。

青木遠江守義継　寛文十一年（一六七一）二月十八日作事奉行任

寛文十一年二月十八日天主教考察兼務。天和二年（一六八二）二月二十七日免（『寛政重修諸家譜第十一』一一六頁。『徳川実紀第五篇』九三、四三八頁。『柳営補任二』七〇頁）。

渡辺大隅守綱貞　延宝元年（一六七三）正月二十三日大目付任
延宝元年正月二十三日天主教考察兼務。天和元年（一六八一）六月二十七日罷免「八丈嶋流罪」（『寛政重修諸家譜第八』一一〇頁。『徳川実紀第五篇』一五二、四一七頁。『柳営補任二』一六頁）。

【綱吉時代】延宝八年八月二十三日～宝永六年正月十日

坂本右衛門佐重治　天和元年（一六八一）五月十二日大目付任
天和元年十月十九日天主教考察兼務。同二年十月十六日転（『寛政重修諸家譜第三』八〇頁。『徳川実紀第五篇』四二八、四六三頁。『柳営補任二』一六頁）。

田中孫十郎友明　天和二年（一六八二）三月十一日普請奉行任
天和二年十月二十五日天主教考察兼務。貞享二年（一六八五）八月十二日転（『寛政重修諸家譜第八』三二五頁。『徳川実紀第五篇』四六四、五五四頁。『柳営補任二』八〇頁）。

林信濃守忠隆　天和二年（一六八二）六月三日大目付任
天和二年十月二十五日天主教考察兼務。貞享三年（一六八六）十一月二十六日転（『寛政重修諸家譜第四』一三〇頁。『徳川実紀第五篇』四六四、五八九頁。『柳営補任二』一六頁）。

戸田又兵衛直武　貞享元年（一六八四）十二月十日作事奉行任
貞享二年十月十三日天主教考察兼務。同四年十二月十五日転（『寛政重修諸家譜第十四』三六五頁。『徳川実紀第五篇』五五七、六一九頁。『柳営補任二』七〇頁）。

中山勘解由直守〔丹波守〕　貞享三年（一六八六）十二月三日大目付任
貞享三年十二月三日天主教考察兼務。同四年七月二日卒（『寛政重修諸家譜第十一』八九頁。『徳川実紀第五篇』五九〇頁。『柳営補任二』一六頁）。

稲生五郎左衛門正照　貞享四年（一六八七）十二月十五日作事奉行任

貞享四年十二月二十一日天主教考察兼務。元禄二年（一六八九）五月三日転（『寛政重修諸家譜第十六』三九三頁。『徳川実紀第五篇』六一九、六二〇頁。同『第六篇』四三頁。『柳営補任二』七〇頁）。

藤堂伊予守良直　元禄元年（一六八八）四月九日大目付任

元禄元年十月十九日天主教考察兼務。同五年三月二十三日転（『寛政重修諸家譜第十四』三〇六頁。『徳川実紀第六篇』二四、一三六頁。『柳営補任二』一七頁）。

小幡三郎左衛門重厚〔上総介〕　元禄二年（一六八九）五月十四日作事奉行任

元禄二年五月十五日天主教考察兼務。宝永四年（一七〇七）五月二十八日転（『寛政重修諸家譜第九』一八九頁。『徳川実紀第六篇』四四、六五五頁。『柳営補任二』七〇頁）。

前田安芸守直勝　元禄五年（一六九二）三月二十三日大目付任

元禄五年四月十三日天主教考察兼務。同十二年十二月十二日病免（『寛政重修諸家譜第十七』三三二頁。『徳川実紀第六篇』一三七、三八九頁。『柳営補任二』一七頁）。

庄田下総守安利　元禄十二年（一六九九）十二月十五日大目付任

元禄十二年十二月二十七日天主教考察兼務。同十四年八月二十一日罷免「御役不相応ニ付被召放」（『寛政重修諸家譜第九』二六一頁。『徳川実紀第六篇』三九一、四四八頁。『柳営補任二』一七頁）。

溝口摂津守宣就　元禄十二年（一六九九）五月一日大目付任

元禄十四年十一月二日天主教考察兼務。同年十一月二十八日転（『寛政重修諸家譜第三』一三〇頁。『徳川実紀第六篇』

三六七、四五四、四五五頁。『柳営補任二』一七頁）。

近藤備中守用高　元禄十四年（一七〇一）十二月一日大目付任

元禄十四年十二月五日天主教考察兼務。同十六年十一月六日転（『寛政重修諸家譜第十三』三九〇頁。『徳川実紀第六篇』四五六、五一九頁。『柳営補任二』一七頁）。

松前伊豆守嘉広　元禄十六年（一七〇三）十一月十三日大目付任

元禄十六年十一月十四日天主教考察兼務。宝永二年（一七〇五）二月十五日転（『寛政重修諸家譜第三』二〇三頁。『徳川実紀第六篇』五一九、五六八頁。『柳営補任二』一八頁）。

横田備中守由松《よしとし》　宝永二年（一七〇五）一月十一日大目付任

宝永二年二月十八日天主教考察兼務。享保九年（一七二四）二月十一日辞（『寛政重修諸家譜第七』三五一頁。『徳川実紀第六篇』五六八頁。『徳川実紀第八篇』三二八頁。『柳営補任二』一八頁）。

大嶋肥前守義也　元禄十六年（一七〇三）七月二十八日作事奉行任

宝永四年（一七〇七）六月二日天主教考察兼務。同年十一月一日転（『寛政重修諸家譜第二』九二頁。『徳川実紀第六篇』五一二、六五六、六七三頁。『柳営補任二』七〇頁）。

柳沢八郎右衛門信尹《のぶただ》（豊後守・備後守）　宝永四年（一七〇七）十一月一日作事奉行任

宝永四年十一月二日天主教考察兼務。正徳五年（一七一五）二月二十三日天主教の事免。享保九年（一七二四）正月十一日作事奉行免（『寛政重修諸家譜第三』二四九頁。『徳川実紀第六篇』六七三頁。同『第七篇』四一九頁。同『第八篇』三二六頁。『柳営補任二』七一頁）。

【家宣時代】　宝永六年五月朔日～正徳二年十月十四日

【家継時代】正徳三年四月二日〜同六年四月三十日

駒木根肥後守政方　正徳四年（一七一四）十一月十八日作事奉行任
正徳五年二月二十三日天主教の事兼務。享保四年（一七一九）四月十三日転（『寛政重修諸家譜第十五』五八頁。『徳川実紀第七篇』四一九頁。同『第八篇』一五二頁。『柳営補任二』七一頁）。

【吉宗時代】享保元年八月十三日〜延享二年九月二十五日

久松備後守定持　正徳五年（一七一五）十一月七日作事奉行任
享保四年（一七一九）四月二十五日天主教考察兼務。同八年三月二十一日転（『寛政重修諸家譜第十七』三一八頁。『徳川実紀第七篇』四四三頁。同『第八篇』一五三、二九九頁。『柳営補任二』七一頁）。

建部志摩守廣明　享保八年（一七二三）三月二十一日作事奉行任
享保八年三月二十三日天主教考察兼務。同十二年正月十一日転（『寛政重修諸家譜第七』七三頁。『徳川実紀第八篇』二九九、四二一頁。『柳営補任二』七一頁）。

彦坂壱岐守重敬《しげゆき》　享保六年（一七二一）二月十五日大目付任
享保九年三月十一日天主教考察兼務。同十一年四月二十五日卒（『寛政重修諸家譜第六』二六頁。『徳川実紀第八篇』二一一、三三〇頁。『柳営補任二』一八頁）。

間部隠岐守詮之《のぶなり》　享保九年（一七二四）正月十一日作事奉行任
享保十二年正月十五日天主教考察兼務。同十三年三月十九日病免（『寛政重修諸家譜第二十二』六六頁。『徳川実紀第八篇』三二六、四二一、四五三頁。『柳営補任二』七一頁）。

興津能登守忠閭《ただとも》　享保十年（一七二五）五月二十八日大目付任

享保十二年五月二十八日天主教考察兼務。同十七年八月七日転（『寛政重修諸家譜第十四』一六〇頁。『徳川実紀第八篇』四二九、六〇七頁。『柳営補任二』一八頁）。

木下清兵衛信名〔伊豆守・伊賀守〕　享保十二年（一七二七）正月十一日作事奉行任「宗門改兼之」。元文四年（一七三九）十月二十七日転（『寛政重修諸家譜第二十』一八九頁。『徳川実紀第八篇』四二一、八三六頁。『柳営補任二』七一頁）。

三宅周防守康敬《やすよし》　享保十七年（一七三二）八月七日大目付任「宗門改兼之」。元文四年（一七三九）九月一日転（『寛政重修諸家譜第十六』一六頁。『徳川実紀第八篇』六〇七、八三一頁。『柳営補任二』一八頁）。

松波筑後守正春　元文四年（一七三九）九月一日大目付任「宗門改兼之」。延享元年（一七四四）六月二日卒（『寛政重修諸家譜第十四』四〇七頁。『徳川実紀第八篇』八三一頁。『柳営補任二』一九頁）。

本多近江守正庸《まさつね》　元文四年（一七三九）九月一日作事奉行任元文四年十月三十日天主教考察兼務。延享三年（一七四六）六月十一日転（『寛政重修諸家譜第十一』二九四頁。『徳川実紀第八篇』八三一、八三六頁。同『第九篇』三九〇頁。『柳営補任二』七一頁）。

石河土佐守政朝　延享元年（一七四四）六月十一日大目付任
延享元年六月十一日天主教考察兼務。宝暦四年（一七五四）五月一日転（『寛政重修諸家譜第五』四二七頁。『徳川実紀第九篇』九二、六一六頁。『柳営補任二』一九頁）。

【家重時代】　延享二年十一月二日〜宝暦十年五月十三日

別所播磨守矩満　寛保二年（一七四二）九月二十八日作事奉行任
延享三年（一七四六）七月一日天主教考察兼務。同四年八月十一日役免（『寛政重修諸家譜第八』七四頁。『徳川実紀第九篇』四九、三九三、四三三頁。『柳営補任二』七一頁）。
服部大和守保貞　延享三年（一七四六）六月十一日作事奉行任
「宗門改兼之」。宝暦元年（一七五一）三月二十五日転（『寛政重修諸家譜第十八』七二頁。『徳川実紀第九篇』三九〇、五三三頁。『柳営補任二』七一頁）。
曲淵越前守英元　延享四年（一七四七）八月十二日作事奉行任
延享四年八月十六日天主教考察兼務。寛延元年（一七四八）七月二十一日転（『寛政重修諸家譜第三』三四二頁。『徳川実紀第九篇』四三四、四三五、四六六頁。『柳営補任二』七一頁）。
久松筑後守定郷　寛延三年（一七五〇）三月十一日作事奉行任
宝暦元年（一七五一）五月十五日天主教考察兼務。同三年七月二日病免（『寛政重修諸家譜第十七』三一八頁。『徳川実紀第九篇』五一一、五三六、五九七頁。『柳営補任二』七一頁）。
織田弥十郎信義〔肥後守〕　宝暦三年（一七五三）四月七日作事奉行任
宝暦三年七月二十四日天主教考察兼務。同九年六月十四日病免（『寛政重修諸家譜第八』一九〇頁。『徳川実紀第九篇』五九八、七三六頁。『柳営補任二』七二頁）。
神尾備前守元籌《もとかず》　宝暦四年（一七五四）六月十一日大目付任
「宗門改兼之」。宝暦十一年（一七六一）十一月十日病免（『寛政重修諸家譜第十六』二三二頁。『徳川実紀第九篇』六一八頁、同『第十篇』六七頁。『柳営補任二』二〇頁）。

安藤弾正少弼惟要《これとし》　宝暦五年（一七五五）八月十五日作事奉行任
「宗門改」。同十一年九月七日転（『寛政重修諸家譜第十九』三〇三頁。『徳川実紀第九篇』六四五頁、同『第十篇』六〇頁。『柳営補任二』七二頁）。

【家治時代】宝暦十年九月二日～天明六年九月八日

山名彦次郎豊明〔伊豆守〕　宝暦九年（一七五九）六月二十八日作事奉行任
宝暦十一年九月十七日天主教監察兼務。同十三年五月十日転（『寛政重修諸家譜第五』九二頁。『徳川実紀第九篇』七三六頁。同『第十篇』六一、一一七頁。『柳営補任二』七二頁）。
稲垣出羽守正武　宝暦十年（一七六〇）四月一日大目付任
宝暦十一年十二月五日天主教糾察の事兼務。明和八年（一七七一）七月四日卒（『寛政重修諸家譜第六』四〇〇頁。『徳川実紀第九篇』七六〇頁。同『第十篇』六九頁。『柳営補任二』二〇頁）。
正木志摩守康恒　宝暦十三年（一七六三）五月十日作事奉行任
「宗門改兼之」。明和六年（一七六九）十一月八日転（『寛政重修諸家譜第九』一〇二頁。『徳川実紀第十篇』一一七、三一六頁。『柳営補任二』七二頁）。
浅野備前守長充　明和三年（一七六六）八月二十日作事奉行任
明和六年十二月八日天主教考察兼務。安永三年（一七七四）十月二十八日転（『寛政重修諸家譜第五』三五一頁。『徳川実紀第十篇』二二九、三一八、四五〇頁。『柳営補任二』七二頁）。
小野日向守一吉《くによし》　明和八年（一七七一）七月十二日大目付任
明和八年七月二十一日天主教考察兼務。安永五年（一七七六）十二月二十四日転（『寛政重修諸家譜第二十』一五二頁。

『徳川実紀第十篇』三六四、五三三頁。『柳営補任二』二〇頁）。
新庄能登守直宥《なおすみ》　安永五年（一七七六）十二月二十五日大目付任
安永五年十二月二十五日天主教考察兼務。同八年九月五日卒（『寛政重修諸家譜第十三』一八二頁。『徳川実紀第十篇』五三三頁。『柳営補任二』二一頁）。
河野吉十郎安嗣〔信濃守〕　安永五年（一七七六）七月八日作事奉行任
安永七年十二月二十六日天主教考察兼務。天明三年（一七八三）二月二十四日大目付転（『寛政重修諸家譜第二十』四〇二頁。『徳川実紀第十篇』五二〇、五八九、七一五頁。『柳営補任二』七三頁）。
伊藤伊勢守忠勧《ただすけ》　安永七年（一七七八）五月七日大目付任
安永八年九月十二日天主教考察并に分限簿点検の事兼務。同九年九月二十六日卒（『寛政重修諸家譜第二十一』一八四頁。『徳川実紀第十篇』五七二、六一二頁。『柳営補任二』二一頁）。
久松筑前守定愷《さだたか》　安永九年（一七八〇）十月八日大目付任
安永九年十月十日天主教考察兼務。天明六年（一七八六）正月二十日卒（『寛政重修諸家譜第十七』三一九頁。『徳川実紀第十篇』六四二頁。『柳営補任二』二一頁）。
室賀山城守正之　安永八年（一七七九）正月十一日作事奉行任
天明三年（一七八三）三月二十三日天主教考察兼務。同五年十二月二十四日転（『寛政重修諸家譜第四』二七五頁。『徳川実紀第十篇』五九一、七一七、七八九頁。『柳営補任二』七三頁）。
柘植長門守正寔《まさたね》　天明三年（一七八三）三月二十日作事奉行任
天明五年十二月二十九日天主教考察兼務。同六年閏十月二十一日転（『寛政重修諸家譜第八』二二九頁。『徳川実紀第十篇』七一七、七八九頁。『続徳川実紀第一篇』六頁。『柳営補任二』七三頁）。

横田源太郎松房《としふさ》〔大和守〕　天明五年（一七八五）十一月十五日作事奉行任

「宗門改兼之」。天明七年二月二十六日転（『寛政重修諸家譜第七』三五六頁。『徳川実紀第十篇』七八五頁。『続徳川実紀第一篇』二三頁。『柳営補任二』七三頁）。

岩本内膳正正利　天明五年（一七八五）九月十日大目付任

天明六年二月七日天主教考察兼務。同七年三月一日転（『寛政重修諸家譜第十九』一一九頁。『徳川実紀第十篇』七八一、七九四頁。『続徳川実紀第一篇』二三頁。『柳営補任二』二一頁）。

山田肥後守利壽《としひさ》　天明六年（一七八六）二月二十八日大目付任

天明七年三月一日宗門改人別改兼務。寛政三年（一七九一）五月二十四日転（『寛政重修諸家譜第六』三頁。『徳川実紀第十篇』七九六頁。『続徳川実紀第一篇』二三、一五四頁。『柳営補任二』二一頁）。

松平織部正乗尹《のりただ》　天明六年（一七八六）十一月十五日作事奉行任

天明七年三月一日宗門改の事兼務。寛政二年（一七九〇）八月二十七日卒（『寛政重修諸家譜第一』七三頁。『続徳川実紀第一篇』八、二三頁。『柳営補任二』七三頁）。

松浦和泉守信程《のぶきよ》〔越前守〕　天明七年（一七八七）三月十二日大目付任

「宗門改兼之」。寛政十二年（一八〇〇）閏四月二十四日転（『寛政重修諸家譜第八』一〇二頁。『続徳川実紀第一篇』二四、四三四頁。『柳営補任二』二一頁）。

【家斉時代】天明七年四月十五日～天保八年四月二日

安藤郷右衛門惟徳《これのり》〔和泉守・越前守〕　天明七年（一七八七）二月二十六日作事奉行任

「寛政二年（一七九〇）戌四月宗門改」兼務。同三年五月二十四日転（『寛政重修諸家譜第十九』三〇四頁。『続徳川実紀第一篇』一二三、一五四頁。『柳営補任二』七三頁）。

曲淵勝次郎景露《かげみち》〔出羽守〕　寛政三年（一七九一）五月二十四日作事奉行任

「宗門改兼之」。寛政七年三月二十六日転（『寛政重修諸家譜第三』三四〇頁。『続徳川実紀第一篇』一五四、二七八頁。『柳営補任二』七三頁）。

井上美濃守利恭《としやす》　寛政三年（一七九一）十二月八日作事奉行任

寛政六年「寅七月宗門改兼之」。同十年八月二十四日転（『寛政重修諸家譜第十四』四〇〇頁。『続徳川実紀第一篇』一七〇、三八八頁。『柳営補任二』七三頁）。

神保佐渡守長光　寛政九年（一七九七）八月二十八日作事奉行任

寛政十年「午九月宗門改兼之」。同十二年五月六日転（『寛政重修諸家譜第十八』一三一頁。『続徳川実紀第一篇』三六〇、四三五頁。『柳営補任二』七三頁）。

三上因幡守季寛　寛政十年（一七九八）九月一日作事奉行任

寛政十二年「申八月宗門改兼之」「文化三寅正月廿四日卒」（『寛政重修諸家譜第七』一九六頁。『続徳川実紀第一篇』三八八頁。『柳営補任二』七三頁）。

平賀式部少輔貞愛《さだゑ》　寛政十二年（一八〇〇）五月二十四日作事奉行任

「文化三（一八〇六）寅二月宗門改兼之」。同年八月十二日転（『続徳川実紀第一篇』四三六、五八二頁。『柳営補任二』七三頁）。

神保佐渡守長光　寛政十二年（一八〇〇）五月六日大目付任

「宗門改兼之」。文化五年（一八〇八）「辰正月廿八日卒」（『続徳川実紀第一篇』四三五頁。『柳営補任二』二二頁）。＊作事奉行～大目付両役で「宗門改兼之」。

桑原遠江守盛倫　文化五年（一八〇八）二月八日大目付任

文化五年二月二十一日宗門人別改の事管掌。「同八未十一月十四日卒」（『続徳川実紀第一篇』五九七、五九八頁。『柳営補任二』二二頁）。

水野若狭守忠道〔主殿頭〕　文化七年（一八一〇）十二月十四日大目付任

文化八年十一月二十四日宗門人別改の事管掌。文政六年（一八二三）九月十四日転（『続徳川実紀第一篇』六六〇、六七八頁。同『第二篇』九四頁。『柳営補任二』二二頁）。

松浦伊勢守忠　文政六年（一八二三）九月二十八日大目付任

「宗門改兼之」。天保元年（一八三〇）九月二十九日転（『続徳川実紀第二篇』九五、二三四頁。『柳営補任二』二三頁）。

須田大隅守盛昭　文政十年（一八二七）七月二十四日作事奉行任

「宗門改兼之」。天保三年（一八三二）正月十一日大目付に転（『続徳川実紀第二篇』一六八、二五九頁。『柳営補任二』七四頁）。

神尾備中守元孝　文政十二年（一八二九）五月三日作事奉行任

天保三年（一八三二）正月十五日宗門改の事兼務。同七年九月二十日転（『続徳川実紀第二篇』二〇五、二五九、二七八頁。『柳営補任二』七四頁）。

大草能登守高好　「天保五午（一八三四）十二月廿七日」作事奉行

天保六年「未三月宗門改兼之、同年十二月廿二日御勘定奉行」（『柳営補任二』七四頁）。＊『続徳川実紀第二篇』二六

六頁に収載されるべき「天保三年七月十五日〜同六年末」迄の記事欠。

渡辺甲斐守輝綱　天保七年(一八三六)正月十九日作事奉行任

「宗門改兼之」。天保九年正月十四日転(『続徳川実紀第二篇』二六七、三四七頁。『柳営補任二』七四頁)。

須田大隅守盛昭　天保三年(一八三二)正月十一日大目付任

天保八年七月十七日宗門改人別改兼務。「同九戊四月四日卒」(『続徳川実紀第二篇』二五九、三三三頁。『柳営補任二』二三三頁)＊作事奉行〜大目付両役で「宗門改」兼務。

【家慶時代】天保八年九月二日〜嘉永六年六月二十二日

土屋紀伊守廉直　天保三年(一八三二)七月八日大目付任

天保九年「戊四月十七日宗門改」兼務。同十二年(一八四一)五月十五日転(『続徳川実紀第二篇』二六六、四三二頁。『柳営補任二』二三頁)。

若林市左衛門義籌〔佐渡守・肥前守〕　天保九年(一八三八)三月二十八日作事奉行任

天保十二年「丑月日宗門改兼之」。同年十月十五日転(『続徳川実紀第二篇』三五二、四四一頁。『柳営補任二』七五頁)。

石河土佐守政平　天保十二年(一八四一)五月十三日作事奉行任

天保十二年「十月宗門改兼之」。同十四年閏九月二十日転(『続徳川実紀第二篇』四三二、五〇七頁。『柳営補任二』七五頁)。

堀伊賀守利堅　天保十二年(一八四一)十月十五日作事奉行任

天保十四年「卯八月宗門改兼之」。弘化二年(一八四五)五月九日転(『続徳川実紀第二篇』四四一、五四一頁。『柳営補任二』七五頁)。

稲生出羽守正興　天保十三年(一八四二)十二月二十八日大目付任
「弘化二(一八四五)巳二月廿八日宗門改」。同四年三月三十日転(『続徳川実紀第二篇』四八〇、五八二頁。『柳営補任二』二四頁)。

池田筑後守長溥　天保十四年(一八四三)閏九月二十日作事奉行任
弘化二年(一八四五)五月「同月宗門改兼之」。同三年十一月二十九日転(『続徳川実紀第二篇』五〇七、五七二頁。『柳営補任二』七五頁)。

篠山摂津守景徳　弘化二年(一八四五)五月九日作事奉行任
弘化三年「午十二月宗門改兼之」。嘉永五年(一八五二)十二月二十七日転(『続徳川実紀第二篇』五四一、七〇一頁。『柳営補任二』七六頁)。

堀伊賀守利堅　弘化二年(一八四五)五月九日大目付任
弘化四年「未四月十日宗門改、安政三(一八五六)辰六月廿九日道中奉行兼之」。同五年二月二十九日転(『続徳川実紀第二篇』五四一頁。同『第三篇』四七八頁。『柳営補任二』二五頁)。＊作事奉行～大目付両役で宗門改兼務

田村伊予守顕影　弘化三年(一八四六)十一月二十九日作事奉行任
嘉永五年(一八五二)十二月「廿八日宗門改兼之」。同六年十月八日転(『続徳川実紀第二篇』五七二頁。同『第三篇』四四頁。『柳営補任二』七六頁)。

【家定時代】　嘉永六年十月二十三日～安政五年七月四日

跡部甲斐守良弼　安政二年(一八五五)「卯八月九日」大目付任
安政三年「辰七月十三日宗門改」兼務。同年十一月十八日転(『続徳川実紀第三篇』三〇八頁。『柳営補任二』二五頁)。

井戸対馬守覚弘　安政三年(一八五六)十一月十八日大目付任
「御留守居次席宗門人別改」。安政五年「午四月七日卒」(『続徳川実紀第三篇』三〇八頁。『柳営補任二』二六頁)。
中川飛驒守忠潔　嘉永六年(一八五三)十月八日作事奉行任
「安政四年(一八五七)巳三月二日宗門改」兼務。同年「十一月六日卒」(『続徳川実紀第三篇』四四頁。『柳営補任二』七六頁)。
大澤豊後守秉哲　安政四年(一八五七)二月二十四日作事奉行任
安政五年「午正月十三日宗門改兼之」。同年十一月三十日転(『続徳川実紀第三篇』三三八、五六五頁。『柳営補任二』七六頁)。

【家茂時代】　安政五年十月二十五日〜慶応二年八月十一日

土岐丹波守頼旨　安政二年(一八五五)八月九日大目付任
安政五年二月二日宗門改兼務、同年三月五日道中奉行へ役替え。同年五月六日転(『続徳川実紀第三篇』四七三、四七九、四九一頁。『柳営補任二』二五頁)。
遠山隼人正則訓　安政四年(一八五七)二月二十四日大目付任
安政五年三月五日宗門改兼務。同年五月十二日道中奉行へ役替え(『続徳川実紀第三篇』三三八、四七九、四九四頁。『柳営補任二』二六頁)。
田村伊予守顕彰　安政四年(一八五七)七月二十四日大目付任
安政五年五月十二日宗門改兼務。同年八月六日転(『続徳川実紀第三篇』四〇二、四九四、五二四頁。『柳営補任二』二六頁)。

伊沢美作守政義　安政五年（一八五八）十月九日大目付任
安政五年十月「十六日宗門改」。「文久三（一八六三）亥九月十日御留守居」（『続徳川実紀第三篇』五四七頁。『柳営補任二』二六頁）。
岩瀬肥後守忠震　安政五年（一八五八）九月五日作事奉行任
安政五年「十二月廿日宗門改加役」。「同六未八月廿七日思召有之御役御免」（『続徳川実紀第三篇』五三六頁。『柳営補任二』七六頁）。
関出雲守行篤　安政五年（一八五八）十二月二十九日作事奉行任
安政六年「未九月十八日宗門改加役」。同年十一月四日転（『続徳川実紀第三篇』五八三、六三九頁。『柳営補任二』七六頁）。
松本出雲守穀実　安政六年（一八五九）八月二十八日作事奉行任
安政六年「十一月六日御本丸御普請掛り幷宗門改加役」。万延元年（一八六〇）「十二月廿四日勘定奉行格」、「文久二戌」七月五日役免（『続徳川実紀第三篇』六一六頁。『柳営補任二』七六頁）。
水野伊勢守忠全　安政六年（一八五九）十一月四日作事奉行任
文久二年（一八六二）十月六日「宗門掛」、同年十月十日転（『続徳川実紀第三篇』六三九頁。同『第四篇』四一五頁。『柳営補任二』七七頁）。
有馬帯刀則篤　文久二年（一八六二）六月十八日作事奉行任
文久二年十月十六日「宗門掛水野伊勢守代」兼務。同年十二月十一日転（『続徳川実紀第四篇』三三二、四一八頁。『柳営補任二』七七頁）。

溝口讃岐守直清　文久三年（一八六三）九月十日大目付再任
文久三年「十月朔日宗門改」。「元治元（一八六四）子五月二十六日御役御免」（『続徳川実紀第四篇』六七一頁。『柳営補任二』二八頁）。

神保伯耆守長興〔佐渡守〕　文久三年（一八六三）「亥十一月八日」大目付任
元治元年（一八六四）五月三十日宗門改御日記掛。慶応二年（一八六六）十月二十四日転（『続徳川実紀第四篇』六七六頁、同『第五篇』五二頁。『柳営補任二』二八頁）。

永井主水正尚志　元治元年（一八六四）「子二月九日」大目付任
元治元年「六月廿三日宗門改」兼務。慶応元年「丑五月六日辞」（『柳営補任二』二八頁）。

【慶喜時代】　慶応二年十二月五日〜同三年十二月九日

瀧川播磨守具挙《ともたか》　元治元年「子九月日」大目付任
慶応三年（一八六七）十月二十二日肥前大村藩が提出した同藩領浦上村の「宗旨方疑敷筋」の届書を受理。明治元年（一八六八）二月九日役免（『柳営補任二』二九頁。大村市立史料館蔵『大村家覚書二十四』六五頁。『続徳川実紀第五篇』三七九頁）。

近世後期オランダ人に対する抜荷禁止令とブルフ号事件

―「安永四乙未歳御奉行桑原能登守様　御書出之写」と「安永二癸巳年横文字願書并和解」を中心として―

鈴木　康子

はじめに

『通航一覧』の「阿蘭陀国部　十二」の中にある「咎筋」には、オランダ人が幕府から受けた叱責について、八件が載せられている。[1] その中で、十七世紀中期までの四件については、対外国船との問題についてである。ところが、十七世紀末以降の四件のうち三件、すなわち、一六八九（元禄二）年、一七一二（正徳二）年、そして一七七五（安永四）年は、オランダによる抜荷事件が絡んだものである。[2] また、オランダ人は毎年江戸参府を終えて帰路に就く前に、江戸城において暇乞いの挨拶をする。その際、大目付より定例の禁令が口頭で言い渡される。[3] しかし、正徳二年と安永四年については、それに加えて、さらに特例的な命令が出されたのである。[4]

本稿では、この中の安永四年に特別に出された抜荷禁止令に注目する。そして、その命令が発布された背景には、安永元（一七七二）年のブルフ号事件がある。それに加えて、その翌年にも抜荷が摘発された。これについては、「安永二癸巳年横文字願書并和解」によって紹介しつつ明らかにする。それとともに、安永四年令の詳細な内容を「安永四乙未歳御奉行桑原能登守様　御書出之写」により分析する。また、この命令が出された安永四年に来航したスウェーデン人植物学者であるツュンベリーは『江戸参府随行記』において、この年の日蘭貿易の様々な状況について客観的に記しており、当時のオランダ側の状況や日本側の監視状態などを鮮やかに描き出している。これらを参考として、この安永期のオランダによる抜荷と幕府の抜荷禁止令について考察していきたい。

一　安永四年の抜荷禁止令の背景

1　ブルフ号事件

一七七五(安永四)年のオランダ人に対する抜荷禁止令発布に至る最大の要因は、一七七二(安永元)年に起こったブルフ号事件であったと思われる。これについては、『続長崎実録大成』では、安永元年の項に、「当年入津ノ船壹艘、五島沖ニテ破船致シ、乗組人数類船ニ乗移リ、右船乗捨置シ故、長崎ヨリ役人并ニ水夫等ヲ被遣当港エ挽送リ、九月十五日入津致スニ付、稲佐飽ノ浦浅ミ沼ノ上ニ挽寄セ、追々荷揚有之、空船ハ翌年入札払ニ被仰付之　但此船濡荷物、翌巳年ノ商売ニ加ル也」とある。(5)

この内容だけ見ると、これは事件というほどのことはなく、日本へ航行中の二艘のオランダ船の一艘が破船したのを日本側が長崎へ引いてきたというだけの出来事のようである。そのため、このブルフ号の破船については、これまであまり取り上げられることはなかった。というのも、幕府がこの事件を公にすることもなく、オランダ側の当事者もこれについて言及したくない事情があったためである。実際、このブルフ号事件については、出島の商館から東インド総督府への報告は、ただ漂流したということのみであった。(6)しかし、この事件は、幕府のオランダ人への信頼を著しく失わせた出来事であり、その後の日蘭貿易に大きな影を落としたのである。

次に、このブルフ号事件の概要について述べていくこととする。一七七二（安永元）年、マルハレータ・マリア号とブルフ号が長崎に向かって航行していた際、五島列島沖で暴風雨に遭遇し、ブルフ号は沈没寸前となった。そこで、新暦八月一日（旧七月三日）にブルフ号の乗務員は、積載されていた重要な品とともにマルハレータ・マリア号に移り、ブルフ号を見捨てることにしたのである。(7) マルハレータ・マリア号自体もかなりの損傷を受けていたが、無事長崎に入港することができた。

その後、同月二四日（旧暦七月二十七日）に一艘の大きなヨーロッパ船が五島沖を漂っているのを漁民が発見したことが五島藩主より出島の商館長へ伝えられた。(8) これに関する日本側の史料が「安永元壬辰年紅毛船五島三井楽村漂着一件」（写）である。(9) 正式な題目は「安永元　明和九壬辰年阿蘭陀船壱艘洋中ニ而遭難風乗捨候船五嶋三井楽村沖江漂着一件」となっている。これには五島藩、長崎会所、オランダ商館長書簡の翻訳など、この件に関する何通かの書状が含まれている。この最初の書状は五島藩から長崎への漂流船の発見とその確認のためのものであった。すなわち、

当月十九日卯后刻、異国船壹艘五嶋大和守領内三井楽村沖江漂着、帆柱等ハ不相見、紅毛船之形ニ相見江候由、荷入候様相見江候得共、船中者不相改、上廻リニ相見候品書付到来候間、別紙ニ認相渡候、右上廻リ諸道具等ニ而、紅毛人共心覚茂可有之間、先達而破船之紅毛船ニ而可有之哉、相尋可申聞候

辰七月

となっている。これに続いて外から見える装備や積荷などを示した箇条書が続いている。これによれば、旧暦七月十九日に五島列島の福江島の北西に位置する三井楽村沖に西洋の船が漂流しているのが見つかったので、それがオランダ船に見えるが、それで間違いないかの伺いの書状が、五島藩から長崎へ届けられたのである。これに続く書状にお

いて、五島藩としては、それがオランダ船であり、それを長崎へ送ると命じられた場合の困難を示している。つまり、まず船の損傷が激しく帆柱もない状態であり、しかも五島と長崎の間には南北の海流の流れがあり(対馬暖流の支流)、それを横切らなければならないため、藩の船頭たちでは長崎へ引いていくのは難しいため、長崎からオランダ船を引く船と船頭を送ってもらいたいこと。そして、大村領域を通過する場合、道案内や地方の船の援助などを命じてほしいということであった。長崎では、これを受けて、長崎会所からオランダ側に通詞を通して確認をしたところ、それは確かに破船したブルフ号であろうとの回答を受けた。この時、オランダ側はブルフ号の船長であったファン・エヴェイクと船員を五島に派遣したい旨を知らせるが、それは認められなかった(10)。

そして「安永元壬辰年紅毛船五島三井楽村漂着一件」によれば、長崎会所では、五島へオランダ船回収のために、オランダ大通詞楢林重右衛門、稽古通詞馬田伝太夫、堀豊三郎等を派遣することに決定し、その回収費用として銀三貫目が楢林に渡された。そして、楢林等は、七月二十六日に鯨船三艘で各船に水主一五人宛で五島へ向かった。その際、長崎奉行新見加賀守より浦証文が出され、どの地にこのオランダ船が着いても、それに対処するよう命じられた。しかし、やはり五島からのオランダ船の回漕は、かなり難航したようで、長崎へその漂流していたオランダ船が挽送され到着したのは九月十五日のことで一ヶ月半以上時間を要したことにより、いかに五島からの曳航が難航したかが窺える(11)。そして、長崎到着後、当然ながらブルフ号の船内は日本人によって検査され、残された荷物も運び出された。その時の状況についてツュンベリーは、

こうして自分たちの自由になるオランダ船を手にした日本人は、あらゆる隅々や多数の箱のなかに、大半は禁制の密輸品が詰められているのを発見した。これらの箱は、上級士官に属するものであり、彼らの名前が記されていた。特に商館長の箱に、持ち込みが固く禁じられている贋物の人参根〔広東人参と思われる〕が入っていたこ

とが、日本人を非常に怒らせた。そこで箱は、商館の海側に通じる門の外で、品物と一緒に焼き払われた。」と記している。[12] オランダ人による抜荷は、それまでも何回か露顕していた。それは下役のオランダ人や水夫といった下級身分の者と日本人との抜荷であった。しかし、この事件により、商館長をはじめとするオランダ商館の上層職員の殆どが抜荷に関わっていたことが、日本側に知られることとなった。[13] 本来ならば、幕府は、ただちにオランダ人との貿易を断絶するか、オランダ側に重い罰を与えたいところではあるが、そうはできない日本側の事情もあった。一七七〇年前後は、毎年二艘来航するはずのオランダ船が難破することが多く、一艘のみの来航ということも珍しくなかった。[14] 実際、このブルフ号は二年前の一七七〇年には日本へ向かう途中で暴風雨によりマカオへ辿り着き、そこからバタヴィアへ引き返している。[15]

ツュンベリーは、オランダ船が難破した際にオランダ人が通常行なうべき処置について、「暴風一過後の晴れた日に、船を陸まで曳いてくるか、あるいは規則に従って燃やすか、いずれかの処置をとらなかったのは軽率であった」と記している。[16] いずれにせよ、このブルフ号事件が、その後のオランダ側の立場を著しく悪くしたことは間違いないことである。

2　安永二年の抜荷

漂流して損傷の激しかったブルフ号は売却されることになり、その積載品は安く販売されることとなったが、それらの処分がまだ終わらない翌一七七三（安永二）年に再びオランダ人による抜荷が発覚したのである。この抜荷については、「安永二癸巳年横文字願書并和解」（写）により、[17] その詳細がわかる。この史料には一〇通の書状があり、それによってその抜荷の内容や、それに対する日本側の処分、さらに前年のブルフ号やマルハレータ・マリア号関連の書状も含まれている。まず、各書状を紹介して、それに説明を加えていく。

〔一通目〕

乍恐壹番船之船頭阿蘭陀人御請申上候横文字和解

此度御書附を以御渡候当六月廿六日舟ゟ卸候節、私召連候黒ほう時計壹ツ袴之内股之間ニ有之候を御改出シニ相成始末御吟味被遊候ニ付、横文字書附を以申上候通、私所持ニ相違無御座候、本船ゟ持セ置候処、左右之手ニ持物多、前以不申達候儀不届致方重畳奉恐入候、此段申上候処、不埒之取計ニ被為思召上候得共、右黒ほう幼年者之儀故、此節者御咎之不被為及御沙汰、右取計御渡被下置難有仕合奉存候、以後之儀者、諸事相慎、出島出入等之節、念を入候様被仰渡候趣、謹而奉畏候、依之乍恐以書付御請申上候

へんはんてふころうと[18]

これは、六月二十六日に一番船から上陸する際に、船長が連れていた黒坊が時計一つを袴の内股の間に入れていたのを改方に摘発された。これについて船長は、その時計は自分の所持していたものであり、自分が降りる際に両手に多くの物を持っていたため、黒坊に持たせたと釈明している。それに対して日本側は、黒坊は幼年でもあるため今回は処罰せず、時計については船長に返却するので、今後は気をつけるようにとの裁断が下り、これを承諾した内容となっている。

〔二通目〕

乍恐両かひたん申上候横文字和解

此間迄ニ取締之儀被仰渡、末々之者共迄不埒之儀無之様、急度申付置候、然者心得違仕、年来所持之品も可有之

候間、於此節相糺有躰ニ申出候ハヽ、如何共宜被仰付候様御願可申段申聞候所、承知仕追々申出候高櫃大小弐拾内鼈甲凡三千弐百斤程、爪五百斤程、外ニ袋入壹ツ凡弐拾斤程有之候由申出於私共奉驚入、乍然畢竟年来取締之儀ニ御座候得者格別之御憐愍を以、何分宜被仰付被下候ハヽ、末々之者難有相凌於私共も難有奉存候、此段幾重ニも宜奉願候

かひたん

後藤惣左衛門殿(19)

これは、事前に申告のあった鼈甲が入れられた大小二〇の櫃の他に、一袋に二〇斤程入れられた鼈甲が見つかった。これに対する商館長の釈明文である。

〔三通目〕

乍恐両かひたん申上候横文字和解

先達而弐番船小役阿蘭陀人へんかあれるふれいたあく上陸仕候節、音呼壹羽袴之内ニ隠シ持卸候を御改出シ相成、兼而隠物等不仕候儀者厳敷申付置候処、不届之至於私共奉恐入候、依之年来国禁被仰付、再渡仕間敷旨、御書附を以被仰渡奉畏候、乍恐此段御請申上候

一壹番船之船頭へんはんてふころうと儀、本船江罷越候節召連候黒ほう香合時計壹ツ袴之内股ニ付居候儀御改出シ相成、右相糺候処、全隠持卸候儀ニ御座候、前以通詞を以断可申上候処不心付候段者奉恐入候、御取上ニ茂可相成処、此節者御宥免被成下、右時計者船頭江御返被下於私共難有奉存候、已来之儀者本船乗卸出島出入等之節、軽キ者者勿論重役之者、又者幼少之者たり共、不依何品目ニ不懸様ニ致、無其断御改出シニ相成候節者、申訳難

相立其品御取上被遊、夫々御咎メ被仰付旨、逐一奉恐候、此段末々者迄厳敷申付候様可仕候
かひたん

これは、二番船の小役のオランダ人がインコ一羽を隠して上陸しようとした件について、そのオランダ人が国禁とされたこと。そして、一番船の船長が連れていた黒坊が時計一つを隠して上陸しようとしたことについて、今回は黒坊は許され、時計は船長に返却されたことに感謝するとともに、今後は、本船の乗り降りと出島の出入りの時は、身分の軽い者から重役まで、たとえ幼少であっても気をつけるとの商館長からの書簡である。

〔四通目〕

乍恐かひたん申上候横文字和解

一六月廿六日壱番船之船頭阿蘭陀人就要用本船江罷越卸候節、時斗壱ツ黒ほう江持セ置候処、御改出シニ相成次第吟味仕候処、船頭持用ニ相違無御座候段、同人ゟ別紙書付を以申上候通ニ御座候、新来幼年之者ニ御座候得共申付方行届不申候儀、於私重畳奉恐入候、此段以書附申上候

巳九月
古かひたん
両年番

これは、六月二十六日、一番船の船長が本船から上陸する際に、黒坊に時計を持たせたところ、改方に発見された後、(その時計が)船長からの別紙の書状にある通り、本人の所持品であり、しかも黒坊が初めての来日であり幼年であるにもかかわらず、よく教育していなかったことについての商館長の反省文である。

〔五通目〕

乍恐かひたん申上候横文字和解

一七月廿二日弐番船之小役へんかあれるふれいたあく与申阿蘭陀人上陸仕候節、音呼鳥壱羽隠持卸候を御改出シニ相成、右之者、私江御頼被遊次第相糺申上候様、吟味仕候処、右阿蘭陀人ゟ別紙申上候通ニ御座候、重畳不埒之儀仕方仕候段、私重畳奉恐入候、此段以書付申上候

巳九月

古かひたん

両年番

これは、七月二十二日に二番船の小役であるオランダ人が上陸する際にインコを隠し持っていたことが露顕し、そのオランダ人が商館長の預かりとなり、調査したところ、そのオランダ人が別紙で記している通り、前記のことを認めており、大変申し訳なく思っているとの商館長の書状である。

〔六通目〕

乍恐壱番船之船頭阿蘭陀人申上候横文字和解

以書付申上候、私儀先達而碇入直シとして本船江罷越卸候節、召仕之黒ほう江時計壱ツ相渡置候処、紛敷様子ニ付御改出シニ相成、出役中ゟ被申上候ニ付、御吟味被遊候趣奉承知候、右時計私所持ニ相違無御座候、本船ゟ卸し候間、相渡置入念持卸候様申付候処、不埒之致方仕候段、新来殊ニ幼年之黒ほう与乍申、私申付行届不申候儀、甚奉恐入候、此段乍恐申上候、何分被為聞召分被下候様重畳奉願候

巳九月

へんはんてふころうと

これは、四通目にあるように、一番船の船長からの釈明文である。

両年番

〔七通目〕

弐番船之小役阿蘭陀人申上候横文字和解

一当七月廿二日私儀上陸仕候節、紅音呼壱羽隠持卸候を御改出シ之上、始末有躰ニ申上候様被仰渡候段、かひたん申聞奉承知候、右之鳥外阿蘭陀人船中ニ飼置候を盗、於出島為慰飼置申度奉存候、袴之内ニ隠持卸申候、右盗候品之儀ニ付御願申上持卸候ハヽ、按針役共見咎差留メ可申、彼者共目を忍ひ候迄ニ、右通ハ仕候処、只今ニ至候而者、無申訳仕合奉恐入候、此段書付を以申上候

巳九月

へんかあれるふれいたあく

両年番

これは五通目にあるように、二番船の小役のオランダ人による釈明文である。

〔八通目〕

当年茂不相替商売被為仰付難有仕合奉存候、例年之通来ル廿日港出帆仕候儀相違無御座候、然者一同ニ乗船仕候筈ニ御座候得共、去辰年漂流船本方荷物并脇荷物渡相済不申候儀ニ御座候得者、勘定帳面出来調不申、彼是仕舞兼候儀ニ御座候、依之重畳恐入奉存候得共、古かひたんへとる役人并筆者阿蘭陀人其外小役等、十月十五日迄、当時在留御免被為仰付候様奉願候、勿論右日限之内、帳面等出来仕候ハヽ、一日茂差急乗船可仕候、且又船頭阿

蘭陀人并船方之者内積荷印形等茂仕らせ、猶又脇荷物差引調物等之用事も御座候ニ付、湊出帆後沖本船ゟ卸シ、一同当時在留仕セ度奉存候、此等之趣被為聞召分奉願候通御許容被為成下候ハ丶、偏難有奉存候

巳九月

両かひたん
目付
大小通詞
印

これは、安永元年に漂流したブルフ号の本方荷物や脇荷の決算がまだ出来ず、そのため、帳簿の記載ができないので、もう少し船の出発時期を延期したいとの願文である。

〔九通目〕

千七百七十三年十月四日附

両甲比丹アルメナウト及ヒヘイト(20)ゟ晧台寺住持宛感謝状ナリ　玉園記ス(21)（以上朱書）

去年入津之阿蘭陀船於洋中遭大風及難船帆柱并帆桁等吹折、帰帆之節及難儀候ニ付、修復可仕処、幸御寺中ニ御持合之材木有之候ニ付、見分仕候上入用之分申請候様被仰付、依之七本申請以御座洋中無滞咬𠺕吧着船仕、旁仕合奉存候、早速頭役江申聞候所、誠ニ大勢之者身命ニ相拘候儀格別之御厚情御礼難申受候、此段無忘却厚ク御礼申上候様申付越候ニ付、横文字書付を以、右御請申上候

巳九月

両かひたん
目付
大小通詞
連印

これは、安永元年に帆柱を数本折って長崎に入港したマルハレータ・マリア号の修理のために、皓台寺内の材木を譲り受けたことに対する新旧両商館長からの感謝文である。

〔一〇通目〕

乍恐かひたん御請横文字和解

一弐番船之小役阿蘭陀人へんかあれるふれいたあく上陸仕候節、音呼鳥壱羽手拭ニ包股之間ニはさみ居候を御改出ニ御座候段承知仕候、兼而稠敷申付置候処、至而奉恐入候、随而右音呼鳥乙名預被仰付、阿蘭陀人者私に御預ニ被遊候段、被仰渡奉畏候、稠敷申付預リ置候処、相違無御座候、依之以書附申上候

七月廿四日

かひたん

たにふあるめなうろと

これは、二番船の小役のオランダ人がインコを隠して上陸しようとしたことに対する商館長ダニエル・アルメノールトによる謝罪文である。

以上、一〇通の内容を紹介しつつ、その内容について、簡単にその概要を示した。これらを整理すると、まず、安永二(一七七三)年に二艘のオランダ船が来航した。その際、二つの抜荷が発覚した。一つは、一番船の船長が碇の入れ直しのため船に戻った後、再び上陸しようとした際に、同行していた黒坊がズボンの中に時計を隠していたこと。そして、もう一つは、二番船の下役のオランダ人がズボンの中に手拭いで巻いたインコを入れて上陸しようとしたことである。このうち、インコの抜荷について、ツュンベリーによれば、「数年前には、下士官がなんと鸚鵡をズボン

のなかに隠したが、検査中にこの鳥が喋りはじめて、見つかってしまった」という状況であったようである。[22]先の一〇通の書状の中で、一番船の時計の抜荷関連の書状としては、四通目が商館長による釈明文であり、六通目が船長自身からの釈明文となる。そして、二番船のインコの抜荷については、五通目が商館長による釈明文であり、七通目が当事者であるオランダ人の釈明文となる。

さらに、三通目は、これらの二件の抜荷についての日本側の処分内容について、商館長が了承したものである。そして、それを受けて一通目が一番船の船長からの穏便な処分についての感謝文であり、一〇通目は二番船の抜荷をしたオランダ人の処罰を受けて、商館長からの謝罪文となる。

その他、二通目はオランダ側による鼈甲の抜荷が発覚したことに対する商館長の釈明文であり、残りの二通は前年来航した二艘の船に関するものである。すなわち、八通目はブルフ号の荷物の売却の遅れによる出帆遅滞願であり、九通目はマルハレータ・マリア号の修復協力に対する感謝状である。

以上のように、安永元年のブルフ号事件に続いて、翌安永二年にもオランダ人による抜荷が発覚した。このようにオランダ人による抜荷が相次いで摘発されたことにより、幕府がより厳しい抜荷禁止令を発布することとなったといえる。[23]

二　安永四年の抜荷禁止令

1　安永四年の特別命令発布時の状況

前述のように、一七七五（安永四）年の参府の際に、幕府はオランダ人に対して、従来の通例的な命令に加えて特別命令を言い渡した。これは、新暦の一七七四年四月一六日（旧暦安永四年三月十七日）であり、オランダの『商館日記』では、その時の状況について次のように記されている。すなわち、

慣習的な命令に加えて、我々がかなり驚いたのは、追加の命令が読み上げられたことである。名村勝右衛門は、この新たな命令を翻訳することに相当困難を極めた。しかし、これは次のようなものと思われる。将軍と老中は、抜荷が頻繁に行われていると知らされた。どちらが、どのくらいの割合かはわからないが、中国人やオランダ人が持ってくる商品が大坂商人たちによって発見された。もしまた、このようなことが起こったら、我々の銅配分量は削減されるだろう。そして密輸品が発見された時の、商館の責任者である商館長は国外追放されるだろう。

その命令が出された後に、我々は生糸の着物を五〇着贈られた。次に我々は、将軍の後継者のところへ行った。宿に戻った後、我々は外国人担当の委員の一人に召喚された。そこで、再び密貿易に対する命令が公布された。勝右衛門が新たな命令を正確に翻訳するのは難しかった。私は、彼に筆記された（命令文の）翻訳文が欲しいと話した。それに対して彼は、その命令は多岐に亙っており、ここで、それらを翻訳するには十分な時間がないため、長崎に戻ってから与えると答えた。実際には彼に、その新たな命令を翻訳する能力がなかったためである。私は配分量を減少させられたり、商館長が罰せられたりするといった不当なことについて相談したかった。なぜなら彼ら（日本人）は、その押収された商品が我々によって輸入されたことを証明できなかったからである。これらの商品は日本へ、中国人か或いは薩摩藩領の琉球経由で密輸することもできたのである。しかし勝右衛門は私に、これは日本のやり方であり、我々は平穏を守るべきであると話した。私は、その命令を理解したことに対して、署名しなければならなかった。

とある[24]。この時、オランダ人は、この内容について出来るだけ早く知りたいと、参府に同行していた大通詞の名村勝右衛門にその翻訳を依頼した。しかし勝右衛門は命令の内容を翻訳するのは長崎に戻ってからにすると答えている。これについてオランダの商館長は、勝右衛門のオランダ語の実力がないので、独力では訳せないためであろうとしている。実際、後年商館長となるティツィングの書簡でも、勝右衛門は無能であることが書かれている[25]。しかし、この命令は重要な命令であり、誤訳は許されない。しかも、その内容は、オランダ貿易に大きな影響を及ぼすものも含んでいた。しかも、江戸においてオランダ人が幕府の高官に直訴する可能性も排除できない状況において、どのような通詞であろうと、江戸でオランダ人に対して翻訳文は提示しなかったであろう。

一方、「安永四年紅毛横文字和解」には[26]、最初の文書が、右の幕府から命令を受けた同月のものがある。すなわち、

此間、鼈甲三枚芥場ゟ見出有之候ニ付、右者去秋已来出嶋中鼈甲類屑迚茂少も無之段、かひたん迫ゝ堅御請合申上候趣之書付を茂差上置候末、右之通之次第如何相心得居候哉之段、御尋之趣承知仕至而恐入奉存候、在留之者共不残吟味仕候処、右鼈甲之儀一向覚無御座候心付候儀茂曽以壱人茂無御座候段申出候、先達かひたん書付を以申上候通、鼈甲所持之者無御座候処、右芥場江有之候儀、若者前黒ほう共盗取壁蔀等之間ニ隠置、其侭差置候を修覆ニ付壁蔀等取放候節、土交芥等持出捨置候儀共ニ者無御座候哉、殊ニ右鼈甲別而麤品之由承知仕候得ハ、全密売手段之筋ニ茂無之哉ニ奉存候、乍然迫ゝ加比丹ゟ茂書付差上置候末、右躰之儀出来仕候儀、御察当を請候而ハ、申訳無御座、誠以恐入奉存候、猶又外ニ少ニ而茂隠貯置候者も無之哉、精ゝ吟味仕候処、決而所持之者無御座候、尤年来取締之儀稠敷末ゝ迄申付、かひたん帰着之上、得与可申聞候、猶又向後右躰之儀も有之候は丶、如何様之御咎も可被仰付候、依之此段以書付申上候

役人　へんてきてゆるこうふ

後藤惣左衛門殿

目附大小通詞連印

奥書例之通

未　三月

とある。「安永四年紅毛横文字和解」では、この後に、『通航一覧』の「御咎筋」においても紹介されているように、(27)この参府の際の特別命令についての文面が続く。すなわち、

抜荷密売筋之儀者、重キ御法度ニ候之処、何となく相弛ミ、近年別而超過いたし候趣相聞候ニ付、被遂御吟味候之処、多クハ阿蘭陀持渡之品ニ而、年来通商御免被成置候処、御国法を犯候段、不届之至ニ候、依之以来船中并乗組之者とも、かひたん始悉相改、若密売之手段於相顕者、罰減銅并其軽重ニ依而、かひたんたり共国禁申付諸事厳重ニ可取斗旨、委細者長崎奉行江被仰渡候間、得其意差図次第、急度改を請、御国法を可相守、若於不承知者、以来通商可被差留者也

三月

とある。これによれば抜荷については従来より禁止しているが、近年それが弛んで、かなり増加している。それらを調査してみれば、その多くがオランダ人が輸入した商品である。従って、今後はオランダ船の乗組員や商館長に至るまで調査し、状況によっては毎年の輸出銅量を減額したり、商館長であっても国外追放するといった内容となっている。

このことに対するオランダ商館長の返書が五月付でなされており、「安永四年紅毛横文字和解」によれば、

右之通、於江戸表御書付を以被仰渡候趣為御読聞被遊、逐一奉畏誠以奉恐入候、年来通商御免之上ハ、御国法急度可相守所、抜荷密売之筋何となく相弛ミ、別而超過仕候趣被及御聴、以来船中并乗組之者共ハ勿論之儀、私共

初悉心底を相改急度相慎可申、此已後密売之儀露顕仕候ハヽ、減銅并其軽重ニ依而御国禁可被仰付旨、重畳奉恐入候、則当秋来朝之新かひたん江茂逐一申聞被仰渡候、御書付之趣猶又此已後商売方取締リ之儀ニ付、被仰渡候御法度之儀者、不依何事違背不仕厳重相守リ候様、私共初其外末々之阿蘭陀共迠不法之儀、決而仕間敷候、仍而御請書奉申上候所如件

新かひたん

安永四未五月　　たふいるあるめなうると

とある。江戸参府において特例的な臨時の命令が加えられ、それに対するオランダ側からの、内容の承諾と、今後の命令をすべて受け入れる旨を示した翻訳が五月に提出されている。

2　御書出について

同年六月には、幕府から具体的な命令が出された。この命令については、「安永四年紅毛横文字和解」にも載せられているが、鹿児島大学図書館の玉里文庫にもその写が所蔵されている。それが、「安永四乙未歳御奉行桑原能登守様　御書出之写」である（以下、この史料を「御書出」とする）(28)。ここでは、この史料の全文を紹介したい。

安永四乙未歳御奉行桑原能登守様

御書出之写

阿蘭陀

かひたん

抜荷密売筋之儀ハ重キ御法度候処、何となく相弛ミ近年別而致超過候趣相聞候ニ付被遂御吟味候処、多ハ紅毛持渡之品ニ而、年来通商御免被成置候処、御国法を犯候段不届之至ニ付、以来船中并乗組之者共かひたん始悉相改、若密売之手段於相顕ハ、罰減銅并其軽重依而かひたんたり共国禁可申付旨、尤取斗方之儀ハ於当地厳重ニ可申付間、指図次第改を請、御国法を相守、若於不承知ハ、以来通商可差留旨、今度於江府被仰渡御請申上候ニ付、已来当秋入津在留中取斗方之趣、左之ヶ條書之通申付間、可得其意候

一① 入津之上人別改相済[a]かひたん船頭致上陸候節、以来ハ探改可申付候、且是又ハ数度乗リ下いたし候得共、向後上陸之上ハ乗下リ相止メ、本船ニ差置候紅毛人之内荷物船方之差配心得候もの斗残置可申候

但　船頭本船江不罷越候而不叶用向有之ハ、其訳可申聞候、其品ニより一両度ハ差免候儀も可有之候、尤其度之身分探改厳重ニ申付候、[b]着服も異躰之服着用致間敷候

一② 入津之上持渡候生類并酒食類手廻リ等本船より卸シ候節、出島水門ニ而相改候処、荷篋之侭相改候得共、以来ハ一〻包切解、手廻リ道具品〻悉く相改、若遣用ニ無之品ハ直ニ蔵入申付、実ニ日用之品斗相渡手廻外之品ハ取集メ、検使致封印蔵入申付候事

一③ 荷揚之儀是迄ハ勝手次第ニ荷卸致候処、仕役指取兼数日掛り候ニ付、[c]以来ハ本船出島蔵元共同雇人足を入荷漕船茂相増日数一船八日限、急度相仕廻候様可致事

一④ 持用之品〻之内是迄ハ脇荷ニ差出候品ハ部屋〳〵ニ而取扱候得共、前書同用之品斗相渡候ニ付、荷卸之節一同蔵入可申付候事

一⑤ 荷揚大概相済候ハ、軽荷銅積いたし候節、是迄船中一通リ改候得共、以来ハ部屋〳〵迄悉改請可申候、尤船中残置候帰帆之節用意之酒食道具等茂改を請、検使封印可申付事

一⑥此度取締方改申付候上ハ、以来若抜荷密売筋之儀於有之ハ、左之通可申付候
一⑦[d]鼈甲龍脳其外薬種類隠置候もの連渡候ハヽ、罰銅壱万斤可申付候
　但　隠物之品ハ纔之斤数ニ候とも罰銅ハ本文之通申付、猶又人数も多巧成致方有之候歟、沖合或は出島
　内ニ而隠売之儀令露顕候ハヽ、其節吟味之上、増罰銅可申付候
一⑧右同断船頭ハ過料銀弐貫目可申付候
　但　船頭ハ一船之水主共致差配かひたん倶ニ可入念儀ニ付、当人並ニ過料可申付候、是又隠物之員数多
　自然沖合、又ハ出島内ニ而隠売等之義於相顕ハ、其節吟味之上過料相増可申付候
一⑨[e]鼈甲龍脳其外薬種類少ニ而茂隠持渡候商当人ハ、過料銀弐貫目申付候上、国禁可申付候
　但　斤数多巧成致方ニ候歟、又ハ沖合出島ニ而隠売等之儀及露顕候ハヽ、右一倍之過料可申付候
一⑩[f]国禁之者連渡候ハヽ、何人ニ而茂壱人ニ付罰銅千斤宛可申付候
一⑪右之品々荷揚以前迠船中遂吟味隠物有之訳、かひたん并船頭申立候ハヽ、罰銅并船頭之過料ハ可差免候、荷揚
　後ハ致自訴候共用捨之不及沙汰候
一⑫何品ニ不依隠於持渡ハ、其品ニ応シ相当之罰銅過料等可申付事
　但　隠持渡候品ハ何品ニよらす前々之通可取上事
[g]右罰銅之儀ハ前々茂申渡有之候処、猶又去ル子年も改申渡置処、近年相弛出島内ニ而茂隠物之手段有之趣相聞、
此度一躰取締之儀申渡候ニ付、以後之儀書面之通、罰銅過料之員数茂相増申付候間、若此以後聊之品ニ而も不埒
之筋於相聞ハ少茂無用捨、右之通可申付候

一⑬通詞并出島掛リ乙名向ゝ役人共江茂此度取締之儀申渡置候ニ而、以来かひたん船頭用向等有之ハ、右掛リ合之向ゝ立合ニ而可申談候、立合無之申談等於有之ハ、急度咎可申候、右船頭以下之紅毛人共用向有之節ハ乙名部屋江罷越、向ゝ役人共立合之上、申談等可致候、商人其外修覆等致出入候日本人と直相対致候儀於相聞ハ、急度咎可申付候、尤始末ニより過料国禁可申付候

一⑭江府参上之節持越候荷物手廻リ等之品ハ是迠迚も改候得共、以来ハ悉検使同道ニ而改請可申、尤其節検使封印申付候事

一⑮阿蘭陀人共船中ゟ横文字差出候得者、直ニかひたん江遣候得共、以来ハ和解申付候上、相渡可申候

一⑯是迠通詞共江対シ手重成取斗、畢竟従前々之仕癖ニ而通詞共改申立茂難成事ニ相聞候、年来通商御免被成置候事故、御国江対シ候而も麁抹之取斗ハ有之間鋪候処、手高成致方ハ不束ニ候、此度より通詞共江も申渡置、以来是迠之通、取斗不為致間、其旨可相心得候

一⑰当湊出帆後沖繋リ之内不束之儀も有之趣相聞候、以来入津出帆之節、船繋数日滞船無之様可致候、風順悪敷無拠及滞船候共、不法之儀毛頭無之様堅相守、乗組之者共江茂急度可申付置事

右之通以来之儀ヶ書書を以申渡候間、逸々令承知違失有之間敷候、此上不法之儀、且不取締之筋有之ニおゐてハ、かひたんたり共無用捨国禁可申付条、能其旨を改、弥御国法を可相守者也

右之趣申渡候間、請書取之可差出候、尤右ヶ条外前々被仰渡候儀、是迠之通可相守儀ハ勿論之儀ニ候、此上茂追ゝ可申渡間、其旨茂可申聞置候

未
六月

3 「御書出」の内容の要点

「御書出」の最初の部分は、前述のように『通航一覧』に載せられており、これは幕府の「御日記」からのものである。江戸で、この命令が出されたのは三月十七日となっている。そして、同年六月に、当時長崎在勤であった長崎奉行の桑原能登守盛員によって、さらに詳細な抜荷取締令が長崎において出された。この玉里文庫に所蔵されている「御書出」は、おそらくその際に、長崎で薩摩藩の聞役などが写して、それを薩摩藩へ送ったものと思われる。

ところで、この史料の箇条書の部分は一七条からなる。これらの一七条を、その内容によって区分すると三区分にできる。まず、(1)一〜五条の部分、そして六条目は次の区分と分ける箇条となっており、次に(2)七〜一三条、(3)一四〜一七条といった構成になっている。その三区分についての内容は、次のようになる。

(1)オランダ船入港時の荷物や人員の検査及び荷物管理の強化を命令

ここで重要なことは、それまで商館長や船長は上陸する際に身体検査を免除されていたが、今後は、その特権は許されず、他の船員と同様に実施されることである。そのうえ、理由がなければ再度のオランダ船への乗船は出航まで認めないというものである。また船から手廻り品を降ろす際には、一つ一つの内容を検査し、手廻り品以外はすべて出島の蔵で保管し、脇荷用の商品も同様とする。荷揚げは一船に付八日で終了すること。荷揚げが終了した後に、船中を検査して帰帆に必要な品々は封印する。また、出島の部屋の中まですべて検査するといった、非常に厳しい内容となっている。

(2)抜荷やそれを誘発させる行為に対する罰則規定

抜荷としてよく扱われる鼈甲・龍脳やその他の薬種類の隠置が露顕した場合、それが少量であろうと罰銅一万斤とする。長崎の沖合や出島で抜荷をし、手口が巧妙な場合はさらに増罰銅が課される。その際には、船長や商館長に対して過料二貫目を課し、さらに手口が巧妙なものは増過料を課する。また、鼈甲・龍脳やその他の薬種類を隠し持ってきたオランダ人には過料二貫目と国禁(入国禁止)を命じる。さらに多量であったり、沖合や出島で発覚した場合は通常の倍額の過料を課する。さらに、すでに入国禁止となっている者を日本へ連れてきた場合、一人に付罰銅千斤とする。荷揚げ以前に、鼈甲・龍脳やその他の薬種類などを船中に隠していた理由などを商館長や船長が説明すれば、罰銅や過料は免除される。どのような商品であっても、隠して輸入した場合、その商品に応じて相応の罰銅と過料を命じる。

(3)通詞や出島の役人によるオランダ人、及びオランダ船出帆後の監視強化

通詞、出島掛り乙名、そして諸役人に取締りを命じたので、これ以後商館長や船長に用事のある場合は、担当の者が立合いのもとで話し、オランダ人と日本人が役人の立合いなしで会うことを禁じる。これに違犯したオランダ人には、状況により過料や国禁を命じる。そして、江戸参府時の手廻り品はすべて検使が改めた後に封印する。また、オランダ人が船中からオランダ語の書簡を提出したら、それを翻訳した後に商館長へ渡すこと。今後は、オランダ人に対して以前のような丁重な扱いはしないことを通詞達に命令した。さらに、オランダ船が長崎を出帆した後に天候不順などのために沖に停泊し、その場所で不正がなされているとの噂もある。従って、理由があって沖で停泊する場合は短い滞在とする。以上のような内容となっている。

4 「御書出」の分析

「御書出」の箇条の中で、特に注目すべき部分について傍線を引いた。以下、それらの部分について考察していきたい。

a 商館長・船長の上陸の回数規定

これまで、商館長と船長が出島に上陸してから再度、オランダ船に乗船すること、そしてその回数については制限する規定はなかった。ところが、今回の命令では、商館長や船長といえども、やむを得ない理由がない限り、再度の乗船を規制したのである。しかし、この命令について、ツュンベリーによれば、(命令が言い渡された)「二日後には船長は船に錨二個を繋ぐために乗船することができた。これが許可されたのは、長崎奉行へ懇願したのと、万一船が損傷した場合は幕府の責任であり、それに対して幕府の対応が冷やかであれば、会社は必ず仕返しをするであろうという脅迫により得られたものである」としており、(29)この上陸の回数規定は、命令直後、すでに反故とされてしまったようである。

b 商館長・船長が上陸する際の特別服

オランダ船から上陸する際、商館長や船長は身体検査を免除されたので、彼らは特別大きな服を着て、その中に密輸品を出来る限り入れて上陸するということはよく知られていることである。(30)それまでの商館長や船長が、その服を着て上陸する状況について、ツュンベリーは次のように記している。すなわち、

陸から小舟が一艘こちらへ近付いてくるのが見えた。すると船長は、銀モールの縁どりがある絹の青い上着をはおった。それは非常にゆったりとして幅広く、腹部あたりに大きなクッションが付いていた。商館長と船長だけが検閲を免れていたので、この上着は長いあいだ、密輸品をこっそり持ち込むために常用されていた。船長は上

着を一杯にふくらませて、船から商館へ日に三往復するのが常であった。そしてあまりに重い物を持って頻繁に上陸するので、船員二人が両腕を支えねばならないほどであった。このやり方で船長は、自分の品物と一緒に下士官らの品物も―現金報酬とひきかえに―持ち込んだり持ち出したりして、年間相当の収益をあげており、その額は数千レイクスダールにも達していたといえよう。

とある。(31) ツュンベリーは、安永四年令が発布された年に日本へ来航したので、この命令直後の状況がわかる。今回、船長の上陸の際には、この大きな青い服を着ることは許されなかったので、「何も知らない大勢の日本人が、今年の中肉の船長を見て、ただ驚いている様子は少なからず滑稽であった。日本人はこの時まで、いつも見てきたように船長はでっぷりとした肥満体であると思い込んでいたからである」とツュンベリーは記している。(32)

c 荷揚げの日数

この命令により、荷揚げの日数は八日以内と制限された。しかし、この命令があった安永四年は一艘のみの来航で、八月十四日に商館員が上陸し、十六日から数日間は商館員の日用品の荷卸しで、九月四日から荷揚げが始まり、この月いっぱい続いたという。(33) 従って、この年でさえ八日で荷揚げは終了しなかったようである。また、一八一四(文化十一)年には一艘が来航し、年番阿蘭陀通詞の記録である『万記帳』によれば、この船の荷揚げは、六月二十七日が初日で、荷揚が済んだのは七月二十日であり、およそ二四日間もかかっていた。(34) こうしたことから、この命令についても、その発令直後から守られてはいなかったようである。

d・e 鼈甲・龍脳、その他の薬種類の抜荷厳罰

この命令では、これらの品を隠し持っていたり、出島や船内に隠し置くことは厳禁としている。これらの商品は、少量で高価なものであったので、格好の抜荷対象品となっていたのである。

この時期の『犯科帳』には抜荷の犯罪が目立って多く、鼈甲・龍脳・蘇木・麝香や、薬種類の抜荷が摘発されている[35]。この中で、オランダ関係では、一七七三(安永二)年に出島に入って蘇木を盗もうとする者が捕まったり、夜、出島に忍び込んでオランダ人から鼈甲を密買して捕まった事件などが記載されている[36]。これなどは、事前にオランダ人と何らかの方法で連絡し合ったことは明白である。また、一七七四(安永三)年には、唐人屋敷での抜荷事件や長崎の地下人が関わる京都での抜荷事件についても記載されている[37]。そして、前掲の「安永四年紅毛横文字和解」の一七七五(安永四)年三月の書状においても、出島の芥場に置いた鼈甲の抜荷が発覚したことが記されている。

また、前述の江戸において特別令が言い渡された際の『商館日記』を示した中の傍線部分で(二八四頁)、不正唐物が大坂で摘発されたことがあげられている。実際、『犯科帳』に、この事件に関わった者たちについて記されている[38]。大坂においては、前年の安永元(一七七二)年十月には「唐薬問屋及ビ薬種仲買ニ令シテ、唐和蘭抜荷ノ検査ヲ厳ニセシム」の命令が出ており[39]、翌安永二年閏三月には薬種仲買仲間が不正薬種取締ニ関して意見書を大坂町奉行に答申しており、その中には、「長崎ヨリ唐薬種問屋年行司へ御手板御差添被下、御手板表ニ何之品何百何拾何斤何合ト御認被下候得ハ、津々浦々ニ而モ船頭勝手ニ売捌不申候得ハ、紛敷義無之様可相成カト奉存候」といった文面もあり[40]、ここでは、長崎から送られてくる正規の商品に手板を添えるように求めており、それにより、抜荷品との区別を明確にしようとしていたのである。

前述の安永元年のブルフ号事件においても商館長が輸入禁止の広東人参を持ってきたり、安永二年にはオランダ人による鼈甲の抜荷が発覚している。このように抜荷が多発する中で、幕府は、改めて抜荷の対象となる品々の抜荷罰則を整備して厳しく取り締る姿勢を見せたのである。

f　国禁者の再度の日本渡航への処置

これ以前の一七四三(寛保三)年に、幕府がオランダに対して貿易半減令を出した際に強硬に抗議した商館長ファン・デル・ワイエンが、同年に国外追放となった(41)。ところが、ファン・デル・ワイエンは、翌一七四四(延享元)年に再び商館長として来日した。この時、幕府は、ファン・デル・ワイエンに対して処罰することはなかった。しかし、一七四六(延享三)年に、それまでのオランダの不遜な態度を非難するとともに、日本の法令を厳守することを命じている(42)。

今回は安永二年に抜荷をしたオランダ人に対して幕府は「国禁」を命じた。そして、ここで幕府は改めて国禁の者の再来日を罰則をもって禁じることを明確に示したのである。

g「去ル子年」の禁止令

「御書出」によれば、罰銅については、これが初めての規定ではなく、以前、「子年」にも命じているとのことである。これは、おそらく一七五六(宝暦六)年の抜荷禁止令と考えられる。すなわち、

宝暦六丙子年八月、

唐船抜荷之儀に付、別紙之通度々被仰出も有之処、近年猥に相成、度々抜荷仕候者も有之由、其上近頃度々唐船漂流も有之、右に付而は紛敷儀も有之趣相聞、畢竟申付不届故之儀に候、先年度々被仰出候趣、弥違失無之様、自今共厳敷被申付、抜荷仕候者於有之は、相改召捕候様可被申付候、此以後抜荷仕候者外に而召捕、吟味之上先々相知候においては、所之領主越度可相成候条、被存其旨、無油断可被申付候、以上

八月

とある(43)。この命令については、老中堀田相模守正亮が西国と中国地方の大名八二名の家来に直接一通宛渡している。

こうした広範囲の地域にわたる大名などへ抜荷禁止令を発布するのは、一七一八（享保三）・一九（享保四）年以来のことであった[44]。

しかし、この宝暦六年は、同年の命令書だけでなく、これに加えて一七一四（正徳四）年五月、一七一八（享保三）年六月、同年十一月、一七一九（享保四）年六月、一七二六（享保十一）年九月に発布された唐船抜荷令を併せて渡しているのである[45]。そのうえ、勘定奉行をはじめ、長崎奉行、伏見奉行、江戸町奉行、京・大坂町奉行、堺奉行に対しても、同様の命令書を渡している[46]。従って、この宝暦六年に幕府は、享保年間以来の大規模な抜荷禁止令を発令したことがわかる。

この宝暦六年の抜荷禁止令に関してオランダ商館の日記には、一七五六年一〇月一三日（旧暦宝暦六年九月十九日）の条において、通詞達から商館長に対して次のような命令があったことが記されている[47]。すなわち、「長崎で取引している唐人達が、厳しく抜荷を禁止しているにも拘わらず、大規模な抜荷を行ったことが発覚し、そのため、将軍はこの件についてオランダ人へ伝えるとともに、抜荷に関わらないように警告した。そしてもしオランダ人が抜荷で捕まることがあった場合は、そのオランダ人は日本の法律により罰せられ、商館長もその責任を負わせられる」となっている。従って、この年には、唐人に対してだけでなく、オランダ人に対しても、抜荷に対する罰則規定が設定されたことが窺える。

おわりに

以上、安永四（一七七五）年のオランダに対する抜荷禁止令発布の背景とその内容について明らかにしてきた。幕府による江戸参府におけるオランダ人への特別令は、およそ六十年ぶりのことであった。その背景には、相次ぐオランダ人による抜荷の発覚があった。とりわけ安永元(一七七二)年の五島沖を漂流していたブルフ号が長崎へ曳航され、その船内の荷物検査により、商館の上層部までが抜荷に深く関与している事実が露顕した。それに加えて、翌安永二年にも来航したオランダ船の船員による抜荷が発覚したのである。それだけではなく、『犯科帳』によれば、この時期、出島や唐人屋敷における抜荷、そして抜荷品が京都や大坂に送られて摘発されるといった事件が続いていた。

ツュンベリーによれば、「何年か前、密輸入がまだ盛んであったころは、大部分の通詞が商館から町へ密輸入品を運んでいたようである。また商品は何回か出島の塀をのり越えて投げ出され、あらかじめ用意された日本の小舟によって受け取られた」とある。(48) また、オランダ人が抜荷をしたがるのは、脇荷では、商品(たとえば陶磁器や漆器)で受け取ることになるが、抜荷ならば金貨が手に入り、しかもそれはバタヴィアでは通常の二倍で売れることもあるからであるとツュンベリーは記している。(49)

幕府は、こうした状況を鑑みて、オランダ人に対して長崎奉行を通じてではなく、江戸参府で江戸にやってきた商館長に対して、江戸城において直接、大目付から抜荷禁止を強く命じるに至ったのである。実際、これ以降、オランダ人やオランダ船、そして商館員の日用品や輸出入品、出島内の監視がかなり厳しくなされるようになった。(50) それでも幕府の命令の一部が長崎において反故にされることもあったようである。命令発布における幕府の思惑と、長崎において直接オランダ人と交渉し、しかもその貿易利益で生計を立てている長崎の役人や地下人たちとでは、貿易に対する見方が相違するということが、こうしたことに顕れているように思われる。

十八世紀における幕府の抜荷対策は、「去ル子年」の禁止令の項でも示した通り、唐船が中心であった。しかし、この安永四年令以降、幕府は、唐船・オランダ船の区別なく、抜荷対策を講じるようになっていく。そして、一七八三(天明三)年には工藤平助から田沼意次に提出された長崎貿易に関する意見書である「報国以言」では、その大半が抜荷対策について述べられているのである。(51) 長崎貿易での抜荷対策の重要性は、その後の寛政改革においても引き継がれていくのである。

註

(1)『通航一覧』第六巻(国書刊行会、一九一三年)三〇六—三一五頁。
(2) 同右、三一五頁。八件の中で、あと一件は、一七四六(延享三)年の商館長(ファン・デル・ワイエン)による不遜な態度を咎めたものである。
(3) 同右「御暇賜并御法令」二二二—二二七頁。
(4) 同右、二二六頁。
(5) 森永種夫校訂『続長崎実録大成』(長崎文献社、一九七四年)一六二—一六三頁。
(6) G.F.Meijlan, *Geshiedkundig Overzigt van den Handel Europezen op Japan*, Verhandelingen van het Koninklijk Bataviaasch Genootschap van Kunsten en Wetenschappen 14, 1833, pp.205-206.
(7) Meijlan, *op.cit.*, p.205, J.F.Kuiper, *Japan en de Buitenwereld in de 18de Eeuw*, The Hague, 1921, p.144, ツュンベリー／高橋文訳『江戸参府随行記』(平凡社、一九九四年)二一八—二一九頁。
(8) Meijlan, *op.cit.*, p205, J.L.Blussé, C.Viallé,W.Remmelink,I.van Daalen(eds.), *The Deshima Dagregisters their Original Tables of Contents, 1740-1760*, Tokyo, 2004, p360.
(9)「安永元壬辰年紅毛船五島三井楽村漂着一件」長崎歴史文化博物館所蔵、古賀文庫。

(10) J.L.Blussé.C.Viallé.W.Remmelink.I.van Daalen (eds.), *op.cit.*, p.360.

(11) 「安永元壬辰年紅毛船五島三井楽村漂着一件」によれば、この曳航費用は、すべて長崎会所が出したものであったが、オランダ側では、五島藩主の助力によって長崎までブルフ号が曳航されたとなっている。J. L. Blussé, C.Viallé, W.Remmelink, I.van Daalen (eds.), *op.cit.*, p.362.

(12) ツュンベリー／高橋文訳『江戸参府随行記』三三―三四頁。この時の状況についてオランダ商館の日記には何も記載はない。

(13) Kuiper, *op.cit.*, p.144, Meijlan, *op.cit.*, p.207.

(14) 『続長崎実録大成』(一六二―一六三頁)によれば、一七六八(明和五)年、一七七〇(明和七)年、一七七四(安永五)年は来航船は一艘のみとなっている。一七七二(安永元)年は「五島破船壹艘」となっている。一七七〇年には帰航したハーゼンホフ号が難破している。こうした事情のために決算ができなかったためか、一七六八年から一七七三年までの期間、商館の「仕訳帳」が欠損している(鈴木康子『近世日蘭貿易史の研究』思文閣出版、二〇〇四年、一六四―一六五頁)。

(15) G.F.Meijlan.*op.cit.*, p.204.

(16) ツュンベリー／高橋文訳『江戸参府随行記』二九頁。このブルフ号を見捨てた際の状況について、ツュンベリーは、「一七七二年にブルグ号は日本への渡海途上、暴風のために大量の浸水を蒙り、船員会議のあと放棄された。そして数時間内に沈没することが必定とみられたので、このような事態における会社の命令に従って、船に火をつけるということはしなかった」としている(三三頁)。

(17) 長崎歴史文化博物館所蔵、古賀文庫、古賀十二郎写、二九丁。

(18) 『商館日記』によれば、「へんはんてんふころうと」とは、一番船の船長である、ヤン・ファン・デル・クロート(Jan

van der Kloot）と思われる（J. L. Blussé, C. Viallé, W.Remmelink,I.van Daalen（eds.）, *op.cit.*,p.372.）。

（19）後藤惣左衛門貞栄のことである。後藤惣左衛門は、一七四四（延享元）年に町年寄となり、一七六四（明和元）年に新設された長崎会所調役となり、町年寄上座となった（「長崎名家略譜」『増補長崎略史』上巻、長崎叢書三、長崎市役所、一九二六年、五九七頁。鈴木康子『長崎奉行の研究』思文閣出版、二〇〇四年、二七三―二七五頁）。

（20）一七七二年十一月から一七七三年十一月までの商館長（旧商館長）がダニエル・アルメノールト（Daniel Armenault）であり、一七七三年十一月から一七七四年十一月までの商館長（新商館長）がアレント・ウィルレム・フェイト（Arend Willem Feith）である。

（21）「玉園」とは、この史料を写した郷土史家の古賀十二郎のことであり、「玉園書屋主人」とも記している。

（22）ツュンベリー／高橋文訳『江戸参府随行記』四三頁。ここで、ツュンベリーは、オランダ人の抜荷方法は一〇〇通りにも達するとしており、抜荷品を町へ運んでは現金に換えたとしており、ツュンベリーが来日した年にも上陸する補助員のパンツの中から様々な貨幣が見つかったと記している。

（23）ツュンベリー／高橋文訳『江戸参府随行記』三三三頁。

（24）J.L.Blussé,C.Viallé,W.Remmelink,I.van Daalen（eds.）, *op.cit.*, p.386.

（25）「勝右衛門は全く無能な人間で、彼が年番通詞の時には、たまにならず者で盗癖のある日用たちをはっきりののしる以外には、なにも役に立っていません」（横山伊徳『オランダ商館長の見た日本』（吉川弘文館、二〇〇五年、一四九頁）。

（26）長崎歴史文化博物館所蔵、古賀文庫。

（27）『通航一覧』（第六巻、三一四―三一五頁）では、その冒頭に、「安永四乙未年三月十七日、阿蘭陀人御暇、如例カピタン并通詞被下物有之、カピタンへ別段申渡」という文章が入っている。そして、文末には「右小野日向守読聞之」と記されている。江戸参府の最後に江戸城においてオランダ人に口頭で通例の命令をするのは、いつも大目付の務めであった。「小野日向守」とは、当時大目付であった小野日向守一吉である。小野日向守は、一七七一（明和八）年七月から一七七六（安永五）年十二月まで大目付を務めていた（『新訂　寛政重修諸家譜』第二〇巻、続群書類従完成会、一九六六年、一五二―一五三頁）。

(28)　この六月の命令については、「安永四年紅毛横文字和解」（長崎歴史文化博物館所蔵）の中でも、前掲の五月のオランダ商館長の返書の後に記されている。

(29)　ツュンベリー／高橋文訳『江戸参府随行記』三三二頁。

(30)　タイモン・スクリーチ／高山宏訳『大江戸異人往来』（丸善、一九九五年）五三―五四頁。寺本界雄『長崎本・南蛮紅毛事典』（形像社、一九七四年）二五一頁。

(31)　ツュンベリー／高橋文訳『江戸参府随行記』三〇―三一頁。

(32)　同右、三四頁。ツュンベリーによると、以前はその幅広の上着だけでなく、幅太の大きなズボンをはいて、そのなかに様々な禁制品を入れて持ち込んでいたという。これは日本側に怪しまれて、すでに禁止となっていた。

(33)　ツュンベリー／高橋文訳『江戸参府随行記』三〇―三九頁。

(34)　「万記帳」（片桐一男・服部匡延校訂『年番阿蘭陀通詞史料』近藤出版社、一九七七年）九五―一〇八頁。

(35)　森永種夫編『犯科帳』三（犯科帳刊行会、一九五八年）一九四―一九五頁。

(36)　同右、一九九―二〇二頁。

(37)　同右。唐人屋敷で唐人に金を渡して輸入品を密買（二〇五―二〇六頁）、不正な鼈甲などを京都へ送付（二〇七―二一〇八頁）、唐人からの麝香の密買（二二二―二二六頁）。
(38) 同右、二〇八―二一二頁。
(39) 『大阪編年史』第十一巻（大阪市立中央図書館、一九七一年）三八頁。
(40) 同右、五四頁。意見書の全文は五三から五九頁。
(41) 『長崎実録大成』（長崎文献社、一九七三年）二二五頁、『通航一覧』第四巻、三四四頁。
(42) 「憲教類典」（『通航一覧』第六巻）三一五頁。一七五〇（寛延三）年には「若当方ノ御国禁ヲ難相守於テハ、在留ノ阿蘭陀人不残連帰、出島モ可破却旨九ケ條ノ以漢文被仰渡之」とあり（『長崎実録大成』二二六頁、『通航一覧』第四巻、三四五頁）、国禁を犯すことを厳しく禁じている。『長崎実記年代録』（九州文化史研究所史料集刊行会、一九九九年、一八七頁）によれば、「惣シテ近年諸事不慎ニテ、就中戌年甲必丹ヤアコップ・ハン・デル・ワアイ我侭ヲ働クニ付、日本渡海停止被仰付」とある。鈴木康子『近世日蘭貿易史の研究』三九二―三九三頁も参照のこと。
(43) 「大成令続集」（『通航一覧』第八巻）四七七―四七九頁。
(44) 「大成令」同右、四七四―四七八頁。
(45) 「大成令続集」同右、四七八頁。
(46) 同右、四七八―四七九頁。
(47) J. L. Blussé, C. Viallé, W. Remmelink, I, van Daalen (eds.), *op.cit.*, pp. 226.
(48) ツュンベリー／高橋文訳『江戸参府随行記』四四頁。
(49) 同右。
(50) 同右、三六―三七、四一―四四頁。

（51）　鈴木康子「工藤平助「報国以言」と一八世紀後期の長崎貿易政策」（『花園大学文学部研究紀要』第四八号、二〇一六年）を参照のこと。

四番崩れから帰郷した浦上信徒の農民生活と信仰生活

―記録の中に残っていない「死人講」「サバト寄」と「講内会」―

岩永　勝利

はじめに

浦上教会祭壇の横に、「祖先の信仰を守り続け子孫に伝えよう」と記した目標の垂れ幕が下がっている。信徒発見百五十年の記念の目標であるが、正直いって良く理解できなかった。信徒流配と弾圧の苦難に堪え、信仰を守り抜いた明治維新期の超自然的な偉業を言うのであろうか。確かに、今の私にはとても真似ができない超信仰の霊的行動であったといえる。然し流配の受難だけが信仰表示の行動でなかったとも思っている。

浦上地区のキリシタン教会〔司祭―信徒・聖堂〕と教界〔信徒・信徒共同体〕は戦国末期に形成されたが、豊臣〜徳川両政権が発布したキリシタン禁教令により浦上の教会・教会堂は逐次破壊された。その後に残された浦上信徒と教界は以降潜伏状態に入り、江戸後期の三次に及ぶ崩れに耐えて存続。幕末の開国期に公然化し、維新期の四番崩れを経て教会・教界を再建し天主堂の礎石を据えた。

本稿では浦上教界について、キリシタン禁制下の潜伏信徒と幕末維新期の浦上信徒に分けて概観する。

一　キリシタン禁制と浦上信徒

禁教令は天正十五年（一五八七）秀吉が発布した伴天連追放令と、家康が将軍秀忠に発令させた慶長十八年（一六一三）の伴天連追放文が禁制の基本法として著名である。秀吉の禁令段階では京坂以西の教会堂が多数破壊されたが、宣教師は実質的に残留した。家康段階では宣教師の大追放が長崎で執行され、禁制は逐年強化された。

キリシタン禁教令は同宗門を邪教と断罪し、同宗門と信徒根絶を諸国に徹底させた。そのための弾圧政策として信徒告訴を奨励する訴人褒賞の高札制度が敷かれ、踏絵が長崎内外の宗門改として年中行事化された。さらには住民相互の監視制度として五人組のほか、寺請制に基づく悉皆檀家制の下で自葬禁止が徹底された。宗門改の結果は宗門人別帳、類族帳として集約され、諸国の代官・奉行、諸大名を経て幕府に提出。切支丹宗徒・教界掃滅の八方塞がり策が取られた。

そうした禁制下で信徒は何を信じ、何を考え、何を助け合い、信仰を守り続けるか、毎日を涙したに違いない。但し、そうした記録は殆ど残されていない。異宗一件・異宗一件書類・犯科帳・御用留・御役所留等を見ても、キリシタン研究者の書冊の中でも、信徒や共同体内実の生活様態等について明記したものは見つからない。幕藩制下に敷かれた禁制の掟類をもって切支丹信徒が日々を送ったことや、幕藩の掟に違反した者への処罰の仕方などに関連研究の関心が集中している感がある。

私は幕末維新期に公然化した浦上信徒の後裔であるが、キリシタン時代の信仰と宗教的・文化的価値観は潜伏時代にも継承されており、信徒間での組織作りや未来を展望する預言、大切な作法などを継承し、自身の生と死を見つめた日々を送っていたのではないかと思っている。以下に見ていこう。

宣教師の側では司祭不在の日本を逸早く予見し、信徒の信仰生活とその永続性を粘り強く模索した跡があり、具体的な方法を浦上地方ほか各地の信徒に伝えていた。それらは、地域における小共同体の組織づくりから始まる。要点を記すと、次のようである。

1　禁制下のコンフラリア〈信心会〉

コンフラリアは信徒共同体であり、その考え方はヨーロッパの信徒信心会の組織をモデルとした。キリシタン時代、信徒数が急速な増加を見せたことにより司祭の居ない信徒だけの組織が創られていたが、政教関係の緊張にともない、宣教師不在の時代が必ず来ることが予測され各地で結成された。潜伏期に入ると信仰共同体は再編成され、その後に維持された。各地域の共同体は信徒のみであり、自主運営の団体として構成され、共同体のリーダーと仲間の結束が固められ存続が計られた。助け合いの面では、キリシタン時代の相互扶助の精神が継承され、信仰ばかりではなく貧しい生活を分かち合い支え合う運命共同体の組織が形成された。その一端を記す。
①イエズス会、ミゼリコルディアの組、サンタ・マリアの組。フランシスコ会、コルダァン〈帯紐〉の組。ドミニコ会、ロザリオの組。ルイス・ソテロ、勢数多講。教区司祭フランシスコ村山、クルスの組。村山死後ドミニコ会士ナバレテがイエズスの御名の組に改組。
②禁教令以降信仰を守るため自衛的な性格をもって組織された会、有馬地域のマルチリヨの組。サンタ・マリアの御組。ゼズスの組など。
潜伏キリシタンが各地で形成した組織では、当初相互にネットワークが形成されていたことが推測される。結婚や

縁組などもキリシタン組織の間で行われている。非信徒と婚姻した子女もあり得るが、キリシタン家系の宗義は立前上寺請制下の所属寺院とその宗派とされたことであろう。

潜伏時代の組織は幕府の広域的な信徒剔出策に対抗し、個別に「蛸壺」化する傾向にあったことが推測される。組織内では、信仰と聖具類を口伝と手渡しで関係者に引き継ぎ、後世に伝えた。組織を概略する。

2 浦上・外海、五島地方の潜伏キリシタンの組織

①浦上・外海地区の組織─物頭・触頭・聞役

・物頭(帳方)　祈りと教会暦〔日めくり〕を保持する最高指導者。

・触頭(水方)　村を区分した郷それぞれの信徒に洗礼を授ける役目。

・聞役　郷・字《あざ》それぞれに伝令をする役目。

②五島地区の組織

五島では、大村藩から移住した信徒による共同体的組織〔コンフラリア〕が形成され信仰が保持された。組織内では、お帳役、授役・看坊、取次役などの役割分担があった。各地の組織ではバスチャンが伝えたとされる日繰り〔教会暦〕、こんちりさんの略などの伝本があり、先祖の伝承・口伝などが忠実に伝達された。ほか聖人伝を含む伝承がかなりの地域で残された。浦上地方ではバスチャンの伝承が残された。

3 伝道士バスチャンとその預言

バスチャンは深堀領平山郷布巻生まれの日本人伝道士で、地下に潜り伝道活動に挺身した。殉教前バスチャンは、

日繰り・十字架のほか四つの預言などを、後世に伝承として残した。日繰りは、教会暦として残されている。預言〔要旨〕は、①お前たちの七代までは我が子と見做すが、それからあとはアニマの助けは困難になる、②コンヘソーロ〔聴罪司祭〕が大きな黒船に乗って来て、毎週でもコンヒサン〔告白〕ができる、③キリシタンの歌を、どこででも大声で歌って歩けるようになる、④道でゼンチヨ〔教外者〕に出会った時には、先方が道を譲るようになる、等となる。注目すべきことは、同上②でバスチャンは、聴罪司祭の来日に言及している。潜伏信徒にとっては罪のゆるしを与える聴罪司祭の存在が重要であり、大切なこだわりであったことが想察される。その聴罪司祭の真否について、バスチャンは三つの質問を預言中で残している。第一に、ビルゼン〔独身〕であるかどうか、第二に、ローマのお頭〔御親であるパーパ様〕の名前を知っているか、第三は、聖母マリアを崇敬しているかどうか、などであった。

バスチャンの預言は伝承として後世に残されたが、潜伏信徒にとっては後世への希望であり復活への導きとして受け止められたことであろう。幕末の慶応元年（一八六五）大浦教会を訪れた浦上信徒は、会堂内で司祭の言動を注意深く吟味し、大きな決心をもって公然化への名乗りをあげたことが想察される。

4　途絶えなかった洗礼の秘跡、ゆるしの秘跡

潜伏時代の司祭不在期、キリシタン信仰の存続を可能にした要因の一つとして、洗礼が組織内で絶えることがなかったことである。緊急の場合の洗礼式文と授け方については、共同体の中で適切な男女が選任されたほか、特に助産婦が重視され洗礼法が授けられた。出産が母子の生命にかかわる一大事であり、緊急時の不測事態への備えが組織内で認識されていた証跡の一つといえる。

ゆるしの秘跡は、信徒自身にとっても隣人・他者に対してもキリシタン時代から重要なことであった。信徒は少な

くとも一年に一度、「告白」による「ゆるしの秘跡」を受けるように定められていた。大罪をもって死ぬことは「地獄」を決定づけることとされ、臨終にあった病人は最後の「ゆるし」を受けずに死ぬことを恐れた。そのため臨終の病人が未信者の場合には「教化」することが重要な課題とされ、信徒を養成して末期の「世話」に備えていた。『病者を扶くる心得』がキリシタン時代に編まれている（『キリシタン書・排耶書』）。

司祭―信徒間でなされた如上の秘跡は潜伏時代に断ち切られたが、キリシタン時代に編まれた『こむちりさんのりやく』がその後に伝えられている。

こむちりさん Contrição〔痛悔〕は、罪の意識の自覚から始まる。キリシタン時代の同上文化は、信徒間で伝承されその後に伝授されたことであろう。幕末復活期の一例として、プチジャン司教が一八六五年（慶応元年）五月に記した次の通信文がある。

善良な青年たちは、（天主堂の）中に入って祈るため夜が明けるのを待っていたのです。彼らが美しい星空の下で一夜を明かしたのは言うまでもありません。（中略）No.2の水方から最近もらったばかりの新しい本のことをお話ししましょう。この本の表題は『コンチリサンノリヤク』です。キリスト生誕後一六〇三年に編集されています。…大多数の人たちが、痛悔についてのこの本を始めから終りまでほとんど知っていて、簡単に暗唱できるのです。…私たちが彼らの霊父であり、また彼らが…聴罪師であることを知って大変喜んでいます。（『一八六五年プティジャン書簡―原文・翻刻・翻訳』）。

痛悔の精神とその心は、浦上の潜伏信徒間で「暗唱」され受け継がれていたことが想察される。

5　潜伏時代に伝えられた殉教の心得

キリシタン時代から潜伏時代を通して信徒が死生の心得とし、後継者に伝えた殉教と殉教者を伝える書物がある。一例として寛政二〜七年（一七九〇〜九五）間の浦上一番崩れの折、長崎奉行が没収した『マルチリヨの栞』がある。同書は明治二十九年（一八九六）日欧交渉史家の村上直次郎が長崎県庁の書庫から発見し〔寛政没収教書〕と名付けたキリシタン関係書冊の一部である。後年姉崎正治は同書を研究し、マルチリヨに関する冊子を『マルチリヨの栞』と名付け、編纂時期を考察して自著に収めた（『切支丹宗門の迫害と潜伏』）。

以下の三部からなる。

①慶長期（一五九六〜一六一四）「マルチリヨの鑑」。ローマ時代の聖女アナスタシア、アレクサンドリアの聖女カタリナ、聖女マリナの生涯と殉教の記録。先の二人は『サントスのご作業の内抜書』にも収められている。

②元和期（一六一五〜二三）「マルチリヨの勧め」。当時の武士社会・封建社会の通念に対応して、イエス・キリストがキリシタンに与えた「御恩」とキリシタンがイエス・キリストに報いるべき「奉公」が主題である。「マルチリヨ」（丸血留と表記）の意味・品格、それに対する覚悟と準備のほどが説かれている。神が迫害をキリシタンに与えたのに、迫害から生じる計り知れない功徳のため、「教会は迫害をもってしても衰えず、かえって栄える。マルチレスの血は、教会の種子のようなもの」とする。

③寛永期（一六二四〜四四）「マルチリヨの心得」。この書は一五九七年二月五日二六人が殉教した翌年、ペトロ・ゴメスが一五九八年に執筆した書物との関連が推測される。同書は司祭も修道士も不在の教会で、キリシタンが自らの信仰を堅持するとともに、必要な時は信仰を言葉と所作によって表明すべしとし、殉教に直面した時の対応については、殉教の定義、条件が一四項にわたり説かれている。特にその四条では、殉教の場合の覚悟について以下のように

説いている。「丸血留になる程の難儀出て来るに於いては如何にすべきぞといふこと」には、①殉教者になるためには、人から迫害されることを快く耐え忍ぶこと、②迫害される者に知恵分別があるなら、その死罪を退けず、快くそれを許して受け入れる時に殉教者となること、とある。

幕藩体制の下で潜伏を余儀なくされたキリシタン信徒は、浦上のほか西九州を中心に各地で逼塞状態に置かれたが、キリシタン時代の基本的な教義・教説は口伝のほか書物で後継者に伝えられ、日々の生活の中で振り返られていたことが推察される。

二　幕末維新期の禁制と浦上信徒

安政五年（一八五八）日仏修好通商条約が締結されると、フランス公使は将軍慶喜に浦上問題について談判したが変わることはなかった。そうした状況の中で、慶応三年（一八六七）浦上辻郷の片岡三八は母の葬儀について自分の宗旨にしたがって葬儀を行うと決断し、葬儀に来ていた檀那寺の僧侶を追い返した。この一件は江戸幕府体制を宗教面で支えた寺請制に抵抗する公然の意思表示であり、同様の他のケースと共に浦上四番崩れの契機的な背景となった。

慶応三年十月将軍徳川慶喜は大政を朝廷に奉還し新時代の幕が開かれたが、切支丹絶滅の施政は明治維新になっても変わることがなく、浦上信徒総流配など日本史上に類例のない刑政により信徒の日常と信仰生活は一変していく。

翌年の明治元年三月十五日朝廷は太政官の名で五榜の掲示を発令し、その第三榜定で「切支丹邪宗門ノ儀ハ堅ク御制禁タリ、若不審ナル者有之ハ其筋之役所へ可申出、御褒美可被下事」と布告した（『法令全書』明治元年第百五十八号）。同上定は切支丹と邪宗門を同列に置くものであるほか「永年」掲示とされ、旧幕府の公儀褒賞制が継続された禁令であった。但し切支丹＝邪宗門の法理は、欧米列強の宗教観を決定的に貶め毀損する。政府は同年閏四月四日切支丹と邪宗門の「混淆」として同札を改定。切支丹御制禁と邪宗門禁止の二項目とした（同上第二百七十九号）。同令により切支丹宗門は「邪宗門」の烙印と訴人褒賞から文言上除外されたが、宗門に対する禁止条項は「是迄御制禁之通固ク可相守事」とされ、信徒に対する抑圧は流配地で逐年強化された。維新政権は五榜の掲示第四札覚で万国公法の尊重を高唱したが、切支丹撲滅の為政策は転換できなかったこととなる。

同令を法的根拠として浦上信徒は村中信徒総配流に処され、信徒は富山から鹿児島まで二一藩に流配された。流送先で信徒は地域により、棄教と改宗を迫る拷問と厳しい抑圧策に晒された。そうした困難な状況下で、流配信徒の多くは生命をかけて信仰を守り、為政に対する反抗行為も殆どなく、日々の生活の中で忍従と信仰心を育くんでいった。

明治六年（一八七三）二月二十四日政府は「諸布告掲示ノ事」として「自今諸布告御発令毎ニ人民熟知ノ為メ凡三十日間便宜ノ地ニ於テ令掲示候事」「従来高札面ノ儀ハ一般熟知ノ事ニ付向後取除キ可申事」（太政官第六十八号）として「永年掲示」とされた切支丹札の撤去を命じた。ここに高札撤去がなされたが、そうとはいっても切支丹への抑圧が全面解除されたものではなかった。信仰の自由は、周知の明治二十二年の明治憲法発布以降のことである。

浦上信徒は流配先から帰郷したが、不在の間に家屋は荒らされ、田畑は手が付けられないような荒れ地と化していた。帰村して家なき者には県庁が応急の長屋を建てたほか、自分の家を建てるための資材として稲佐山での木材伐採を許可した。他の建築材料も貰い受けたとされるが、釘一本に至るまで借受帳に記載された。食料などの生活費用も、殆ど借用せざるをえなかった。浦上の田畑は上畑が少なく下畑に近い痩地であった。さらに農具はなくなっており、茶碗のかけらで耕したことが記録から知られる。

十字架の山頂と大十字架（岩永勝利撮影）

但し、彼らが弾圧と受難のなかで養っていた「この世は仮の世、我々の国は天国にある」とする信念は浦上帰還後も捨てることはなく、信徒の信仰生活は年々日々すさまじいものであった。帰郷して浦上信徒が一番欲したことは信仰を深める祈りの場であり、旧来の受難史を超克する「象徴」であった。祈りの場〔聖堂〕については、明治十三年には旧庄屋宅を買い取りその後の天主堂建設に道を付けた。翌年にはカルワリヨの山に似た小山を見付け、〝十字架山〟と命名。頂上に建てた大十字架〔木碑・のち石碑〕には旧新の「為政者を赦し決して恨まず」とする文言を刻んだ記念碑とし、先祖以来の信仰生活への立帰りが目指された。一連の過程では旧幕時代になした絵踏に対する信徒の謝罪がなされ、犯した罪に対する神への懺悔と蒙った弾圧に対する神の守護に感謝が捧げられた。同上の祈りは、その後も後述する「サバト寄《より》」で継続された。

浦上信徒は貧困と労苦にあえぎながら団結して難事業に立ち向かったことが知られるが、浦上の各地で組織された小共同体が教会と個々の信徒を支えた。浦上では、レジオ・マリエ、現世会、青年会、処女会などが組織されたほか、死人講を始め、日常的・週間的な祈りの会としてのサバト寄が信徒間で組織された。以下、順次みて行く。

死人講　旧幕時代の踏絵と寺請制度に伴う自葬禁止は幕府の信徒殲滅策であり、信徒を最も苦しめた。「我々の国は天国」にあり、「仏式葬儀ではパライソ（天国）には行けない。したがって、仏式葬儀は断る」とし、仏僧による葬儀を拒否した既述の片岡三八の思いは信徒間にあり、寺には届け出ず「頭陀袋」に入れてこっそり埋葬した苦しみは浦上帰郷後沸騰し、そこに「死人講」なる小共同体が自然的に構成されたことと思われる。キリシタン時代、信徒は死が予想されると司祭へ連絡し、現世での神の教えに反する行為を謝罪し、神の代理者の司祭に告白。清い心を持って終油の秘蹟を授かり来世を迎え神の許に帰るという、最後の儀式と祈りをもって葬儀を迎えていた。

キリスト教の葬儀は遺体を火葬とせず「寝棺」で埋葬したので、多くの人々の手助けが必要であった。そこには弾圧時代に養われた神を信じるもの同士の、堅い隣人愛の精神があった。死人が出た場合、棺桶を造り墓穴を掘り、葬儀に参加し、死後一週間当事者の家に集まり死者のための祈り、ロザリオ一遍などを誦して神に当人の救霊を祈った。その間の人手は棺桶を造る者、墓穴を掘る者、葬儀を飾る者、棺を担ぎ教会・墓地に運ぶ者、手伝い人の慰労の準備等数多くの人手を必要とした。

同上の行為は死者一人一人に必ず必要なものであり、浦上の全教界に広がり、郷・字別にこの組織が作られた。勿論組織内の班毎に世話人が居り、集合がかけられた。決まった組織の規約はなかったが、死者が出た場合は組内の夫婦は仕事を休んでても葬儀に参加した。準備が終了すると、翌日から十日間祈りの集会がもたれた。

そうした葬儀のあり方も現今では火葬となり、人手のいらなくなった事から「死人講」は漸減し、平成十年(一九九八)頃には姿を消した。唯一その形跡を留めている講は「長崎市辻町平講内会」であり、上記した仕事はなくなっても死者のために葬儀に参加し、葬儀後の祈りにも集会に参加しその伝統を守り続けている(〔付〕参照)。

サバト寄　如上のほか、祈りの日を設け、為政者が行った弾圧を許し、信仰を守り続け得た感謝と、今後の生活の上に多くの恵みを願った会があった。是を「サバト寄」と言った。サバトとは「第六」の意味であり、週の土曜日を意味する。毎週土曜日には特定の家に寄合い祈り続けたが、現今では姿を消した。家屋の近代化で部屋が個室となり、集まる場所をなくしたことが原因といわれている。

浦上天主堂　浦上信徒とその教界は明治十四年(一八八一)為政者を許し、弾圧と迫害に感謝し、その信仰を子孫に伝えるためキリストが受難したカルワリ山に似た小高い丘に既述の記念碑を建てた。信徒はその後、最大の願望であった信仰の拠り所としての浦上天主堂建設に結集した。主任神父の募金活動と、信徒の血がにじむ二十年間の献身的な奉仕が重ねられ、天主堂は大正三年(一九一四)完成された。東洋一の大聖堂であった。

講内会　貧しい信者同士が少しでも楽にできる様に金銭的貸し借りをした互助救済組織として講内会がある。同会は出資額を決め、それが可能な人数で金を集め、その中の一番貧しい人に貸し出し、返済が終わると、次に救済を求める人に貸し与えた。勿論二人を救済出来る金額の場合、二人が借用できる。但し、信者同士の信用において行われた救済法であった。

浦上信徒は、このようにして貧困のどん底からお互いの祈りと団結により「信仰の都」を創り上げ、子孫に信仰のあり方を伝えていったのである。

参考文献

姉崎正治『切支丹宗門の迫害と潜伏』（同文館、一九二六年）〔一九七六年、国書刊行会復刻〕
浦川和三郎『切支丹の復活』（二冊、日本カトリック刊行会、一九二七年）〔一九七九年、国書刊行会復刻〕
浦川和三郎『浦上キリシタン史』（全国書房、一九四三年）
海老沢有道・H・チースリク・土井忠生・大塚光信『キリシタン書・排耶書』（岩波書店、一九七〇年）
片岡弥吉『片岡弥吉全集』（智書房、三冊、二〇一〇年以降）
カトリック浦上教会歴史委員会編刊『浦上キリシタン資料』（二〇一五年）
長崎純心大学博物館編刊『一八六五年プティジャン書簡—原文・翻刻・翻訳』（二〇一五年）
山田光雄編刊『帰ってきた旅の群像　浦上一村総配流者記録』（一九九三年）

〔付〕 長崎市辻町平《ひら》講内会会則

講内会の一例として標記の「会則」を挙げる。平成四年（一九九二）十二月の改正に始まり、同八年、九年と改正されているが、厳密には役員会が改訂した「案文」である（「会則」の成立時期は不明）。故に本文は「会則」ではないが、同上の講内会は現在でも本「会則」に基づき運営されている。本「会則」により、平成十年頃に姿を消した「死人講」の一端が窺える。ほか死人講から講内会へ移行した一例となる。

原文は横書き。＊は岩永による注記。

平講内会会則

・平成9年1月改正
・平成8年1月改正
・平成4年12月改正

1、呼称　本会は辻町平講内会と呼称する。　＊文中「死人講」抹消線

2、構成　本会は平講内会会員並びに家族をもって構成する。

（対象者）本会開催の対象者は入籍者で会員名簿に登録した者とする。但し、未登録者（新生児や結婚などにより登録の遅れた者）であっても、本家で葬儀を行なう場合は対象者とみなす。

3、目的　本会は会員並びに家族の死亡に際し、全会員集合の上故人の冥福を祈り、葬儀に関する行事をなすことを目的とす。

4、役員　本会に次の役員を置く。
・会長1名、・副会長2名、・会計1名、・庶務1名、・会計監査1名、・連絡員若干名。　＊会計監査1を2に書込み
役員の任期は2年とし、再選をさまたげない。改選は総会の開催日とする。

5、会議　本会の会議には総会と役員会があり、総会は2年に1回1月に開催し、役員会は会長の召集をもって開催する。

6、行事　㋑会員に不幸があった時は、速やかに会長に連絡し、会長は連絡網に従って各会員に連絡する。
㋺会員は葬儀の前夜7時（時間に変更あり）全員公民館に集合し、会費500円也を納入し、講内会を開催する。その後全員本家での通夜に参加する。

㋩・土葬の場合、講内会開催は葬儀の当日午前8時とする。

会員は公民館に集合し、会費500円也を納入し、祈りを捧げ葬儀に関する作業にとりかかる。作業は従来どうりとする。（墓穴掘り、埋め戻しなど）　葬儀には墓掘り以外は全員参列する。

香典は3万円也とする。但し、本家より花輪などを希望された時は香典より充当する。

㊁・火葬の場合、集合時間は葬儀出棺1時間前とする。

火葬の場合、本会をA班とB班に分け班内の死亡者をその班が担当し、担当しない班は代理人で可とする。

なお火葬場へは役員を含む4名程度同行する。香典は5万円也とする。花輪を希望された場合には香典から充当する。

㋭講内会開催の当日の本家詰めは（本家に手伝う者）本家戸主の三親等までとする。それ以外の会員で本家詰めを依頼された場合は会の承認を得ること。なお、本家詰めの者も一旦公民館に出席し、本家へ行くこと。（代理人でも可）

㋬講内会開催日には必ず戸主が出席すること。但し、出席できない時は一人前と認められる者（中学生以上の男性、女世帯では女性）で可とする。男世帯で女代理人が出席した場合、1000円也、代理人も出席しない場合2000円也を代償として納入すること。なお、戸主が病気または出張などで出席できない場合は代理人で可とする。（この件については役員に一任する）

7、会員

㋑本会の会員一世帯一会員とし、住居が持家であることを条件とする。

㋺新入会希望者がある場合、全員協議の上で決定する。

㋩入会金は2000円也。他にガレージ出資金として3000円也の合計5000円也を納入する。但し、会員が分家して入会する時は出資金3000円のみとする。（退会の時は出資金を返還する）

㋥本会には正会員の外に遠隔地会員を認める。（遠隔地会員とは現会員が一時的に市外へ転出したもので、その会員の不幸の際、実家（平）から葬儀またはそれに準じる式などを出すことができることを云う。）遠隔地会員は年間会費2000円也。通常の講内会には出席しなくてもよい。

㋭入会は分家して入会を希望する場合と会員に欠員が生じた場合のみ認める。

8、その他

㋑本会の会費は講内会開催をはじめ、会員の親睦または会員の死亡及び先祖のためのミサなどを捧げるために使用する。
㋺ごミサは年2回、8月と11月に公民館で行う。（8月は信者会、11月は講内会、花も同じ）＊本文あと書込み
㋩本会は2年に1回程度親睦会をする。（ソフトボール、家族慰安旅行など）
㋥会員が1カ月以上病気または怪我などで入院した時は見舞金1万円也を贈る。但し、戸主のみとする。
（5年以内は1回とする。）
㋭会員の住居が災害に遭った時は、被害の状況に応じて1万円から3万円也の見舞金を贈る。
㋬公民館屋上のガレージは講内会が管理する。（所有権は平講内会にある）
㋣天幕の使用は講内会、自治会および災害発生時には無料とし、個人の営利使用は1回につき500円也とする。
㋠細部については、役員に一任する。

＊追記として「告別式1時間前に講内会を開催する」「広報マイクスピーカーの移転について自治会と協議した」ほかがあるが同記事など省略。

〔付篇〕
切支丹屋敷の跡地に造立された記念碑　―山荘之碑

清水　紘一

はじめに

切支丹屋敷は宗門改役が管掌した幕府の施設であり、別に山屋敷・囲屋敷とも称された。同屋敷ではキリシタン被疑者を始め、長崎から連行された岡本三右衛門ほか入国宣教師が禁獄され、厳しい穿鑿と信徒処刑が執行された。屋敷内の蔵では、宗門改役が所管した公儀関係の重要書類が保管された。その後切支丹屋敷ではシドッチ神父の尋問・拘留を経て寛政四年（一七九二）九月十七日廃止され、所蔵資料類は江戸城竹橋内の蔵に移された。(1)

切支丹屋敷廃屋後の跡地は大名や旗本に拝領地として賜与されたが、同地には旧屋敷の遺蹟と伝承がその後に残された。(2)それらについては戦前からの研究成果が蓄積されているが、(3)文献史学の面では関連史料が乏しく停滞感が続いていたように思う。(4)然るに、二〇一四年四月以降、東京都文京区による跡地発掘調査が実施され、○伴天連墓○長助夫婦と見られる墓地跡から人骨三体が出土し精密な研究がなされた。その結果、人骨の一体が宝永五年（一七〇八）屋久島に潜入し切支丹屋敷で牢死したシドッチ神父であることが推定され、二〇一六年には同上に関する報告書が公開された。(5)次いで文京区により関連するシンポジウムが催行されたほか、復元されたシドッチ神父頭部の展示などが国立科学博物館「シーボルト展」の会場でなされた。二〇一六年は折しも日本とイタリアとの修好一五〇周年と重なり関連する催しが企画されたが、同上の成果は切支丹屋敷に関する諸研究にとって追い風となった感がある(6)。無論残されている問題点は多々あり、近世考古学に加え、他分野の研究参入と議論の深まりを期待したい。

小文では切支丹屋敷跡地の一角に造立され、その後現在地に移された山荘之碑について一端を管窺する。

一　山荘之碑—碑文と語釈

東京都中野区大和町四丁目の蓮華寺山門脇に、山荘之碑が造立されている。私事で恐縮であるが、同寺には若くして永眠した筆者の姪暁子の墓所がある。蓮華寺の所在と由緒については当初無知であり、山荘之碑については蓮華寺への墓参の折気が付いた次第である。

同碑については戦前になされた川村恒喜の丹念な研究成果があり(『史蹟切支丹屋敷』五頁以下)、さらには中野文化センター郷土資料室(中野区役所内)による碑文調査とその研究成果が『なかのの碑文』(7)に収録されている。筆者の山荘之碑に関する研究は貧弱で先学の諸成果に付加する知見は乏しいが、碑文について上記成果と義妹の協力を得て気づいた幾分を小文に付載しておきたい。

山荘之碑は、高さ一四〇㎝、幅二八・五㎝、奥行一六・五㎝の石文である(『なかのの碑文』三三頁)。正面に、梵字一字とその下に掘りこまれた「山荘之碑」の銘が見える。裏面には、六行(二二五字)の碑文が刻まれている。以下に原文・訓読・語釈を連ねる(8)。文中の改行を〔／印〕で表示した。ほか、碑文中に「一字アキ」部分がある。

山荘之碑裏面上部

山荘之碑

蓮華寺山門　（清水由美子・春子撮影、2017年）
東京都中野区大和町４丁目37番地　泉光山

山荘之碑〔原文〕

此地當　寛永間為切支丹奉行筑後守井上政重別邸繫南蠻國伴天連我　國稱岡本三右衛門故／有牢獄焉後納其地於　官稱山屋鋪或直稱切支丹邸　寳永中羅媽國伴天連與安及其徒長助夫／妻亦入此獄皆長繫死其它奉祆及雑犯亦瘦死往往埋骨於此有妓朝妻罪當死指獄邊櫻樹語獄吏／曰得及花死無恨　官憐之待花發而刑後呼其樹為朝妻櫻今近鄰或存其遺種云既而邪教殄滅獄／從而廢　文化癸酉十二月易地　賜之為讃岐守大江政時君別邸君以為犯法雖可罪愚迷取死亦／可傷故建石而屬余記其事因録転顛末如此　文化乙亥五月　間宮士信撰　吉田織書

山荘之碑〔訓読〕

此地寛永の間に当り切支丹奉行筑後守井上政重の別邸たり、南蛮国の伴天連我国の称岡本三右衛門を繋ぐ故／に牢獄有り、後其地を官に納め山屋鋪と称し或は直に切支丹邸と称す、宝永中羅媽国の伴天連與安及び其徒長助夫／妻も亦此獄に入り皆長く繫死す、其它祆を奉じ雑犯亦瘦死に及ぶ、往々骨を此に埋ずむ、此に妓朝妻有り、罪死に當る、獄辺の桜樹を指し獄吏に語りて／曰く、花に及んで死するを得ば恨むこと無し、官之を憐み花発くを待ちて刑す、後其樹を呼んで朝妻桜と為す、今近鄰に或いは其遺種存すと云、既にして邪教殄滅、／獄従いて廃す、文化癸酉十二月地を易え之を賜い、讃岐守大江政時君の別邸と為す、君以為、法を犯すは罪す可しと雖も愚迷にして死を取る、亦／傷むべしと、故に石を建て余に属し其の事を記さしむ、因りて顛末を録すること此の如し　文化乙亥五月　間宮士信撰
吉田織書

＊文中傍線〔語釈〕参照

山荘之碑〔語釈〕

切支丹奉行筑後守井上政重　宗門改役井上筑後守政重〔拙稿「宗門改役の成立と変遷」参照〕。

岡本三右衛門　宣教師ジュセッペ・キアラ Giuseppe Chiara。寛永二十年（一六四三）前編で述べたマルケス一行宣教団の一員として渡日。筑前大島に入国したが福岡藩士に捕囚され、長崎から江戸に移送。改宗し日本名を称した。

宝永中羅媽国伴天連與安　宝永五年（一七〇八）薩摩屋久島に入国した宣教師シドッチ Sidotti Giovanni Battista。與安、ジョヴァンニの宛字。薩摩藩に捕えられ長崎経由で江戸送致。新井白石、将軍家宣の侍講。家宣の命を受け、翌年十一月二十二日小石川切支丹屋敷でシドッチを尋問。第一印象を「たけ高き事六尺はるかに過ぎぬべし」と記し、シドッチから聴取した知見を西洋紀聞として世に残した(9)。死後、切支丹屋敷に葬られた。

長助夫妻　長助・はる夫妻。白石は、シドッチ尋問の際両者に接見。二人が「老いたる夫婦」で、罪あるものの子どもの「孥・奴」として切支丹屋敷で籠居とされ、夫婦になったとその経歴を記載（『新訂西洋紀聞』一二頁）。

其它奉袄及雑犯　其它、其他。奉袄、奉祅。「祅《よう》」と「祆《けん》」と碑文の刻字が紛らわしいが、形状から「袄」とした。「祅」は、わざはい・まがごと、天災地祅（諸橋轍次『大漢和辭典　巻八』24637）。「祆」は、天〔関中の語〕・神〔胡人の語〕（24638）。雑犯、切支丹宗以外の犯罪・犯科。

妓朝妻　遊女朝妻、没年未詳。切支丹信徒としての刑死か、上記雑犯による断罪か不明。

邪教殄滅《てんめつ》　邪教、切支丹宗門。殄滅、絶やし滅ぼす。

獄従而廢　獄、切支丹屋敷牢。同屋敷、寛政四年（一七九二）九月十七日廃止（『通航一覧第五』一九一頁）。

文化癸酉十二月　文化十年癸酉（一八一三）。切支丹屋敷跡地の一部を大江家が拝領した年月。

讃岐守大江政時君　山荘之碑を建てた大江讃岐守政時。姓名と経歴、次節参照。

文化乙亥五月　文化十二年乙亥（一八一五）。山荘之碑銘書末尾記載の年月。

間宮士信《ことのぶ》　山荘之碑裏面の文を執筆。士信、初名信民、通称總次郎、剛次郎。寛政十年（一七九八）遺跡を継ぎ、采地八〇〇石を知行（『寛政重修諸家譜第七』二六九頁）。文才に優れ、文化七年～文政十一年間に集成された『新編武蔵風土記稿』二六五巻、天保十二年集成された『新編相模国記稿』一二六巻など、地誌類の編纂に関与した。小日向志の原書は未詳であるが、『通航一覧』に抄録された小日向志には遺跡や伝承が丹念に採録されており、上記地誌類の編纂事業と通底する成果といえる。

吉田畿　未詳。

山荘之碑〔大要〕

碑文は三節に大別される。①冒頭に切支丹屋敷の創設と変遷を記し、岡本三右衛門、伴天連與安・宗徒長助夫妻等が屋敷で繋死されたとする。②次いでその他の奉祆・雑犯者の瘦死と妓女朝妻の逸聞を記載し、桜花の頃に刑死をと望む朝妻の願いが奉行・刑吏に聞き届けられた。同桜は朝妻桜と呼ばれ、その遺種が残されていると哀話を記す。③最後に邪教根絶、切支丹屋敷廃屋とされたことなどで、跡地は文化十年十二月大江讃岐守政時に下された。大江讃岐守政時は罪科人の愚迷を傷み石碑造立に至ったとする。

右の碑文では、切支丹屋敷で生じた死者について、刑政・憐憫の視点から獄死・刑死を語り、神仏ないし寺院に関する語句を碑面に残していない。切支丹屋敷は同宗徒の囚獄と処刑の場であり、流血と遺体が埋葬された場所であった。そうした跡地を拝領した「讃岐守大江政時」は施主として仏寺・仏説に言及することはなく、碑文では刑死者への哀史を語ったこととなる。この点は、山荘之碑が当初建てられた造立場所にも関わることとなろう。ほか、碑文では「邪教殄滅」観を示している。同上は国内のキリシタンについて信徒が根絶されたとする認識であり、文化～文政期における江戸の切支丹観と何程か関わりがあろう。

二　山荘之碑　―造立と変遷

山荘之碑は「讃岐守大江政時君」が施主となり、碑文末尾に付された年次「文化乙亥五月」（文化十二年五月）の頃建てられたことが知られる。

山荘之碑の施主について、先学の指摘は次のようである。

①川村恒喜は「讃岐守大江政時」について、長門清末藩主毛利讃岐守政時とした。他方で毛利家の系譜（毛利子爵家蔵）を引き、伊勢増山家から毛利家に入嗣した政明について「政苗―政時政明―元世」（『毛利家系略譜』）とし、吊書に付記した（『史蹟切支丹屋敷研究』五二、五五頁）。同上により山荘之碑の施主は毛利讃岐守政時であることが明らかにされたが、政時は幕府編纂の記録類（家譜・実紀）では別名が載録されている。ほか上記の吊書で「政時政明」と表記しており、紛らわしい記載を残している。

②中野区教育委員会は山荘之碑の脇に説明板を立て、「この碑は屋敷が大江正晴のものとなったとき、獄死した人びとをいたんで建てられたわが国の文化史上重要な遺跡を語るものです。のち蓮華寺に移され、同寺とともに当地に移されました。昭和五十七年二月」と記した。同上により山荘之碑は文化史上重要な遺跡であることが明示されたが、説明文に見える「大江正晴」は不明である。ちなみに、江戸幕府が編纂した『寛政重修諸家譜』（巻六百十六～六百二十九）では「毛利・吉川・小早川、永井、山村、宮城・毛利・秦」の各家を大江氏に収めているが、「大江正晴」の名は同上の各家譜に見えない[10]。

山荘之碑に見える「讃岐守大江政時」は、毛利讃岐守政美となろう（『寛政重修諸家譜第十』二五九頁）。毛利氏は鎌倉初期の季光の代に、本領〔毛利の庄〕に因み同姓に改めたという（『寛政重修諸家譜第十』二三五頁）。政美は、奏者番・寺社奉行を兼務（宝暦九年～明和元年）した毛利政苗《まさなり》の末弟として生まれ、諸兄早世の後、安永四年（一七七五）長門清末藩[11]一万石を継いだ。同年讃岐守に叙任している。通称を最初匡邦《まさくに》、次いで匡訓《まさくに》、襲封後政美《まさみ》と名乗った（『寛政重修諸家譜第十』二五九頁）。受領名については変えることなく、文政元年（一八一八）三月四日致仕している。後継は増山家から迎えた上記の政明である。政美の隠居と政明の襲封について、幕府の記録では「文政元年三月四日長門国清末の領主毛利讃岐守（匡邦）病により宗家松平大膳大夫（齊熙）・毛利甲斐守（元義）ともに請ふままに致仕し、領知一万石を養子帯刀（政明）に継がしめらる」[12]と伝えている。

このように、山荘之碑の施主として記された「讃岐守大江政時」は毛利讃岐守政美となるが、建碑にあたり自身の名を「讃岐守大江政時君」と刻ませた事実から、政美は四度目の改名をなし、政時と称した可能性は残されている[13]。小文では以上から、山荘之碑の施主を毛利讃岐守政美〔政時〕と表記する。

山荘之碑の造立地について、川村恒喜は「文政十年三月十九日の日附のある蓮華寺書上」を紹介し、毛利政時が切支丹屋敷の跡地に拝領した下屋敷に建て数年後蓮華寺に移したとする[14]。同上の「蓮華寺書上」は、次のようである。

此碑元ト茗荷谷毛利邸ニアリ、後、屋敷替ノ時、当寺ニ縁アル故、境内ヱ引ク云伝、年代不詳　（『史跡切支丹屋敷研究』五二頁）

筆者は蓮華寺書上を含め寺伝に関しては未見であり、川村恒喜が引いた同上記録は貴重である。山荘之碑は毛利家の下屋敷に建てられ、その後蓮華寺との「縁」で同寺の境内に移されたこと。毛利家の屋敷替の時期については未詳であるが、同上の書上から山荘之碑は遅くとも文政十年（一八二七）頃までの間に蓮華寺境内に移されたことが知られる。その期間は、建碑された文化十二年（一八一五）から文政十年頃まで長くとも十四年間となろう。

その間、伊勢長嶋藩の増山家から上述した帯刀政明が毛利家（清末藩）に入り、文政元年三月四日襲封したが、政明は同年八月十六日に死去している。[15] 政明の同藩における治政期間は五か月余りであった。蓮華寺に山荘之碑が移建された事情について「蓮華寺書上」では、「当寺ニ縁アル故」とする。毛利家と蓮華寺との「縁」については、毛利家と蓮華寺との関係に加え、毛利家と伊勢長嶋藩増山家、蓮華寺の開創期にまで関わる。次に川村恒喜の研究成果から、①蓮華寺の創建と増山泉光院一族・毛利家、②蓮華寺の移建と山荘之碑を見る。

①蓮華寺の創建と増山泉光院一族・毛利家

蓮華寺縁起によれば、此寺は万治元年の創立であつて富士北山本山本門寺十四世日優を開山として、三代将軍家光の側室阿楽の方（家綱生母）の生母増山氏泉光院の開基にかゝり、泉光院が祈禱報恩の為めと、又一に阿楽の方妹（中略）の毛利刑部少輔元知室蓮華院並に元知の嫡男元武の夭折を悲しみ、其菩提を弔ふ為めに此寺を建てたものであるといふ（『史蹟切支丹屋敷研究』五四頁）

川村恒喜は蓮華寺縁起から同寺の創立について万治元年（一六五八）とし、同寺の開山を富士北山本門寺から招いた「日優」、開基を「泉光院」としている。泉光院が同寺を創建した目的については、自身の祈禱報恩と毛利家に嫁いだ「阿楽の方妹」と嫡子元武の菩提を弔うためとしている。但し、毛利元武については延宝五年（一六七七）に死去しており、蓮華寺創建の年次とは二十年程の相違が生じる。蓮華寺の開基後、元武の菩提が付加された可能性があろう。すると蓮華院の開基については、承応元年（一六五二）早世した阿楽の方に対する追善供養の他、特には「阿楽の方妹」の早世に発端があったろう。同女性は「万治元年戊戌五月廿三日歿、法名蓮華院殿妙通日香大師、葬小日向関白仙《泉カ》光山蓮華寺」（「柳営婦女伝系十宝樹院殿」[16]）と没年・法名が伝えられている。死因は毛利元知の長子元武を万治元年に産んであり（『寛政重修諸家譜第十』二五七頁）、同出産と関わりがあったかもしれない。
以上から増山泉光院―増山氏と蓮華寺、毛利家と蓮華寺の関係の概略が知られる。(17) 蓮華寺は、万治元年（一六五八）日優を開山として創建。所在地は小石川であり、切支丹屋敷跡地の近傍であったこととなる。山荘之碑の移転については、次のようである。

②蓮華寺の移建と山荘之碑

此碑はもと、蓮華寺本堂裏西寄りの處に在つたが、蓮華寺が明治四十三年五月六日、小石川關口臺町四十八番地（今關口臺町小學校敷地）から、現在の處、府下野方町大字上沼袋二三八（省線高圓寺驛より西北約八町）に移轉した際同時に移轉して、今本堂の前に据ゑられている（『史蹟切支丹屋敷研究』五六頁）

同上は川村恒喜が実地を踏査し、入念に書き残した貴重な証言である。

山荘之碑は、讃岐守大江政時邸内〔毛利正美下屋敷〕―小石川関口の蓮華寺―中野区大和町の蓮華寺〔本堂―山門〕と移転されたこととなる。

結びにかえて

小文では、切支丹屋敷跡地から蓮華寺に移された山荘之碑について、川村恒喜と中野区の研究成果を参照し若干の私見を述べたが、同上の建碑は、当時の正統的な法体制や世間の常識と大分齟齬するところがあったと思われる。

第一は、毛利家の当主が「実名」入りで切支丹屋敷の死者を傷む石碑を江戸の拝領地に造立したことである。幕藩制国家はキリシタン宗門を厳禁し、同上法規を幕政初期から天下の大法として上下一般に貫徹させていた。

第二は、外圧と山荘之碑間に仄見える違和感である。山荘之碑が造立された文化年間日本の沿岸地帯では多難な外圧事件が生じていた。文化元年（一八〇四）にはロシア使節レザノフが長崎に来航し日露貿易を要求したが、日本側が拒否したことにより双方の関係は一挙に悪化し、ロシア側の蝦夷地侵害がその後連年続いていた。文化五年にはイギリス船フェートン号が長崎港に公然と侵入し、蘭館員を拘束するなどの紛争を起こし長崎奉行〔松平康英〕が引責自死する大事件が生じていた。文化八年には会津・白河両藩により、相模・上総・安房に砲台が築かれている（『通航一覧第八』三九九頁）。列強は即、拡大南蛮国＝切支丹国である。(18) 山荘之碑は、日本列島に対する列強の圧力が目に見える形で感得された時代の産物であった。

他方で切支丹宗門について、山荘之碑では「邪教殄滅」「獄従而癈」と刻んではいたが、碑自体が物入りのする石造物であり、人目にも触れ、世人から忌避される可能性が多分にあった。山荘之碑造立の契機は歴史的経緯のある土地を拝領した清末藩主毛利政美〔政時〕の感奮興起にあろうが、山荘之碑造立をなし得た時代背景の一つとして文化～文政期の為政者と江戸民衆の一部に胚胎した、切支丹宗門・宗徒に対する眼指しの変化があるまいか。

民衆の切支丹観の一例として、切支丹屋敷に関わる庶民文芸のささやかな事例を川柳から垣間見ておこう。川柳は江戸後期の庶民に愛好され狂句とも呼ばれたが、句集の『誹風柳多留』〔一四三篇二九丁〕では、切支丹屋敷に関連して次の句を収めている。(19)

　　敵味方　切支丹坂　茗荷谷

右について粕谷宏紀氏は同上の編刊本で「茗荷は天草の乱の鍋島家の紋。（坂の名は）小石川茗荷谷の辺りにあった坂。近くに切支丹屋敷があったことによる称。切支丹屋敷はキリシタン信者を収容するためにつくられた牢屋であり、ローマ耶蘇会士シドッチも、ここに収容されていた」と解説している。

右に幾つか付言すると、「敵味方」は島原・天草の一揆勢と鎮圧に出動した佐賀鍋島勢・唐津寺沢勢等の名称であり、切支丹坂は茗荷谷台地の切支丹屋敷に向かう坂の名である。佐賀鍋島家は〔蘘荷《じょうが》丸・桐〕を家紋とした(『寛政重修諸家譜第十三』二九三頁)。蘘荷は、茗荷のことである。島原藩主松倉勝家は茗荷を家紋〔丸内抱茗荷〕として島原・天草一揆に従軍したが、同家は一揆の責めを問われ寛永十五年改易された。(20)

雑俳は庶民の心に浮かんだ軽妙な短詩であり一般の世情を見ることに限界はあるが、同上句から江戸町民の間には切支丹を相対化する空気が何程かあったことを感得しておきたい。換言すると、天下の大法とされたキリシタン禁令も、山荘之碑を建てた支配層を含め「切支丹」は次第に形式化され「空洞化」される傾向にあったことが看取される。江戸の切支丹観については諸国の動向を含めそれぞれの事例蓄積と分析が必要といえる。今後の課題としておこう。

註

(1) 切支丹屋敷から江戸城に移された資料として、天和元年(一六八一)以降諸大名が提出した宗門改書類、貞享四年(一六八七)以降徴集された類族帳等があったろう。但し、現存していない。『通航一覧』巻之百九十五。刊本、国書刊行会編刊『通航一覧第五』(一九一二年、一九一頁)。

(2) 切支丹屋敷の遺跡については「切支丹山屋敷図」から概略が知られる。ほか、小日向志から、同屋敷の遺構として、○官庫、○牢獄跡、○番所、○井(牢獄西)、○石壁(官庫以下外廻)、○埋門、○庁事(宗徒吟味場)、○寄騎同心跡地(土居外辺)、○檜、○稲荷祠(門番所西)、○斬罪場迹、○伴天連墓、○長助夫婦墓、○八兵衛石、○裏門(七軒屋敷の方)など(『通航一覧第五』一九二頁)。

（3）切支丹屋敷については、戦前の山本秀煌『江戸切支丹屋敷の史蹟』（イデア書院、一九二四年）、東京市役所編刊『東京市史稿 市街篇第六』（一九二九年、一六八頁以下）、川村恒喜『史蹟切支丹屋敷』（郷土研究社、一九三〇年）。文学から戦後の遠藤周作『沈黙』に関連する諸研究が発表されているほか、谷真介『江戸のキリシタン屋敷』（女子パウロ会、一九八四年）などがある。

（4）切支丹屋敷に関する主要史料として「小日向志」が知られている。「小日向志」については、伝本が二点知られている。①「三冊、地誌・文化七以後写旧彰考館」（『国書総目録第三巻』岩波書店編刊、一九七七年、五三七頁）。②旧東京市史編纂室所蔵写本、川村恒喜閲覧（『史蹟切支丹屋敷』註（3）二頁）。但し、デジタル・アーカイブスでは検索し得ない。「小日向志」の成立について、彰考館では「文化七以後」（一八一〇）とし、『通航一覧』の編者は「按するに此書は文政中の撰にして、文中今はなと記せしは即ちその頃をさせしなり」と考察している（『通航一覧第五』一九四頁）。文政年間は「一八一八～三〇年」であり、根拠は記されていないが江戸後期の官撰書で示された見解として貴重である。他方で川村恒喜は「文化八年小日向の稿成る。著者は間宮士信歟」（『史蹟切支丹屋敷』七七頁）とする。文化八年説については後掲する山荘之碑文末尾の年次〔文化十二年建碑〕・撰人〔間宮士信〕に照らし示唆に富む指摘といえる。

（5）テイケイトレード㈱埋蔵文化財事業部編『東京都文京区切支丹屋敷跡―文京区小日向一丁目東遺跡・集合住宅建設に伴う埋蔵文化財発掘調査報告書〔遺構・遺物・自然科学分析⑴考察編〕』（三菱地所レジデンス㈱、二〇一六年）ほか。

（6）東京都文京区の発掘調査に関連して、池田悦夫「切支丹屋敷跡発掘調査の概要」（『江戸遺跡研究』第四号、二〇一七年）、五野井隆史「切支丹屋敷跡地出土の人骨は、シドッチか」（『日本歴史』第八四〇号、二〇一八年）、谷川章雄「シドッチの墓」（『歴史と地理』七二〇号〔『日本史の研究』二六三号〕二〇一八年）、篠田謙一『江戸の骨は語る　甦った宣教師シドッチのＤＮＡ』（岩波書店、二〇一八年）などが発表されている。

（7） 中野文化センター郷土史料室編『なかのの碑文』（中野区教育委員会、一九八八年二刷。初刊一九八〇年）。
（8） 山荘之碑の拓本は『東京市史稿 第六篇』前註（3）二二七頁に原文を付して収載。ほか『史蹟切支丹屋敷』五六頁、『なかのの碑文』三三頁のそれぞれに原文と読みが収載されている。本稿でも如上を参照し一部に加筆した。なお山荘の碑は寺院の境内整理により現状の山門近くに移建されたが、裏背面は隣家ブロック塀の間際で撮影は難しい。
（9） 「西洋紀聞」三巻（国立公文書館内閣文庫蔵、請求記号「特六八―三」）、「采覧異言」一二巻（同上文庫、請求記号「一八五―一三二」。刊本、市島謙吉編『新井白石全集第四』吉川半七、二〇〇六年、七四一、八一三頁）。宮崎道生校注『新訂西洋紀聞』（平凡社、一九六八年、一二頁）。
（10） 高柳光寿・岡山泰四・斎木一馬編集顧問『新訂寛政重修諸家譜第十』（続群書類従完成会、一九六四年、二三三一～三二九頁）。
（11） 長門清末藩については、木村礎・藤野保・村上直編『藩史大事典第6巻中国・四国編』（雄山閣出版、一九九〇年）三八七頁参照。
（12） 国史大系編修会編『続徳川実紀第二篇』（吉川弘文館、一九六六年）三頁。
（13） あるいは山荘之碑造立に際し仮名・異名を刻字させた可能性がある。建碑については、本稿跋文で述べた世間への憚り意識があったかもしれない。
（14） 川村恒喜は「碑の文によれば、此碑は文化年中毛利讃岐守政時（長門清末藩主）が、間宮士信に嘱して此地の沿革を略記せしめ、之を別邸として賜はつた切支丹屋敷一部に建てたものであつて、其の位置は、今の檀野氏の邸内と認められる。此の碑が昔の切支丹屋敷の一部に建つて居た期間は極めて短く、恐らく数年を出でなかったであろう」と特定している（『史蹟切支丹屋敷研究』五二頁）。

（15）幕府の記録では「〇十六日長門国清末の領主毛利帯刀政明卒す。政明請ひ奉り。宗家松平大善大夫。毛利甲斐守にも請ふまゝに。堀田摂津守正敦が六男紀七郎をして嗣子とし。遺領一万石をつがしむ」（『続徳川実紀第二篇』八頁）。

（16）斎木一馬・岩沢愿彦校訂「柳営婦女伝系十宝樹院殿」（『徳川諸家系譜第一』続群書類従完成会、一九七〇年）二一六頁。宝樹院、家綱生母。

（17）人名・背景が複雑である。本文に見える人名と幕府の記録若干を突き合わせ、整理しておこう。

「阿楽の方」「阿楽の方妹」と「増山氏泉光院」は、姉妹とその生母となる。姉妹の実父は青木三太郎利長とされているが、利長は「年若くしてうせければ」（『徳川実紀第四篇』一頁）とされており不詳（実父を朝倉惣兵衛とする別伝もある〔註（16）〕）。利長に嫁した「増山氏」は増山織部娘の〔紫〕であり二女二男を生んだ。利長死後同女は再婚し一女一男を産んだが、その後仏門に帰依し「泉光院」と名乗った。同女が剃髪した年次については不明であるが、「増山仙光院」は将軍家綱が童形改をした万治二年（一六五九）正月十二日、家綱に「ゆかりのある方々」の一人として賜物を贈られている（『徳川実紀第四篇』二九六頁）。

泉光院の次女は「阿楽の方」で将軍家光の部屋住みとなり、寛永十八年八月三日家綱を生んだ（『徳川実紀第三』二三二頁）。承応元年（一六五二）十二月二日卒去し東叡山に葬られている（『寛政重修諸家譜第二十一』三三〇頁）。

泉光院の三女が「阿楽の方妹」であり、毛利元知に嫁し死後蓮華院の法号を贈られた。毛利元知は将軍家光に小姓として仕え刑部少輔に叙任。承応二年毛利本家から分封され、長門長府次いで清住で一万石を領した。明暦二年（一六五六）二月二十八日「台命によりて増山弾正少弼正利が妹」〔阿楽の方妹〕を娶り、万治元年長子元武を生んでいる。長子元武は延宝五年（一六七七）長門清末で亡くなっている。享年二十（『寛政重修諸家譜第十』二五六頁）。

蓮華寺が万治元年創建されたとすれば、「増山仙光院」「阿楽の方妹・蓮華院」と、蓮華寺の寺号・山号〔泉光山〕と符合する。

「泉光院増山氏」が生んだ男系は、「阿楽の方」の縁でその後台頭した。長男正利は寛永二十年母方の増山姓に改称。正保四年一万石を下付され、奏者番を勤仕。万治二年三河西尾で二万石を領知した。以降、増山氏の動向と毛利家との関係を見ると、二代正彌《まさみつ》は常陸下館に移され、元禄十五年(一七〇二)伊勢長嶋に移封された。三代正任の代を経て、四代正武に実子がなく毛利甲斐守匡廣の九男正贇《まさよし》を迎えて同家の五代としている(『寛政重修諸家譜第二十一』三三〇頁)。六代正賢の次男政明は毛利家に入っている。

毛利家では、支藩の元知が増山正利の妹(阿楽の方妹)を室とし上述した元武を儲けたが夭折。次弟の匡廣が同家を継ぎ、後年長門府中に移封した。子女のうちでは、匡廣の次女と増山正武と婚約(次女死亡により不成婚)。ほか七男の政苗が享保十四年(一七二九)清末に分封。宝暦九年(一七五九)奏者番となり寺社奉行を兼ねたが、明和元年(一七六四)寺院の本末条令裁断に怠慢があり両職を罷免されている。政苗の後継が上述した政美となる(『寛政重修諸家譜第十』二五六頁)。政美は男子に恵まれず、増山家から同家六代正賢の次男政明を迎えて後継としている。

(18) 列強即拡大南蛮国、文政八年(一八二五)幕府は「南蛮西洋之儀ハ御制禁邪教之国ニ候間、以来何れ之方においても異国船乗寄候を見請候ハヽ、其所ニ有合候人夫を以下有無に不及、一図ニ打払」(石井良助編『徳川禁令考前集第六』創文社、一九六八年、四〇九六号)と制令している。

(19) 粕谷宏紀編『新編川柳大辞典』(東京堂出版、一九九五年、二二一頁)。シドッチについて前註(6)の他、マリオ・トルチヴィア著、北代美和子・筒井砂訳、高祖敏明監訳『ジョヴァンニ・バッティスタ・シドティ』(教文館、二〇一九年)。

(20) 斎木一馬・岩沢愿彦校訂『断家譜第二』(続群書類従完成会、一九六八年、二〇〇頁)。

〔付篇〕
明治初年浦上信徒配流関係太政官資料目録
―『公文録』『太政類典目録』綱文抄―

氏家　毅　編

はじめに

肥前長崎の代官支配地浦上と大村藩領浦上〔木場村・北村ほか〕にはキリシタン信仰が遺され、幕藩体制の下で潜伏信徒として存続、幕末～維新期を迎えた。

代官支配地の浦上信徒は寛政二年（一七九〇）以降、慶応三年（一八六七）まで、四度の崩れを経て幕末に至ったが、幕府に代り成立した維新政権は切支丹禁制を継続。慶応四年（明治元）同上の浦上信徒を列島各地に流配した。

本稿には同上に関連する維新政府の記録類のうち、太政官で編纂された『公文録目録』と『太政類典目録』のうちから、「異宗徒一件」と「教法」に収録された目録の綱文を収めた。

『公文録目録』は、太政官で集成された『公文録』（四一〇二冊）の検索用に作成された目録である。「公文録」は現在国立公文書館（東京都千代田区北の丸公園）に所蔵されており、同上目録の影印本が『公文録目録』として同館により編刊されている。浦上信徒に関する資料目録については、同上の第一と第二に「異宗徒一件」として収められており、次のようである。

『公文録』所収　異宗徒一件目録　戊辰～明治六年

『公文録目録第一　自戊辰至庚午』（国立公文書館、一九七八年）

戊辰　一四　異宗徒　　1自戊辰（明治元年）三月　至己巳（明治二年）十二月異宗徒一件（七六頁）

庚午　二八　異宗徒　　1庚午（明治三年）　自正月　至十二月　異宗徒（三六一頁）

　　　　　　　　　　　2異宗門徒人員帳（三六一頁）

『公文録目録第二　自辛未至明治六年』（国立公文書館、一九七九年）

辛未　一八　異宗徒　　1辛未（明治四年）自正月至七月　異宗徒（四四頁）

　　　　　　　　　　　2辛未自七月至十二月　異宗徒（四五頁）

壬申　一八　異宗徒　　1壬申（明治五年）　異宗徒一件（一七二頁）

明治六年　一九　異宗徒　1明治六年自一月至五月　異宗徒一件（三四五頁）

『太政類典目録』は太政官で編纂された『太政類典』（九一一冊）の検索用に作成された目録である。同書冊は国立公文書館に収蔵されており、同目録の影印本が『太政類典目録』（全三冊）として同館で編刊されている。浦上信徒に関する資料目録については、「教法」として上～中冊に収められている。上冊には大教宣布関連記事と共に、切支丹宗徒・異宗徒の記録が収められており、次のようである。

『太政類典目録』所収　教法目録　慶応三～明治十年

『太政類典目録上　自慶応三年至明治四年』（国立公文書館、一九七四年）

太政類典第一編第百廿一巻索引　教法　教法（三六三頁）

『太政類典目録中　自明治四年至明治十年』（国立公文書館、一九七六年）

太政類典第二編第二百五十一巻索引　教法二　教法二止（四六〇頁）

異宗・異宗徒に関しては、外務省・弾正台ほか政府の各省庁と流配諸県など中央・地方に横断的に跨る維新期の問題であり、同上に収められている関連文書発掘の余地が多分に残されている。引き続きの課題としておきたい。

なお『公文録』『太政類典』の目録および本文は国立公文書館の公式サイト「デジタルアーカイブ」で公開されているので、そのNo.を各綱文の上に記した。

一『公文録』所収　異宗徒一件目録　戊辰〜明治六年

公文録目録　第一　自戊辰至庚午

明治元年〜二年　自戊辰三月至己巳十二月　異宗徒一件　少主記植松有経整頓

戊辰〈明治元年〉

1切支丹制禁ノ掲示

2異宗徒処分ノ儀下問ニ付華頂官《宮》外諸侯泊《伯》意見上陳

3郡山初三十四藩へ御預ノ儀御達

4紀州藩御預ニ付請取方ノ儀伺
5豊橋藩仝上
6大垣藩仝上
7因州藩仝上
8因州藩外三藩追テ御下命マテ請取人差出ニ不及旨御達
9宗門改書従前ノ通可差出御達
10中下大夫ノ輩宗門改書上呈
11梶井宮仝上
12兵庫県仝上
13伊那県仝上
14大岡主膳正仝上
15浅野少将異宗ノ者病死届
16内藤甚郎外一名取調猶預届
17毛利宰相宗門改届
諸藩宗門改届ハ各公文ニ編輯セリ

己巳〔明治二年〕

18五島ニ於テ異宗徒処置ノ儀ニ付伊達外国官知事上申

19同上ニ付外務省上申
20長崎大浦異宗徒増多ノ儀上野敬輔及野村宗七等ヨリ申出ニ付外務省上陳
21山口藩異宗徒帰郷願出ニ付伺
22宇和島藩外十八藩宗門改書上呈
23中条厳彦外一名仝上
24山口藩異宗徒扶持米御渡願
25金沢藩外七藩御預ノ儀御達
26広島藩仝上ニ付届
27各藩へ御預ノ達等心得ノ為本省へ送付ノ儀外務省上申
28各藩へ御預ノ徒説諭ノ儀仝省上申
29異宗徒ノ儀ニ付渡邉弾正大忠外三名ヨリ上陳
30仝上ノ書類送付ノ儀外務省上申
31仝上ノ儀英国第一等書記官アダムスト対話ノ儀同省上陳
32仝上ノ儀英米仏孛四州へ返翰書ノ写仝省上呈
33仝上各藩へ御預ノ儀ニ付留守官へ通報
34仝上取締ノ儀豊津藩へ御達

明治三年　庚午自正月至十二月　異宗徒　少主記植松有経整頓

1外務省御預藩々へ布達届
2金沢藩脱走人ニ付届
3長崎県外国人応接ノ儀ニ付呈書
4広島藩人員請取済届
5大阪府名古屋藩請取人員相違ノ儀申出ニ付伺
6外務省各国公使談判ノ儀ニ付伺
7岡山藩病死人取計方伺
8広島藩護送船遅延幷難船入費ノ儀ニ付申出
9仝藩御預人増加ノ儀届
10外務省取締方ニ付公布伺
11長崎へ船艦差回書類ノ儀ニ付弾正台往復
12松江藩御預人請取済届
13大蔵省扶持米ノ儀ニ付申出
14和歌山藩取扱方ニ付伺
15津藩脱走人相書届幷待罪伺
16寺島外務大輔取締向ノ儀ニ付往復
17岡山藩悔悟ノ者帰国ノ儀申立

18広島藩生死人員届六通
19和歌山藩脱走人相書届幷待罪伺
20岡山藩病死人届
21弾正台意見申出
22富山藩御預人請取済届幷生死人届
23野村長崎県知事外一名ヨリ福江藩郷士有川文三郎外三人百姓友吉等打果ノ儀ニ付申出
24外務省米国公使ヨリ処分ノ儀申立ニ付申出
25金沢藩改心ノ者復籍ノ儀伺
26鳥取藩生死人届十六通
27留守官ヨリ鳥取藩へ生死等向後不及届儀達
28取扱方取調可届出達
29鳥取藩同上ニ付届
30岡山藩同上ニ付御猶予願
31金沢藩同上ニ付届
32広島藩同上
33松江藩同上
34外務省取調ノ儀達
35米沢藩外十五藩取調届

36和歌山藩脱走人届幷待罪伺
37津藩同上
38大蔵省御預入費ノ儀ニ付達
39長崎県取調掛リノ者へ賜金ノ儀達
40平戸藩脱走人届
41津藩病死人届
42外務省英国書記官サトーヨリ申出ノ儀ニ付上申
43山口県改心ノ者帰村ノ儀申立
44鹿児島藩御預人員弾正台へ可引渡儀達

明治三年　庚午　公文録附録　異宗門徒人員帳

1名古屋藩
2津　藩
3郡山藩
4和歌山藩
5姫路藩
6岡山藩
7福山藩

8広島藩
9山口藩
10津和野藩
11松江藩
12鳥取藩

公文録目録　第二　自辛未至明治六年

明治四年　辛未自正月至七月　異宗徒　少主記植松有経整頓

1岡山藩病死人届
2大聖寺藩英人相越ニ付水野少丞被差遣御達
3松江藩外二藩処分ノ儀伺
4高知藩説諭法方届
5弾正台病死ノ者取扱ノ儀伺
6津藩差置場所ノ儀伺幷脱走届
7徳島藩外一藩取締方法ノ儀届
8岡山藩生死改心等人員届
9御預ノ各藩巡回ノ官員人撰心得等三条大臣ヨリ澤卿へ下問

10大聖寺藩弾正台幷宣教官員巡回ノ儀御達
11楠本権大丞外一名巡回ノ儀御達幷旅費渡方申立
12仝上着発届
13外務省各藩御預処置ノ儀申立
14福岡藩外一藩二川一謄東京へ護送ノ儀御達幷届
15京都府下土岐十助ヨリ処置ノ儀建言ニ付申出
16広島県生死人員届
17名古屋藩病死人届
18鹿児島藩着京届
19山口藩入費金勘定帳へ組入ノ儀御達

明治四年　辛未自七月至十二月　異宗徒　少主記植松有経整頓

1～20楠本外務大丞外一名御預藩々巡回処分ノ儀届
21和歌山県病死人届
22濱田県へ元津和野ノ分預替ノ儀達
23松江県改心ノ儀ニ付届
24渡邉昇取締差免ノ達
25同上ニ付大蔵省東京府ヨリ伺

26新潟県市郎右衛門捕縛ノ儀伺
27外務省ヨリ広島県へ御預辰蔵福山県へ預替ノ儀申立
28富山県病死人届
29山口県脱走人届
30広島県取扱差替幷死生居所等ノ儀届
31外務省伊万里県ニテ拘留ノ儀ニ付申立
32広島県出産人届
33外務省英国公使ヨリ於島原処置風聞ノ儀来翰ニ付伺

明治五年　壬申　異宗徒一件　少主記植松有経整頓

1鳥取幷広島県改心ノ者家族一纏ニ住居ノ儀伺ニ付大蔵省布達案伺幷同省赦免ノ儀公布伺
2愛知県病死人名届
3香川県取扱方ノ儀伺
4豊岡県御預人無之儀届
5広島県悔悟ノ者長崎県郵送届
6和歌山県同上
7長崎県人員請取復籍取計方済届
8司法省石崎迂郎処断伺

9 和歌山県伊右衛門脱走届
10 愛知県乙五郎同上
11 広島県出産人届
12 宮城県沢辺数馬等外教講究ノ儀ニ付届幷処断伺
13 長崎県前島九等出仕同処へ出張ノ儀ニ付申立
14 函館港ニテ捕縛ニ付外務開拓往復
15 各府県寛典ニ可処置儀御内達
16 愛知県悔悟ノ者帰籍届
17 広島県病死人名届
18 石川県佐之助脱走届
19 同県生死人員届
20 鳥取県悔悟ノ者長崎県へ引渡済届
21 濱田県同上
22 香川県処分ノ儀ニ付伺
23 広島県出産人届
24 石川県悔悟ノ者帰籍届
25 司法省処置ノ儀伺
26 愛知県寅蔵夫婦外一名脱走届

27和歌山県出産人届
28同県病死人名届

明治六年　明治六年自一月至五月　異宗徒一件　少主記植松有経整頓

1和歌山県出産届二通
2石川県改心ノ徒帰籍届
3度會県転居届
4山口県悔悟仕向方ノ儀伺
5長崎県帰籍ノ儀御達
6広島県外十六県ヘ同上
7石川県帰籍取扱ノ儀伺
8鳥取県同上
9取扱方御達書面ノ儀司法省往復
10石鐵県人員届
11三重県同上
12石川県同上
13広島県同上
14和歌山県同上

15島根県同上
16鳥取県同上
17小田県同上
18岡山県同上
19濱田県同上
20新川県同上
21高知県同上
22山口県同上
23和歌山県帰籍届
24山口県同上
25名東県同上
26小田県同上
27度會県同上
28石川県同上
29濱田県同上

二『太政類典目録』所収　教法目録　慶応三～明治十年

太政類典目録　上　自慶応三年至明治四年

第一編　自慶応三年至明治四年七月　第百廿一巻

教法　教法

1教道施為ノ方法下問　二年五月廿一日
2鎮祭詔幷宣布大教詔宣命 附 宣教心得　三年正月三日
3教導節目　三年
4諸官省幷府県官員非役華族等宣教講義聴聞　三年四月
5大教ノ旨要　四年七月四日
6黒住神道一派ノ教道ヲ停ム　四年二月二日
7金沢藩勝興寺門末ノ者教諭巡回ヲ停ム　二年四月
8本願寺光澤近畿ノ門徒ヲ募化セント請フ之ヲ聴ス　元年正月廿三日
9本願寺光澤門徒教諭ノ為メ近畿巡回ヲ止ム　二年十月十日
10大垣藩外二藩今後宗門改方処分　元年
11牧野康濟封内宗門改ノ例規ヲ稟ス批シシテ暫ク其旧ニ仍ラシム　元年八月廿五日
12切支丹宗徒ノ検査姑ク旧制ニ従ハシム　元年十月廿五日

13黒田齊溥其管地肥前国内ノ耶蘇宗徒長崎奉行ノ捕縛スル所トナルヲ幕府ニ稟ス　慶応三年十一月廿三日
14杵築藩支配中異宗徒有無長崎県へ申出シム　二年十二月
15長崎県氏神拝礼等ノ法則ヲ設ケ教僧ノ布教ヲ防キ且移民復帰ノ所置無ランコトヲ乞フ　三年正月廿五日
16異宗徒改心ノ者ハ復帰ノ御趣意ニ付藩々於テ厚ク教誡ヲ加ヘシム　三年
17姫路藩異宗門改藩聴於テ仮規則ヲ立テシム　二年十二月
18神奈川県耶蘇伝教探索方派遣ヲ請フ　三年十二月
19福江藩管内異宗徒処置方長崎府へ稟議　附、頃日処分セシ次第ヲ録上セシム　元年十二月三日
20平戸藩管内異宗徒処分　三年
21平戸藩異宗徒脱走　四年七月日欠
22宣教使設置ニ付府藩県於テ人材撰挙神祇官へ申出シム　三年三月廿七日
23宣教掛ノ者ハ参事或ハ属準席為ラシム　附、諸藩宣教使出京月割　三年十一月十四日
24岡崎藩参事ノ内ヲ以テ宣教掛ヲ兼務セシム　四年六月廿七日
25小野宣教権判官外一名長崎県へ出張　三年三月廿二日
26本居権中宣教使長崎県へ出張　三年三月廿七日
27富小路宣教権大博士長崎へ出張　三年八月十九日
28長崎近傍浦上村異宗徒処分御下問　附、其顛末　元年四月廿二日

太政類典目録　中　自明治四年至明治十年

第二編　自明治四年八月至同十年十二月　第二百五十一巻

教法二　教法二止

外教

1長崎ヨリ拘留異宗徒取締東京府ニ属ス／東京府へ達　四年八月廿三日／大蔵
2神奈川県ガゼット新聞紙中異教ノ件開申／稟告　五年正月十八日／県
3各地方へ拘留異宗徒ノ中悔悟ノ者赦免／達　第卅六号　五年二月五日／布告全書
4同送籍並旅費仕払方／大蔵布達　第四十一号　五年三月十四日／大蔵省布達全書
5異宗徒処分書類一旦司法省ヨリ各庁へ返附／稟告　五年十月廿八日／司法
6各県拘留長崎県下異宗徒人員／仝上　六年三月十日／県
7同帰籍二条／長崎県へ達　六年三月十四日／仝上
8同復籍ノ者へ家屋ヲ給ス／稟告　六年十月卅日／大蔵
9仏国公使異宗徒処分ヲ賛賞　六年五月十日／外務
10異宗ノ禁不禁及拘留ノ徒復籍処分外務省へ批示／稟候　六年六月十八日／仝上
11福岡県脱籍二川一膽解放二条／仝上　六年七月廿九日／局課
12寺嶋公使ヨリ英府弘法社中会議略説送進／稟告　六年七月十五日／外務
13英公使パークス外教ノ禁ヲ解カサルヲ憾ノ書／仝上　六年十一月九日／仝上
14青森県下耶蘇教開講ヲ止ム／仝上　七年一月十二日／内務

15米国人タムソン説教／仝上　六年七月十日／東京府

16長崎県蔵存ノ踏絵銅版ヲ教部省へ納ム／稟候　六《七》年十月十八日／教部

17広島県大属雨森精翁異宗ノ件ニ付上京／照会　八年二月七日／内務

18東京府下鹿濱村農高橋市右衛門耶蘇教信仰ヲ説諭／稟候　八年八月八日／教部

あとがき

本書は江戸と幕領長崎の政事問題について、基礎的な検討を加えた論集である。当初、『近世長崎法制史料集1』（岩田書院、二〇一四年）の続業とすべく構想を練っていたが、発行元の岩田博社長から、史料・解説と、本書に収めた論稿の分離が提案された。そこで史料集2には、法令集四篇（『長崎御役所留』、『抜荷筋ニ付御触書幷御仕置御下知書』、『撰要類集』一の一（抄）「抜荷筋御仕置の事」、『融宝時原』）と解説を収め『近世長崎法制史料集2』（清水紘一・柳田光弘・氏家毅・安高啓明編、岩田書院、二〇一九年二月）として刊行した。

右の次第で、本書には当初の論考・データ類のほか、単行本としての首尾と内容を勘案し関連する分野を一部補った。特に、愛知大学教授葛谷登氏には漢籍耶蘇教書の問題を、花園大学教授鈴木康子氏にはオランダ商館長の抜荷問題について検討をお願いし、両氏から玉稿を寄せて頂いた。さらには浦上キリシタン史研究者の岩永勝利氏に、文字史料寡少の浦上教界について執筆をお願いし、寄稿して頂くことが出来た。岩永氏のご家系には、幕末期に公然化し自屋敷を秘密礼拝所とした岩永又一、岡山藩に配流された同一蔵・マキがいる。

本書編集中、二〇一八年六月三十日のユネスコ世界遺産委員会で「長崎と天草地方の潜伏キリシタン関連遺跡」が世界遺産として認定された。同上の認定により西九州広域の歴史過程に、また一つ光が当てられたこととなるほか、関連の歴史研究について進展が期待されることなどから、筆者も大きな慶びで同上の報道に接したが、他方で長崎県長崎市のカトリック浦上教会とその教界や旧大村藩の郡崩れ遺跡ほかが選に洩れたことは遺憾であった。

特に肥前浦上地方は中世末期のキリシタン宗門受容に始まり、近世を通じ幕府・大村藩の下で禁教と潜伏の歴史過程があり、さらには幕末維新期の信徒復活と弾圧〔浦上四番崩〕、そして一九四五年八月九日に投下された原爆とその後の諸過程があった。

本書編集に際して、多数の方々からお世話を頂いた。原稿を早期に提出して頂きながら、編者の不手際によりご迷惑をお掛けした葛谷登・鈴木康子両氏にお詫び致します。さらには困難な諸事情に当面されながら、編者の願いに応え玉稿をお寄せ下さった岩永勝利氏に敬意を表します。

本書に収録した論文執筆にあたり、国立公文書館内閣文庫、長崎歴史文化博物館、鹿児島大学附属図書館から多大なお世話を頂いた。また漢籍耶蘇教書に関する煩雑なお尋ね事項について長崎学研究所の藤本健太郎氏に調査をお願いし、ご教示を頂くことができた。さらには、岩田書院の岩田博社長から貴重な提言と多大なお世話を頂いた。

本書発刊にあたり、ご協力を頂いた皆様方各位に、厚く御礼を申し上げます。

二〇一九年二月十六日

清水　紘一

【執筆者略歴】掲載順

清水 紘一（しみず・ひろかず）　＊編者
1942年、中国北京市生まれ。中央大学大学院文学研究科博士後期課程単位取得退学。中央大学元教授。博士(史学)。共編書『大村見聞集』(高科書店、1994年)、『織豊政権とキリシタン』(岩田書院、2001年)、『日欧交渉の起源』(岩田書院、2008年)、共編書『近世長崎法制史料集１』(岩田書院、2014年)、同『近世長崎法制史料集２』(岩田書院、2019年)ほか。

葛谷　登（くずや・のぼる）
1956年、愛知県生まれ。一橋大学大学院社会学研究科博士後期課程単位取得退学。愛知大学経済学部教授(中国語担当)。「奉教士人王徴―東林派と天主教―」(『カトリックと文化―出会い・受容・変容―』中央大学出版部、2008年)。「明末中国における十戒の『補儒易仏』性について」(『宗教としての儒教』汲古書院、2011年)。「マッテオ・リッチ「訳『幾何原本』引」―翻訳と注釈の試み―」(『アリーナ』第21号、風媒社、2018年)ほか。

柳田 光弘（やなぎだ・みつひろ）
1961年、東京都生まれ。早稲田大学第一文学部史学科日本史学専修卒業。帝京大学中学校・高等学校教頭。共編「長崎御役所留」(『外政史研究』第2～6号、2003年以降)。共編書『近世長崎法制史料集1』(岩田書院、2014年)、同『近世長崎法制史料集2』(岩田書院、2019年)ほか。

鈴木 康子（すずき・やすこ）
東京都生まれ。中央大学大学院文学研究科国史学専攻博士後期課程単位取得退学。史学博士(中央大学)。花園大学文学部日本史学科教授。『近世日蘭貿易史の研究』(思文閣出版、2004年)、『長崎奉行の研究』(思文閣出版、2007年)、『長崎奉行』(筑摩書房、2012年)、*Japan-Netherlands Trade 1600-1800:The Dutch East India Company and beyond*(京都大学学術出版会、トランス・パシフィック・プレス社との共同出版、2012年)ほか。

岩永 勝利（いわなが・かつとし）
1936年、長崎県生まれ。長崎外国語大学米英商業科卒業。長崎県立中学校教頭。長崎県森山町境域委員会給食センター所長。森山町史編さん委員。長崎市古文書会・浦上古文書を読もう会副会長。

氏家　毅（うじいえ・たけし）
1944年、埼玉県生まれ。中央大学文学部史学科国史学専攻卒業。共編書『近世長崎法制史料集１』(岩田書院、2014年)、同『近世長崎法制史料集２』(岩田書院、2019年)ほか。

江《え》戸《ど》幕《ばく》府《ふ》と長《なが》崎《さき》政《せい》事《じ》

2019年（令和元年）9月　第1刷　300部発行　　定価［本体8900円＋税］

編　者　清水 紘一

発行所　有限会社岩田書院　代表：岩田　博　　http://www.iwata-shoin.co.jp

〒157-0062 東京都世田谷区南烏山4-25-6-103　電話03-3326-3757　FAX03-3326-6788

組版・印刷・製本：ぷりんてぃあ第二

ISBN978-4-86602-078-5　C3021　¥8900E